Pol7/12502

Ausgeschieden
im Jahr 2023

Bei Überschreitung der Leihfrist
wird dieses Buch sofort gebührenpflichtig
angemahnt (ohne vorhergehendes
Erinnerungsschreiben).

Werner J. Patzelt

Einführung in die Politikwissenschaft

Grundriß des Faches und
studiumsbegleitende Orientierung

wissenschaftsverlag richard rothe
Passau 1997

Die Deutsche Bibliothek - CIP Einheitsaufnahme

Patzelt, Werner J.:
Einführung in die Politikwissenschaft: Grundriß des Faches
und studiumsbegleitende Orientierung /Werner J. Patzelt. - 3.,
erg. Aufl. - Passau: Wiss.-Verl. Richard Rothe, 1997
   ISBN 3-927575-64-X

Dritte erg. Auflage 1997
Alle Rechte vorbehalten
© 1997 by Wissenschaftsverlag
Richard Rothe, 94036 Passau
Umschlaggestaltung: Rotraud Bock
Gesamtherstellung: Offsetdruckerei Richard Rothe, Passau
ISBN 3-927575-64-X

Inhaltsverzeichnis

Vorwort zur 1. Auflage		9
Vorwort zur 3. erg. Auflage		11
I.	Das Fach und sein Name	13
II.	Was ist Politik?	15
	1. Politik - eine Definition	15
	a. Einzeldefinitionen	15
	b. Ein komplexer Politikbegriff	16
	2. Drei Bereiche von Politik	23
	3. Merkmale politischer Wirklichkeit und ihre Bedeutung für die Politikwissenschaft	25
	a. Komplexität politischer Wirklichkeit	25
	b. Geschichtlichkeit politischer Wirklichkeit	26
	c. Das 'konkurrierende Selbstwissen' des Forschungsgegenstands	29
	d. Die 'Verbundenheit des Politikwissenschaftlers mit seinem Gegenstand'	30
	4. Vier Dimensionen von Politik	32
	a. Ein Topoi-Katalog: das MINK-Schema	33
	b. Macht	35
	c. Ideologie	36
	d. Normen	38
	e. Kommunikation	39
	5. Der 'Schichtenbau' politischer Wirklichkeit	40
	6. Kontextfaktoren von Politik: das AGIL-Schema	44
III.	Was ist Wissenschaft?	49
	1. Wissenschaft - eine Definition	49
	2. Spielregeln von Wissenschaft	56
	3. Begriffe, Variablen und Definitionen	60
	a. Begriffe	61
	b. Variablen und Indikatoren	68
	c. Definitionen	69
	4. Aussagen als Produkt und Werkstoff von Wissenschaft	71
	a. Empirische Aussagen	71
	b. Normative Aussagen	77
	c. Die Rolle von Aussagen im Forschungsprozeß	83
	5. Theorien und ihre Funktionen	84
	6. Merkmalsräume und Typologien	88
	7. Erklärungen	95

		a. Der Aufbau einer Erklärung	96
		b. Merkmale praktisch benutzter Erklärungen	99
		c. 'Erklären durch Erzählen'	102
	8.	Prognosen	106

IV. Was ist Politikwissenschaft? 113

1. Die Politikwissenschaft im System der Wissenschaften 113
2. Die Teilfächer der Politikwissenschaft 116
   a. Das Teilfach 'Politische Systeme' 117
      (1) Das 'politische System' 117
      (2) Forschungsfelder des Teilfachs 'Politische Systeme' 134
      (3) Die vergleichende Erforschung politischer Systeme 139
   b. Das Teilfach 'Internationale Politik' 150
      (1) Forschungsfelder des Teilfachs 'Internationale Politik' 150
      (2) Arbeitsschritte bei der Analyse internationaler Politik 156
   c. Das Teilfach 'Politische Theorie' 162
      (1) Selbstreflexion der Politikwissenschaft 163
      (2) Ideengeschichte 163
      (3) Politische Philosophie 165
      (4) Politikwissenschaftliche Theorieforschung 166
3. Das Werturteilsproblem in der Politikwissenschaft 170
   a. Wertverwirklichung als Motiv der Politikwissenschaft 170
   b. Werte und Werturteile als Gegenstand politikwissenschaftlicher Forschung 173
   c. Zur Notwendigkeit und Zulässigkeit von Werturteilen im Ablauf von Forschungsprozessen 174
4. Die Aufgabenfelder der Politikwissenschaft 176
   a. Politikwissenschaft als Forschung 176
   b. Politikwissenschaft als Lehre 177
   c. Politikwissenschaft als Politikberatung 178
   d. Politikwissenschaft als Grundlage politischer Beteiligung 179

V. Die Methoden der Politikwissenschaft 181

1. Theorien, Forschungsansätze und Methoden 181
2. Die Methoden der Datenerhebung 183
   a. Daten und Methoden 183
   b. Dokumenten- und Inhaltsanalyse 185
   c. Befragung 190
   d. Beobachtung 193
   e. Experiment 194
   f. Simulation 197

	3. Die Methoden der Datenanalyse	197
	a. Die hermeneutische Methode	198
	b. Die historische Methode	202
	c. Die juristische Methode	203
	d. Statistische Methoden	204
	(1) Der Zweck statistischer Methoden	204
	(2) Zufallsstichproben als Voraussetzung der Benutzung schließender Statistik	206
	(3) Meßniveaus und ihre Bedeutung für die Nutzung statistischer Methoden	210
	(4) Überblick zu den statistischen Methoden	212
	(5) Zur praktischen Anwendung statistischer Methoden	216
	e. EDV-gestützte Textanalyse	217
VI.	Der Ablauf politikwissenschaftlicher Forschung	219
	1. Aufgaben und Grundformen von Forschung	219
	2. Der Ablauf theoretischer Forschung	221
	3. Der Ablauf empirischer Forschung	222
	a. Arbeitsschritte empirischer Forschung	222
	b. Qualitative oder quantitative Forschung?	224
	c. Formen empirischer Forschung	227
	4. Der Ablauf normativer Forschung	229
	a. Die Überprüfung normativer Theorien	230
	b. Die Ausarbeitung neuer normativer Theorien	233
	c. Die Erarbeitung von Werturteilen	235
	d. Die Erarbeitung von Handlungsanweisungen	235
VII.	Zur Geschichte der Politikwissenschaft	237
	1. Politikwissenschaft als denkerische Auseinandersetzung mit Politik	237
	2. Politikwissenschaft als empirische Erforschung politisch bedeutsamer Sachverhalte	239
	3. Zur Entstehung und Entwicklung der modernen Politikwissenschaft	243
VIII.	Zum gegenwärtigen Selbstverständnis der deutschen Politikwissenschaft	247
	1. Die 'Drei-Schulen-Lehre'	247
	a. Leitgedanken der 'normativ-ontologischen Schule'	248
	b. Leitgedanken der 'empirisch-analytischen Schule'	248
	c. Leitgedanken der 'historisch-dialektischen Schule'	249
	2. Kritik der 'Drei-Schulen-Lehre'	251
	a. Gemeinsamkeiten zwischen den 'drei Schulen'	251
	b. Grundlegende Unterschiede zwischen den 'drei Schulen' und die Möglichkeiten ihrer Überwindung	253

IX.	Berufsfelder für Politikwissenschaftler	257
	1. Der Berufswahl zugrunde liegende politikwissenschaftliche Kompetenzen	257
	2. Berufsfelder für Politikwissenschaftler	259
X.	Ratschläge für das Studium der Politikwissenschaft	263
	1. Schwierigkeiten beim Studium	263
	2. Ratschläge für das Studium	266

Das Erlebnis politikwissenschaftlicher Kompetenz   281

Anhang I: Glossar   285

Anhang II: Fragenkatalog zur Überprüfung des Wissensstandes für abzulegende Examina   317

    1. Allgemeine Grundkenntnisse   318
    2. Grundkenntnisse im Teilfach 'Politische Systeme'   319
       a. Grundlagen   319
       b. Kenntnis konkreter politischer Systeme   321
          (1) Kenntnis des politischen Systems der Bundesrepublik Deutschland   321
          (2) Kenntnis der politischen Systeme Deutschlands in seiner neuesten Geschichte   323
          (3) Kenntnis sonstiger politischer Systeme   323
    3. Grundkenntnisse im Teilfach 'Internationale Politik'   324
       a. Grundlagen   324
       b. Kenntnis wichtiger Strukturmerkmale internationaler Politik   325
    4. Grundkenntnisse im Teilfach 'Politische Theorie'   326
       a. Grundlagen   326
       b. Kenntnis einzelner politischer Theorien und Theoretiker   326
    5. Grundkenntnisse der Logik und Methodik politikwissenschaftlicher Forschung   327

Anhang III: Anschriftenverzeichnisse   331

    1. Anschriften der Zentralen für politische Bildung   331
    2. Anschriften der Parteistiftungen   332

Literaturverzeichnis   333

Vorwort zur 1. Auflage

Die Politikwissenschaft erschließt sich ihren Studenten nur scheinbar leicht. Weder sichert ein Schutzwall großer Anfangsschwierigkeiten ein ernsthaftes Bemühen um sie, wie dies bei Mathematik oder Ägyptologie der Fall ist, noch verlangt der Gegenstand, sich gänzlich neuen Dingen zuzuwenden, was dazu zwänge, sich schon deshalb für sie in besonderer Weise zu öffnen. Denn auf schon vertrautem Gelände bewegt sich der angehende Politikwissenschaftler, während Studienanfänger in Geographie oder Medizin von vornherein erwarten, Neues kennenzulernen. Nichts ist darum leichter, als mit einem politikwissenschaftlichen Studium Schiffbruch zu erleiden, ohne daß man dies rechtzeitig merkt.

Hilfreich wäre in dieser Lage eine nicht allzu ausladende, übersichtliche Gesamtdarstellung dieser Disziplin, ihrer Fragestellungen und Methoden, ihrer zentralen Begriffe und gedanklichen Ordnungsschemata. Nützlich wäre sozusagen eine Art 'Wittgensteinsche Leiter', die einem Studenten gute Dienste leistet, schon zu Beginn seiner Ausbildung einen ersten Übersichtspunkt zu erklimmen, und die er dann getrost weglegen kann. Als solche 'Leiter' versteht sich diese Einführung.[1] Sie vermittelt Überblick, Orientierung und Grundbegriffe, nicht aber Sachkunde im Detail. Es geht ihr um eine Beschreibung des Waldes, nicht seiner Bäume, und dabei um eine Darstellung 'aus einem Guß'. Deshalb vereinfacht sie und setzt sich über manche Konvention hinweg; sie vermißt manche Begriffsfelder neu und stellt nicht Lehrmeinungen zur Auswahl, sondern gibt sich dogmatisch. Dabei legt sie vor allem dar, was ein Gesamtbild der Politikwissenschaft und Sensibilität für ihre grundlegenden Anliegen, Vorgehensweisen und Arbeitsgebiete zu stiften verspricht.

Die dafür nützlichen und durch viele Querverweise verschränkten Wissensbestände behandelt sie als Gemeinbesitz. Darum und der Übersichtlichkeit wegen verzichtet sie auf den üblichen Ornat der Namensnennungen und Quellennachweise; die eher sparsamen Literaturangaben sowie die auf Einführungsliteratur und Überblicks- wie Grundlagenwerke ausgerichtete Bibliographie dienen nur der Orientierung über einige Wege in die Tiefen des Fachs. Dem persönlichen Studium bleibt es überlassen, sie zu beschreiten, um dergestalt die Erscheinungsweisen von Politik immer besser kennenzulernen, die Spielregeln von Wissenschaft im einzelnen zu verstehen, sich mit den Teilfächern und Unterdisziplinen der Politikwissenschaft gründlich vertraut zu machen, die Dimensionen und das Selbstverständnis des Faches von dessen Geschichte her zu begreifen, die politikwissenschaftlichen Methoden konkret und kompetent anwenden zu können sowie das von der Politikwissenschaft erarbeitete Wissen sich anzueignen. Am besten

---

1 Für die kritische Durchsicht früherer Fassungen des Textes und für viele nützliche Anregungen danke ich Mag. Barbara Wasner, Mag. Michael Hauck, Mag. Uwe Kranenpohl, Mag. Gerhard Pilstl, Dr. Martin Sebaldt und Herrn Manfred Schwarzmeier.

nutzt man diese Einführung wie eine Montageanleitung: indem man sich durch weitergehende Lektüre nach und nach die beschriebenen Bestandteile politikwissenschaftlicher Kompetenz beschafft und durch Denken wie Üben sie zusammensetzt, macht man sich zum Politikwissenschaftler.

Dresden, im Frühjahr 1992

Vorwort zur 3. erg. Auflage

Erfreulicherweise wurde die vorliegende 'Einführung in die Politikwissenschaft' von den Studierenden sehr gut angenommen. Das machte schon im Jahr nach dem Erscheinen eine etwas erweiterte zweite und nunmehr eine dritte, ergänzte Auflage nötig.

Es gab keinen Grund, am Aufbau des Buches etwas zu ändern. Ziemlich ausführlich werden immer noch die Analysedimensionen, der Wissenschaftscharakter sowie die Methoden und Forschungsabläufe der Politikwissenschaft behandelt, denn all dies muß verstanden haben, wer nicht nur politikwissenschaftliche Kenntnisse erwerben, sondern in unser Fach mit dem Ziel eindringen will, sich eines Tages in ihm als geistig selbständiger Forscher zu bewegen. Dabei wird nicht nur der - inzwischen unumstrittene - Charakter der Politikwissenschaft als einer theorieorientierten *empirischen* Disziplin herausgearbeitet, sondern es wird viel Wert auch darauf gelegt, die Forschungslogik *normativer* Politikwissenschaft verständlich zu machen. Vor allem in solcher Betonung des wissenschaftlich *Grundlegenden* unterscheidet sich das vorliegende Lehrbuch von den meisten seither ebenfalls erschienenen 'Einführungen in die Politikwissenschaft'. Unter ihnen sei vor allem verwiesen auf die Texte von Alemann 1995, Bellers / Kipke 1996, Hartmann 1995, Leggewie 1994, Mols / Lauth / Wagner 1996, Mohr 1997, Naßmacher 1995 oder Schäfer 1994.

Nach wie vor werden die Teilgebiete der Politikwissenschaft - (Vergleichende) Systemlehre, Internationale Politik und Politische Theorie - nur in einem orientierenden *Überblick* behandelt. Anders zu verfahren, machte diese 'Einführung' allzu umfangreich oder zwänge zu Abstrichen an dem, worauf es ihr in erster Linie ankommt: auf die systematische Darstellung des politikwissenschaftlich Fundamentalen. Ohnehin ist das hinsichtlich der Teildisziplinen zu erwerbende Grundlagenwissen regelmäßig in den übrigen 'Einführungen' enthalten oder läßt sich - noch besser - den vorliegenden Speziallehrbüchern der Teildisziplinen entnehmen. Aus den neueren unter ihnen sei hinsichtlich der (Vergleichenden) Systemlehre verwiesen auf Berg-Schlosser / Müller-Rommel 1997, Hartmann 1995a, Kevenhörster 1997 und Naßmacher 1991, bezüglich der Internationalen Politik auf Albrecht 1995, Druwe / Hahlbohm / Singer 1995, Knapp / Krell 1996, List u.a. 1995, Pfetsch 1994 sowie auf Tauras / Meyers / Bellers 1994, und im Bereich der Politischen Theorie auf Druwe 1995, Lenk / Franke 1991, Lieber 1993, Rohe 1994 und Zippelius 1994. Unter den Methodenlehrbüchern zählen zu den besten unter den neu erschienenen Alemann 1995a und Dreier 1997. Außerdem wird die im Oldenbourg-Verlag von Arno Mohr herausgegebene Reihe 'Lehr- und Handbücher der Politikwissenschaft' systematisch alle Teilbereiche der Politikwissenschaft abdecken, so daß die Zeit der 'enzyklopädischen Einführungsliteratur' wohl zu Ende gehen dürfte. Im übrigen stehen mit dem von Dieter Nohlen im Beck-Verlag herausgegebenen siebenbändigen 'Lexikon der Politik' sowie mit Goodin / Klingemann 1996 vorzügliche und sehr aktuelle Nachschlagewerke zur Verfügung.

Beibehalten wurde der kursorische Durchgang durch die Geschichte und das Selbstverständnis der - vor allem deutschen - Politikwissenschaft. Er ist nötig, um schon als Student ein erstes Gesamtbild von Zustand und Entwicklung unserer Disziplin zu gewinnen. Weitergehenden Einblick bieten inzwischen Ernst 1994 und Söllner 1996, während der vorzügliche Sammelband von Lietzmann / Bleek 1996 über Differenzierung und Vertiefung hinaus auch einen Vergleich mit anderen europäischen Traditionen erlaubt.

Der beim ersten Erscheinen der vorliegenden 'Einführung' durchaus noch unübliche Versuch, die Politikwissenschaft nicht länger in das Prokrustesbett der lange vorherrschenden 'Drei-Schulen-Lehre' zu zwängen, scheint inzwischen von einem breiten Konsens getragen zu werden. Dasselbe gilt hinsichtlich des systematisch durchgehaltenen Politikbegriffs. Wo früher 'Schulen' ihre Grenzen anhand einander ausschließender Politikbegriffe befestigten, findet sich nun weitgehend Übereinstimmung, Politik als sinn-, wert- und interessengeleitetes Handeln mit dem Ziel der Herstellung allgemein verbindlicher Regelungen und Entscheidungen in und zwischen Gruppen von Menschen aufzufassen. In Gerhard Göhlers Skizze einer Theorie politischer Institutionen (1994) geschieht dies - unter Rückgriff auf das Politikverständnis von Max Weber, Carl Schmitt und Hermann Heller - beispielsweise so, als sei inzwischen nichts selbstverständlicher. Gelänge solche integrierende Konsensstiftung in den kommenden Jahren auch hinsichtlich der zur Zeit noch üblichen Entgegensetzung von 'qualitativen' und 'quantitativen' Zugriffen auf den Gegenstandsbereich unserer Disziplin, oder bezüglich der immer noch behaupteten Inkompatibilität von empirischer und normativer Politikforschung, so wäre ein weiterer wichtiger Schritt hin zu einer angemessen komplexen Politikwissenschaft getan.

Um die *ersten* Schritte dorthin leicht zu machen, enthält auch diese Auflage detaillierte Ratschläge und 'Prüflisten' für das Studium und für den Einstieg in das Berufsleben. Weniger von den Rezensenten, sehr wohl aber von den Studierenden wurden sie geschätzt. Wenn diese Ratschläge auch künftig hilfreich sind, Irrwege des Studiums zu vermeiden und rasche Lernfortschritte zu erzielen, tut diese 'Einführung' weiterhin ihren Dienst. Ihr größtes Anliegen wäre erfüllt, erschlösse sie möglichst vielen Nachwuchswissenschaftlern das Faszinosum der Politikwissenschaft: die enge wechselseitige Durchdringung von Wissenschaft und Praxis, von Erkenntnis und Urteil, von Verstandesabenteuer und Persönlichkeitsbildung.

Dresden, im Frühjahr 1997

I. Das Fach und sein Name

Die Politikwissenschaft ist, wie ihr Name sagt, die Wissenschaft von der Politik. Indem gezeigt wird, was einerseits unter Politik, andererseits unter Wissenschaft zu verstehen ist, werden die Grundlagen der Politikwissenschaft vorgestellt. Zuvor sind die konkurrierenden Bezeichnungen des Faches darzulegen und zu besprechen.

- Die Politikwissenschaft ist nicht 'Politische Wissenschaft' (oder gar '*Polit*wissenschaft') in dem Sinn, als ob es ihr darum ginge, daß man sich als Wissenschaftler oder aufgrund wissenschaftlicher Kompetenz politisch betätige ('politischer Wissenschaftler', 'Politwissenschaftler'). Politische Betätigung ist einem Politikwissenschaftler[2] natürlich nicht verwehrt, und politikwissenschaftliche Kompetenz ist in vieler Hinsicht politischer Arbeit förderlich. Doch praktisch ist 'Politische Wissenschaft' nur eine falsche Übersetzung des englischen Begriffs 'political science', heißt dieser doch auf deutsch ebensowenig 'politische Wissenschaft', wie 'social sciences' als 'soziale Wissenschaften' übersetzt werden darf. So wie es auf deutsch 'Sozialwissenschaften' heißt, ist 'political science' korrekt als 'Politikwissenschaft' wiederzugeben.

- Einstmals zutreffend, doch nun historisch überholt ist die Rede von den 'Politischen Wissenschaften', wenn sie auch mit dem Wort 'Politikwissenschaften' bisweilen modernisiert wird. So wurden nämlich zusammenfassend jene Einzeldisziplinen genannt, in welche sich die akademische Lehre von der Politik im 18. und 19. Jh. aufsplitterte: Volkswirtschaftslehre, Verwaltungsrecht, Staatsrecht usw., die insgesamt auch als die 'Staatswissenschaften' angesprochen wurden. Seit wieder eine integrierende Wissenschaft von der Politik entstanden ist, führt die Rede von den 'Politischen Wissenschaften' oder den 'Politikwissenschaften' somit in die Irre.[3]

- Das tut auch die bisweilen immer noch gebräuchliche Bezeichnung 'Wissenschaftliche Politik'. Der Politikwissenschaft geht es aber nicht darum, Politik 'auf wissenschaftliche Weise' zu betreiben;[4] vielmehr zeigen viele ihrer Einsichten, daß dies schlechterdings unmöglich ist. Letztlich stellt diese Bezeichnung das Anliegen der Politikwissenschaft sogar auf den Kopf: der Gegenstand des Faches wird als dessen Zweck ausgegeben.

---

2 Aus sprachlichen Gründen ist zwar stets von 'dem Politikwissenschaftler' die Rede; doch selbstverständlich wird immer auch 'die Politikwissenschaftlerin' mitgedacht. Es wäre wünschenswert, daß sich die Politikwissenschaft von jener Domäne von Männern, die sie derzeit noch ist, zu einem auch von Frauen gleichermaßen vertretenen Fach entwickelte.
3 Siehe zu all dem S. 253ff.
4 Am nächsten kam diesem Anspruch das in den realsozialistischen Staaten gepflogene marxistisch-leninistische Surrogat der Politikwissenschaft, nämlich der 'Wissenschaftliche Kommunismus' als Lehre u.a. vom sozialistischen Staat und seiner führenden Partei.

– Weit verbreitet ist für die Politikwissenschaft der Name 'Politologie'. Dieses Kunstwort ist nach dem Vorbild von Bezeichnungen wie 'Soziologie', 'Geologie' oder 'Psychologie' geprägt. Seinen griechischen Wortbestandteilen nach bezeichnet es die '-logie' vom 'polítes', d.h. die Wissenschaft vom *Bürger*. Somit als 'Bürgerkunde' zu übersetzen, umschreibt dieser Begriff nur einen Teil des Gegenstandsbereichs der Politikwissenschaft. Will man das Fach mit einem auf '-logie' endenden Wort bezeichnen, so wäre korrekt allein die etwa in den Niederlanden gebrauchte Bezeichnung 'Politikologie'. Sie ist aber unschön und unnötig, da ihr vollständig der deutsche Name 'Politikwissenschaft' entspricht.

II. Was ist Politik?

1. Politik - eine Definition

a. Einzeldefinitionen

Äußerst viele Definitionen einer Vielzahl von Philosophen, Staatsrechtlern, Soziologen und Politikwissenschaftlern geben wieder, welche Sachverhalte vom Begriff[5] der Politik bezeichnet werden können. Auf folgende sei hingewiesen:[6]

- Politik ist die Sicherung und Ordnung des Zusammenlebens von Menschen.
- Politik ist das Bemühen um die gute Ordnung einer Gesellschaft.
- Politik ist das Streben nach der Verwirklichung der Staatszwecke (etwa: Sicherheit, Wohlfahrt, Freiheit, Frieden, Demokratie).
- Politik ist Kampf um und Benutzung von Macht.
- Politik ist die Unterscheidung von Freund und Feind sowie die Auseinandersetzung mit dem Feind.
- Politik ist das Streben nach Herrschaft im Staat.
- Politik ist die Kunst der Führung von Menschen und Gruppen.
- Politik ist Führung von Gemeinwesen.
- Politik ist Entscheidungsbildung auf öffentlichem Weg.
- Politik ist Handeln, welches gesellschaftliche Konflikte über Werte und materielle Güter sowie über deren Verteilung verbindlich zu regeln versucht.
- Politik ist der Kampf der Klassen und ihrer Parteien, von Staaten und Staatensystemen zum Zweck der Durchsetzung ihrer Interessen und Ziele.
- Politik ist Kampf um die Veränderung oder Bewahrung bestehender Verhältnisse.
- Politik ist die Gesamtheit jener Prozesse, die zur Herstellung von Akzeptanz für staatliche Entscheidungen dienen.

---

5   Zur Klärung dessen, was 'Begriffe' und 'Definitionen' sind, siehe unten S. 61ff und S. 71f.
6   Erörterungen zu den einzelnen Politikbegriffen samt Hinweisen auf ihre Urheber finden sich in so gut wie allen einführenden Werken, die in Anm. 241 sowie im Vorwort zur 3. erg. Auflage zusammengestellt sind. Siehe darüber hinaus Messelken 1970, Rohe 1978, Scheuner 1962 und Sternberger 1961.

Neben solchen Definitionen, welche die Aufmerksamkeit sehr genau auf bestimmte Elemente von Politik lenken, finden sich leerformelartige Aussagen wie 'Politik ist die Kunst des Möglichen', 'Politik ist ein notwendiges Übel' oder 'Politik ist ein schmutziges Geschäft'. Mit den letztgenannten 'Definitionen' ist offenbar wenig Konkretes gewonnen; sie taugen allenfalls als wohlfeiles rhetorisches Versatzstück. Anders verhält es sich mit den zuvor aufgelisteten Begriffsbestimmungen: zweifellos benennen sie Dinge, die man z.B. bei Fernsehnachrichten unmittelbar als 'konkrete Politik' mitbekommen kann. Sie haben auch vieles miteinander gemein, setzen freilich verschiedene Akzente. Wünschenswert wäre ein solcher Politikbegriff, der die Inhalte möglichst aller vorgestellten Politikdefinitionen als 'Unterfälle' in sich aufnimmt und dennoch klar und einfach ist.

b. Ein komplexer Politikbegriff

Eine derartige komplexe, zugleich klare und immer mehr zum politikwissenschaftlichen Gemeinbesitz werdende Definition von Politik lautet:

Politik ist jenes menschliche Handeln, das auf die Herstellung allgemeiner Verbindlichkeit, v.a. von allgemein verbindlichen Regelungen und Entscheidungen, in und zwischen Gruppen von Menschen abzielt.[7]

Bei diesem Handeln wird Macht erworben, verloren und eingesetzt; indem verbindliche Entscheidungen herbeigeführt und durchgesetzt werden, trägt man zur Stabilisierung oder Veränderung bestehender Verhältnisse bei und versucht, für das eine oder andere Akzeptanz herzustellen; Gegenstand des Bemühens um Verbindlichkeit sind sehr oft Konflikte über Werte oder Güter; diese werden von einzelnen, von Gruppen, Klassen, Parteien, Staaten oder Bündnissen ausgetragen, die einander nicht selten als Feind auffassen; bei diesem Handeln werden Führungsleistungen abverlangt und erbracht; und das Ziel der um solche Dinge bemühten Akteure kann u.a. die Verwirklichung bestimmter Staatszwecke oder die Herbeiführung 'guter Ordnung' sein. Die Aussagen der oben aufgelisteten Politikdefinitionen sind dergestalt im hier vorgestellten allgemeinen Politikbegriff aufgehoben. Er läßt sich zu jeder dieser Definitionen zuspitzen, verliert dabei aber nie seine integrierende Kraft. Sein darüber noch hinausgehender Nutzen und seine große Reichweite werden zumal dann klar, wenn man seine Bestandteile näher betrachtet.

Schon hinter dem ersten Element des vorgestellten Politikbegriffs, nämlich der Aussage, Politik sei menschliches Handeln, verbergen sich sehr wichtige und folgenreiche Sachverhalte:

---

[7] Die Rede von 'Entscheidungen' hebt auf die Herstellung allgemeiner Verbindlichkeit im Einzelfall ab, während 'Regelungen' ganze Klassen von Fällen allgemein verbindlich gestalten. Zum Sinn eines so weiten Politikbegriffs, der zunächst vielleicht verunsichernd wirkt, siehe unten S. 23.

- *Menschliches Handeln ist von Normen, Interessen, Wertvorstellungen und Weltanschauungen geprägt.* Man bezahlt Steuern, weil es entsprechende Gesetze gibt; man tritt einer Bürgerinitiative, einem Verband oder einer Partei bestimmter Interessen wegen bei; der Position, die man in politischen Diskussionen vertritt, liegen Wertvorstellungen zugrunde; und seine Wahlentscheidung trifft man im Rahmen einer bestimmten Weltanschauung.[8] Ein unverzichtbarer Schlüssel zum Verständnis allen menschlichen Handelns ist somit die Untersuchung jener Normen, Interessen, Wertvorstellungen und Weltanschauungen, die es prägen.

- *Menschen beziehen ihre Handlungen auf die Handlungen anderer Menschen.* Man macht beispielsweise seine Wahlentscheidung abhängig davon, was man über das Verhalten von Parteien und ihren Kandidaten erfahren hat; man stellt bei Wahlkämpfen die Maßnahmen der Konkurrenten in Rechnung; und man taktiert bei einer Diskussion je nach den Einlassungen und Argumentationen der anderen Debattenteilnehmer recht unterschiedlich. In all dem wird deutlich: sowohl mit dem Handeln eines anderen als auch mit dem eigenen Handeln verbindet man *Sinn*. Das letztere drückt der Begriff des 'sinngeleiteten Handelns' bzw. des 'sinnhaften Handelns' aus. Im einzelnen läuft bei der wechselseitigen Abstimmung von Handlungen ('Konzertierung') mehr oder minder bewußt folgender Prozeß ab: man interpretiert das Verhalten eines anderen;[9] man macht sich klar, was man selbst erreichen will; man wählt intuitiv oder überlegt eine bestimmte Verhaltensweise; man wirkt dann mit seinem eigenen Reden und Handeln so auf den anderen ein, daß dieser begreifen kann, worauf man selbst hinauswill; und daraufhin vollzieht sich beim Handlungspartner derselbe Prozeß. Wenn Menschen dergestalt ihre Handlungen interpretieren ('sinndeuten') und anhand des durch solche Interpretationen ('Sinndeutungen') festgelegten Sinns ihre Handlungen aufeinander beziehen ('konzertieren'), so spricht man von 'sinnhaft aufeinander bezogenem Handeln', welches abgekürzt als 'soziales Handeln' bezeichnet wird. Soziales Handeln *aller* Art ist Gegenstand der *Soziologie*. Jenes soziale Handeln, das auf die Herstellung allgemeiner Verbindlichkeit abzielt, wird 'politisches Handeln' genannt und ist der spezielle Gegenstand der *Politikwissenschaft*.[10] Die-

---

8 In dieser Einführung werden viele Beispiele angeboten. Keines erhebt den Anspruch, in seiner inhaltlichen Aussage unstrittig zu sein, obschon versucht wurde, Beispiele zweifelhaften Wahrheitsgehalts zu vermeiden. Jedes Beispiel hat seinen Zweck dann erreicht, wenn der zu exemplifizierende Sachverhalt veranschaulicht und verstanden wurde. Falls ein Leser mit der inhaltlichen Aussage eines Beispiels nicht einverstanden ist, sollte er einfach ein anderes Beispiel suchen und dieses für seine eigenen Reflexions- und Darstellungszwecke verwenden.

9 Zur Weise des Interpretierens siehe unten auf S. 198ff die Ausführungen zur hermeneutischen Methode.

10 Daß die Politikwissenschaft einen Teilbereich sozialen Handelns untersucht, für den sich natürlich auch die Soziologie als Wissenschaft von *jeglichem* sozialen Handeln zuständig fühlt, hat zu vielfältigen Abgrenzungsdiskussionen zwischen Politikwissenschaft und Politischer Soziologie geführt. Nach Ansicht des Verfassers sollte sich ein Politikwissenschaftler um diese Grenzziehung ganz einfach nicht kümmern, sondern beide Disziplinen so gut kennenlernen, daß ihm die

se hat darum auf jenen Sinn zu achten, den Menschen mit ihrem politischen Handeln verbinden, und sie hat zu untersuchen, auf welche Weise es Menschen schaffen, ihre politischen Sinndeutungen und Handlungen aufeinander abzustimmen.

- *Aus sozialem Handeln entstehen 'Rollen' als Bausteine von Organisationen und Institutionen.* Sehr häufig werden Handlungen nach einem ziemlich festen Schema durchgeführt, etwa weil sich dies aus Einfachheitsgründen anbietet, oder um seine Partner nicht zu verwirren. Man leitet beispielsweise eine Diskussion immer wieder auf die gleiche Weise, hat als Abgeordneter ein bestimmtes 'Muster' seiner Wahlkreisarbeit ausgeprägt, oder geht als Chefredakteur nach zwar unausgesprochenen, doch trotzdem klaren Regeln mit seiner Redaktion um. Wann immer *schematisierte Handlungsweisen* vorliegen, hat der Handlungspartner die Chance, *Typen* von Handlungen zu erkennen.[11] Verfügt er gar über *Wissen* um 'typische Handlungsweisen', so vereinfacht dies seine Aufgabe enorm, das Handeln seines Gegenübers zutreffend zu interpretieren: je nach Situation erwartet er bereits bestimmtes Verhalten ('Hintergrunderwartung'), erkennt er den gemeinten Sinn von Handlungen viel schneller und kann Mißverständnisse leichter vermeiden. Wer beispielsweise seinen Chefredakteur gut kennt, kommt mit ihm meist besser zurecht als ein Neuling in der Redaktion; und wer mit dem Schema der Wahlkreisarbeit eines Abgeordneten vertraut ist, kann leichter mit ihm in Kontakt treten als einer, dessen Erwartungen auf die Arbeitsweise eines Abgeordneten eben nicht passen. Schematisierte Handlungsweisen und ihnen entsprechende typisierte Sinndeutungen erleichtern es dergestalt, Sinndeutungen und Handlungen routinemäßig aufeinander abzustimmen. Schematisierte Handlungen werden 'Rollen' genannt. Eine Rolle entsteht dann, wenn einesteils bestimmte typische Handlungsweisen ('Rollen*verhalten*') durch 'Rollen*orientierungen*' verläßlich hervorgebracht werden und diesen Handlungsweisen beim Partner anderteils 'Rollen*erwartungen*' entsprechen. Rollen sind somit stabile Formen sinnhaft aufeinander bezogenen Handelns. Sie *entstehen* einerseits aus sozialem Handeln, wenn es nämlich über eine gewisse Zeit gelingt, Sinndeutungen und Handlungen in gleicher Weise und störungsfrei abzustimmen; und andererseits bieten Rollenorientierungen und Rollenerwartungen, über welche Menschen aufgrund von Erziehung und Ausbildung verfügen, der Wahrnehmung und dem Verhalten *von vornherein* bestimmte Bahnen an, auf denen die wechselseitige Abstimmung von Sinndeutungen und Handlungen routinemäßig gelingen kann. Indem viele Rollen miteinander *vernetzt* werden ('soziale Netzwerke', 'Rollengefüge'), entstehen 'Organisationen' und 'Institutionen'. Eine Gewerkschaft ist etwa aus den Rollen der Mitglieder, Sekretäre, sonstigen Angestellten der Gewerkschaft und des Vorsitzenden aufgebaut, ein

---

'Zuordnung' einer Fragestellung, einer Theorie, eines Untersuchungsgegenstandes oder einer Methode zu einer der 'beiden' Disziplinen einfach gleichgültig ist.

11 Zu Typen und Typologien siehe S. 88ff.

Parlament u.a. aus den Rollen des Ausschußmitglieds und des Fraktionsvorsitzenden, des parlamentarischen Geschäftsführers und des Parlamentspräsidenten. Aufgabe eines Politikwissenschaftlers ist es, jene Rollen wie Rollengefüge ausfindig zu machen und zu untersuchen, die beim Prozeß der Herstellung allgemeiner Verbindlichkeit entstehen und dem politischen Handeln Bahnen bieten.

- *Menschliches Handeln bringt soziale bzw. politische Wirklichkeit hervor.* Jene mehr oder minder stabilen Rollen und Rollengefüge, welche durch soziales Handeln hervorgebracht werden, werden als 'soziale Strukturen' bezeichnet; zusammengefaßt heißen sie 'soziale Wirklichkeit'. Natürlich kann die wechselseitige Abstimmung von Sinndeutungen und Handlungen auch gestört sein; dann werden die von gelingenden Abstimmungsleistungen abhängigen Rollen brüchig und können zerfallen. Die Rolle des Königs verschwindet beispielsweise, wenn zunächst die monarchische Herrschaftsbefugnis bestritten wird, ihm dann niemand mehr gehorcht und schließlich an des Königs Stelle ein Präsident gewählt wird. Ebenso können sich Organisationen und Institutionen auflösen, wenn jene Rollen zerfallen, aus denen sie bestehen; dergestalt brechen Armeen, Parteien oder Reiche auseinander. Man kann darum formulieren: *Soziale Wirklichkeit wird durch soziales Handeln hervorgebracht ('konstruiert'); sie bedarf sozialen Handelns, um aufrechterhalten zu werden ('Reproduktion' oder 'Rekonstruktion' sozialer Wirklichkeit); und sie kann durch soziales Handeln ebenso verändert oder zerstört werden.*[12]

Entsprechendes gilt für politisches Handeln als jene Teilmenge sozialen Handelns, bei der es um den Versuch geht, in oder zwischen Gruppen von Menschen allgemeine Verbindlichkeit herzustellen. Es bringt politische Rollen, politische Organisationen und Institutionen hervor, was alles zusammenfassend als 'politische Wirklichkeit' bezeichnet wird; politisches Handeln ist nötig, um eine bestimmte politische Wirklichkeit überhaupt aufrechtzuerhalten; und ebenso wird politische Wirklichkeit durch politisches Handeln verändert oder zerstört. Alle jene Wissensbestände, Sinndeutungen und Handlungen, die am Prozeß der Hervorbringung, Aufrechterhaltung, Veränderung oder Zerstörung politischer Wirklichkeit beteiligt sind, werden zusammenfassend 'politische Kultur' genannt.

- *Menschlichem Handeln liegen angeborene Kompetenzen der Wahrnehmung und Informationsverarbeitung sowie genetisch fixierte Verhaltensrepertoires zugrunde.* Den Blick auf diese *Grundlagen* sozialen Handelns öffnen evolutionstheoretische Überlegungen: der Mensch ist ein Produkt des Evolutionsprozesses ('Phylogenese'); in diesem Prozeß entstanden die 'Weltbildappa-

---

12 Zur Analyse der Konstruktion, Reproduktion und Destruktion sozialer Wirklichkeit durch soziales Handeln siehe Berger/Luckmann 1980, Giddens 1984, Holzner 1972 und Patzelt 1987.

rate'[13] aller Lebewesen, über die sie Informationen über ihre Umwelt erlangen; desgleichen wurden im Evolutionsprozeß Reaktionsrepertoires entwickelt, anhand welcher Lebewesen auf Umweltinformationen reagieren. Höhere Lebewesen mit einem komplexen Zentralnervensystem sind überdies mit *besonderen* Fertigkeiten der Informationsverarbeitung begabt und *lernfähig*, wobei der schon durch die Zeugung des Lebewesens angelegte Weltbildapparat als ein 'angeborener Lehrmeister'[14] wirkt, der nun seinerseits im Lauf der individuellen Entwicklung ('Ontogenese') den Lernmöglichkeiten eines Lebewesens bestimmte Bahnen weist. Natürlich kommen auch Menschen mit festgelegten Möglichkeiten, Umwelt wahrzunehmen und aufgenommene Informationen zu verarbeiten, sowie mit einem grundlegenden Verhaltensrepertoire zur Welt. All dies soll 'Tiefenstruktur' menschlichen Handelns bzw. sozialer oder politischer Wirklichkeit genannt werden. Herauszufinden, worin im einzelnen diese Tiefenstruktur besteht, ist die Forschungsaufgabe folgender Disziplinen:

* *Evolutionäre Erkenntnistheorie:* sie untersucht die angeborenen Kompetenzen der Wahrnehmung und Informationsverarbeitung;[15]

* *Evolutionäre Ethik:* ihr Gegenstand sind angeborene Normen und Werte;[16]

* *Humanethologie:* sie erforscht grundlegende menschliche Verhaltensrepertoires ('menschliches Ethogramm');[17]

* *Soziobiologie:* ihr Forschungsfeld sind die Ausleseprozesse und die Dynamik der Evolution von Lebewesen.[18]

— Nicht wenige Einzelbefunde dieser Disziplinen sind derzeit noch unsicher. Als gewiß kann aber gelten, *daß* alles soziale Handeln auf einer solchen Tiefenstruktur aufruht. Der Weg zwischen ihr und den konkreten Sinndeutungen wie Handlungen ist allerdings weit. Beim Menschen werden auf der weithin gleichen Tiefenstruktur die verschiedensten Kulturen, Rollen, Organisationen und Institutionen errichtet: durch Erziehung, Wissensvermittlung, Sozialisation und soziale Kontrolle werden auf gleiche genetische Grundlagen kulturell verschiedene Wertvorstellungen und Weltanschauungen, Wissensbestände und Sinndeutungen aufgebaut, deren Benutzung beim sozialen Handeln sodann die unterschiedlichsten sozialen Rollen und gesellschaftlichen Institutionen entstehen läßt. Diese kulturspezifischen sozialen bzw. politischen Strukturen sowie das in ihnen ablaufende soziale Handeln soll 'Oberflä-

---

13 Zu diesem Begriff siehe Lorenz 1982: 17ff.
14 Zu diesem Begriff siehe Lorenz 1982: 118-128.
15 Vgl. Lorenz 1982, Riedl 1979 und die dort angegebene Literatur.
16 Siehe Wuketits 1990 und die dort angegebene Literatur.
17 Siehe Flohr/Tönnesmann 1983 und Eibl-Eibesfeldt 1986.
18 Siehe Bühl 1982, Meyer 1982 und die dort angegebene Literatur.

chenstruktur' sozialer bzw. politischer Wirklichkeit genannt werden. Die durch Sozialisation und soziale Kontrolle bewerkstelligte Hervorbringung der Oberflächenstruktur kann wiederum als ein 'Transformationsprozeß' aufgefaßt werden: anhand je spezifischer Wissensbestände wird die stets gleiche Tiefenstruktur in jene vielfältigen Oberflächenstrukturen transformiert, welche Gegenstand anthropologischer, historischer, soziologischer und politikwissenschaftlicher Untersuchungen sind.

Aufgabe des Politikwissenschaftlers ist es in der Regel nicht, die Tiefenstruktur sozialen Handelns zu untersuchen, wenn auch die Analyse[19] der Tiefenstruktur politischen Handelns Gegenstand politikwissenschaftlicher Grundlagenforschung sein kann.[20] Es ist aber sehr nützlich, nicht nur die Oberflächenstruktur politischen Handelns und politischer Organisationen zu betrachten, sondern immer wieder zu fragen, durch welche Transformationsprozesse Menschen bestimmte politische Handlungsweisen, Rollen und Strukturen überhaupt hervorbringen und aufrechterhalten bzw. 'von Natur aus' daran scheitern, bestimmte politische Ordnungsformen zu errichten oder stabil zu halten.

Das in diesen fünf Punkten charakterisierte und entsprechend vielschichtig zu betrachtende Handeln zielt nun immer wieder ab auf die Herstellung allgemeiner Verbindlichkeit in und zwischen Gruppen von Menschen, konkret: auf die Herstellung und Durchsetzung von allgemein verbindlichen Regelungen bzw. Entscheidungen in und zwischen diesen Gruppen. Genau dann ist es Gegenstand der Politikwissenschaft. Auch diesem zweiten Element des Politikbegriffs liegt ein recht komplexer Gedankengang zugrunde:

Wo Menschen zusammenleben, muß unter ihnen immer wieder Klarheit über die Regeln geschaffen werden, die für sie gelten sollen. Dies wird auf den Begriff gebracht, daß Politik auf die Herstellung 'allgemeiner Verbindlichkeit' zielt. 'Allgemeine Verbindlichkeit' wird konkret in verpflichtenden Entscheidungen sowie in Regeln, an die sich jeder Handlungspartner zu halten hat, wenn er sich nicht als Außenseiter bloßstellen bzw. Nachteilen aussetzen will. Diese Regeln können informell sein wie die Tischsitten oder formell wie Gesetze; sie können sich auf die Rechte und Pflichten der Gruppenmitglieder, auf die Beschaffenheit der Institutionen der Gruppe, auf die Eigentumsrechte, auf die Verteilung von Gütern und Dienstleistungen oder auf beliebige andere Sachverhalte beziehen; sie können auf Dauer gelten oder lediglich die allgemein verbindliche Behandlung eines Einzelfalls betreffen; und ihre Einhaltung kann mit Strafandrohungen unterschiedlichster Art und Schwere gesichert werden.

Es leuchtet ein, daß der Regelungsbedarf einer Gesellschaft mit ihrer zunehmenden Komplexität und Arbeitsteilung ansteigt. In kleinen Gruppen von

---

19 Die Bezeichnung 'Analyse' wird im folgenden stets gleichbedeutend mit Worten wie Untersuchung, Forschung oder Studie verwandt.
20 Vgl. hierzu Patzelt 1987.

Menschen können die wenigen nötigen Regeln oft nebenbei vereinbart werden. Doch größere Gruppen, gar erst weitverzweigte Gesellschaften mit unterschiedlichen Aufgaben einzelner Gesellschaftsteile, brauchen besondere Anstrengungen, um ihre immer wieder neu anfallenden Koordinierungs- wie Regelungswünsche festzustellen und zu befriedigen. Im Zug gesellschaftlicher Arbeitsteilung *entsteht* dergestalt Politik als jenes Handeln, das den Bedarf an verbindlichen Regelungen zu befriedigen versucht.

Eine solche Definition von Politik als auf Herstellung von Verbindlichkeit zielendes Handeln lenkt den Blick somit auf den Tatbestand *gesellschaftlicher Arbeitsteilung*. Erstens erzeugt diese überhaupt erst die Probleme, welche politisches Handeln zu bewältigen unternimmt. Zweitens wird bei der Analyse von Politik nur ein arbeitsteilig spezialisierter *Teilbereich* menschlichen Handelns betrachtet: es geht nicht um schlechterdings alle Formen sozialen Handelns, sondern nur um jenes Handeln, das auf die Herstellung allgemein verbindlicher Entscheidungen gerichtet ist. Allerdings müssen die Rückkopplungen dieser speziell politischen Handlungen mit den anderen Bereichen menschlichen Handelns in Rechnung gestellt und müssen politische Rollengefüge im Gesamtzusammenhang gesellschaftlicher Arbeitsteilung betrachtet werden.

Sodann richtet diese Politikdefinition das analytische Interesse auf alle Begleiterscheinungen des *Setzens und Durchsetzens von Regeln*. Erstens sind die 'Phasen' der Herstellung allgemein verbindlicher Entscheidungen zu betrachten: Lagefeststellung, Lagebeurteilung, Untersuchung möglicher Handlungsoptionen und Entscheidungsalternativen, Entschluß, Verhandlungen, formelle und informelle Regelungsverfahren, Setzen und Durchsetzen von Regeln. Zweitens gilt es, die Begleitumstände der Herstellung allgemeiner Verbindlichkeit zu untersuchen, z.B. Konflikte, Kompromißbildung und Konsensstiftung, oder die Nutzung von Machtmitteln zur Absicherung der Geltungskraft von Regeln.

Das dritte Element des hier vorgestellten Politikbegriffs besagt: Allgemeine Verbindlichkeit ist ein *angestrebtes*, kein von vornherein *gegebenes* Produkt von Politik. Denn der Versuch, allgemein verbindliche Entscheidungen bzw. Regelungen herbeizuführen, kann gelingen oder scheitern, und natürlich stellen auch vergebliche Versuche der Herstellung allgemeiner Verbindlichkeit politisches Handeln dar. Zumal in komplexen Gesellschaften bedarf es sehr großer Anstrengungen, besonderer Verfahren und spezialisierter Institutionen, um das Gut 'allgemeine Verbindlichkeit' im nötigen Umfang halbwegs zuverlässig herzustellen oder zu reproduzieren. Bei deren Untersuchung ist nicht nur zu betrachten, was zum *Gelingen* dieses Produktionsprozesses beiträgt oder ihn prägt, sondern auch alles, was ihn *hemmt* oder *scheitern* läßt. Somit richtet der hier benutzte Politikbegriff die Aufmerksamkeit auf *alle* natürlichen und gesellschaftlichen Tatsachen bzw. Vorgänge, soweit sie als nachwirkende geschichtliche Tatsachen oder als aktuelle Gegebenheiten etwas mit der Herstellung allgemeiner Verbindlichkeit in oder zwischen Gruppen von Menschen zu tun haben.

Das vierte Element dieses Politikbegriffs ergibt sich aus dem bislang Gesagten: Die Grundformen von Politik sind *überall* zu entdecken ('Ubiquität'[21] von Politik). Die Formen und Praktiken, mittels welcher die Herstellung von Verbindlichkeit versucht werden kann, sind nämlich nicht nur im Bereich des öffentlichen Lebens oder des Staates aufzufinden. Vielmehr läßt sich zeigen, daß oft die gleichen Verhaltensweisen und Praktiken benutzt werden, um in einem Fußballverein oder im Kreisverband einer Partei Einfluß zu gewinnen, um in einem Konzern oder in einer Regierung Führung auszuüben oder um Konkurrenten im Wirtschaftsleben oder in der Politik auf Abstand zu halten. Der Bereich der Herstellung *allgemeiner* Verbindlichkeit bzw. des Staatslebens stellt darum nur ein *besonderes Anwendungsgebiet* von Methoden dar, die *überhaupt* der Herstellung von Verbindlichkeit dienen. Indem der Politikbegriff so breit gefaßt wird, daß er alle derartigen Methoden umgreift, lenkt er die Aufmerksamkeit auch auf die scheinbar 'unpolitischen' Aspekte politischen Handelns, zumal auf dessen 'private', informelle und alltägliche Seiten. Dergestalt engt dieser vierteilige Politikbegriff den Blick nicht ein, sondern zwingt zu weitgespannten Betrachtungsweisen; und obschon er die ganze Bandbreite von Einzeldefinitionen 'der' Politik in sich aufnimmt, ist er sehr knapp und klar.

2. Drei Bereiche von Politik

Auf den bisherigen Erörterungen aufbauend, läßt sich der Gegenstandsbereich der Politik anhand von drei Begriffen nun konkreter beschreiben: 'politische *Inhalte*', 'politische *Prozesse*', und 'politische *Strukturen*'. Oft werden sie mit den englischen Begriffen 'policy', 'politics' und 'polity' bezeichnet.

- Bei der Herstellung allgemeiner Verbindlichkeit geht es immer um bestimmte Inhalte, die bestimmter Interessen Aufgaben oder Problemlösungen willen allgemein verbindlich gemacht werden sollen: von Steuersätzen über die zulässige Fahrgeschwindigkeit auf Autobahnen bis hin zur Dauer der Wehrpflicht. Wer Politik betrachtet, hat somit auf *politische Inhalte* zu achten, und zwar einesteils auf konkrete 'Politikprogramme' (engl. 'policies') auf den einzelnen 'Politikfeldern'[22], und anderenteils auf die Interessen und Zwecksetzungen, Problemdefinitionen, Wertvorstellungen und Weltanschauungen, die ihnen zugrunde liegen. Damit rücken auch die Widersprüche und Konflikte ins Blickfeld, die zwischen verschiedenen Politikprogrammen bestehen.

- Jene Handlungsprozesse, bei denen - angeleitet von den verschiedensten Motiven und Interessen - darum gerungen wird, bestimmte Inhalte allgemein verbindlich zu machen, werden *politischer Prozeß* genannt. Besonders wichtig

---

21 Von lat. 'ubique', d.h. überall.
22 Siehe hierzu S. 137f.

sind die *Willensbildungsprozesse*, in deren Verlauf geklärt wird, was allgemein verbindlich gemacht werden soll, die *Entscheidungsprozesse*, bei denen Beschlüsse gefaßt und Regeln gesetzt werden, sowie die *Implementationsprozesse*, mittels welcher die Entscheidungen in konkret wirkende Maßnahmen umgesetzt werden. Pressekampagnen, die Organisation eines Volksbegehrens oder Koalitionsverhandlungen sind Beispiele für Willensbildungsprozesse; Gesetzgebungsverfahren und Gipfelkonferenzen für Entscheidungsprozesse; und der Erlaß von Verwaltungsbestimmungen oder die Einstellung von Personal zur Durchführung beschlossener Maßnahmen für Implementationsprozesse. Es versteht sich von selbst, daß vor allem Willensbildungs- und Entscheidungsprozesse, doch auch Implementationsprozesse gegen den Widerstand von 'Betroffenen' sehr oft die Form des *Konflikts* annehmen. Zweifellos kommt es auch immer wieder vor, daß sich politische Handlungsweisen verselbständigen und zum Selbstzweck werden; dann wird politische Willensbildung zum steril aufgeregten Schlagabtausch, Verhandeln zum Schachspiel, Implementation zum bloßen Nachweis von Durchsetzungskraft. Politische Prozesse sind oft durch Verfahrensnormen festgelegt: ein Gesetzgebungsverfahren muß ebenso wie die Bestimmung des Wahlprogramms einer Partei einen festgelegten Weg nehmen.[23] Solche *formellen* Prozesse zu untersuchen, ist für einen Politikwissenschaftler aber nur der Ausgangspunkt seiner Analyse. Denn auf den gewonnenen Ergebnissen aufbauend, wird er sich sodann den *informellen* Prozessen der Willensbildung, Entscheidungsfindung und Implementation zuwenden, um nämlich herauszufinden, wie Politik *in der Praxis* gemacht wird. Eben diese zusätzliche Zuwendung zu den *(Alltags-)Praktiken* konkreter Politik und politischen Verhaltens ('Ethnomethoden'[24]) unterscheidet den Politikwissenschaftler vom Juristen, der sein Interesse auf die *Normen* fixiert.

- Formelles wie informelles politisches Handeln läuft meist innerhalb von Organisationen oder Institutionen ab; Parteien, Verbände, Parlamente, Regierungssysteme und internationale Organisationen sind Beispiele dafür. Politische Strukturen genannt, werden natürlich auch sie von formellen und informellen Normen geprägt, und ihnen liegen politische Inhalte - nicht zuletzt politische Werte - als ihr Sinn, Zweck oder ihre Leitidee zugrunde. Umgekehrt sichern sie auch die in ihnen geborgenen politischen Inhalte. Politische Strukturen und die sie begründenden Normen sind somit einerseits das Flußbett, in dem politische Prozesse ablaufen; und andererseits werden sie durch politische Prozesse hervorgebracht und aufrechterhalten bzw. verändert, aus-

---

23 Zur Feststellung und Auslegung formaler Normen dient die juristische Methode; siehe S. 203f.
24 Deren systematische Analyse ist die Aufgabe der *Ethnomethodologie*, die ihrerseits einen Zweig der sozialwissenschaftlichen Grundlagenforschung darstellt; siehe Patzelt 1987.

gehöhlt oder zerstört. Sie können zwar grundsätzlich und vollständig, selten aber schon hier und jetzt verändert werden.[25]

Um ihren Gegenstand vollständig zu erfassen, haben Politikwissenschaftler somit jene interessengeprägten Inhalte, konflikthaften Handlungen und mehr oder minder stabilen Strukturen zu untersuchen, die bei der Herstellung allgemeiner Verbindlichkeit eine Rolle spielen. Es ginge darum an der Vielschichtigkeit des Gegenstands der Politikwissenschaft vorbei, wollte man einen Teilbereich dieser Trias gegenüber den anderen *grundsätzlich* bevorzugen, etwa indem man die Disziplin festlegen würde *allein* auf das Studium politischer Ideen, Normen und Interessen ('geistesgeschichtliche', 'normative' bzw. 'ideologiekritische' Orientierung der Politikwissenschaft), auf die Analyse politischer Verhaltensweisen ('behaviouristische Politikwissenschaft'[26]), oder auf die Untersuchung politischer Institutionen ('institutionenkundliche Politikwissenschaft').

3. Merkmale politischer Wirklichkeit und ihre Bedeutung für die Politikwissenschaft

Politische Wirklichkeit bereitet der sie untersuchenden Politikwissenschaft etliche Forschungsprobleme. In vier Gruppen lassen sie sich zusammenfassen: es geht um die *Komplexität* politischer Wirklichkeit, um die *Geschichtlichkeit* politischer Wirklichkeit, um das *'konkurrierende Selbstwissen'* des Forschungsgegenstandes, sowie um die *Verbundenheit des Politikwissenschaftlers* mit seinem Gegenstand.

a. Komplexität politischer Wirklichkeit

Bei der Hervorbringung politischer Wirklichkeit wirken sehr viele Menschen ganz unterschiedlicher Persönlichkeit und freien Willens zusammen; auf äußerst verschiedenen Gebieten werden Sinndeutungen und Handlungen aufeinander abgestimmt und politische Rollengefüge hervorgebracht, aufrechterhalten, verändert oder zerstört; die dem Handeln jeweils zugrunde gelegten Wissensbestände und Sinndeutungen können kulturell, historisch, regional, biographisch und je nach sozialer Schicht der Akteure ganz verschieden sein, und in den jeweils hervorgebrachten politischen Strukturen kann sich ganz verschiedener Sinn ausdrücken; außerdem sind die Prozesse der Hervorbringung, Aufrechterhaltung, Benutzung, Veränderung und Zerstörung jener Strukturen mannigfach miteinander vernetzt,

---

25 Beispielsweise kann man Behörden, Parteien, Parlamente und ganze Regierungssysteme völlig umgestalten, doch in der Regel nur langfristig und unter Ausnutzung günstiger Gelegenheiten.
26 Von engl. 'behaviour', d.h. Verhalten.

verlaufen mit wechselnden Störungen und wandeln sich immer wieder. Politische Wirklichkeit läßt darum meist jene Klarheit und Übersichtlichkeit vermissen, die viele natur- und geisteswissenschaftliche Forschungsgegenstände auszeichnet. Einfachheit und Überschaubarkeit können auch nicht leichthin in der Weise hergestellt werden, daß man jene Ausschnitte politischer Wirklichkeit, mit denen man sich befassen will, beliebig 'zurechtschneidet' und verkleinert, da man dergestalt rasch zu einseitigen, stark verzerrten und ziemlich irreführenden Aussagen gelangt. Man muß sich deshalb damit abfinden, daß politische Wirklichkeit ein äußerst komplizierter Gegenstand ist, und die Politikwissenschaft das menschliche Verlangen nach klaren, einfachen, schnell zu erarbeitenden und leicht nachvollziehbaren Aussagen darum nur selten befriedigen kann.

b. Geschichtlichkeit politischer Wirklichkeit

Politische Wirklichkeit ist, wie erläutert wurde, ein *Produkt vielfältiger, störanfälliger Prozesse*. Ist politische Wirklichkeit über einen bestimmten Zeitraum stabil, weist sie also kaum Wandel, vielleicht gar Stillstand auf, so ergibt sich dies keineswegs aus einem *Mangel* an 'wirklichkeitskonstruktiven Prozessen', sondern nur daraus, daß es routinemäßig gelingt, in aller Selbstverständlichkeit dem politischen Handeln immer wieder *dieselben* Sinndeutungen zugrunde zu legen und so die politischen Strukturen verläßlich zu reproduzieren. Wegen der Komplexität politischer Wirklichkeit und der Störanfälligkeit ihrer Konstruktion wird dies allerdings nur in Ausnahmefällen erreichbar sein.

Häufiger wird es sich so verhalten, daß die in politischen Wirklichkeit bestehenden Konflikte Wandlungen von sozialen bzw. politischen Strukturen erzwingen. Und oft wird es überhaupt nicht möglich sein, Wissensbestände und Deutungsroutinen, Rollenorientierungen und Rollenerwartungen im Lauf der Generationenfolge so weiterzugeben, daß die zu einer bestimmten Zeit bestehende politische Wirklichkeit auch noch von der nachfolgenden Generation rekonstruiert wird. Ferner werden neue technische Möglichkeiten Änderungen sozialer und wirtschaftlicher Strukturen hervorrufen sowie bisher unbekannte Probleme erzeugen, und es werden neue Gedanken alte Selbstverständlichkeiten zum Verblassen bringen. All dies wälzt dann auch politische Wirklichkeit um. In der Regel ist sie darum in Veränderung begriffen. Genau dies bezeichnet der Begriff der 'Geschichtlichkeit'. Solche Geschichtlichkeit politischer Wirklichkeit stellt die Politikwissenschaft vor folgende Probleme:

- Jeder zu einem gegebenen Zeitpunkt beschriebene Zustand politischer Wirklichkeit ist nur ein Zwischenergebnis steten Wandels. Die Beschaffenheit eines bestimmten Zustands politischer Wirklichkeit ist darum erst vor dem Hintergrund jener Prozesse richtig zu begreifen, in denen dieser Zustand sich formte und in deren Verlauf er sich umformen wird.[27] Diesen Wandel in die politikwissenschaftliche Arbeit einzubeziehen heißt, sie 'in historischer Perspektive' zu betreiben.[28] Somit ist unverzichtbar, daß ein Politikwissenschaftler stets die Geschichtlichkeit seines Gegenstands in Rechnung stellt und seine Aussagen in historischer Perspektive reflektiert.

– Aussagen über Zustände politischer Wirklichkeit stimmen natürlich nur solange mit den Tatsachen überein, wie diese sich nicht wandeln. Diese triviale Tatsache hat zu erheblichen Problemen im Selbstverständnis von Sozial- und Politikwissenschaftlern geführt. Vor allem legte sie die Behauptung nahe, es sei ausgeschlossen, daß die Politikwissenschaft zu halbwegs allgemeinen Aussagen über politische Wirklichkeit gelange. Politische Wirklichkeit sei nämlich zu jeder Zeit anders, weswegen man sie nur in ihrer jeweils *individuellen* Eigenart verstehen und beschreiben könne ('idiographisches Vorgehen'[29]). Statt dessen *allgemeine* Aussagen über ihre Beschaffenheit anzustreben ('nomothetisches Vorgehen'[30]), hieße darum, den 'historischen Charakter politischer Wirklichkeit zu verfehlen'. Stimmte diese Behauptung, so ließe sich aus der Geschichte politischer Inhalte, Prozesse und Strukturen nichts lernen, und nichts Vergangenes hätte Aussagekraft für Gegenwart und Zukunft. Dann freilich wäre auch schwer zu erkennen, welchen Nutzen die Politikwissenschaft für die Bewältigung aktuell anstehender politischer Probleme haben könnte.

Doch tatsächlich läßt sich die Frage, ob die Geschichtlichkeit politischer Wirklichkeit die Formulierung allgemeiner Aussagen über Politik zulasse, *nicht vorweg entscheiden*. Vielmehr müssen immer wieder *fallweise zutreffende* Antworten auf diese Frage erarbeitet werden. Zu diesem Zweck müssen – erstens – Aussagen über politische Wirklichkeit grundsätzlich so formuliert werden, daß stets klar ist, auf welchen zeitlich, räumlich oder sächlich abgegrenzten Zustand politischer Wirklichkeit sie sich beziehen. Zweitens können Aussagen über die Beschaffenheit politischer Wirklichkeit, die deren Zustand zu *verschiedenen* Zeitpunkten betreffen, daraufhin *verglichen* werden, ob, in welchen Bereichen und mit welcher Schnelligkeit sich politische Wirklichkeit tatsächlich verändert hat. Drittens können auf der Grundlage solcher Verglei-

---

27 Dies ist ein analytischer Leitgedanke der sogenannten 'historisch-dialektischen Schule' der Politikwissenschaft; siehe hierzu S. 249ff.
28 Aus der zweifellos begründeten Forderung, politische Wirklichkeit stets in historischer Perspektive zu untersuchen, wird bisweilen die freilich überzogene Ansicht abgeleitet, nur über *vergangene* politische Wirklichkeit ließen sich kraft 'historischen Abstands' zutreffende Aussagen erarbeiten, weswegen Politikwissenschaft nur als *historische* Erforschung politischer Wirklichkeit und allenfalls noch als 'Zeitgeschichte' möglich sei. Doch für *praktische* Zwecke werden zutreffende Aussagen gerade über die *zeitgenössische* politische Wirklichkeit benötigt, weswegen aus 'mangelndem historischen Abstand' resultierende Fehlerquellen schlechterdings in Kauf genommen werden müssen.
29 Von griech. 'idíos', d.h. eigentümlich, und 'gráphein', d.h. schreiben.
30 Von griech. 'nómos', d.h. Gesetz, und 'títhesthai', d.h. aufstellen.

che gegebenenfalls allgemeine(re) Aussagen erarbeitet und auf ihren Nutzen für die Bewältigung zeitgenössischer politischer Probleme beurteilt werden.

Bisweilen wurde versucht, die Anerkennung der Geschichtlichkeit politischer Wirklichkeit mit dem Wunsch, auch in der Politikwissenschaft allgemeine(re) Aussagen zu formulieren, in der Weise zu verbinden, daß folgendes Ziel gesetzt und für erreichbar gehalten wurde: Man habe die 'Gesetze des Geschichtsprozesses'[31] aufzudecken, d.h. zu beschreiben, zu erklären und vorherzusagen, welche Richtung die Entwicklung politischer Wirklichkeit 'mit Notwendigkeit nehmen müsse'. Der Reiz solcher 'Geschichtsgesetze' besteht darin, daß sie einen Schlüssel zur klaren Deutung komplexer geschichtlicher Wirklichkeit versprechen: 'Geschichtsgesetze' geben an, wie die vielfältigen Prozesse der Hervorbringung und Wandlung politischer Wirklichkeit zusammenwirken, welchen Sinn diese Prozesse ausdrücken und auf welches Ziel sie 'mit objektiver Notwendigkeit' zulaufen. Wäre dies möglich, so ließe sich anhand bekannter 'Gesetze des Geschichtsprozesses' die jeweils zeitgenössische Wirklichkeit nach Maßgabe des 'historisch Notwendigen' bewerten, könnte der 'fortschrittliche Standpunkt' in den Auseinandersetzungen um die Gestaltung der Gegenwart und Zukunft festgestellt wie mit 'wissenschaftlich begründeter Parteilichkeit' bezogen werden, und ließen sich untrügliche handlungsleitende Prognosen über die künftige Entwicklung erstellen.[32]

Zweifellos ist es sinnvoll, in der Geschichte nach 'Trends' von Prozessen, nach 'Mustern' von Ereignissen, nach 'Rhythmen' von Abfolgen oder nach 'Stufenfolgen' von Entwicklungen zu fahnden und gegebenenfalls zu versuchen, zutreffende Aussagen über sie zu formulieren. *Ob* es solche Sachverhalte gibt und ob Aussagen über sie zutreffend sind, läßt sich aber nicht *vorweg* entscheiden. Ferner ist zwar nicht zu bestreiten, daß man nur dann etwas 'aus der Geschichte lernen' kann, wenn es gelingt, zutreffende Aussagen über solche Sachverhalte zu formulieren. Doch es ist falsch, Aussagen über *bisherige* 'Trends', 'Muster', 'Rhythmen' oder 'Stufenfolgen' als 'allgemeine Geschichtsgesetze' zu deuten.

Erstens ist es nämlich immer der Wissenschaftler selbst, der durch *Auswahl* seines Untersuchungsmaterials und durch *Interpretation* seiner Ergebnisse derartige 'Trends' usw. entdeckt. Selbst wenn seine Aussagen mit den von ihm untersuchten Sachverhalten übereinstimmen, lassen sie sich nicht in überzeugender Weise als 'Gesetz' deuten, das 'Geschichte und Gesellschaft regiert': man kann nämlich nie *ausschließen*, daß Fehler bei der Auswahl und Auswertung des Untersuchungsmaterials bloß den *Anschein* erzeugen, es gäbe ein bestimmtes 'Geschichtsgesetz'. Allerdings ist diese Überlegung kein grundsätzliches Argument gegen den Versuch, durch politikwissenschaftliche Forschung 'Geschichtsgesetze' aufzudecken. Dieses findet sich vielmehr in einer zweiten Überlegung:

---

31   Zur politikwissenschaftlich sinnvollen Verwendung des Gesetzesbegriffs siehe unten S. 74f.
32   Zu diesem 'Historizismus' genannten Versuch siehe Popper 1979 und unten S. 111.

Alle Aussagen über 'Trends', 'Muster' usw. sind Aussagen über *vollzogenen* Wandel politischer Wirklichkeit. Deutet man sie aber als 'Geschichtsgesetze', so wird behauptet, auch *zukünftiger* Wandel werde die aus der Vergangenheit abgeleiteten Merkmale aufweisen. Wandel politischer Wirklichkeit ist aber das Ergebnis eines bestimmte Wissensbestände und Sinndeutungen benutzenden gemeinsamen Handelns von Menschen. Folglich behaupten 'Geschichtsgesetze', auch über *künftige* Wissensbestände und Sinndeutungen von Menschen könne man zutreffende Aussagen formulieren. Doch einerseits lassen sich künftige Wissensbestände und Sinndeutungen, von denen doch die Art künftiger Wandlungen politischer Wirklichkeit abhängen wird, schlechterdings nicht vorhersehen; und andererseits können Menschen auf Vorhersagen künftigen Wandels in Form solcher Sinndeutungen und Handlungen reagieren, die eben jene Voraussetzungen *zerstören*, von deren Gegebenheit die Richtigkeit der Vorhersage abhängt.[33] Die Hoffnung, es ließen sich 'Gesetze des Geschichtsverlaufs' formulieren, kann darum nicht aufrechterhalten werden. Deswegen sollte die Politikwissenschaft die Suche nach ihnen einstellen. Bezüglich der Vergangenheit muß man es mit Aussagen über die *bisherigen* 'Trends', 'Muster' usw. bewenden lassen während man sich bezüglich der Zukunft mit Prognosen über das *wahrscheinlich* zu Erwartende begnügen muß, die ihrerseits nur fehlbare und auf ihre Voraussetzungen oft verändernd wirkende Hinweise darstellen.

c. Das 'konkurrierende Selbstwissen' des Forschungsgegenstands

Politische Wirklichkeit wird von Menschen hervorgebracht, die dabei in Form ihrer im Lauf der Sozialisation entstandenen 'Alltagstheorien'[34] bestimmte Wissensbestände und Sinndeutungen benutzen. Darum ist gemeinsam mit Politik immer schon Wissen über deren Inhalte, Prozesse und Strukturen vorhanden: politisch handelnde Personen wissen natürlich über ihr eigenes Denken, Fühlen, Wollen und Handeln, über die Rahmenbedingungen und Folgen ihres Tuns in großem Umfang Bescheid. Alle diese Wissensbestände liefern den 'Betriebsstoff', mittels dessen die politische Wirklichkeit hervorgebracht wird ('Durchführungsmittel der Wirklichkeitskonstruktion'), und der sich dabei im allgemeinen schon *bewährt* hat. Diese Wissensbestände sollen ganz allgemein als '(politisches) Alltagswissen' oder als 'gesunder Menschenverstand' (engl. 'common sense') bezeichnet werden.

Wann immer ein Politikwissenschaftler an seinen Gegenstand 'politische Wirklichkeit' herantritt, begegnet er folglich Wissensbeständen, in denen eine Fülle zutreffender und bewährter, natürlich aber auch verzerrender und falscher Aussagen über politische Wirklichkeit schon verfügbar ist. Diese Wissensbestän-

---

33 Siehe hierzu die Erörterung der Probleme wissenschaftlicher Prognosen auf S. 108ff.
34 Zu Alltagstheorien und ihrer wirklichkeitskonstruktiven Rolle siehe Berger/Luckmann 1980 und Patzelt 1987; speziell zu politischen Alltagstheorien unten S. 87f.

de, besessen und genutzt von Politik gestaltenden oder Politik erleidenden Menschen, sind dem Gegenstand 'politische Wirklichkeit' natürlich nicht 'äußerlich', sondern *gehören unauflöslich zu ihm*: schließlich werden doch anhand solchen politischen Alltagswissens im Alltagsleben politische Sinndeutungen und Handlungen aufeinander abgestimmt, politische Rollen hervorgebracht und eingenommen, politische Organisationen und Institutionen aufgebaut und aufrechterhalten, wird also politische Wirklichkeit konstruiert und reproduziert. Meist sind die jeweils verfügbaren Bestände an politischem Alltagswissen bestimmter politischer Wirklichkeit *angepaßt*; oft gibt es aber auch erhebliche Unterschiede zwischen der politischen Wirklichkeit, wie sie tatsächlich besteht, und ihrer im politischen Alltagswissen fixierten Wahrnehmung.[35]

Jedenfalls treten die Ergebnisse politikwissenschaftlicher Arbeit immer wieder in Konkurrenz mit solchem Alltagswissen, das politische Wirklichkeit längst schon über sich besitzt. Dies führt einerseits zu einem Problem des Politikwissenschaftlers. Als kompetentes Mitglied der politischen Wirklichkeit, in der er erwachsen wurde, verfügt er ja schon über Common Sense-Wissen um deren Beschaffenheit. Was kann ihn also dazu verleiten, nach zusätzlichen, gar anders lautenden Aussagen über die ihm vertraute politische Wirklichkeit zu suchen?[36] Andererseits entsteht dergestalt ein Problem für jene Menschen, die im politikwissenschaftlich untersuchten Ausschnitt politischer Wirklichkeit handeln. Sie werden nämlich nun mit Aussagen über ihre Lebenswelt und über sich selbst konfrontiert, die sich entweder mit ihrem Alltagswissen decken oder diesem mehr oder minder stark widersprechen. Decken sich politikwissenschaftliche Aussagen mit ihrem Alltagswissen, so gelten sie als trivial: man fragt sich, weswegen jemand 'wissenschaftlich herausfinden muß, was ohnehin ein jeder weiß'. Unterscheiden sich politikwissenschaftliche Aussagen aber vom politischen Alltagswissen, so erlebt man dies kaum als 'nicht-triviale Neuentdeckung', sondern einfach als 'falsche Sichtweise' und als 'irreführende Konkurrenz' zu dem, was man in aller Selbstverständlichkeit bereits 'als richtig weiß'. Deshalb ist es praktisch sehr schwer, sich eine mögliche Überlegenheit politikwissenschaftlicher Aussagen im Vergleich mit jenen vorzustellen, die bereits auf der Grundlage des Alltagswissens und des gesunden Menschenverstandes zu formulieren sind, und hieraus nähren sich weit verbreitete Zweifel am Wissenschaftscharakter der Politikwissenschaft.

d. Die 'Verbundenheit des Politikwissenschaftlers mit seinem Gegenstand'

In diesem Merkmal, das vielfältig mit den Schwierigkeiten des 'konkurrierenden Selbstwissens' verbunden ist, sind vier Problembereiche verknüpft:

---

35 Zum hier einschlägigen Ideologiebegriff siehe S. 36ff.
36 Siehe als Antwort auf diese Frage die Erläuterung des Wissenschaftsbegriffs auf S. 49ff.

- Auch der Politikwissenschaftler teilt in der Regel das Selbstwissen seines Untersuchungsgegenstandes. Einerseits besitzt er dadurch einen wichtigen, oft unverzichtbaren Schlüssel zu dessen Verständnis und Untersuchung. Andererseits kann gerade dieses Selbstwissen beim Politikwissenschaftler den Gedanken daran ersticken, es ließen sich über politische Wirklichkeit Aussagen erarbeiten, die dem, was einem schon der gesunde Menschenverstand sagt, in irgendeiner Weise *überlegen* wären. Weil dies so ist, erhielt die Politikwissenschaft denn auch neue Impulse immer wieder in Zeiten des Umbruchs, in denen die Selbstverständlichkeit des 'Selbstwissens politischer Wirklichkeit über sich' erschüttert war.

- Der 'Pfad der Emanzipation aus der Selbstverständlichkeit politischen Alltagswissens' wird eher durch aktuell anstehende Probleme und durch persönliche Betroffenheit erzeugende Probleme gewiesen als durch die Erfordernisse kontinuierlicher politikwissenschaftlicher 'Kleinarbeit'. Darum wird oft nicht beharrlich an Einzelfragen solange weitergearbeitet, bis eine wirklich befriedigende Antwort verfügbar ist. Vielmehr drängen sich die tatsächlich herausfordernden politikwissenschaftlichen Aufgaben in Form aktueller politischer Probleme nachgerade auf, und anschließend verflüchtigt sich das Interesse an ihrer tatsächlichen Bewältigung im selben Maße, in dem sich die aktuelle Problemlage ändert. Der politikwissenschaftlich erarbeitete Wissensbestand bleibt solchermaßen an die Entwicklungsprobleme politischer Wirklichkeit gekettet, und angesichts der Schnelligkeit des gemeinsamen Wandels aktueller politischer wie politikwissenschaftlicher Probleme lebt die Politikwissenschaft dann weithin von den ohnehin vorhandenen Einsichten des politischen Alltagsdenkens und politischer Alltagstheorien.

- Politikwissenschaftliche Forschung muß von ihrem Gegenstand auch *geduldet* werden. Wenn politische Sachverhalte nicht in Erfahrung gebracht werden können oder wenn über sie kein freier Meinungsaustausch möglich ist, kann Politikwissenschaft nicht entstehen; und wenn weder der Staat noch private Geldgeber Politikwissenschaftler finanzieren, kann das Fach sich nicht halten. Allein schon die *Existenz* von Politikwissenschaft hat darum eine bestimmte Beschaffenheit politischer Wirklichkeit zur Voraussetzung und bildet diese in jener Form ab, in der Politikwissenschaft möglich ist. Dergestalt wirkt der Gegenstand der Politikwissenschaft ganz offensichtlich auf diese zurück.

- Allerdings wirkt auch die Politikwissenschaft verändernd auf politische Wirklichkeit ein. Erstens verlangen Forschungsmethoden wie Befragung, teilnehmende Beobachtung und Experiment[37] ein unmittelbares Zusammenwirken von Politikwissenschaftler und untersuchten Personen. Dergestalt kann die

---

37 Ausnahmen sind natürlich das historische Experiment oder anhand von Computersimulationsmodellen durchgeführte Experimente; siehe hierzu S. 194f. und S. 197.

Beschaffenheit des untersuchten Ausschnitts politischer Wirklichkeit durch den Akt des Forschens selbst verändert werden: Personen finden sich auf Sachverhalte und Handlungsweisen aufmerksam gemacht, die ihnen bislang verborgen blieben; sie verändern nun ihre Sinndeutungen und Handlungsweisen; und deren Wandel ändert die Prozesse der Reproduktion politischer Inhalte und Strukturen, so daß sich schließlich auch ein Teil politischer Wirklichkeit umformen kann. Zweitens werden politikwissenschaftliche Forschungsergebnisse - Wahlprognosen, Aussagen über den gesellschaftlichen Wertewandel, Befunde über die Wirkungsweisen verschiedener Wahlsysteme usw. - oft Bestandteil des 'Selbstwissens' politischer Wirklichkeit und können, auch in Form einer sich selbst bestätigenden oder widerlegenden Prognose[38], als Faktor der Veränderung politischer Wirklichkeit fungieren. Allerdings puffert die 'Sprachgrenze' zwischen politikwissenschaftlicher Fachterminologie und Alltagssprache viele derartige Rückwirkungseffekte von vornherein ab.

Darum darf man beide Rückwirkungen der Politikwissenschaft auf ihren Gegenstand auch nicht überschätzen. Dennoch ziehen sie ernstzunehmende Probleme wie Chancen nach sich. Erstens müssen politikwissenschaftliche Aussagen ihretwegen oft komplexer sein als die Aussagen etwa der Naturwissenschaften, da sie gegebenenfalls auch Aussagen über jene 'Rückwirkungen' enthalten müssen, falls sie praktisch nützlich sein sollen. Zweitens müssen alle Rückwirkungen der Politikwissenschaft auf ihren Gegenstand *ethisch verantwortet* werden. Zwar hat die Politikwissenschaft bislang keine Aussagen von der Brisanz atomwissenschaftlicher oder gentechnologischer Forschungsergebnisse erarbeitet. Dennoch lassen sich drei Bereiche derartiger Rückwirkungen nennen: politikwissenschaftliche Publikationen tragen bei zur Verfestigung oder zum Verblassen von politischen Weltbildern und Wertvorstellungen; Politikwissenschaftler beteiligen sich unter Berufung auf fachwissenschaftliche Kompetenz an öffentlicher Diskussion und politischer Willensbildung; und bei der Benutzung von Forschungsmethoden wie Interview, teilnehmende Beobachtung und Experiment wirken sie auf die untersuchten Personen ein.

4. Vier Dimensionen von Politik

Politik und politische Wirklichkeit sind offenbar ein sehr komplizierter Gegenstand. Kann man sich ihm möglicherweise mit bestimmten Leitfragen und grundlegenden analytischen Kategorien so annähern, daß man *von vornherein* ziemlich sicher sein kann, nichts wesentliches zu übersehen? Ist es möglich, be-

---

38 Siehe hierzu S. 109f.

stimmte 'Findeorte' von vermutlich wichtigen Sachverhalten, von erkenntnisträchtigen Fragestellungen und von nützlichen Argumenten anzugeben, die man so gut wie immer erfolgreich absuchen kann, wenn man Politik betrachtet?

Dies kann tatsächlich geschehen. Zu diesem Zweck macht man sich ein Verfahren zu eigen, welches schon in der Rednerausbildung der Antike gelehrt wurde: es gilt, auf der Grundlage praktischer Erfahrungen für die verschiedensten Reflexions- und Argumentationsbedürfnisse die geeigneten 'Findeorte' zusammenzustellen und sie so aufzubereiten, daß man sie leicht im Gedächtnis behalten und im Bedarfsfall unmittelbar zur ersten gedanklichen Orientierung benutzen kann.[39] Ein solcher Findeort wird mit dem griechischen Wort für 'Ort' ein 'Topos' genannt, die Lehre von solchem Vorgehen demgemäß als 'Topik' bezeichnet. Um zielsicher anhand *mehrerer* Findeorte ('Topoi') in einem Gegenstandsbereich die nach praktischer Erfahrung wichtigsten Merkmale aufzufinden, werden die dafür nützlichen Topoi zu sogenannten 'Topoi-Katalogen' bzw. 'topischen Schemata' zusammengestellt. Je übersichtlicher ein Topoi-Katalog trotz großer inhaltlicher Komplexität ist und je leichter man sich ihn merken kann ('mnemotechnische Funktion'), um so besser läßt er sich in der Praxis verwenden. In dieser 'Einführung' werden mehrere Topoi-Kataloge vorgestellt. Der erste dient dazu, die grundlegenden Dimensionen von Politik sowie deren wechselseitige Bezüge überschaubar zu machen. Er kann bei jeder Betrachtung politischer Sachverhalte als erstes 'diagnostisches Routineverfahren' genutzt werden.

a. Ein Topoi-Katalog: das MINK-Schema

Untersucht man Politik, so ist es hilfreich, stets auf mindestens vier Dimensionen und auf deren Wechselwirkungen zu achten: auf *M*acht, *I*deologie, *N*ormen und *K*ommunikation. Stets auf politische Inhalte, Prozesse und Strukturen zu beziehen, lassen diese analytischen Kategorien sich im folgenden topischen Schema zusammenstellen:

---

[39] Isidor v. Sevilla, der wirkungsmächtige Enzyklopädist des frühen 7. Jahrhunderts, sprach demgemäß von den 'loci ex quibus argumenta promuntur'.

Schaubild 1: Vier Dimensionen von Politik (MINK-Schema)

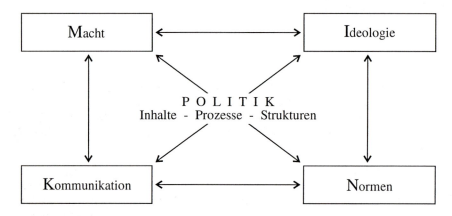

Dieser Topoi-Katalog - 'MINK-Schema' genannt, da er *M*acht, *I*deologie, *N*ormen und *K*ommunikation als analytische Zentralbegriffe aufeinander bezieht - hält seinen Benutzer dazu an, bei jeder Betrachtung von allgemeine Verbindlichkeit bezweckendem Handeln auf die darin enthaltenen Komponenten von Macht, Ideologie, Normen und Kommunikation sowie auf deren Wechselwirkungen zu achten. Konkret meint dies:

— Betrachtet man politische *Inhalte* wie etwa ein Politikprogramm, das bestimmte Ziele erreichen will, so ist beispielsweise zu fragen: Wer hat die Macht, diese Ziele zu verwirklichen oder abzuwenden? Welche Ideologie liegt ihnen zugrunde? Welche Normen werden mißachtet oder sollen eingeführt werden? Wie werden sie dargestellt und bekannt gemacht?

— Betrachtet man politische *Prozesse* wie etwa ein bestimmtes Gesetzgebungsverfahren, so wird man beispielsweise fragen: Wer beeinflußt hier aufgrund welcher Möglichkeiten wen? Welche Weltbilder oder Wissensbestände legt wer seinen Handlungen zugrunde? Anhand welcher Normen wird mit welcher Taktik vorgegangen? Welche Kommunikationskanäle werden von wem wie benutzt, um seinen Einfluß auf das Gesetzgebungsverfahren geltend zu machen?

— Betrachtet man politische *Strukturen* wie etwa eine Partei, so wird man anhand der Systematik des MINK-Schemas beispielsweise fragen: Wer hat innerhalb der Partei Macht? Für welche Problemsichten und Ziele steht diese Partei? Nach welchen formellen und informellen Regeln arbeitet sie? Wie verläuft einerseits die innerparteiliche Kommunikation, andererseits die Kommunikation zwischen Partei und Gesellschaft?

Mit dem MINK-Schema zu arbeiten wird vor allem dann gewinnbringend sein, wenn man ein komplexes Verständnis seiner tragenden Begriffe sowie jener

Wechselwirkungen entwickelt, auf die es verweist. Die folgenden Ausführungen schaffen dafür erste Grundlagen.

b. Macht

Macht ist die Chance, in einer sozialen Beziehung den eigenen Willen auch gegen Widerstreben durchzusetzen, gleichviel, worauf diese Chance beruht.[40] Sie kann in der Verfügung über wirtschaftliche Ressourcen oder über Waffen gründen, in persönlichem Charisma oder in guten Kontakten zu Dritten.[41] Dabei hat Macht gewissermaßen 'drei Gesichter':

- Das erste 'Gesicht der Macht' zeigt sich, wenn tatsächlich *der eigene Wille gegen Widerstreben durchgesetzt* wird und man die gewünschten politischen Inhalte verbindlich macht. Beispielsweise wurde Macht ausgeübt, als der Irak gegen seinen Willen gezwungen wurde, sich aus Kuwait zurückzuziehen.

- Das zweite 'Gesicht der Macht' erblickt man dort, wo es gelingt, *eine Entscheidung zu verhindern*. Dann ist zwar noch nicht der eigene Wille durchgesetzt; immerhin wurde aber auch dem Willen des anderen die Möglichkeit genommen, verbindlich zu werden. Macht in diesem Sinn liegt vor, wenn ein Koalitionspartner ein Gesetzgebungsverfahren blockiert, das zu einer von ihm abgelehnten Regelung führen würde.

- Das dritte 'Gesicht der Macht' läßt sich erkennen, wo es gelingt, schon *die Begriffe und Symbole des Nachdenkens und Streitens über anstehende Entscheidungen zu prägen und zu besetzen*. Dann werden genau die *Durchführungsmittel* politischer Prozesse so gestaltet, daß die eigenen Chancen auf Erfolg im Streit um die Durchsetzung bestimmter politischer Inhalte steigen. Derartige Macht ist beispielsweise gut sichtbar bei der Auseinandersetzung darüber, ob in der öffentlichen Diskussion die Regelungsmaterie des Paragraphen 218 StGB als 'Schwangerschaftsunterbrechung' oder als 'Tötung ungeborener Menschen' zu bezeichnen sei.

In jeder dieser drei Wirkungsweisen ist Macht ein wichtiger Bestandteil von Politik und ein zentraler Gegenstand politikwissenschaftlicher Analyse. Folglich

---

40 Wie der Politikbegriff hat auch der Begriff der Macht sehr viele verschiedene Definitionen gefunden. Es läßt sich wie beim Politikbegriff zeigen, daß der hier benutzte und von Max Weber übernommene Machtbegriff seinen Alternativen aus systematischen Gründen vorzuziehen ist. Derartige Argumentationen - beim Politikbegriff noch angedeutet - werden im folgenden stets unterlassen. Einesteils sprengte ein anderes Verfahren den Umfang dieser Einführung; andernteils müßten derartige Erörterungen das Gesamtgefüge der hier entwickelten Terminologie als Kontext voraussetzen. Ebensowenig ist es möglich, die Quellen der vielen Begriffe nachzuweisen, welche im Lauf dieser 'Einführung' vorgestellt und in einen systematischen Zusammenhang gebracht werden.
41 Vgl. Popitz 1968.

wird man bei jeder Anwendung des MINK-Schemas auf Politik anhand des Topos 'Macht' fragen: Wer hat welche worauf gründenden Chancen, was gegen wen durchzusetzen? Wo wurde bzw. wird tatsächlich von wem gegen Widerstreben wessen was durchgesetzt, und wo werden von wem zu wessen Nachteil welche Entscheidungen verhindert? Wer steigert durch Prägung welcher Durchführungsmittel politischen Streits die Chance, welche Position gegen wen durchzusetzen, oder versucht dies wenigstens?

c. Ideologie

Das Wort Ideologie hat mindestens zwei Bedeutungen. Einesteils wird es bedeutungsgleich mit dem Begriff 'Weltbild' verwendet. In diesem Sinn hat jeder Mensch eine 'Ideologie', anhand welcher er sich in vereinfachender und selektiver Weise von einem bestimmten Blickwinkel aus die um ihn herum bestehende Welt vergegenwärtigt. Im angelsächsischen Bereich weit verbreitet, läßt sich dieser *weite* Ideologiebegriff im Deutschen schwer durchhalten, eignet dem Wort doch stets ein Akzent des Negativen, Falschen und Verblendeten.

Dies ist Reflex jenes *engeren* Ideologiebegriffs, der hier gebraucht wird. Bringt man ihn auf eine vereinfachende Kurzformel, so läßt sich formulieren: Ideologie ist 'falsches Bewußtsein'. Um den engeren Ideologiebegriff über diese Schlagwortdefinition hinaus handhabbar und politikwissenschaftlich benutzbar zu machen, sind zwei weitere Begriffe einzuführen:

– *Operationswirklichkeit* heißt jene Wirklichkeit, in der Menschen handeln, d.h. mehr oder minder erfolgreich 'operieren'. Man kann die Operationswirklichkeit zwar unterschiedlich wahrnehmen und interpretieren, sie sich auch anders beschaffen wünschen, als sie ist. Dies alles verändert sie aber zunächst einmal nicht: man hat Krebs oder nicht *unabhängig* davon, ob man selbst oder ein Arzt darum weiß.

– *Perzeptionswirklichkeit* heißt die in mehr oder minder selektiven und verzerrenden Wahrnehmungen ('Perzeptionen'[42]) entstandene Abbildung der Operationswirklichkeit im menschlichen Bewußtsein. Die Perzeptionswirklichkeit dient sozusagen als jenes Radarbild, anhand dessen man seine Schritte in der Operationswirklichkeit lenkt.

Offensichtlich kann in der Perzeptionswirklichkeit die Operationswirklichkeit zutreffend oder falsch abgebildet werden, wobei wegen der Perspektivität und Selektivität aller menschlichen Erfahrung jede beliebige Zwischenstufe möglich ist. Beispielsweise kann man der Überzeugung sein, man leide an Krebs, obwohl man diese Krankheit gar nicht hat. *Ideologie* im Sinn 'falschen Bewußtseins' ist

---

42 Von lat. 'percípere', d.h. wahrnehmen.

demgemäß eine *Perzeptionswirklichkeit, welche die Operationswirklichkeit unrichtig wiedergibt.*

Zweifellos verhält es sich so, daß besonders das Wissen von Vorgängen und Sachverhalten, die außerhalb der eigenen Lebenswelt liegen, recht lückenhaft, verzerrt und von den Vorurteilen der Übermittler geprägt ist. Gerade politische Strukturen und Prozesse liegen nun aber überwiegend außerhalb der Lebenswelt der meisten Menschen: nur wenige betätigen sich in Parteien; an zentralen politischen Positionen hält sich bloß eine winzige Minderheit auf; und Sachverhalte wie Kriege, Revolutionen oder der Nord-Süd-Konflikt lassen sich persönlich allenfalls ausschnittweise erfahren. Hieraus folgt, daß wohl niemand zutreffend behaupten kann, seine Perzeptionswirklichkeit bilde die politische Operationswirklichkeit vollständig *und* korrekt ab. Vielmehr werden beim politischen Handeln regelmäßig mehr oder minder falsche Perzeptionswirklichkeiten benutzt, wird also ausgehend von Ideologie als falschem Bewußtsein gehandelt. Anders formuliert: *die Durchführungsmittel politischen Handelns sind weitgehend ideologisch.*

Doch die von ihnen angeleiteten Handlungen wirken sich natürlich in der Operationswirklichkeit aus und zeitigen dort Folgen. Dieser Sachverhalt wird in den Sozialwissenschaften als *'Thomas-Theorem'*[43] so formuliert: 'Wenn Menschen eine Situation (= Operationswirklichkeit) als so oder anders beschaffen *definieren* (= Perzeptionswirklichkeit) und von dieser 'Situationsdefinition' ausgehend handeln, dann sind die *Folgen* solchen Handelns *real* (= Konstruktion von Wirklichkeit), ganz gleich wie *irreal* (= ideologisch) die Situationsdefinition war'. Gerade politisches Handeln, das wegen der Komplexität politischer Wirklichkeit fast immer auf mehr oder minder *unzutreffenden* Perzeptionswirklichkeiten beruht, verursacht darum so gut wie regelmäßig unerwartete und überraschende Nebenwirkungen.[44] Diese prägen die tatsächliche und konkret erfahrbare Politik und schaffen ihrerseits einen Regelungsbedarf, der sich z.B. mit den ungeplanten Folgen geplanten politischen Handelns befaßt. Vielfach erweist sich Ideologie darum als zentraler *(Stör-)Faktor* von Politik. Deswegen würde man sich den Weg zum Verständnis der unerwarteten und ungeplanten Nebenwirkungen politischen Handelns versperren, faßte man diese einfach als absichtlich oder zumindest fahrlässig erzeugt auf, statt anhand des vorgestellten Ideologiebegriffs solche *Eigendynamik* politischen Handelns zu erfassen.

Deshalb verweist der Topos 'Ideologie' auf folgende Aufgaben politikwissenschaftlicher Analyse: Es ist festzustellen, wie die Perzeptionswirklichkeiten der untersuchten politischen Akteure aufgebaut sind; welche Unterschiede sie - aus welchen Gründen - im Vergleich mit der (vom Politikwissenschaftler gesondert

---

43 Benannt nach dem amerikanischen Soziologen W.I. Thomas; vgl. Thomas 1972.
44 Tatsächlich lassen sich viele Erscheinungen politischer Wirklichkeit am besten anhand des 'Thomas-Theorems' verstehen, z.B. 'Schweigespiralen-Phänomene' (Noelle-Neumann 1979, 1991), durch massenmediale 'Neophilie' (Roegele 1979) erzeugte Normveränderungen oder das rasche Verschwinden politischer Loyalitäten samt der auf sie gegründeten Institutionen.

zu erfassenden) Operationswirklichkeit aufweisen; auf welche Weise unterschiedliche Perzeptionswirklichkeiten die wechselseitige Abstimmung politischer Sinndeutungen und Handlungen erschweren und dergestalt zu Störungen bei der Konstruktion politischer Wirklichkeit führen; und inwiefern die vom Thomas-Theorem beschriebenen Prozesse ihrerseits die Konstruktion, Reproduktion oder Destruktion politischer Wirklichkeit beeinflussen.

d. Normen

Normen - z.B. Gesetze und Höflichkeitsregeln, Verwaltungsvorschriften und Tabus - sind einerseits konkrete *Regelungen* ('Spielregeln'), die das Leben und Zusammenleben von Menschen prägen, indem sie dem sozialen bzw. politischen Handeln zugrunde gelegt werden. In dieser Rolle sind sie teils Ausdruck von Werten, deren Verwirklichung sie ermöglichen sollen, teils Folgen von Zweckmäßigkeitsüberlegungen. In jedem Fall sind sie ein *Faktor* von sozialer wie politischer Wirklichkeit. Sie können formell oder informell, bewußt gesetzt oder unbemerkt entstanden sein. Als Festlegungen dessen, was allgemein verbindlich sein soll, sind sie ein *Produkt* von Politik.

Andererseits sind Normen *Interpretationshilfsmittel*: anhand von Wissen über verfügbare und geltende Regeln interpretieren Menschen das Handeln anderer Menschen und stellen ihr eigenes Handeln darauf ab. Beispielsweise deutet man ein Kopfnicken eines begegnenden Passanten als Gruß und weiß sodann, daß man nun selbst anhand eines Grußrituals zu antworten hat, wenn man nicht Höflichkeitsregeln verletzen will. Oder man interpretiert Angriffe eines Oppositionsredners auf die Regierung in einer Plenardebatte als Anwendung der Regel, die Opposition habe Fehler der Regierung hervorzuheben, und weiß dergestalt, daß darüber verstimmt zu sein eine unangemessene Reaktion wäre. Auch in dieser Rolle als Interpretationshilfsmittel, das bei der wechselseitigen Abstimmung von Sinndeutungen und Handlungen benutzt wird, sind Normen ein wichtiger Faktor der Konstruktion sozialer wie politischer Wirklichkeit.

Der Topos 'Normen' lenkt politikwissenschaftliche Analyse somit auf folgende Aufgaben: Es sind die Regeln ausfindig zu machen, deren Anwendung die einzelnen politischen Akteure in der untersuchten Situation jeweils *erwarten*; es ist zu klären, welche Regeln sie tatsächlich *befolgen*; es ist festzustellen, inwiefern erwartete und befolgte Regeln so aufeinander passen, daß eine korrekte wechselseitige Interpretation des Sinns der vollzogenen Handlungen gelingen kann; und es ist herauszuarbeiten, wie die Verwendung welcher Regeln als Grundlage des politischen Sinndeutens und Handelns den Prozeß der Hervorbringung, Aufrechterhaltung, Veränderung oder Zerstörung politischer Wirklichkeit beeinflußt.

e. Kommunikation

Kommunikation meint den *Austausch von Informationen und Sinndeutungen.* Dies kann im persönlichen Gespräch oder über Medien aller Art geschehen. Eine neue Qualität kommunikativer Grundlagen von Gesellschaft und Staat wurde durch das Aufkommen der Massenkommunikationsmittel Presse, Hörfunk und Fernsehen erreicht. Soziales Handeln, des Austauschs von Informationen und von Sinndeutungen bedürfend, ist offenbar stets *kommunikatives Handeln,* und Kommunikation ist sozusagen der 'Kitt, der eine Gesellschaft zusammenhält'. Gerade bei politischen Prozessen spielt Kommunikation eine wichtige Rolle: Regelungsbedarf muß mitgeteilt, auf Perzeptionswirklichkeiten muß Einfluß genommen, Entscheidungen müssen begründet und erläutert werden. Man kann formulieren: *die Prozesse der Konstruktion politischer Wirklichkeit sind im Kern Kommunikationsprozesse.* Folglich hat jede Betrachtung von Politik auch eine Untersuchung von Inhalten, Prozessen und Strukturen von Kommunikation zu sein. Konkret macht der Topos 'Kommunikation' den Politikwissenschaftler auf die Notwendigkeit aufmerksam, zum Verständnis des betrachteten Ausschnitts politischer Wirklichkeit folgende Frage zu beantworten: Wer kommuniziert mit wem auf welchen 'Kanälen' worüber aus welchem Grund und mit welcher Wirkung?

Macht, Ideologie, Normen und Kommunikation als Zentralbegriffe politikwissenschaftlicher Analyse, zusammengestellt in ein einfaches Schema mit vier Eckpolen und sechs Wechselwirkungen, dienen als ein jederzeit verwendbares Untersuchungsraster und als Findeorte jener Fragestellungen, die an Politik heranzutragen sind, will man hinter die Kulissen blicken. Dergestalt verhelfen sie dazu, die unter dem Gewand politischer Aktualität verborgene *Architektur* politischer Wirklichkeit sichtbar zu machen. Dies gelingt, wenn man am konkreten Fall die *Wechselwirkungen* zwischen den vier Dimensionen von Politik untersucht. Einige Beispiele genügen zur Demonstration, wie sich in dieser Hinsicht der Topoi-Katalog des MINK-Schemas benutzen läßt:

– Durch *Macht* werden Kommunikationsprozesse gesteuert (etwa: Beschränkungen der Meinungs- und Pressefreiheit), werden bestimmte Weltanschauungen verbindlich gemacht und wird ggf. verhindert, daß durch öffentliche Kritik und freie Wissenschaft der Ideologiegehalt von Behauptungen überprüft und aufgedeckt werden kann. Ebenso dient Macht dazu, Normen in Geltung zu halten und durchzusetzen.

– *Ideologie* bezweckt oft die Rechtfertigung von Macht bzw. die Begründung von Normen; und Kommunikation wird von den meist ideologischen Perzeptionswirklichkeiten der Kommunizierenden geprägt.

– *Normen* können Macht zuteilen (etwa: verfassungsmäßige Befugnisse eines Staatsorgans) und bändigen (etwa: Rechtsstaatsprinzip); sie regulieren außerdem Kommunikationsprozesse und bevorzugen gegebenenfalls bestimmte Ideologien zu Lasten anderer.

- *Kommunikation* dient dazu, Machtansprüche mitzuteilen oder Macht zur Abschreckung zu benutzen. Perzeptionswirklichkeiten werden durch Kommunikation aufgebaut und verfestigt, Normen durch Kommunikation als geltend aufgewiesen oder als unwirksam hingestellt.

Es ist eine sehr nützliche Übung, bei *jeder* Zeitungslektüre zumindest *eine* Nachricht über einen halbwegs komplexen politischen Sachverhalt anhand des MINK-Schemas zu durchdenken. Erstens erwirbt man dadurch Routine bei der Benutzung dieses elementaren politikwissenschaftlichen Diagnoseinstruments. Zweitens gliedert man dergestalt das Anschauungsmaterial, welches die aktuelle Politik der politikwissenschaftlichen Analyse so überreich liefert, anhand tauglicher Kategorien und sammelt so einen leicht benutzbaren Erfahrungsschatz an, welcher für künftige Einschätzungen politischer Sachverhalte sehr nützlich sein wird. Drittens identifiziert man auf diese Weise sehr leicht Wissens- und Bildungslücken: man merkt ja, ob man beispielsweise über die Machtverhältnisse in einem aktuellen Konflikt, über die Perzeptionswirklichkeiten seiner Akteure, über die bei ihm eingehaltenen oder strittigen Spielregeln sowie über die benutzten formellen und informellen Kommunikationskanäle Bescheid weiß oder nicht. Auf diese Weise leitet die regelmäßige Anwendung des MINK-Schemas unmittelbar das nicht zuletzt auf die Erweiterung der persönlichen Wissensbasis abzielende politikwissenschaftliche Studium an.

5. Der 'Schichtenbau' politischer Wirklichkeit

Ferner ist es hilfreich, jeden konkret betrachteten Ausschnitt politischer Wirklichkeit als einen 'Schichtenbau' aufzufassen, bei dem Merkmale der jeweils unteren Schicht in die darüber liegenden Schichten hinaufreichen, auf den jeweils höheren Schichten aber auch eigentümliche Merkmale nur und gerade dieser Schicht festzustellen sind.[45] Vereinfacht läßt sich der Schichtenbau politischer Wirklichkeit so darstellen:

- Die unterste Schicht ('Tiefenstruktur') bilden die genetisch verankerten *Wahrnehmungs-, Informationsverarbeitungs-, Empfindungs- und Verhaltensrepertoires*, mit denen Menschen aufgrund des Verlaufs der Evolution ausgestattet sind. Hier ist konkret jene 'Natur des Menschen' aufzufinden, von der die Beschaffenheit politischer Wirklichkeit in vielfältigen Transformationsprozessen abhängt und welche immer schon ein zentraler Gegenstand politischen Denkens war.

- Eine zweite Schicht besteht aus jenen *kulturspezifischen Wissensbeständen, Interpretationsroutinen und Normen*, die im Lauf von Erziehungs- und Sozia-

---

45 Vgl. Riedl 1985: 66ff.

lisationsprozessen ('Enkulturation') den heranwachsenden Menschen nahegebracht werden und die den 'Stoff' jener Transformationsprozesse darstellen. Während auf der erstgenannten Schicht jegliche soziale und politische Wirklichkeit aufruht, ist diese zweite Schicht bereits eine *kulturspezifische* und somit *vergängliche*: sie ist je nach Raum und Zeit, in dem bzw. in der eine (politische) Kultur besteht und unterschiedliche Erscheinungsformen besitzt, verschieden. Gleichwohl stellt sie das Fundament aller 'höheren' Schichten dar.

- Deren nächste besteht aus den konkret handelnden *Einzelmenschen* und aus ihren persönlichen Merkmalen, Biographien und Verhaltensweisen. Nach einem nur scheinbar banalen Satz werden alle Menschen 'von Müttern geboren' (Alfred Schütz). Das heißt: 'immer schon' gibt es kulturspezifische Wissensbestände, Interpretationsroutinen und Normen, anhand welcher jene soziale bzw. politische Wirklichkeit hervorgebracht wurde, in die nun der einzelne eintritt. Durch Enkulturation übernimmt er sie mehr oder weniger und entwickelt in Auseinandersetzung mit ihnen seine Individualität. Diese wiederum ist der Grundstock jenes sozialen Handelns, durch welches die nächsthöheren Schichten sozialer bzw. politischer Wirklichkeit hervorgebracht werden.

- Aus dem sozialen Handeln einzelner Personen entstehen Rollen und Rollengefüge, und zwar zunächst einmal im Rahmen von *Kleingruppen* aller Art. Ebenso richtig ist die umgekehrte Feststellung: nur die Existenz von aufgrund ihres Rollengefüges funktionstüchtigen Kleingruppen macht es möglich, daß Menschen geboren werden und aufwachsen können. Es spricht vieles dafür, daß die menschliche Natur auf das Leben in Kleingruppen optimiert ist, und daß weiter ausgreifende Rollengefüge die von Natur aus verfügbaren Denk- und Verhaltensweisen überfordern. Hieraus wird verständlich, warum es *bewußter* Sozialisations- und Regulierungsanstrengungen bedarf, um auch komplexere Gesellschaften funktionstüchtig zu erhalten.

- Im Zug der gesellschaftlichen Arbeitsteilung entstanden als nächsthöhere Schicht soziale Netzwerke, welche vielerlei übergreifende Aufgaben erfüllen und die grundlegende Kleingruppenstruktur überlagern: *Organisationen* und *Institutionen* aller Art. Sie können sehr mannigfaltig sein, reichen sie doch vom Handwerksbetrieb bis zum multinationalen Konzern, vom Stammesrat bis zum Parlament und von der Dorfschule bis zur Universität.

- Obschon sich Organisationen und Institutionen über alle territorialen Grenzen hinweg vernetzen können, trat im Lauf der Geschichte eine sie zugleich übergreifende als auch von gleichartigen Organisationen in anderen Regionen mehr oder minder absondernde Organisationsebene auf: das *politische System*.[46] Von ihm wird innerhalb eines bestimmten Gebiets für eine Vielzahl von Organisationen und Institutionen allgemeine Verbindlichkeit hergestellt und durchgesetzt.

---

46 Zum Systembegriff allgemein sowie zu jenem des 'politischen Systems' siehe unten S. 117ff.

- Die nächsthöhere Schicht politischer Wirklichkeit wird hervorgebracht, wenn sich mehrere politische Systeme, zumeist auf einem zusammenhängenden Territorium, immer stärker abstimmen und immer enger integrieren, so daß wiederum eine neue Handlungsebene entsteht. Die Entwicklung des modernen Nationalstaats aus einer Vielzahl von Territorien ist ein Beispiel, die Herausbildung der Europäischen Union als ein supranationales politisches System ein anderes Beispiel.

- Die oberste Schicht politischer Wirklichkeit stellt das mehr oder minder lose vernetzte Handlungsgeflecht *aller* politischen Systeme sowie der in ihnen geborgenen Organisationen und Institutionen dar: die Ebene des *internationalen Systems* und der *transnationalen Beziehungen*.[47]

Weder wird es politischer Wirklichkeit gerecht, die Merkmale einer bestimmten Schicht *allein* aus den Merkmalen der niedrigeren Schicht(en) erklären zu wollen ('Reduktionismus'), noch stimmt im Regelfall die Vermutung, Merkmale der niedrigeren Schicht(en) seien für das Verständnis der jeweils untersuchten Inhalte, Prozesse und Strukturen *gänzlich* unbedeutend. Vernünftigerweise wird man das Modell eines Schichtenbaus darum als Topoi-Katalog benutzen, anhand dessen man die jeweilige Sachlage zu klären versucht. Dabei ist es sinnvoll, auf jeder Schicht zunächst einmal vom Auftreten *neuartiger* Sachverhalte und Merkmale auszugehen ('Emergentismus'), sodann aber danach zu fragen, von welchen Sachverhalten und Merkmalen niedrigerer Schichten wohl die Merkmale einer höheren Schicht geprägt werden. Ferner ist zu bedenken, daß die höheren Schichten im Zeitverlauf auf die niedrigeren Schichten zurückwirken können: Menschen werden nicht nur innerhalb einer bestimmten Kultur sozialisiert, sondern verändern diese auch so, daß nachfolgende Generationen andere kulturelle Rahmenbedingungen für die Ausprägung *ihrer* Individualität vorfinden; im Rahmen von Institutionen und Organisationen können Kleingruppenstrukturen gefördert oder unterdrückt werden; Staaten können sich nach dem Subsidiaritätsprinzip bzw. föderalistisch aus vielfach gestuften politischen Systemen aufbauen (etwa: Kommunen, Länder, Bund), als unitarische Zentralstaaten dies aber auch verhindern; und auf der Ebene des internationalen Systems verursachte Atomkriege könnten selbst die genetisch fixierte Tiefenstruktur des Schichtenbaus politischer Wirklichkeit verändern.

Gegenstand der Politikwissenschaft sind regelmäßig dessen obersten vier Schichten: Organisationen und Institutionen, sofern sie bei der Herstellung allgemeiner Verbindlichkeit eine Rolle spielen; politische Systeme; deren eigenständig agierenden Suprasysteme; sowie das internationale System. Doch auch die nächsten drei Schichten - Kleingruppen, Einzelpersonen, Kultur - ziehen oft die politikwissenschaftliche Aufmerksamkeit auf sich, wobei zumal die Analyse politischer Kultur und politischer Sozialisation inzwischen einen wichtigen Forschungszweig der Politikwissenschaft darstellt. Der untersten Schicht politischer

---

47 Hierzu siehe unten S. 153.

Wirklichkeit wendet sich die Politikwissenschaft jenseits der Bemühungen um eine 'philosophische Anthropologie' im Rahmen des Teilfachs 'Politischen Theorie'[48] bislang aber nur am Rande zu ('biopolitics'[49]). Die Schichten von Tiefenstruktur, Einzelmenschen und Kleingruppen werden in der Regel als 'Mikro-Ebene' politikwissenschaftlicher Analyse bezeichnet, jene des politischen Systems und seiner inter- bzw. transnationalen Vernetzungen als 'Makro-Ebene'. Zwar ist es zweckmäßig, sich als Forscher auf die Analyse *benachbarter* Schichten politischer Wirklichkeit zu spezialisieren. Doch erhellend für das Gesamtverständnis der Konstruktion politischer Wirklichkeit werden die auf den einzelnen Untersuchungsebenen erzielten Ergebnisse zumal dann sein, wenn man sie in den zwischen Mikro- und Makro-Ebene sich erstreckenden *Gesamtzusammenhang* politikwissenschaftlicher Analyse einzufügen versteht.

Einige Beispiele zeigen, daß die Gegenstände der Politikwissenschaft tatsächlich auf jeder Schicht politischer Wirklichkeit eigenständige Merkmale aufweisen, die sich schwerlich auf die Merkmale der jeweils niedrigeren Schichten reduzieren lassen: eine Partei ist etwas anderes als die Summe der genetisch fixierten Verhaltensrepertoires ihrer Mitglieder, ein Staat etwas anderes als die Summe der in ihm lebenden Menschen, die EU etwas anderes als die Summe ihrer Mitgliedstaaten. Nichtsdestoweniger reichen die Merkmale der jeweils niedrigeren Schichten in die Eigenart der Gegenstände auf jeweils höheren Schichten hinein: die Funktionsweise der UNO änderte sich, als sich die Sowjetunion als ihr Teilstaat änderte und schließlich verschwand; die Beschaffenheit der Bundesrepublik Deutschland änderte sich, als sich ihre Studenten zur 68er-Bewegung formten; der Charakter der FDP änderte sich jeweils, als sie die Mitglieder der LDPD in sich aufnahm und wieder verlor; Wechsel im engsten politischen Umfeld eines Bundeskanzlers haben Auswirkungen auf die Beziehungen zwischen Regierungsfraktionen und Regierung; und Beeinträchtigungen bestimmter Gehirnregionen verändern das Wesen eines Menschen. Es hängt ganz vom jeweils betrachteten Fall ab, ob und welche Merkmale der 'unteren' Schichten auf den betrachteten Ausschnitt politischer Wirklichkeit ausstrahlen. In jedem Fall ist ein Politikwissenschaftler gut beraten, seinen Untersuchungsgegenstand zunächst im Schichtenbau sozialer Wirklichkeit zu verorten und ihn anschließend sorgfältig nach möglichen Auswirkungen der jeweils niedrigeren Schichten abzusuchen: dann erst kann er halbwegs sicher sein, sich über die Prägefaktoren seines Gegenstands nicht zu täuschen.

---

48 Zu diesem Teilfach der Politikwissenschaft siehe unten S. 162ff.
49 Siehe etwa Flohr/Tönnesmann 1983.

6. Kontextfaktoren von Politik: das AGIL-Schema

Neben dem MINK-Schema und dem Schichtenmodell politischer Wirklichkeit sollte stets noch ein weiterer Topoi-Katalog diagnostisch benutzt werden, wenn eine erste Klärung der Eigenart eines interessierenden politischen Sachverhalts angestrebt wird: das AGIL-Schema. Einer komplexen Theorie sozialen Handelns, sozialer Strukturen und ihrer Funktionen[50] entstammend, erweitert es den analytischen Horizont über die Betrachtung bloß jener Handlungen hinaus, die der Herstellung allgemeiner Verbindlichkeit dienen.[51] Es beansprucht nämlich, *alle* Funktionen überschaubar zu machen, die handelnde Personen ebenso wie soziale Systeme erfüllen müssen. Dergestalt lenkt es die Aufmerksamkeit systematisch auch auf die *Kontextfaktoren* des speziell politischen Handelns. Die für solche topische Zwecke wichtigsten Grundgedanken des AGIL-Schemas lassen sich wie folgt umreißen:

- Jeder Handelnde ('Persönlichkeitssystem') und jedes 'soziales System' (z.B. eine Firma, Partei oder Kirche), hat *vier Grundaufgaben* bzw. *vier Grundfunktionen* zu erfüllen:

    * 'A': Anpassung des Systems an seine Umwelt und Regelung des Austauschs von Ressourcen aller Art mit ihr ('adaptation').

    * 'G': Festlegung von Zielen, Durchführung zielverwirklichenden Handelns sowie Erfolgskontrolle ('goal attainment').

    * 'I': Sicherung des Zusammenhalts des Systems durch Gewährleistung einer stabilen Verknüpfung seiner Elemente ('integration').

    * 'L': Absicherung der Struktur des Systems. Bei sozialen Systemen geht es im wesentlichen um die Aufrechterhaltung jener Wissensbestände, Sinndeutungen, Wertvorstellungen und Normen, kurz: jener *Grundprinzipien*, anhand welcher die Struktur des Systems hervorgebracht und reproduziert wird ('latent pattern maintenance').

- Jedes System muß *kontinuierlich* alle vier Aufgaben erfüllen, will es nicht seine Existenz gefährden. Die Erfüllung jeder einzelnen Funktion wirkt dabei auf die Erfüllung aller anderen Aufgaben ein. Eine Gewerkschaft kann sich nicht jedes beliebige Ziel setzen, wenn sie nicht ihren inneren Zusammenhalt gefährden will (G-I); eine Firma, die stets Defizite erwirtschaftet, wird ihre Mitarbeiter nicht auf die Dauer motivieren können (A-L); ein auf die Siche-

---

50 'Funktion' meint die Aufgabe, welche eine bestimmte Struktur oder ein bestimmtes System im Rahmen einer übergreifenden Struktur oder eines übergreifenden Systems erfüllt; siehe die Einführung des Funktionsbegriffs auf S. 118.
51 Diese Theorie wird 'Strukturfunktionalismus' genannt; ihr wichtigster Vertreter und Urheber des AGIL-Schemas war der amerikanische Soziologe Talcott Parsons.

rung der Menschenrechte verpflichteter Staat kann innere Spaltungen nicht durch Unterdrückungsmaßnahmen ausgleichen (L-I); die Finanzlage einer Partei legt dieser bei der Auswahl einer bestimmten Wahlkampfstrategie Fesseln an (A-G); praktizierter Teamgeist in einem Betrieb ermöglicht eine rasche Anpassung der Produktion an die Marktlage (I-A); und die von der Regierung eines demokratischen Staates immer wieder öffentlich bekräftigten Wertgrundlagen eines Staates beschränken die Art der Ziele, welche sich diese Regierung setzen kann (L-G).

- *Jedes* System hat unabhängig von seiner Größe oder Komplexität diese vier Grundfunktionen zu erfüllen. In komplexeren Systemen ist es allerdings möglich, daß sich Teilsysteme arbeitsteilig auf die Erfüllung jeweils bestimmter Einzelaufgaben spezialisieren, wobei deren Wirkungsweisen in der Regel einander durchdringen. Zunehmende Arbeitsteilung kann beispielsweise dazu führen, daß in einer Gesellschaft ein bestimmtes Teilsystem schwerpunktmäßig die Aufgabe übernimmt, Ziele zu setzen und sich durch Herstellung allgemeiner Verbindlichkeit um ihre Verwirklichung zu kümmern. Ein dergestalt schwerpunktmäßig auf die G-Funktion spezialisiertes Teilsystem einer Gesellschaft ist regelmäßig deren politisches System. Im Rahmen einer Gesellschaft wird weiterhin die A-Funktion (Austausch mit der Umwelt des Systems durch Produktion, Verteilung und Entsorgung der nötigen Ressourcen) v.a. durch das Wirtschaftssystem wahrgenommen; die I-Funktion (Integration der Gesellschaft) erfüllen z.B. Kommunikationssysteme wie das System der Massenmedien, doch auch Verbands- und Verwandtschaftssysteme; und die L-Funktion (Aufrechterhaltung von Grundprinzipien) wird etwa von Bildungseinrichtungen und Kirchen realisiert. Dabei gilt: Jedes auf die Erfüllung einer Teilfunktion spezialisierte System hat auch für sich selbst alle vier Einzelfunktionen wahrzunehmen. Das schwerpunktmäßig der gesellschaftlichen G-Funktion gewidmete politische System erfüllt z.B. in Gestalt der staatlichen Finanzverwaltung für sich selbst die A-Funktion, durch die politische Willensbildung in Parlament und Regierung die G-Funktion, über das Parteiensystem die I-Funktion und mittels öffentlicher politischer Diskussion die L-Funktion.

Schematisch lassen sich diese vier Funktionen und ihre Wechselwirkungen so darstellen:

Schaubild 2: Das AGIL-Schema

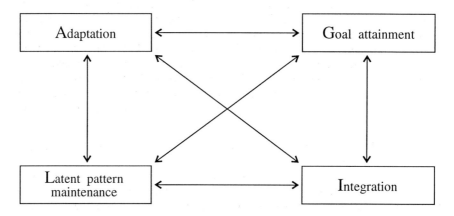

Auch dieses Schema ist leicht im Gedächtnis zu behalten. Hat man sich seinen Aufbau und die Bedeutung seiner Bestandteile einmal klar gemacht, so läßt es sich wie das MINK-Schema bei jeder Untersuchung eines sozialen oder politischen Systems benutzen. Im einzelnen geschieht dies so:

- Betrachtet man einen Staat oder eine Partei, eine Gewerkschaft oder einen Verband, so fragt man sich der Reihe nach, wie im betrachteten System der Austausch mit dessen Umwelt organisiert ist, wie in ihm Ziele gesetzt bzw. verwirklicht werden, wie es sich zusammenhält und wodurch es seine Prinzipien erzeugt bzw. diese aufrechterhält.

- Anschließend betrachtet man die Wechselwirkungen, die zwischen den Bemühungen um die Erfüllung der einzelnen Funktionen bestehen. Dergestalt zwingt man sich dazu, die gesamte Komplexität jener Prozesse zur Kenntnis zu nehmen, in denen das interessierende System bzw. der interessierende Ausschnitt sozialer oder politischer Wirklichkeit hervorgebracht wird.

- Koppelt man das AGIL-Schema mit dem Schichtenmodell politischer Wirklichkeit, so gewinnt man einen dreidimensionalen 'analytischen Raum', in dem man jeden Gegenstand politikwissenschaftlicher Analyse verorten und genau dadurch sicherstellen kann, daß der Aufmerksamkeit nichts Wichtiges entgeht.[52] Praktisch entsteht dadurch ein weiterer Topoi-Katalog. Anhand seiner wird man - erstens - auf jeder Schicht politischer Wirklichkeit, zumindest aber auf der Ebene von Einzelpersonen, Kleingruppen, übergreifenden arbeitsteiligen Systemen (Parteien, Verbänden, Verwaltungen, Parlamenten usw.) oder ganzen Gesellschaften herausfinden wollen, wie auf ihr die vier

---

52 Zur Konstruktion von und zur Arbeit mit derartigen Merkmalsräumen siehe unten S. 88ff, zur Kopplung von AGIL-Schema und Schichtenmodell bei der Analyse internationaler Politik S. 165ff.

Grundfunktionen erfüllt werden und wie deren Wechselwirkungen ablaufen. Zweitens wird man wissen wollen, wie die Erfüllung einer Funktion auf einer bestimmten Ebene mit der Erfüllung der Grundfunktionen auf den niedrigeren oder höheren Schichten zusammenhängt. Fragen dieser Art können beispielsweise lauten: Wie wird die Finanzierung der Parteien von den Wertgrundlagen eines Staates geprägt? Welche Zielsetzungen von Einzelpersonen führen auf der Ebene von Betrieben zu welchen Möglichkeiten, Prinzipien der Geschäftspolitik zu formulieren? Welche Zielsetzungen von Einzelstaaten führen zu welchen Integrationsproblemen auf der Ebene des internationalen Systems?

Wie das MINK-Schema sollte man auch das AGIL-Schema bei *jeder* Zeitungslektüre mindestens *einmal* systematisch zur Klärung eines halbwegs komplexen politischen Sachverhalts benutzen, denn auch dank dessen Einsatz kann man einerseits Vorwissen ordnen, andererseits Wissenslücken und somit Aufgaben weiteren Studiums entdecken. Gebraucht man es - gemeinsam mit dem MINK-Schema - gründlich in allen drei beschriebenen Weisen, so kann man nach getaner Arbeit so gut wie sicher sein, sein Vorwissen optimal ausgeschöpft zu haben. Daran anschließend die noch offenen Fragen zu beantworten, ist sodann die Aufgabe weiterführender wissenschaftlicher Arbeit und Forschung.

III. Was ist Wissenschaft?

1. Wissenschaft - eine Definition

Wie beim Politikbegriff gibt es auch von 'Wissenschaft' viele verschiedene Definitionen. Wiederum ist eine solche zu bevorzugen, die zugleich klar und umfassend ist. Es läßt sich zeigen, daß die folgende Definition diesem Anspruch genügt:[53]

Wissenschaft ist jenes menschliche Handeln, das auf die Herstellung solcher Aussagen abzielt, die jenen Aussagen an empirischem[54] *und logischem Wahrheitsgehalt überlegen sind, welche schon mittels der Fähigkeiten des gesunden Menschenverstandes ('Common sense-Kompetenzen') formuliert werden können.*

Dieser Begriff von Wissenschaft verwendet ein scheinbar bescheidenes Kriterium. Er setzt sich klar von Positionen ab, welche von Wissenschaft *mehr* verlangen als die Überschreitung von Grenzen des gesunden Menschenverstandes. Andere Wissenschaftsbegriffe fordern nämlich die Begründbarkeit, Beweisbarkeit oder Wahrheit aller Aussagen, die als wissenschaftlich gelten sollen. Es läßt sich aber zeigen, daß in der Vergangenheit als wissenschaftlich akzeptierte Aussagen diese Kriterien oft nicht erfüllt haben, ohne daß man gleichwohl ihre Urheber und deren Bemühungen mit guten Gründen aus dem Bereich der Wissenschaft ausgrenzen könnte. Darum ist es nötig, der Wissenschaft von vornherein nicht mehr abzuverlangen, als bestenfalls geleistet werden kann, zugleich aber kompromißlos auf der Erfüllung der unverzichtbaren Minimalforderungen zu bestehen. Nutzen und Reichweite des hier gebrauchten Wissenschaftsbegriffs werden klar, wenn man seine Bestandteile näher betrachtet.

Erstens gilt: *Wissenschaft ist etwas, was Menschen betreiben; sie ist menschliches Handeln zu bestimmten Zwecken gemäß einer Reihe von Regeln, welche das Erreichen jener Zwecke gewährleisten sollen.*

Auch für das Wissenschaft realisierende Handeln gilt natürlich alles, was bei der Vorstellung des Politikbegriffs an allgemeinen Merkmalen menschlichen Handelns genannt wurde.[55] Vor allem lenkt die Beschreibung von Wissenschaft als *Handeln* die Aufmerksamkeit darauf, daß bei wissenschaftlicher Tätigkeit die *Weltanschauungen*, *Wertvorstellungen* und *Interessen* fehlbarer Menschen im Spiel sind, ganz wesentlich die konkrete Wissenschaftspraxis prägen und unbe-

---

53 Eine ausführliche Darstellung der in diesem Kapitel behandelten Themen findet sich in Patzelt 1986.
54 Von griech. 'empeiría', d.h. Erfahrung. Im folgenden werden Begriffe wie 'empirischer Wahrheitsgehalt' oder 'empirische Forschung' eingehend erläutert.
55 Siehe oben S. 16ff.

dingt bei der Festsetzung jener Regeln berücksichtigt werden müssen, welche die Verwirklichung der wissenschaftlichen Ziele sicherstellen sollen. Es sei ferner klargestellt, daß unter den Wissenschaftsbegriff nicht nur jene Tätigkeiten fallen, die als 'Forschung' *unmittelbar* die Herstellung wissenschaftlicher Aussagen bezwecken. Sondern unter ihn fällt auch alles Handeln, welches Forschung vorbereitet, absichert, auf Dauer stellt oder weitergibt. Wissenschaft sind also neben der Forschung auch Tätigkeiten wie akademische Lehre, Wissenschaftsmanagement und Publikation, was alles die Produktion wissenschaftlicher Aussagen ermöglicht oder wissenschaftliche Aussagen bekannt macht.

Das zweite Element der hier benutzten Wissenschaftsdefinition stellt die folgende Behauptung dar: *Der Zweck von Wissenschaft besteht darin, ein bestimmtes Gut zu produzieren - nämlich Aussagen.*

Sechs Arten von zu produzierenden wissenschaftlichen Aussagen lassen sich unterscheiden:

- *Beschreibungen* von Inhalten, Prozessen und Strukturen, z.B.: 'Historischer Materialismus meint: ...'; 'Der Kalte Krieg verlief in folgenden Phasen: ...'; 'Das britische Regierungssystem ist wie folgt aufgebaut: ...'.

- *Wenn/Dann-Aussagen*, z.B.: 'Wenn es in einem Staat ein Mehrheitswahlrecht in Ein-Mann-Wahlkreisen gibt, dann weisen die Parteien dieses Staates folgende Merkmale auf: ...'.

- *Erklärungen*, z.B.: 'Die DDR brach zusammen, weil ...'.

- *Prognosen*, etwa: 'Bei der morgigen Bundestagswahl wird es zu folgenden Stimmenanteilen der Parteien kommen: ...'.

- *Werturteile*, z.B.: 'Es ist gut, wenn es in einem Staat Opposition gibt'.

- *Handlungsanweisungen*, z.B.: 'Es soll die EU folgende Neumitglieder aufnehmen: ...'.

Offenbar lassen sich derartige Aussagen im Prinzip *von jedermann* formulieren. Die durch wissenschaftliches Handeln zu produzierenden Aussagen sollen indessen *besondere* Eigenschaften aufweisen, die sie von solchen Aussagen unterscheiden, die ein jeder schon aufgrund seiner Common Sense-Kompetenzen treffen kann.

Die erste anzustrebende Eigenschaft ist so zu beschreiben: *Wissenschaft zielt auf empirisch wahre Aussagen.* Dieses Merkmal, das wissenschaftliche Aussagen aufweisen sollen, heißt 'empirischer Wahrheitsgehalt'. Er liegt vor, wenn eine Aussage so formuliert wird, daß sie keine andere Beschaffenheit jenes Sachverhalts behauptet, auf den sie sich bezieht ('empirischer Referent'), als sie dieser Sachverhalt tatsächlich aufweist.[56] Beispielsweise ist die Aussage 'Die britische Königin hat keinen Einfluß auf die Regierungspolitik' genau dann empirisch *wahr*, wenn die britische Königin wirklich keinen Einfluß auf die Regierungspolitik hat; andernfalls ist die Aussage empirisch *falsch*. Bisweilen läßt sich nicht präzis angeben bzw. feststellen, in welchem Umfang eine Aussage mit den Tatsachen, auf die sie sich bezieht, übereinstimmt. Ersteres ist etwa bei folgender Aussage der Fall: 'Die wichtigsten politischen Entscheidungen in der Frühphase der Bundesrepublik Deutschland traf Bundeskanzler Adenauer persönlich'. Bei solchen Aussagen spricht man abschwächend vom 'empirischen Wahrheitsgehalt' einer Aussage, der je nach dem Grad der Übereinstimmung dieser Aussage mit ihrem Referenten größer oder geringer sein kann.

Empirisch wahre Aussagen zu formulieren, ist das Ziel 'empirischer Forschung'. Deren Aufgabe ist bisweilen leicht, bisweilen schwierig. Dies zeigen die folgenden Beispiele:

- 'Der deutsche Bundeskanzler heißt ...'.
- 'Die Sitzverteilung im Deutschen Bundestag lautet derzeit: ...'.
- 'Die Kompetenzen zwischen Bund und Ländern sind in Deutschland wie folgt verteilt: ...'.
- 'Wahlsystem und Parteienstruktur hängen in demokratischen Staaten wie folgt zusammen: ...'.
- 'Die wesentlichen Faktoren für den Zusammenbruch der SED-Herrschaft in der DDR waren: ...'.
- 'Der Kalte Krieg entstand, weil ...'.
- 'Kriege haben im allgemeinen folgende Ursachen: ...'.
- 'Der Nord-Süd-Konflikt läßt sich wie folgt beilegen: ...'.

Stets überprüft man Aussagen auf ihren empirischen Wahrheitsgehalt dadurch, daß man Informationen über die Beschaffenheit ihres empirischen Referenten einholt und sodann auswertet. Konkret studiert man - angeleitet von Vermutungen des gesunden Menschenverstandes ('Alltagstheorien') oder von wissenschaftlichen Theorien - geeignete Dokumente, befragt man Auskunftspersonen, beobachtet man Sachverhalte aller Art oder verfährt auf andere zweckdienliche Weise. Indem man - angeleitet von Alltagstheorien oder von wissenschaftlichen Theorien - die gewonnenen Informationen aufzeichnet, *erzeugt* man 'Daten'; diese bereitet man anschließend in geeigneter Weise auf und analysiert sie.[57] Aus dem Ergebnis der

---

56 Diese Bestimmung des Wahrheitsbegriffs heißt '*Korrespondenz*theorie der Wahrheit'. Zu ihr und zu konkurrierenden Wahrheitstheorien siehe Patzelt 1986: 89-100.
57 Zu den in der Politikwissenschaft gebräuchlichen Methoden der Datenerhebung und Datenanalyse siehe S. 181ff.

Datenanalyse gewinnt man einerseits neue empirische Aussagen oder schließt man andererseits auf den Wahrheitsgehalt der überprüften empirischen Aussagen.[58]

Neben die Forderung, Wissenschaft habe empirisch wahre Aussagen zu erzeugen, tritt die folgende: *Wissenschaft zielt auf logisch wahre Aussagen.* Dieses zweite Merkmal, welches wissenschaftliche Aussagen aufweisen sollen, heißt 'logischer Wahrheitsgehalt'. Er liegt vor, wenn Aussagen bzw. Gefüge von Aussagen logisch richtig sind, also keine Denkfehler enthalten. Dies ist bei Einzelaussagen und kurzen Argumenten zwar meist leicht zu erreichen. Schwierig ist es indessen, die *vielen* Aussagen, die man für die Diagnose eines *komplexen* Sachverhalts benötigt, so miteinander zu vernetzen, daß nicht nur bei der Argumentation keine unlogischen Schlußfolgerungen unterlaufen, sondern daß auch die bloß *möglichen* Schlußfolgerungen aus den Prämissen der Argumentation nicht zu Widersprüchen führen. Da politische Wirklichkeit ein äußerst komplexer Gegenstand ist, kann nicht von vornherein erwartet werden, allein auf der Grundlage des gesunden Menschenverstandes formulierte Aussagengefüge würden politischen Inhalten, Prozessen und Strukturen zugleich sachlich gerecht und enthielten auch keine logischen Widersprüche.

Den logischen Wahrheitsgehalt von Aussagen und Aussagengefügen zu überprüfen bzw. ihn herzustellen, ist eine der Aufgaben von 'theoretischer Forschung'. Sie rekonstruiert die Struktur von Argumentationen und nutzt sodann die Logik als diagnostisches Instrument (als 'Organon der Kritik').[59] Theoretische Forschung, welche *Aussagen* zu ihrem Untersuchungsgegenstand macht, ist offensichtlich 'eine Ebene höher' angesiedelt als es jene Aussagen sind, die sie analysiert. Diesen Ebenenunterschied kennzeichnet man durch das Begriffspaar 'Objektebene' und 'Meta-Ebene':[60] auf der Objektebene befinden sich jene Aussagen, über welche man auf der Meta-Ebene in Form von 'Meta-Aussagen' spricht.[61]

Wissenschaft hat das Ziel, empirisch wie logisch wahre Aussagen zu erarbeiten. Sie wird es zwar häufig *verfehlen*; dies ändert aber nichts daran, daß um dieses Ziel bemühtes Handeln Wissenschaft darstellt. Denn weil Forschung an die Grenzen verfügbaren Wissens gehen und über sie hinausgelangen will, weiß man natürlich gerade bei wissenschaftlicher Arbeit oft nicht genug, um tatsächlich zutreffende Aussagen formulieren zu können, und muß im weiteren Verlauf der Forschung erst noch vieles hinzulernen; dabei übersieht man nicht selten wichtige

---

58 Zur von der Art der zu prüfenden Aussage abhängigen Prüfstrategie ('Verifikation vs. Falsifikation') siehe S. 72f.
59 Wenn nicht die Verwendung eines anderen Logiksystems vereinbart wurde, gilt stets die sogenannte 'zweiwertige Logik' als 'Geschäftsgrundlage', welche auch vom gesunden Menschenverstand benutzt wird. D.h.: eine Schlußfolgerung ist entweder richtig oder inkorrekt, eine Aussage entweder wahr oder falsch.
60 Von griech. 'metá', d.h. darüber hinaus.
61 Auf der Objektebene bewegt man sich beispielsweise, wenn man über Politik diskutiert; die Analyse dieser Diskussion führt zu Aussagen auf der Meta-Ebene; und durch eine Erläuterung der Analysevorgänge wird gar die Meta-Meta-Ebene politischer Diskussion erreicht.

Sachverhalte und kommt darum zu falschen Aussagen; und immer wieder unterlaufen Denk- und Argumentationsfehler, die man lange Zeit nicht entdeckt. Folglich kann sich Wissenschaft *nicht* von daher bestimmen, daß die von ihr erzeugten Aussagen empirisch oder logisch wahr *sind*, sondern allein dadurch, daß man sich nach besten Kräften darum *bemüht*, wahre Aussagen zu formulieren und falsche Aussagen zu vermeiden, zu entdecken und zu korrigieren. Eine als falsch nachgewiesene Aussage wird mithin durch den Nachweis ihrer Falschheit nicht zu einer 'unwissenschaftlichen' Aussage, und ebensowenig wird das Bemühen um die Erarbeitung einer zunächst für wahr gehaltenen, dann aber als falsch zurückgewiesenen Aussage dadurch zu einem 'unwissenschaftlichen Vorgehen', daß man die Falschheit der erzielten Ergebnisse im nachhinein entdeckt. Unwissenschaftlich ist es allein, sich um den empirischen oder logischen Wahrheitsgehalt von Aussagen nicht zu kümmern oder als falsch nachgewiesene Aussagen weiterhin als wahr auszugeben.

Bester Schlüssel zum Verständnis des hier erläuterten und benutzten Wissenschaftsbegriffs ist dessen letztes Element: *Wissenschaft ist der Versuch einer Emanzipation aus den Fesseln des gesunden Menschenverstandes, ist der Versuch, über dessen Grenzen dort hinauszugehen, wo einen Alltagswissen und Alltagstheorien im Stich lassen.*[62] Natürlich besteht keinerlei Bedarf an wissenschaftlichen Bemühungen um die Erarbeitung empirisch oder logisch wahrer Aussagen, wenn für deren Formulierung schon die unmittelbar zugänglichen Informationen bzw. die Fähigkeiten des gesunden Menschenverstandes ausreichen. Tatsächlich braucht es wegen des ausgedehnten 'Selbstwissens politischer Wirklichkeit über sich' für die Beschreibung sehr vieler politischer Sachverhalte auch durchaus *keine* besondere Wissenschaft von der Politik. Dies wiederum erschwert es durchaus, den sehr wohl gegebenen Nutzen der Politikwissenschaft für die Erhellung vieler *anderer* Sachverhalte plausibel zu machen. Dieser Nutzen ist in den folgenden Fällen allerdings nicht zu übersehen:

– Man beschäftigt sich mit Sachverhalten, für die sich der gesunde Menschenverstand ohnehin nicht interessiert, etwa mit folgender Frage: 'Welche Argumente sprechen für, welche gegen die Annahme, es gäbe vorstaatliche Menschenrechte?'

– Es gibt ohne besondere Bemühungen einfach keine Informationen, um eine bestimmte Frage zu beantworten, z.B. folgende: 'Welche Stimmenanteile

---

62 Im einzelnen gibt es drei Wege einer Emanzipation vom Alltagsdenken: jene der *Wissenschaft*, der *Kunst* und der *Religion*. Typisch für mißlingende Emanzipationsversuche ist das Verlangen, das Alltagsdenken *gleichzeitig* in alle drei Richtungen zu verlassen, etwa: mittels Wissenschaft religiöse Überzeugungen zu 'untermauern'; in der Wissenschaft einen Religionsersatz zu finden; wissenschaftlichen Texten weniger Klarheit, als vielmehr literarischen Wert abzuverlangen; bzw. sich vom ästhetischen Eindruck eines Arguments so sehr bannen zu lassen, daß die Frage nach dessen Stimmigkeit und Begründetheit als nachgerade kleingeistig gilt. Siehe zu diesen drei Emanzipationsmöglichkeiten Patzelt 1986: 85-88.

würden die einzelnen politischen Parteien bekommen, wenn am nächsten Sonntag Bundestagswahl wäre?'

- Der gesunde Menschenverstand reicht nicht aus, um eine bestimmte Frage hier und jetzt zu beantworten, etwa diese: 'Mit welcher Priorität müßten in Polen welche Maßnahmen ergriffen werden, um die Stabilität des Regierungssystems zu verbessern?'

- Der fragliche Sachverhalt ist so komplex, daß zwar erste, annäherungsweise wohl empirisch wahre Aussagen auf der Grundlage des gesunden Menschenverstandes zu formulieren sind, dennoch aber tiefer greifende oder besser abgestützte Aussagen erwünscht wären z.B.: 'Wie läßt sich im Staat X eine Inflation vermeiden?'

- Der Sachverhalt, über den man zutreffende Aussagen benötigt, ist einfach zu kompliziert, als daß innerhalb der Kompetenzen des gesunden Menschenverstandes Aussagen mit dem Anspruch, empirisch wahr zu sein, erarbeitet werden könnten, etwa: 'Wie hängt die Besteuerung von Zinserträgen mit der internationalen Wettbewerbsfähigkeit einer Volkswirtschaft zusammen?'

- Aussagenzusammenhänge sind schlechterdings zu komplex, als daß ihre Stimmigkeit auf der Grundlage allein der Kompetenzen des gesunden Menschenverstandes überprüft werden könnte, etwa: 'Ist folgendes Argument für (oder gegen) die Annahme einer Existenz von vorstaatlichen Menschenrechten schlüssig: ...?'

- Es ist erwünscht oder notwendig, die schon auf der Ebene von Alltagswissen und Common Sense möglichen Aussagen in größere Zusammenhänge einzubetten, da dann erst die 'Gestalt' des interessierenden Gegenstands oder Problems sichtbar wird. Beispielsweise will man wissen, ob sich allgemeine Ursachen für den Übergang von freiheitlichen politischen Ordnungen hin zu diktatorischen Regierungsweisen angeben lassen. Dann wird man letztlich nicht damit zufrieden sein, nur die gerade bekannten Fälle zu schildern, sondern wird herauszufinden versuchen, ob diese vielleicht nur jeweils besondere Erscheinungsweisen allgemeiner Wirkungszusammenhänge sind.

In all diesen Fällen besteht deshalb Bedarf an Wissenschaft, weil man sich aus teils zwingenden, teils zumindest guten Gründen nicht länger mit jenen Aussagen zufrieden geben will, die man schon im Rahmen seines Alltagswissens formulieren kann. Doch schon diesen Fällen vorausliegend machen drei *Merkmale des Alltagsdenkens* die mittels seiner aufgebauten Perzeptionswirklichkeiten problematisch und legen *von vornherein* eine Emanzipation aus den Fesseln des gesunden Menschenverstands nahe:

- Das Alltagsdenken ist *unreflektiert selektiv*. Es wählt die Gegenstände und die Dauer seiner Aufmerksamkeit aus, ohne auf die Auswahlkriterien zu achten bzw. ohne sich Rechenschaft darüber abzulegen, ob die benutzten

Auswahlkriterien nicht möglicherweise wichtige Merkmale des betrachteten Gegenstandes wegfiltern. Im einzelnen sind drei Selektionsstufen zu unterscheiden:

* Niemand nimmt alles wahr, was es jeweils gibt und was wichtig wäre.
* Niemand nimmt alles wahr, was er im Prinzip wahrnehmen könnte.
* Von dem, was man jemals wahrgenommen hat, vergißt man das meiste wieder.

Obwohl dieser mehrstufige Filterprozeß, der zu unzulänglichen Perzeptionswirklichkeiten führt, jedermann bekannt sein könnte, achtet kaum jemand in praktisch folgenreicher Weise auf ihn und auf seine Konsequenzen. Vor allem im Bereich des politischen Wissens und der persönlichen politischen Meinung bedenkt im Alltagsleben so gut wie niemand, wie problematisch schon die etwa durch Massenmedien, den persönlichen Erfahrungskreis und durch Zufallskontakte geformten Grundlagen seiner Ansichten und Aussagen sind.

– Das Alltagsdenken ist *unreflektiert perspektivisch*. Natürlich ist jeder Blick auf Wirklichkeit ein perspektivischer: eine Stadt wirkt vom Flugzeug aus anders als vom Fluß aus, der sie durchzieht; und sie sieht anders aus von einer ihrer Straßen als beim Blick vom Kirchturm. Dennoch ändert sich ihre Beschaffenheit überhaupt nicht, wie verschieden auch immer man sie betrachtet. Ebenso ist es beim Blick auf die politische Operationswirklichkeit: je nach bevorzugter Betrachtungsperspektive entstehen recht verschiedene Perzeptionswirklichkeiten, die in der Regel als Unterschiede in den politischen Meinungen zutage treten. Doch obwohl der Tatbestand oft unüberbrückbarer Meinungsunterschiede wohlbekannt ist, wird die ihn bewirkende Standortgebundenheit und Perspektivität aller Erfahrung vom gesunden Menschenverstand in der Regel nicht bedacht.

– Das Alltagsdenken ist seinem Benutzer fast immer *selbstverständlich*. Dessen durch Selektivität und Perspektivität gezogene Grenzen und Besonderheiten merkt der Benutzer meist nicht, interessiert sich auch nicht sonderlich für sie; und erfährt er Dinge, die nicht in sein Weltbild passen, so zweifelt er eher an der Nachricht als an der Qualität seiner Perzeptionswirklichkeit.

Diese drei Merkmale machen das Alltagsdenken zu einem schlechten Wegweiser zumal durch die besonders komplizierte Operationswirklichkeit *politischer* Inhalte, Prozesse und Strukturen. Angesichts der schlimmen Folgen ideologischen Alltagsdenkens für die von ihm geprägte politische Wirklichkeit sollte es darum nirgendwo lohnender sein als bei der Beschäftigung mit Politik, sich aus den Fesseln des gesunden Menschenverstandes zu befreien. Tatsächlich besteht die *kritische*, auf *Aufklärung* abzielende Aufgabe der Politikwissenschaft darin, politisches Alltagswissen und politische Theorien[63] aller Art auf Blindstellen, Vorurteile und Täuschungen, auf logisch wie empirisch falsche Aussagen zu überprüfen, derartigen Vorstellungen und Einstellungen an logischem wie empirischem Wahrheitsgehalt überlegene Alternativen entgegenzustellen, und dafür zu werben, tatsächlich diese anstatt des politischen Common Sense zu benutzen. Dank politikwissenschaftlicher Arbeit sollen also die Voraussetzungen dafür geschaffen werden, ideologische Durchführungsmittel der Konstruktion politischer Wirklichkeit und politischer Ordnung durch aus *Kritik und Korrektur* hervorgegangenes Wissen zu ersetzen ('kritisches Ordnungswissen'). Weil aber das 'Selbstwissen politischer Wirklichkeit über sich' sowie die 'Verbundenheit des Politikwissenschaftlers mit seinem Gegenstand' jene Emanzipation vom politischen Alltagsdenken stark erschweren, die solche kritische Haltung überhaupt erst ermöglicht, muß der Weg vom Politisieren hin zur Politikwissenschaft *bewußt* eingeschlagen und entlang *bewährter* Wegweiser beschritten werden.

2. Spielregeln von Wissenschaft

Als solche 'Wegweiser' dienen bestimmte Spielregeln, an die sich Wissenschaftler mehr oder weniger halten. Tatsächlich faßt man Wissenschaft am besten als ein 'Spiel' wie das Schach- oder Fußballspiel auf, dessen 'Spielidee' in eine Reihe von Regeln so umgesetzt wird, daß diesen Regeln folgendes Handeln den Mitspielern einesteils ein geordnetes und verläßliches Miteinander gewährleistet und ihnen andernteils mit großer Wahrscheinlichkeit die Verwirklichung der Spielidee ermöglicht. Auf genau diese Überlegung verweist der Begriff 'Wissenschaftsspiel'. Im Wissenschaftsspiel ist es wie bei allen anderen regelgeleiteten Spielen so, daß nicht jeder Spieler zu jeder Zeit alle Spielregeln befolgt: Fouls kommen vor, werden als wahrscheinlich sogar erwartet und bis zu einem gewissen Umfang als zwar störende, doch nicht ganz auszuschaltende Spielelemente auch hingenommen. Alles hängt dann davon ab, daß durch Kontrolle und Sanktionen sichergestellt wird, daß die Regelverstöße *nicht überhandnehmen*.

In der Wissenschaft geschieht dies einesteils durch *Dokumentation* und *Publikation* des wissenschaftlichen Vorgehens sowie seiner Resultate, andernteils durch hierauf gestützte *wechselseitige Kritik*. Letztlich alle Forderungen nach Einhaltung 'wissenschaftlicher Maßstäbe' haben den Sinn, wechselseitige Kontrolle zu erleichtern. Verwiesen sei vor allem auf folgende Forderungen:

– Um nicht durch Mißverständnisse unnötig Zeit zu verlieren sowie um effiziente Kritik und Kontrolle überhaupt erst zu ermöglichen, wird eine präzise

---

63 Zur Funktion und Eigenart politischer Theorien siehe unten S. 87.

und verständliche Sprache verlangt, wozu auch klare Definitionen und übersichtliche Argumentationen gehören.

- Um vorgelegte Forschungsergebnisse leicht auf ihre grundlegende Perspektivität und Selektivität prüfen zu können, wünscht man die Offenlegung von wissenschaftstheoretischen Grundannahmen, erkenntnisleitenden Interessen und gegebenenfalls argumentationsprägenden politischen Positionen.

- Um den Kontext vorgetragener Aussagen richtig einschätzen zu können, erwartet man Querverweise auf benachbarte oder bestrittene wissenschaftliche Positionen sowie Kennzeichnungen der Quellen eigener Argumente.[64]

- Um mitgeteilte Forschungsergebnisse auf die Qualität ihres Erarbeitungsprozesses beurteilen zu können, besteht man auf Ausführungen zur Methodik von Datenerhebung und Datenanalyse.

- Um die Überzeugungskraft neuer Ergebnisse bewerten zu können, hält man es für angebracht, daß zu ihrer Erarbeitung entweder bewährte Methoden benutzt werden oder das Abweichen von ihnen sorgfältig begründet wird.

- Um Kritik und Kontrolle praktisch wirksam zu machen, erwartet man, daß Fachkollegen ihre Ergebnisse nicht nur publizieren und wechselseitig zur Kenntnis nehmen, sondern daß sie auch bereit sind, sich auf vorgetragene Kritik einzulassen, statt sie zu ignorieren oder die vorgelegten Aussagen zu *immunisieren*. Typischerweise werden für Immunisierungszwecke die folgenden Verfahren verwendet: Aussagen werden unklar formuliert, um es einerseits dem Leser schwer machen, die vorgebrachten Behauptungen klar zu verstehen, und um es andererseits dem Autor zu erlauben, Kritik durch geschickte Uminterpretation seiner Aussagen gegenstandslos zu machen; Behauptungen werden durch Bezugnahme auf 'Autoritäten' und 'Klassiker' begründet statt dadurch, daß man ihren logischen bzw. empirischen Wahrheitsgehalt plausibel macht und zur Kritik stellt; es wird dekretiert, man dürfe keine 'äußerlichen Kriterien' an die vorgebrachten Behauptungen herantragen, sondern könne sie nur nachvollziehend 'aus sich selbst heraus verstehen'; oder man lehnt überhaupt die Vorstellung ab, der Wahrheitsgehalt von Aussagen lasse sich durch logische Analyse bzw. empirische Überprüfung ermitteln. Wer solche Immunisierungsstrategien benutzt, disqualifiziert sich zwar als Teilnehmer des Wissenschaftsspiels. Doch in der Politikwissenschaft wird aus in der Geschichte des Faches liegenden Gründen hier immer noch sehr viel Nachsicht geübt, so daß Verstöße gegen die Regel des Immunisierungsverbots oft vorkommen.

Keine dieser Forderungen stellt offenbar einen Selbstzweck dar; vielmehr sind sie allesamt *Mittel zum Zweck*, auf breiter Front eine Emanzipation vom blo-

---

64 Diese Forderung erfüllt die vorliegende 'Einführung' aus praktischen Gründen nur *mittelbar* durch Verweise auf die grundlegende Literatur zum Thema.

ßen Common Sense zu gewährleisten und die Entdeckung, Korrektur bzw. Aussonderung empirisch wie logisch falscher Aussagen zu verbürgen. Darum ist es nicht um 'abstrakter wissenschaftlicher Ideale', sondern um der *Praxis* willen wichtig, die Grundregeln des Wissenschaftsspiels zu kennen, ernst zu nehmen und einzuhalten. Unbeschadet möglicher Regelverstöße *anderer* kann ein jeder *selbst* die folgenden Spielregeln beachten. Gerade dem Studenten der Politikwissenschaft weisen sie den Weg vom *Politisieren* hin zur *Wissenschaft* von der Politik.

Regel 1: Kontrolliere und korrigiere die Perspektivität deiner Betrachtungsweisen! Dies verlangt dreierlei:

- Stets hat man sich darüber Rechenschaft abzulegen, unter welchem Blickwinkel, d.h. mittels welcher (Alltags-)Theorie, man einen Gegenstandsbereich betrachtet ('subjektive Wahrnehmung'). Dieser Blickwinkel wird u.a. eingenommen durch die Wahl der Begriffe, mit denen man einen Gegenstandsbereich gedanklich erfaßt, und durch den Rückgriff auf feste Denkgewohnheiten, mit denen man ihn durchstreift.

- Nachdem man sich die *bisherige* eigene Perspektive klargemacht hat, muß man versuchen, seinen Gegenstand auch unter möglichst vielen *anderen*, möglichst *verschiedenen* Perspektiven zu betrachten, so daß man anschließend möglichst sicher sein kann, keinen wichtigen Aspekt seines Gegenstandsbereichs übersehen zu haben ('Multiperspektivität', 'Bemühen um Objektivität'). Dies verlangt die Bereitschaft, sich auf neuartige Sichtweisen einzulassen und bislang unvertraute Theorien anzuwenden.

- Sodann muß man sich bemühen, sich von persönlichen Betrachtungs*vorlieben* freizumachen und unter den prinzipiell verfügbaren Untersuchungsperspektiven genau jene einzunehmen, in welcher man seinen Gegenstand in der *für den konkreten Untersuchungszweck nützlichsten* Weise mustern kann - und zwar auch dann, wenn man diese Perspektive ansonsten eher ablehnt oder in ihr Dinge erblickt, die man lieber übersähe. Die Weigerung, sich von persönlichen Betrachtungsvorlieben zu emanzipieren, wird in der Regel 'Subjektivismus' genannt.

Es steht außer Zweifel, daß gerade in der Weigerung, sich vom Subjektivismus zu befreien, ein wichtiges Hemmnis für den Weg vom Politisieren hin zur Politikwissenschaft liegt. Denn gerade wer sich für Politik interessiert, wird besonders häufig feste politische Ansichten besitzen und darum Schwierigkeiten haben, sich mit aufrichtiger Neugier auf andere Sichtweisen einzulassen. Doch kommt er über bisherige Ansichten nicht hinweg, so wird er vermutlich *Vor*urteile bloß 'wissenschaftlich untermauern', statt sich von ihnen durch wissenschaftliche Arbeit zu *befreien*.

Regel 2: Kontrolliere die Selektivität deiner Informationsgrundlagen! Auch dies verlangt dreierlei:

- Man muß sich stets darüber Rechenschaft ablegen, auf welcher Informationsgrundlage man seine Aussagen formuliert. Schlüsselfragen sind: Aus welchen Quellen schöpfe ich mein Wissen? Welche Selektivität und Verzerrung weisen meine Informationsquellen auf? In welcher Weise kann ich ausgehend von dem, was ich weiß, verallgemeinern?

- Man muß versuchen, sorgfältig und ausreichend weiterführende Informationen *einzuholen*, wann immer die genannten Schlüsselfragen Antworten einfordern, die zu Zweifeln an der Zuverlässigkeit der eigenen Wissensgrundlage Anlaß geben. Dabei muß vermieden werden, vor allem solche Informationen zur Kenntnis zu nehmen, welche die bisherigen Vermutungen *bestätigen*. Im Gegenteil muß besonders aufmerksam all jenes Material durchgearbeitet werden, welches dem bisherigen Wissen *widerspricht*.

- Man muß versuchen, den Prozeß der Informationsgewinnung so zu organisieren, daß man ausgehend von den *tatsächlich* untersuchten Materialien empirisch wahre Schlüsse auf seinen Untersuchungsgegenstand *insgesamt* ziehen kann. Da in der Regel mehr Material beschafft werden *könnte*, als man auszuwerten vermag, besteht das zu lösende Problem konkret in der Zusammenstellung 'repräsentativer Stichproben'.[65]

Regel 3: Formuliere deine Aussagen so, daß man sie gut verstehen und leicht auf empirische wie logische Wahrheit prüfen kann (Forderung nach 'Intersubjektivität')! Diese Regel verlangt die Bereitschaft, sich lieber falsche Aussagen nachweisen zu lassen, als sich hinter unklaren und je nach Bedarf ausdeutbaren Formulierungen zu verstecken. Kaum eine wissenschaftliche Spielregel wird in der Politikwissenschaft schlechter befolgt als diese. Die Folgen sind äußerst nachteilig: politikwissenschaftliches Wissen, in schwer verständlichen Texten festgehalten, läßt sich nur mühsam erwerben und weitergeben, und es enthält viel mehr Fehler, als der Fall wäre, könnte man sie dank größerer Klarheit der Argumentationen und Belege entdecken und ausmerzen.

Regel 4: Übernimm keine Aussagen und formuliere keine eigenen Aussagen, wenn mit vernünftigen Gründen bezweifelt werden kann, daß sie empirisch oder logisch wahr sind! Diese Regel wirkt eigentlich selbstverständlich. Zumal in der politikwissenschaftlichen Praxis wird aber oft gegen sie verstoßen. Außerdem ist sie ohnehin nicht immer leicht zu befolgen:

- Es müssen zum Zweck der Stellungnahme, Beratung oder politischen Meinungsbildung immer wieder Aussagen über komplexe Sachverhalte formuliert werden, ohne daß alle nötigen Informationen schon verfügbar wären. Diese Zwangslage führt leicht zu einem Schreib- oder Redestil, der eher die gekonnte Pointe als die zutreffende Wiedergabe der Tatsachen prämiert ('politikwissenschaftlicher Feuilletonismus').

---

65 Siehe hierzu die Ausführungen auf S. 205ff.

- Argumente und Aussagen gelten im Bereich bestimmter politikwissenschaftlicher 'Schulen' oft unbesehen und unbezweifelt, während sie innerhalb anderer 'Schulen' entweder nicht verstanden oder einfach nicht ernstgenommen werden. Dies führt zum Abbruch der Kommunikation zwischen verschiedenen politikwissenschaftlichen 'Schulen' und zieht die leidige Tatsache nach sich, daß man innerhalb des eigenen 'Lagers' in grundsätzlichen Dingen eher kritiklos, *zugleich* aber hinsichtlich der Aussagen eines anderen wissenschaftlichen Lagers schon im Detail überkritisch ist. Das wiederum setzt die zur Verhinderung von 'Regelverstößen' nötige wechselseitige Kontrolle ein Stück weit außer Kraft.

Regel 5: Korrigiere falsche Aussagen! Diese Regel ist für Wissenschaft und Forschung zwar konstitutiv. Trotzdem wird sie im wissenschaftlichen Alltag oft umgangen. Die üblichen Wege bestehen darin,

- die eigenen Aussagen so unklar zu formulieren, daß sie nicht widerlegt werden können und durch geschickte Ausdeutungen immer als richtig hinzustellen sind ('Immunisierung');

- widersprechende Informationen einfach nicht zur Kenntnis zu nehmen ('Kommunikation bloß im Kreis einer Schule');

- die Stichhaltigkeit widersprechender Informationen durch Verweis auf grundlegende Mängel an der wissenschaftlichen Position des Gegners zu bestreiten ('Verschieben des Problems von der Objektebene auf die Meta-Ebene').

In der Politikwissenschaft kommen alle drei Strategien häufig vor. Es steht aber außer Zweifel, daß sich das Fach dadurch keinen guten Dienst erweist: auch politikwissenschaftlicher Diskurs schwebt dann stets in der Gefahr, zum akademischen Politisieren abzusinken.

3. Begriffe, Variablen und Definitionen

Theorien sind aus Aussagen, Aussagen aus Begriffen aufgebaut. Begriffe stellen dergestalt die kleinsten Bestandteile der von Wissenschaft hervorzubringenden Erzeugnisse dar. Da 'Streit um Begriffe' sowohl politische Alltagsdiskussionen als auch die politikwissenschaftliche Auseinandersetzung zu prägen pflegt, ist es sinnvoll, den Überblick zu den Durchführungsmitteln wissenschaftlicher Arbeit mit einer Klärung der Merkmale und Aufgaben von Begriffen zu beginnen.

a. Begriffe

Ein 'Begriff' (auch: 'Konzept'[66]) ist ein *Vorstellungsinhalt*, dessen Vergegenwärtigung oder Benutzung durch die Nennung eines bestimmten Wortes ('Begriffswort') oder einer Reihe von Worten ausgelöst werden kann. 'Vorstellungsinhalt' meint, daß man zugleich an eine Reihe von inhaltlichen Merkmalen ('Intension' des Begriffs) als auch an einen bestimmten Gegenstand[67] oder an eine Mehrzahl von Gegenständen denkt, welche diese Merkmale aufweisen (empirischer Referent bzw. 'Extension' des Begriffs). Beispielsweise löst das Wort 'Wahl' u.a. die Vorstellung des Entscheidens zwischen verschiedenen Möglichkeiten und des Bekundens einer solchen Entscheidung aus (= Intension des Begriffs), sowie die Vorstellung von konkreten Handlungen, die eben diese Merkmale aufweisen, z.B. der Wahl eines Bürgermeisters oder zu einer Volksvertretung (= Extension des Begriffs). Um eine möglichst störungsfreie Kommunikation zu erzielen, muß verlangt werden, daß die Zuordnung eines Begriffswortes bzw. vereinbarter Synonyme zu einem nach Intension und Extension festgelegten Vorstellungsinhalt (also die 'Definition') im Lauf einer Argumentation unverändert bleibt. Optimal wäre es, wenn in einer ganzen wissenschaftlichen Disziplin dasselbe Begriffswort bei jedem Vertreter des Faches verläßlich denselben Vorstellungsinhalt auslöste. Die Politikwissenschaft ist von diesem Zustand allerdings noch weit entfernt.

Statt dessen sind auch in ihr zwei folgenreiche Mißverständnisse weit verbreitet und geben immer wieder zu wenig nützlichen Diskussionen Anlaß:

– Bisweilen wird geglaubt, Begriff und begriffsauslösendes *Wort* seien identisch. Diese Annahme ist völlig falsch: man kann immer denselben Begriff meinen, ob man nun das Wort 'Wahl' oder 'election' bzw. 'Regierungschef' oder 'Ministerpräsident' gebraucht. Der alltägliche Sprachgebrauch indessen bezeichnet als 'Begriff' sowohl das einen Begriff auslösende Wort als auch den von einem bestimmten Begriffswort ausgelösten Vorstellungsinhalt und legt dergestalt dieses Mißverständnis nahe. Wenn man ihm erliegt, wird man von seinem Gesprächspartner fordern, er solle dieselben Begriffsworte benutzen wie man selbst. Dadurch übt man aber auf ihn Druck aus, der seinerseits die Kommunikation sehr beeinträchtigen kann. Vermeidet man dieses Mißverständnis, so genügt es, sich wechselseitig den jeweils gemeinten Vorstellungsinhalt nach Intension und Extension klarzumachen, woraufhin jeder bei dem Begriffswort bleiben kann, das er bevorzugt. Gerade *wenn* diese Freiheit besteht, wird man sich anschließend für den praktischen Kommunikationszweck ziemlich leicht auf ein bestimmtes, einheitliches Begriffswort einigen können. Eine solche Einigung heißt 'Nominaldefinition': bei ihr legt man nach

---

66 Von lat. 'concípere', d.h. begreifen, erfassen.
67 Unter 'Gegenstand' sind hier natürlich auch Sachverhalte, Prozesse, Personen usw. zu verstehen.

Intension und Extension fest, welchen Vorstellungsinhalt man durch die Nennung eines bestimmten Wortes auslösen *will*.[68]

- Manchmal wird geglaubt, ein Begriff (also: ein *Vorstellungsinhalt*) sei mit seinem *empirischen Referenten* identisch, also mit dem Sachverhalt, der gedanklich vorgestellt wird ('Begriffsrealismus'). Beispielsweise wird geglaubt, der Begriff des Menschen sei identisch mit 'dem Menschen', der Begriff des Staates mit 'dem Staat'. Oft wird diese Annahme wie folgt zugespitzt: der Begriff sei mit dem *Wesen* jenes Sachverhalts identisch, den er erfaßt, während der konkret beobachtbare Sachverhalt nur eine unvollkommene Erscheinungsform dieses 'Wesens' sei. Man kann etwa glauben, daß der Begriff des Staates mit dem Wesen des Staates identisch wäre, wohingegen konkrete Staaten nur mehr oder minder unvollkommene Erscheinungsformen des 'eigentlichen' bzw. 'wahren' Staates seien. Verhielte dies sich wirklich so, dann ließe sich durch *Untersuchung eines Begriffes* jener Sachverhalt erforschen, dessen Vorstellung der Begriff auslöst. Mehr noch: *allein* die Untersuchung des Begriffs könnte zutreffende Informationen über die Beschaffenheit des interessierenden Sachverhalts liefern, da der Blick auf dessen tatsächliche Ausprägung ja nur eine 'unvollkommene Erscheinung' jenes Sachverhalts erfaßte. Beispielsweise würde man in diesem Fall versuchen, durch Klärung des *Begriffs* 'Repräsentation' herauszufinden, was Repräsentation 'ihrem Wesen nach' wäre, und ebenso könnte man durch das Studium des Sozialismus*begriffs* feststellen wollen, wie eine sozialistische Gesellschaft 'eigentlich' beschaffen sei. Solche Versuche sind in der Politikwissenschaft, zumal in der Politischen Philosophie, zwar weit verbreitet. Sie sind aber völlig *vergeblich* und *nutzlos*:[69] Begriffe sind nichts anderes als geistige Gebilde, ersonnen vom menschlichen Verstand, anhand welcher man sich einen *außerhalb* ihrer bestehenden oder vermuteten Sachverhalt *vergegenwärtigt*. Überdies ist das begriffsrealistische Mißverständnis für die Entstehung und Aufrechterhaltung einer kritischen Wissenschaft von der Politik sogar gefährlich. Denn weil es die Behauptung rechtfertigt, empirische Forschung sei unnötig oder gar irreführend, privilegiert es diejenigen, welche behaupten, sie hätten das 'Wesen' der interessierenden Sachverhalte bereits erkannt - und ihnen kann man dann nicht mehr mit dem Argument entgegentreten, die Tatsachen seien anders beschaffen, als behauptet werde.

Als bloße Vorstellungsinhalte erfüllen Begriffe vier Funktion:

---

68   Siehe hierzu auch S. 69f.
69   Damit ist nicht gesagt, das Studium von Begriffen und ihrer Geschichte sei schlechthin wertlos. Ganz im Gegenteil stellen Begriffsanalysen sehr wichtige und unverzichtbare Möglichkeiten dar, die Perspektivität von (Alltags-)Theorien sowie deren alltagspraktische Konstituierung zu erforschen. Bloß erfährt man durch Begriffsanalysen immer nur etwas über *Begriffe*, über ihre Entstehungsbedingungen und ihre Geschichte, doch kaum etwas über die *Gegenstände*, auf die sich ein Begriff bezieht.

- *Ordnungsfunktion*: Begriffe ordnen die Wahrnehmung eines Gegenstandsbereichs, und zwar in einer Perspektive, die durch Art und Anzahl der benutzten Begriffe fixiert wird. In ihrer Ordnungsfunktion sind Begriffe 'perspektivische Erkenntnismittel'. Da sie nichts anderes tun, als einen bestimmten Betrachtungswinkel 'einzurasten', können sie auch nicht wahr oder falsch, sondern nur mehr oder minder blickverstellend bzw. erkenntnisträchtig sein. Begriffe legen durch ihre Perspektivität aber die Art der aus ihnen aufbaubaren und ihrerseits wahrheitsfähigen Aussagen fest.

- *Kommunikationsfunktion*: Begriffe ermöglichen - *stets im Kontext anderer Begriffe* ('Indexikalität'[70]) - leistungsfähige Kommunikation: nur anhand von Begriffen und zuverlässig sie auslösenden Begriffsworten kann eine Person A einer anderen Person B mitteilen, auf welche Weise sie einen bestimmten Gegenstandsbereich sich vorstellt und ihn geistig ordnet. Sofern A und B von der routinemäßigen Benutzung gemeinsamer Begriffe ausgehen können, sind die Voraussetzungen ziemlich störungsfreier Kommunikation vorhanden. Eine solche Menge gemeinsamer, für Kommunikationszwecke verläßlich nutzbarer Begriffe wird 'Terminologie' (auch 'Code') genannt. Natürlich läßt sich jeder Gegenstandsbereich durch *verschiedene* Terminologien abbilden ('codieren'). Je nach den Aussagen, die zur Beantwortung offener Fragen oder zur Lösung von Problemen über ihn formuliert werden sollen, wird dabei die eine Terminologie (bzw. der eine Code) besser oder schlechter als die andere geeignet sein, als Kommunikationsmittel im wissenschaftlichen Arbeitsprozeß zu dienen. Typischerweise bieten konkurrierende Theorien verschiedene Terminologien an, unter denen man - am besten nach pragmatischen Überlegungen - jene auswählt, die dem konkreten Forschungszweck sowohl unter Ordnungs- als auch unter Kommunikationsgesichtspunkten am besten dienlich ist.

- *Bewertungsfunktion*: Viele Begriffe sind Vorstellungsinhalte, bei denen die beschreibende Vergegenwärtigung eines Gegenstandsbereichs mit einer Bewertung des vorgestellten Gegenstands gekoppelt ist. Beispielsweise enthält ein Begriff wie 'Tyrannei' nicht nur die Vorstellung einer diktatorischen Regierungsweise, sondern zugleich den Hinweis, nach einem bestimmten Wertmaßstab sei diese Regierungsweise schlecht.

- *Appellfunktion*: Sofern Personen ihr Handeln nach gemeinsamen Sollvorstellungen ausrichten, können Begriffe - wie etwa 'Freiheitskampf', 'Friedensstiftung', 'Höherentwicklung' - auch folgendem Zweck dienen: sie beziehen sich in solcher Weise auf von ihnen zugleich bewertete Sachverhalte, daß dem Kommunikationspartner schon aufgrund ihrer Verwendung ersichtlich wird, was es angesichts dieser sowohl beschriebenen als auch bewerteten

---

70 Siehe hierzu Patzelt 1986: 119-121 und Patzelt 1987: 61-65.

Sachlage *zu tun* gelte. Derartige Begriffe eignen sich gut zur Motivation und Anleitung zumal politischen Handelns.

Die ersten beiden Funktionen von Begriffen ermöglichen überhaupt erst die Kommunikation; die anderen Funktionen erlauben überdies eine äußerst effiziente wechselseitige Abstimmung von Sinndeutungen und Handlungen, sofern die kommunizierenden und handelnden Personen über halbwegs gemeinsame Bewertungsmaßstäbe verfügen. Ist dies nicht der Fall, so verkehrt sich dieser Vorteil in einen Nachteil: A fühlt sich von den für ihn nicht akzeptablen Wertungen von B, die dieser 'penetrant mit seinen Äußerungen verbindet', vor den Kopf gestoßen und Handlungsanmutungen gegenübergestellt, die er für unangebracht hält. In der Alltagssprache werden die entsprechenden Vor- und Nachteile gemeinsam in Kauf genommen. Im Wissenschaftsspiel hingegen will man jene Nachteile dadurch vermeiden, daß man die Bewertungs- und Appellfunktion von Begriffen hintanstellt, ihre Ordnungs- und Kommunikationsfunktion aber optimiert und insgesamt die Regel befolgt, Beschreibung und Bewertung seien schon auf der Ebene von Begriffen voneinander zu trennen.

Begriffe lassen sich vielfach gliedern.[71] Zunächst einmal unterscheiden sie sich nach ihrem 'Extensionsumfang', d.h. danach, ob sie nur *einzelne* Sachverhalte oder ausgedehnte *Gruppen* von Sachverhalten zur Vorstellung bringen. In einem Extremfall ist ein Begriff ein Name wie 'Otto v. Bismarck' oder 'Kurt Schumacher': der Extensionsumfang umfaßt nur ein einziges Element. Im anderen Extremfall lassen sich Grenzen des Extensionsumfangs nicht mehr angeben; Beispiele sind Begriffe wie 'Welt', 'Universum' oder 'Materie'. Natürlich hängt sehr stark vom Extensionsumfang der benutzten Begriffe ab, wie umfassend der Geltungsanspruch der aus ihnen aufgebauten Aussagen ist.

Sodann sind 'Alltagsbegriffe' und 'wissenschaftliche Begriffe' zu unterscheiden. In den (politischen) Alltagsbegriffen und der aus ihnen aufgebauten (politischen) Alltagssprache findet sich das (politische) Selbstwissen sozialer bzw. politischer Wirklichkeit geordnet. So wie Wissenschaft insgesamt ein Versuch der Emanzipation vom Alltagsdenken ist und wie wissenschaftliches Wissen in Konkurrenz zum Alltagswissen erarbeitet wird, treten wissenschaftliche Begriffe mit *ihrer* Perspektivität in Konkurrenz zu jenen Begriffen, mit denen soziale bzw. politische Wirklichkeit sich selbst erfaßt. Da die Perspektivität der Alltagsbegriffe wegen deren Selbstverständlichkeit unbemerkt bleibt, wirken wissenschaftliche Begriffe von der Warte des Alltagsdenkens aus meist wie komplizierte *Verfremdungen* dessen, 'was man doch auch einfacher sagen könnte'. Nichtsdestoweniger beginnt wissenschaftliche Emanzipation aus den Grenzen des gesunden Menschenverstandes oft dadurch, daß man neue Begriffe erlernt und anhand ihrer sein bisheriges Alltagswissen ebenso wie weitere Erfahrungen umorganisiert und neu ordnet. Die durch fachwissenschaftliche Terminologien ge-

---

71 Zur datenanalytisch folgenreichen Unterscheidung von klassifikatorischen, komparativen und metrischen Begriffen siehe unten S. 210ff.

stiftete Verfremdung des bislang Vertrauten ist darum sinnvoll und notwendig. Sie verliert ihren Wert allerdings, wenn sie zum Selbstzweck wird. Dieser Gefahr erliegen Soziologen und Politikwissenschaftler leicht.

Häufiger wird indessen wird politikwissenschaftliche Emanzipation vom politischen Denken dadurch behindert, daß man Begriffe der politischen Alltagssprache gerade *nicht* aufgibt, obschon sie verzerrende oder gar blickverstellende Betrachtungsperspektiven fixieren. Beispiele sind Vorstellungen von Gewaltenteilung, die mit einer grundsätzlichen Entgegensetzung von Legislative und Exekutive arbeiten, oder Vorstellungen von der Rolle eines Abgeordneten, welche 'freies Mandat' und 'Fraktionsdisziplin' als einander ausschließend vergegenwärtigen. Zwar muß man den alltäglichen Sprachgebrauch kennen und ernstnehmen; schließlich werden anhand seiner die alltäglichen Sinndeutungen und Handlungen aufeinander abgestimmt, weswegen er einen wichtigen Faktor der Konstruktion sozialer und politischer Wirklichkeit darstellt. Hieraus ist aber nicht zu folgern, die Untersuchung der Konstruktion sozialer und politischer Wirklichkeit dürfe sich vom Sprach- und Begriffsgebrauch ihres Gegenstands nicht befreien. Vielmehr stellen Alltagssprache und Alltagsbegriffe ('Objektsprache', 'primäre Typifikationen') nur einen wichtigen Forschungsgegenstand dar, über den anhand wissenschaftlicher Begriffe und geeigneter Terminologien ('Meta-Sprache', 'sekundäre Typifikationen') kommuniziert wird.

Eine weitere wichtige Unterscheidung ist jene zwischen 'Beobachtungsbegriffen' (auch: 'empirische Begriffe', 'konkrete Begriffe') und 'theoretischen Begriffen'. *Beobachtungsbegriffe* sind Vorstellungsinhalte, deren empirischer Referent mehr oder minder unmittelbar beobachtet werden kann.[72] Beispiele sind Begriffe wie 'Wahlzettel', 'Bundeskanzler' oder 'Parteivorstand'. Von solchen ziemlich konkreten Vorstellungsinhalten wird oft abstrahiert. Dadurch werden Neuordnungen des Vorgestellten, Entdeckungen bislang unbemerkter Zusammenhänge und neuartige Sichtweisen möglich. Genau hierin besteht ein wichtiger Teil der Emanzipation wissenschaftlichen Denkens vom Alltagsdenken. Statt individuell auffindbarer Reaktionen von Politikern auf Wünsche von Bürgern stellt man sich etwa dann insgesamt ihre 'Responsivität'[73] vor, und statt beispielsweise in der Vorstellung *einzelner* Entscheidungen und Maßnahmen einer Regierung befangen zu bleiben, denkt man zusammenfassend an den 'Output'[74] dieser Regierung. Begriffe, die vom konkret Beobacht- und Vorstellbaren in solcher Weise abstrahieren, heißen 'theoretische Begriffe' (auch: 'abstrakte Begriffe'). Sie erlauben es, eine *Vielzahl* von Sachverhalten bzw. Merkmalen *gleichzeitig* anzusprechen und über sie *knappe* Mitteilungen zu formulieren. Gerade darum sind sie für die wissenschaftliche Kommunikation äußerst nützlich.

---

72 Ausdrücklich sie darauf hingewiesen, daß auch jeglicher *Beobachtung* (Alltags-)Theorie zugrunde liegt. Folglich sind auch Beobachtungsbegriffe *keine* 'theoriefreien Begriffe'. Zur Rolle von Beobachtungstheorien siehe unten S. 184.
73 Zum Responsivitätsbegriff siehe Anm. 127.
74 Siehe S. 120ff.

Dieser Vorteil muß aber durch ein Problem erkauft werden. Während nämlich bei Beobachtungsbegriffen leicht festzustellen ist, ob sie tatsächlich einen empirischen Referenten haben, sich also auf irgendeinen Ausschnitt der Operationswirklichkeit beziehen, verhält sich dies bei abstrakten Begriffen nicht immer so. Benutzt man diese, so ist es darum stets möglich, daß man Aussagen formuliert, denen in der Operationswirklichkeit nichts entspricht, obwohl man aufrichtig meint, dies sei der Fall.[75] Gewissermaßen verliert man sich dergestalt im 'Zauberreich der Abstraktion'. Dann entstehen Aussagen über eine nur eingebildete Wirklichkeit, in denen man aber Informationen über die tatsächliche Wirklichkeit enthalten glaubt: Perzeptions- und Operationswirklichkeit klaffen auseinander, und wissenschaftliche Emanzipation vom Alltagsdenken landet erst recht im Bereich der Ideologie. Es läßt sich zeigen, daß der Politikwissenschaft dies nicht selten widerfährt; Begriffe wie 'ideeller Gesamtkapitalist' oder 'Repräsentation als solche' sind Beispiele dafür.

Um dieser Gefahr zu entgehen, müssen abstrakte und konkrete Begriffe in ein arbeitsteiliges Verhältnis gebracht werden. Dies geschieht anhand von Theorien, welche für *Verkettungen* von abstrakten und konkreten Begriffen sorgen. Das folgende Beispiel zeigt eine derartige 'Kette':

– Empirischer Referent sei die Tatsache, daß Millionen von Bürgern an einem bestimmten Tag gemäß freier Entscheidung Wahlzettel ausfüllen und in Urnen werfen. Dieser empirische Referent wird mittels des Beobachtungsbegriffs 'Wahl' vorgestellt. In ihm ist unmittelbar anschaulich, worum es geht.

– Die Tatsache, daß mittels einer freien Wahl Abgeordnete bestellt werden, die anschließend für die Wähler allgemein verbindliche Entscheidungen herbeizuführen haben, wird durch den Begriff 'Repräsentation' vorgestellt. Dieser Begriff hat durchaus noch einen halbwegs konkreten empirischen Referenten: in den Repräsentanten soll das Volk in *irgendeiner* Weise gegenwärtig gemacht ('re-präsentiert') sein. Auf *welche* Weise dies geschieht, ist im Vorstellungsinhalt aber keineswegs mehr auszumachen; vielmehr bedarf es erst zusätzlicher Erläuterungen, d.h. des Verweises auf Kontexte, um dem Begriff der Repräsentation Anschaulichkeit zu verleihen. Derartige Begriffe heißen 'teilweise empirisch interpretierbare Begriffe', denn teils kann man sie durch Verweis auf einen empirischen Referenten, teils durch theoretische Ausführungen verständlich machen.

– Den Sachverhalt, daß über die freie Wahl von Abgeordneten das Volk auf die Herstellung jener Entscheidungen Einfluß nimmt, die von ihm anschließend als allgemein verbindlich zu befolgen sind, kann man sich sodann anhand des

---

75 Es gibt allerdings Begriffe, bei denen über das Vorliegen eines empirischen Referenten ohnehin *nur* durch einen Glaubensakt befunden werden kann; 'Gott', 'Teufel', 'Sünde', 'ewiges Leben' usw. sind Beispiele. Solche Begriffe heißen 'metaphysische Begriffe'. Obwohl mehr oder weniger wichtig in der *Objekt*sprache der Politikwissenschaft, sind metaphysische Begriffe für die politikwissenschaftliche *Meta*-Sprache völlig nutzlos.

Begriffs 'Volkssouveränität' vorstellen. Dieser Begriff verweist nicht mehr auf einen unmittelbar anschaulichen empirischen Referenten, und auch die inhaltlichen Merkmale des Gegenstands, auf den er sich bezieht, müssen erst durch mehr oder minder ausführliche Erläuterungen herausgearbeitet werden. Dies kann dadurch geschehen, daß man Repräsentation als eine Organisationsform von Volkssouveränität erläutert und sodann durch Verweis auf Wahlen klarmacht, worum es bei Repräsentation geht. Weil zu diesem Zweck ganze Aussagengefüge ('Theorien') herangezogen bzw. aufgebaut werden müssen, heißen abstrakte Begriffe 'theoretische Begriffe'.

Sie werden mittels einer - im Beispiel sehr kurzen - Begriffskette konkretisiert, deren Glieder, Art und Länge von der forschungsleitend benutzten Theorie bestimmt werden. *Allgemein* hat eine solche konkretisierende Begriffskette folgende Form: 'theoretischer Begriff - teilweise empirisch interpretierbare Begriffe - Beobachtungsbegriffe - empirischer Referent'. Um ein 'Abheben' wissenschaftlicher Begriffe von der von ihnen zu erfassenden Wirklichkeit zu verhindern, gilt die Regel: Jeder noch so abstrakte Begriff *muß* in einem logisch stimmigen Gedankengang so auf Beobachtungsbegriffe bezogen werden könne, daß sein empirischer Referent angebbar ist und die mittels des abstrakten Begriffs formulierten Aussagen auf ihre Übereinstimmung mit jenen Tatsachen geprüft werden *können*, auf die sie sich beziehen. Eine solche Kette zwischen theoretischem Begriff und Beobachtungsbegriffen zu schmieden, heißt: ein theoretischer Begriff wird *operationalisiert* ('Operationalisierung'). Durch Operationalisierung wird die *theoretische Sprache*, in welcher man möglichst informationshaltig und prägnant über soziale und politische Wirklichkeit Aussagen formuliert, auf jene *Beobachtungssprache* bezogen, in der man die empirischen Referenten der theoretischen Aussagen konkret zu beschreiben vermag.

Wohlgemerkt wird *nicht* verlangt, daß der Extensionsumfang eines theoretischen Begriffs *vollständig* durch zugeordnete Beobachtungsbegriffe angebbar sein muß; es genügt vielmehr, wenn für jeden *praktischen* Forschungszweck angegeben werden kann, wie sich der benutzte theoretische Begriff operationalisieren läßt. Dabei können die Operationalisierungsketten äußerst komplex sein. An der Grenze wissenschaftlich gesicherten Wissens kann eine wichtige und schwierige Forschungsaufgabe sogar darin bestehen, erst einmal herauszufinden, ob einem theoretischen Begriff *überhaupt* ein empirischer Referent zugeordnet werden kann, oder ob man ihn nicht als Phantasiegebilde aus der wissenschaftlichen Kommunikation verbannen sollte. Insgesamt gründen alle Versuche, den empirischen Wahrheitsgehalt von abstrakten Aussagen herauszufinden, *ausschließlich* auf der Gangbarkeit irgendeines Weges zwischen theoretischen Begriffen und Beobachtungsbegriffen.

b. Variablen und Indikatoren

Eine besondere Art von Begriffen sind die sogenannten 'Variablen'. Eine Variable ist ein Oberbegriff, der eine Reihe von Unterbegriffen ('Variablenausprägungen', 'Variablenwerte') gemeinsam anspricht. 'Politiker' ist etwa ein Oberbegriff für 'Abgeordneter', 'Parteivorsitzender' oder 'Bundeskanzler'; 'politisches System' ist ein Oberbegriff für 'Monarchie', 'Demokratie' oder 'Diktatur'; 'Einkommen' ist ein Oberbegriff für verschiedene monatlich überwiesene Geldbeträge; und 'Schicht' ist ein Oberbegriff für soziale Lagen, die sich etwa zwischen 'Oberklasse' und 'Unterschicht' erstrecken können. Je nach den Unterbegriffen, die eine Variable gemeinsam anspricht, unterscheidet man verschiedene Arten von Variablen.[76] Beispielsweise kann die Variable 'Partei' klar voneinander geschiedene Ausprägungen wie 'CDU', 'SPD' und 'GRÜNE' haben ('*diskrete* Variable'), während die Variable 'Alter' kontinuierliche Ausprägungen hat, welche je nach Untersuchungszweck in Jahre, Monate, Wochen, Tage oder noch kleinere Zeiteinheiten gegliedert werden können ('*stetige* Variable').

Die Unterbegriffe mancher Variablen kann man unmittelbar beobachten bzw. anhand geeigneter Unterlagen unmittelbar feststellen (etwa: Geschlecht, Schulabschluß, Führerscheinklasse usw.); in diesem Fall spricht man von '*manifesten* Variablen'. Die Unterbegriffe von anderen Variablen kann man nicht unmittelbar beobachten; Beispiele sind Variablen wie 'politische Einstellung' oder 'Legitimitätslage eines politischen Systems'. Solche Variablen heißen '*latente* Variablen'. Offensichtlich sind theoretische Begriffe stets latente Variablen, während Beobachtungsbegriffe manifeste Variablen darstellen.

Wie gelangt man an den empirischen Referenten von latenten Variablen? Die Brücke wird, analog zu jener zwischen theoretischem Begriff und Beobachtungsbegriff, durch *Operationalisierung* geschlagen: anhand schlüssiger theoretischer Argumentationen zeigt man, daß bestimmte manifeste Variablen mit den interessierenden latenten Variablen in einem mehr oder minder engen Zusammenhang stehen. Beispielsweise wird man darzulegen versuchen, daß die unmittelbar beobachtbare Reaktion, etwa die Zustimmung zu oder Ablehnung von bestimmten politischen Thesen durch eine Person, mit der politischen Einstellung dieser Person zusammenhängt. Gelingt dies, so kann man derartige Reaktionen durch manifeste Variablen erfassen und die Ausprägungen der manifesten Variablen sodann als Hinweise auf die latente Variable 'politische Einstellung' interpretieren.

Manifeste Variablen, die man schlüssig latenten Variablen zuordnen kann, heißen 'Indikatoren' der latenten Variablen (auch: 'Indikatorvariablen'). Ein theoretischer Begriff (= latente Variable) wird somit operationalisiert, indem man Indikatoren für ihn (= manifeste Variablen) ausfindig macht. Beispielsweise operationalisiert man die latente Variable 'Legitimitätslage eines politischen Systems',

---

[76] Hierzu ausführlich Patzelt 1986: 144-147. Zur Unterscheidung von Variablen nach dem Meßniveau ihrer Ausprägungen siehe S. 210ff.

indem man beschließt, sie anhand von Indikatoren wie Wahlbeteiligung, Vertrauen zu den staatlichen Institutionen, Anzahl der politischen Streiks oder der Putschversuche im letzten Jahrzehnt beobachten zu wollen, und indem man überdies zeigt, daß diese Indikatoren tatsächlich über den empirischen Referenten des Begriffs 'Legitimitätslage eines politischen Systems' Aufschluß geben. Indikatoren, die das leisten, nennt man *valide* Indikatoren. Allgemein meint 'Validität', daß Indikatoren oder sonstige Hilfsmittel zur Erfassung des empirischen Referenten theoretischer Begriffe wirklich genau das anzielen, worauf sie sich eben beziehen sollen.

Oft reicht - wie im eben benutzten Beispiel - ein einziger Indikator nicht aus, um einen theoretischen Begriff zu operationalisieren. Dann faßt man mehrere Indikatoren zu einem sogenannten 'Index'[77] oder zu einer 'Skala' zusammen. Dies geschieht in der Regel dadurch, daß man den Ausprägungen der Indikatorvariablen Zahlenwerte zuordnet[78] und diese - ggf. nach Gewichtung - durch Addition, Subtraktion, Division usw. miteinander verknüpft. Beispielsweise kann man die latente Variable 'soziale Schicht' anhand eines Index operationalisieren, welcher Informationen über das Einkommen, den Bildungsstand und den Lebensstil einer Person miteinander verbindet. Latente Variablen wie z.b. politische Einstellungen werden meist durch eine Mehrzahl von Fragen zu verschiedenen Komponenten der interessierenden politischen Einstellung erhoben, deren Antworten man anhand von 'Skalierungsverfahren' (z.B. Likert-Skala oder Guttman-Skala) verknüpft. 'Index' und 'Skala' unterscheiden sich dergestalt, daß bei der Indexbildung die Werte der Indikatorvariablen allein anhand *theoretischer Überlegungen* miteinander verbunden werden, während bei der Skalierung mehr oder minder raffinierte Verfahren es erlauben, auch aufgrund des erhobenen *Datenmaterials* die Sinnhaftigkeit der Verknüpfung von Einzelangaben zu beurteilen.[79]

c. Definitionen

Einen Begriff (etwa: eine Variable) zu *definieren* meint: es wird mitgeteilt, welcher Vorstellungsinhalt durch die Benutzung eines bestimmten Wortes oder einer bestimmten Reihe von Worten 'abgerufen' werden soll, also: welche inhaltlichen Merkmale vorzustellen sind und was als empirischer Referent dieses Vorstellungsinhaltes gelten soll. Ein solches Vorgehen heißt 'Nominaldefinition'. Praktisch wird sie dadurch vorgenommen, daß man in möglichst klarer Weise jenen Kontext erläutert, in dem ein Begriff steht, und ihm ein eindeutiges begriffsauslösendes Wort zuordnet.[80] Auf genau diese Weise wird in der vorliegenden

---

77 Mehrzahl: 'Indizes' bzw. 'Indices'.
78 Siehe hierzu die Ausführungen zur Theorie des Messens unten auf S. 210ff.
79 Siehe hierzu etwa Mayntz u. a. 1978: 47-67.
80 Wer glaubt, ein Begriff sei mit dem begriffsauslösenden Wort identisch, wird überdies auf der Benutzung eines *bestimmten* Begriffswortes beharren. Die Annahme einer solchen Identität ist aber, wie auf S. 61 gezeigt wurde, unnötig, falsch und für wissenschaftliche Kooperation nur störend.

'Einführung' grundsätzlich verfahren. Folgende Einzelformen von Nominaldefinitionen sind zu unterscheiden:

- Einen theoretischen Begriff auf Beobachtungsbegriffe zu beziehen, stellt eine 'operationale Definition' dar.

- Wenn man *systematisch* klärt, welche inhaltlichen Merkmale sowie Sachverhalte ein bestimmter Vorstellungsinhalt vergegenwärtigen soll, wenn also Intension und Extension eines Begriffs *ausdrücklich* festgelegt werden, spricht man von einer 'expliziten Definition'.

- Oft verzichtet man aus sprachlichen Gründen auf explizite Definitionen und begnügt sich damit, im Lauf eines Gedankengangs Intension wie Extension sozusagen 'nebenbei' zu verdeutlichen, wobei man sich im übrigen auf die Verstehensleistung des Lesers oder Hörers verläßt. Dergestalt vollzieht man eine 'implizite Definition'.[81]

- Falls man nur eine Teilmenge der Intension oder Extension eines Begriffs explizit bzw. implizit klärt, liegt eine 'partielle Definition' vor.

Da Definitionen kein Selbstzweck sind, hängt es allein vom praktischen Zweck des Definierens ab, ob eine Definition explizit und vollständig sein muß oder implizit bzw. partiell vorgenommen werden kann.

Nie geht es bei einer Definition darum, das 'Wesen' jenes Sachverhaltes zu beschreiben, der mittels eines Begriffs vorgestellt werden soll. Dies glauben allerdings jene Wissenschaftler, die meinen, ein Begriff sei mit seinem empirischen Referenten identisch. Wer diesem *begriffsrealistischen Mißverständnis* erliegt, beharrt auf sogenannten 'Realdefinitionen' und behauptet, eine Definition sei eine *Aussage über die Beschaffenheit von Tatsachen*.[82] Weil Definitionen aber nur der Verständigung über jene Begriffe dienen, anhand welcher *anschließend* die interessierenden Aussagen formuliert werden, ist es falsch, die wichtige Frage nach dem *Wahrheitsgehalt* von Aussagen mit jener nach der *forschungspraktischen Nützlichkeit* der verwendeten Begriffe zu vermengen. Wenn man eine Definition beispielsweise von Demokratie vorlegt, sagt man sinnvollerweise dem Gesprächspartner nur, was er sich bis auf weiteres vorzustellen hat, wenn man selbst das Wort 'Demokratie' benutzt. Ob dieser Begriffsgebrauch hilfreich ist und ob die mittels seiner formulierten Behauptungen logisch wie empirisch wahr sind, ist dann Thema einer *anschließenden* Diskussion, welche einer klaren (Ausgangs-) Definition als Einstieg bedarf.

Alles in allem sollte man Definitionen eine *große* praktische Bedeutung, doch keinen 'Wert an sich' beimessen. *Für sich selbst* sollte man solche Definitionen bevorzugen, die sowohl klar sind als auch viele verschiedene Begriffe verständ-

---

81 Offensichtlich sind die meisten Definitionen dieser 'Einführung' implizite Definitionen.
82 In genau diesem Sinn wird der Begriff 'Realdefinition' aber *sinnvollerweise* bei der Beschreibung eines 'Realtyps' gebraucht; siehe unten S. 93.

lich und ohne Überschneidungen zu vernetzen erlauben. Beim *Gespräch mit anderen* soll man für die Dauer des Gesprächs im Einzelfall lieber eine unklare und unzweckmäßige Definition akzeptieren, auf der ein Gesprächspartner besteht (obschon man sie sich nicht zu eigen macht), als wertvolle Zeit und Kraft in einen Streit um Definitionen zu investieren. Von dieser Regel soll man aber dann abweichen, wenn der Gesprächspartner durch die Prägung von Definitionen Macht über den Fortgang des Gesprächs zu gewinnen versucht und einem selbst nicht dasselbe Recht auf Klarstellung und Akzeptanz eigener Begriffe einräumt.[83] Solange im Streit um Begriffe kein Kampf um Macht ausgetragen wird, haben Definitionen ihren Zweck dann erfüllt, wenn man weiß, was der andere sagen will.

4. Aussagen als Produkt und Werkstoff von Wissenschaft

Aussagen entstehen durch die *Verknüpfung* von Begriffen, etwa so: 'Repräsentation ist eine Form gesellschaftlicher Arbeitsteilung'. Die durch Verknüpfung mehr oder minder gut definierter Begriffe entstehenden und wissenschaftlich zu erarbeitenden bzw. zu verarbeitenden Aussagen zerfallen in zwei Hauptgruppen: in empirische und in normative Aussagen.

a. Empirische Aussagen

Empirische Aussagen sind Aussagen, die das Vorliegen oder Nichtvorliegen sowie jeweils eine bestimmte inhaltliche Beschaffenheit von Sachverhalten und Zusammenhängen aller Art behaupten. Sie sind empirisch wahr bzw. falsch oder haben einen noch unklaren Wahrheitsgehalt. Empirische Aussagen sind beispielsweise die folgenden:

- Aussagen über politische Strukturen und Prozesse aller Art sowie über deren Folgen, etwa Aussagen über die Beschaffenheit des deutschen Regierungssystems oder über das britische Gesetzgebungsverfahren;

- Aussagen über politische Inhalte aller Art, darunter auch über politische Werte und Wertvorstellungen, an denen politische Handlungen sich nicht selten orientieren oder derentwegen sie oft durchgeführt werden; etwa: Aussagen über den Inhalt einer Regierungserklärung oder über die Wertvorstellungen im Programm von CDU und SPD;

- (Meta-)Aussagen über die Beschaffenheit, Inhalte und Merkmale von anderen Aussagen;

---

83 Vgl. hierzu die Ausführungen zum 'Dritten Gesicht der Macht' auf S. 35.

- Erklärungsaussagen, die allerdings ihrerseits sehr komplexe Gefüge mehrerer empirischer Aussagen darstellen und ebensogut als Theorien bezeichnet werden können;[84]
- Prognosen, deren Wahrheitsgehalt in der Regel eher gering ist.

Nach dem Umfang ihres Geltungsbereichs, also ihres empirischen Referenten, kann man empirische Aussagen - erstens - entlang des folgenden Kontinuums untergliedern:

- Am einen Extrempunkt liegen 'reine Existenzaussagen' vor, die ausschließlich die *Existenz* eines Sachverhalts behaupten. Ein Beispiel ist die Aussage: 'Es gibt Gesellschaften ohne Machtausübung'. Reine Existenzaussagen haben für die Politikwissenschaft zwei problematische Eigenschaften, denen keinerlei Vorteile gegenüberstehen. Erstens wird bei ihnen nicht angegeben, wo und zu welcher Zeit die fraglichen Sachverhalte existieren; folglich bleibt von vornherein unklar, über welchen konkreten Ausschnitt politischer Wirklichkeit sie informieren. Darum sind sie unnütz. Zweitens erschweren sie die Prüfung ihres empirischen Wahrheitsgehalts: da nicht angegeben wird, wo und wann der als existierend behauptete Sachverhalt vorliegt, bleibt es dem Zufall überlassen, ob man die Richtigkeit der Aussage überprüfen kann. Folglich sind sie ungeeignet, den Zweck von Wissenschaft zu erfüllen.

- Am anderen Extrempunkt liegen 'streng allgemeine Aussagen'. Sie behaupten ohne jede raum-zeitliche Abgrenzung, *alle* von ihnen angesprochenen Sachverhalte wiesen eine bestimmte Eigenschaft auf. Ein Beispiel ist die Aussage: 'In allen Gesellschaften gibt es soziale Schichtung'. Streng allgemeine Aussagen haben zwei Vorteile: sie sind äußerst informationshaltig und überdies leicht zu prüfen. Indessen haben sie für die Politikwissenschaft auch einen erheblichen Nachteil: politische Inhalte, Prozesse und Strukturen sind oft von großer geschichtlicher, regionaler und kultureller *Individualität*. Raum-zeitlich unbegrenzte Aussagen sind darum zu deren Erfassung in der Regel unbrauchbar. Daraus folgt allerdings nicht, man müsse von vornherein die Absicht aufgeben, *möglichst* allgemeine Aussagen zu erarbeiten: in *welchem* Umfang es allgemeine Merkmale von politischen Inhalten, Prozessen und Strukturen gibt, die sich dann durch allgemeine Aussagen beschreiben lassen, ist eine rein empirisch, nicht aber vorweg zu beantwortende Frage.

- Zwischen den Extrempunkten der reinen Existenzaussagen und der streng allgemeinen Aussagen liegen die 'raum-zeitlich abgegrenzten Aussagen'. Je nachdem, ob sie näher am ersten oder am zweiten Pol liegen, lassen sie sich in 'raum-zeitlich abgegrenzte *Existenz*aussagen' und in 'raum-zeitlich abgegrenzte *All*aussagen' gliedern. Ein Beispiel für den ersten Fall ist die Aussage: 'In der Sowjetunion der 70er Jahre bestand eine Gesellschaft ohne Aus-

---

84 Zu ihnen siehe ausführlich S. 95ff.

beutung des Menschen durch den Menschen'. Eine derartige raum-zeitlich abgegrenzte *Existenz*aussage läßt sich durch den Versuch einer 'Verifikation' auf ihren Wahrheitsgehalt überprüfen: es wird durch Einholung zweckdienlicher Informationen festgestellt, ob die behaupteten Sachverhalte vorliegen oder nicht. Gelingt ein solcher Verifikationsversuch, so spricht man von einer 'bestätigten' Aussage, andernfalls von einer 'gescheiterten' Aussage.

Ein Beispiel für den zweiten Fall einer raum-zeitlich abgegrenzten *All*aussage ist die Behauptung: 'Jeder, der 1991 in Deutschland öffentlich eine von der Regierungsposition abweichende politische Meinung vertrat, erlitt berufliche Nachteile'. Raum-zeitlich abgegrenzte Allaussagen lassen sich durch den Versuch einer 'Falsifikation' auf ihren Wahrheitsgehalt überprüfen: es wird durch Einholung zweckdienlicher Informationen zu zeigen versucht, daß eine solche Allaussage *nicht* mit den Tatsachen übereinstimmt. Dies nimmt die Form der *Suche nach widerlegenden Beispielen* an. Dieses Vorgehen ist deshalb nötig, weil es praktisch - und im Fall von streng allgemeinen Aussagen *grundsätzlich* - unmöglich ist, im Weg eines Verifikationsversuchs den empirischen Wahrheitsgehalt der zu prüfenden Allaussage nachzuweisen. Offensichtlich nutzen Falsifikationsversuche aber nur dann etwas, wenn sie *ernsthaft* unternommen werden und so *streng* wie möglich sind, wofür der wissenschaftliche Konkurrenzdruck sorgen *soll*. Eine bei einem Falsifikationsversuch als falsch nachgewiesene Allaussage nennt man eine 'widerlegte' (auch: 'falsifizierte') Aussage; eine trotz strenger Prüfung nicht widerlegte Aussage nennt man eine 'bekräftigte' Aussage. Während sich durch Verifikation der Wahrheitsgehalt einer Aussage *nachweisen* läßt (etwa: 'Cäsar wurde tatsächlich ermordet'), ist dies bei einer falsifikationistischen Prüfstrategie *nicht* möglich. Bei ihr gelangt man 'nur' zu immer besser bekräftigten, grundsätzlich aber möglicherweise doch noch zu revidierenden Aussagen (etwa: 'Politische Systeme mit freier Betätigung politischer Opposition sind lern- und anpassungsfähiger als politische Systeme ohne freie Betätigung politischer Opposition').

Es steht außer Zweifel, daß die typischerweise von der Politikwissenschaft zu erarbeitenden empirischen Aussagen *raum-zeitlich abgegrenzte* Aussagen sind. Aufgrund des großen und praktisch nutzbaren Informationsgehalts von allgemeinen Aussagen ist es allerdings wünschenswert, von raum-zeitlich abgegrenzten *Existenz*aussagen zu raum-zeitlich abgegrenzten *All*aussagen voranzuschreiten und dabei die Bedingungen herauszufinden, unter denen solche Allaussagen jeweils gelten.

In einer zweiten Hinsicht lassen sich empirische Aussagen in 'korrelative' Aussagen und in 'kausale' Aussagen einteilen.

Korrelative Aussagen behaupten das gemeinsame Auftreten zweier oder mehrerer Sachverhalte oder das Bestehen von Zusammenhängen zwischen den Merkmalsausprägungen von zwei oder mehr Sachverhalten. Sie nehmen typischerweise die Form von Wenn/Dann-Aussagen an. Beispiele sind: 'Wenn in einem Staat keine Gewaltenteilung besteht, dann gibt es auch keine Freiheit für die Bürger', oder: 'Wenn in Deutschland die Arbeitslosenquote steigt, dann nimmt die demoskopisch ermittelte Zustimmung zur Wirtschaftspolitik der Regierung ab'. Derlei gemeinsames Auftreten von Sachverhalten bzw. derartige Zusammenhänge heißt 'Korrelation'.[85] Da angenommen werden kann, daß manche Zusammenhänge nur bestehen, wenn bestimmte 'Randbedingungen' vorliegen, beanspruchen korrelative Aussagen empirischen Wahrheitsgehalt immer nur in bezug auf bestimmte - oft allerdings nicht ausdrücklich angegebene - Randbedingungen.

Unbeschadet jeweiliger Randbedingungen zerfallen die korrelativen Aussagen je nach der *Art der vorgetragenen Behauptung* in die Gruppen der deterministischen, probabilistischen und stochastischen Aussagen:

- *Deterministische* Aussagen behaupten: 'Wenn X, dann *immer* Y'.

- *Probabilistische* Aussagen behaupten: 'Wenn X, dann *mit p % Wahrscheinlichkeit* Y'.

- *Stochastische* Aussagen behaupten Zusammenhänge, die sich durch das Zusammenwirken mehrerer zufallsgesteuerter Prozesse ergeben.

Es ist eine rein empirische Frage, welche Art korrelativer Aussagen mit dem jeweils interessierenden Gegenstandsbereich am besten übereinstimmt. Für die Politikwissenschaft ist es eine sinnvolle Forschungsstrategie, vor allem *probabilistische* Aussagen anzustreben und dabei herauszufinden, von welchen Faktoren die Wahrscheinlichkeit des Vorliegens eines Zusammenhangs bedingt wird. Wissenschaftliche Fächer, die ungleich der Politikwissenschaft vor allem *deterministische* Aussagen zu erarbeiten versuchen, heißen 'nomothetische' Disziplinen. Ihnen werden jene Wissenschaften gegenübergestellt, die auf die Erarbeitung von Wenn/Dann-Aussagen überhaupt verzichten und allein auf die zutreffende Beschreibung ihrer Gegenstände abzielen. Diese nennt man die 'idiographischen' Disziplinen. Zu ihnen gehören etwa die Literatur- und Geschichtswissenschaft, während die Politikwissenschaft gewissermaßen im Mittelbereich beider Extrempole angesiedelt ist.

Allgemeine, gut bewährte deterministische Wenn/Dann-Aussagen werden bisweilen 'Gesetze' genannt, halbwegs allgemeine und gut bewährte probabilistische Aussagen manchmal 'Quasi-Gesetze'. Diese Redeweise ruft sehr leicht die folgenden, durchaus schwerwiegenden Mißverständnisse hervor:

- Es wird vermutet, der in Form eines 'politikwissenschaftlichen Gesetzes' festgestellte Zusammenhang sei *unveränderbar*. Praktisch gibt es aber sehr viele Zusammenhänge, die nur solange fraglos bestehen, wie ihre Rahmenbedingungen nicht geändert werden.

---

85 Zur datenanalytischen Erfassung von Korrelationen durch geeignete statistische Modelle siehe unten S. 213f.

- Es werden 'politikwissenschaftliche Gesetze' im Sinn *juristischer* Gesetze aufgefaßt. Dann werden sie für 'Handlungsanweisungen' gehalten und legen die Frage nahe, ob Politikwissenschaftler nicht recht naiv wären, wenn sie glaubten, ausgerechnet an ihre Gesetze würde sich jemand halten.
- 'Politikwissenschaftliche Gesetze' werden als Gesetze im *moralischen* Sinn aufgefaßt. Dies führt zu Fragen danach, mit welchem Recht denn Politikwissenschaftler Handlungsanweisungen erteilen dürften und auf welchen Wertmaßstäben diese beruhen könnten. Beide Fragen sind zwar wichtig und klar zu beantworten;[86] die entsprechenden Argumentationen werden aber erschwert, wenn man eine irrtümliche Gleichsetzung von empirischen Wenn/Dann-Aussagen und Moralgesetzen anbahnt.
- 'Politikwissenschaftliche Gesetze' werden von vornherein nicht als *Aussagen* begriffen, was bei den vorigen Mißverständnissen immerhin noch der Fall war. Sondern sie werden, inspiriert von mythischen oder religiösen Vorstellungen, aufgefaßt als 'Gesetze, welche die politische Wirklichkeit und das politische Handeln durchwalten'. Eine solche Deutung als 'politische Gesetzmäßigkeit' legt dann die Frage nahe, wie sie denn ähnlich den 'Naturgesetzen' überhaupt *entstehen* könnten. Beim Versuch, diese Frage zu beantworten, wird man unmittelbar in die Auseinandersetzung um das Problem 'Determinismus oder freier Wille des Menschen?' geführt, die ihrerseits als wichtiges Argumentationsmaterial jene Wenn/Dann-Aussagen benötigt, deren Verständnis man durch deren Umdeutung zu 'politischen Gesetzmäßigkeiten' erschwert.

Alle vier Mißverständnisse kommen oft vor und belasten die politikwissenschaftliche Kommunikation wie Außenwirkung *erheblich*. Um diesen Schwierigkeiten zu entgehen, sollte die Rede von 'Gesetzen' grundsätzlich *aufgegeben* werden. Es genügt, von mehr oder minder gut gesicherten Wenn/Dann-Zusammenhängen zu sprechen. Erst wenn *dieser* Begriff klar ist, kann die gedankenlose oder traditionelle Benutzung des unzweckmäßigen Begriffswortes 'Gesetz' halbwegs unschädlich sein.

Kausale Aussagen sind korrelative Aussagen, die über das Bestehen eines Zusammenhangs informieren *und darüber hinaus Gründe für das Bestehen dieses Zusammenhangs behaupten*. Ein durch behauptete Gründe ursächlich gedeuteter ('kausal interpretierter') Zusammenhang heißt 'Kausalzusammenhang' (auch: 'Kausalbeziehung'). Bei ihm wird im einfachsten Fall eine einzige Ursache X mit einer einzigen Folge Y in Beziehung gesetzt. Selbstverständlich sind aber auch komplexe Kausalzusammenhänge mit einer Vielzahl von Ursachen und Folgen ('Kausalgefüge', 'Wirkungsgefüge') durch kausale Aussagen zu erfassen.

---

86 Siehe auf S. 77ff. die Ausführungen über Werturteile und Handlungsanweisungen.

Diese haben typischerweise folgende Form: 'Gewaltenteilung und Freiheit der Bürger treten deshalb gemeinsam auf, weil ...', wobei beim mit 'weil ...' eingeleiteten Nebensatz ein begründendes Argument eingeführt wird. Allgemein kann man formulieren: kausale Aussagen sind *korrelative Aussagen plus eine erklärende Theorie*. Von dieser letzteren muß natürlich verlangt werden, daß sie empirisch wahr ist, weil ansonsten nur der 'rein korrelative Teil' der kausalen Aussage als zutreffend gelten kann. Da Theorien oft sehr komplex und mitunter schwer auf ihren Wahrheitsgehalt zu prüfen sind, weisen auch kausale Aussagen, die ja durch die Verknüpfung einer 'korrelativen Komponente' mit einer 'Theorie-Komponente' entstehen, diese schwierigen Eigenschaften auf.[87]

Es ist hilfreich, stets in *vier* Richtungen nach einer die beobachtete Korrelation erklärenden Theorie zu suchen. Sie werden von den vier bei Aristoteles unterschiedenen Ursachenformen gewiesen:[88]

– *Causa efficiens* bzw. 'Antriebsursache' oder 'Weil-Argumentation': Ein kausaler Zusammenhang besteht dann zwischen X und Y, wenn der Sachverhalt X den Sachverhalt Y *bewirkt*. Beispiel: 'Ein Staat mit politischer Opposition vermeidet deshalb eine Reihe von Fehlern, weil die Opposition Fehler der Regierung ausfindig macht und so die Funktion erfüllt, eine Art 'Fehlersuchsystem' oder 'Frühwarnsystem' zu sein'.

– *Causa materialis* bzw. 'Materialursache': Ein kausaler Zusammenhang besteht dann zwischen X und Y, wenn die *materielle Beschaffenheit* des Sachverhalts X dem Auftreten und der Beschaffenheit des Sachverhalts Y prägende Rahmenbedingungen setzt. Beispiel: 'In einer Gesellschaft mit massenhaftem Fernsehkonsum und kurzen Nachrichtensendungen im Fernsehen neigen Politiker zu Vereinfachungen und Populismus, weil sie das Fernsehen zwar als wichtiges Kommunikations- und Werbemedium benutzen, dabei aber jeweils nur wenig Zeit zur Entwicklung eines Arguments haben'.

– *Causa formalis* bzw. 'Formursache': Ein kausaler Zusammenhang besteht dann zwischen X und Y, wenn die *Form* des Sachverhalts X dem Auftreten und der Beschaffenheit des Sachverhalts Y prägende Rahmendingungen setzt. Beispiel: 'Die Arbeitsform des Parlaments Z führt dazu, daß in den Ausschüssen die Argumente erörtert, in Plenarverhandlungen sie aber nur zusammenfassend und schauspielhaft vorgetragen werden'.

– *Causa finalis* bzw. 'Zweckursache' oder 'Um-zu-Argumentation' bzw. 'funktionale Erklärung': Ein kausaler Zusammenhang besteht dann zwischen X und Y, wenn der Sachverhalt X in Hinblick auf den Sachverhalt Y *hervorgebracht* wird. Beispiel: 'Eine Regierung führt eine Steuererhöhung herbei, um wachsende Staatsausgaben ohne zunehmende Verschuldung finanzieren zu können'.

---

87 Siehe zu diesen Problemen auf S. 95ff die Ausführungen über Erklärungen.
88 Offenbar stellen die vier besprochenen Ursachenformen einen weiteren Topoi-Katalog dar.

Typischerweise besteht der Ablauf der Erarbeitung von empirischen Aussagen in folgenden Schritten:
- Erarbeitung von raum-zeitlich abgegrenzten Aussagen über das *Vorliegen* interessierender Sachverhalte;
- Erarbeitung von korrelativen Wenn/Dann-Aussagen über die interessierenden *Zusammenhänge* zwischen jenen Sachverhalten;
- Ausarbeitung dieser korrelativen Wenn/Dann-Aussagen zu *kausalen* Aussagen durch deren Verbindung mit begründenden Theorien. Derzeit gibt es in der Politikwissenschaft eine erhebliche Vorliebe für Theorien, die Antriebs- oder Zweckursachen anzielen, also für Weil- bzw. Um-zu-Argumentationen. Vermutlich lassen sich viele Zusammenhänge aber besser durch solche Theorien erklären, welche auf Material- und Formursachen ausgerichtet sind.

b. Normative Aussagen

Die normativen Aussagen gliedern sich in die Gruppen der 'Werturteile' und der 'Handlungsanweisungen':
- *Werturteile* sind Aussagen, die beobachtete oder vorgestellte Inhalte, Prozesse und Strukturen *bewerten*. Beispiele sind Aussagen wie die folgenden: 'Politische Freiheit zu sichern ist ein gutes Ziel'; 'Die Verhinderung freier Wahlen ist eine schlechte Handlung'; 'Demokratie ist eine gute, Diktatur eine schlechte Regierungsweise'.
- Auf Werturteile können *Handlungsanweisungen* aufgebaut werden, welche die Beachtung oder Nichtbeachtung bestimmter Werte bzw. die Vornahme oder Nichtvornahme bestimmter Handlungen *verlangen*. Beispiele sind Aussagen wie die folgenden: 'Man soll im Staat X die Freiheit der Bürger vergrößern'; 'Man soll im Staat Y freie Wahlen garantieren'; 'Man soll die Diktatur im Staat Z durch Demokratie ersetzen'.

Werturteile und auf ihnen fußende Handlungsanweisungen sind äußerst kompliziert aufgebaute Aussagen. Im wesentlichen läßt sich die logische Struktur eines *Werturteils* anhand des folgenden Dreischritts beschreiben:
- *Das zu bewertende Objekt wird durch eine empirisch wahre Aussage beschrieben*. Beispiel: 'Die Wirtschaftspolitik der Regierung führte im Staat X zu einer jährlichen Inflationsrate von 12%'.
- *Es wird auf einen Wertmaßstab verwiesen, welcher der vorgebrachten Bewertung zugrunde gelegt werden soll*. Ein solcher Wertmaßstab ist Teil einer Theorie oder Argumentation, die Gründe dafür angibt, warum bestimmte Dinge gut oder schlecht sind ('normative Theorie'). Beispiel: Es wird eine

Theorie angeführt, welche argumentiert, die Folgen A, B und C einer erhöhten Inflationsrate seien aus den Gründen X, Y und Z schlecht. Den Wertmaßstab stellen die Gründe X, Y und Z dar.

- *Es wird in einer logisch stimmigen Argumentation gezeigt, zu welcher Bewertung des Objekts anhand dieses Wertmaßstabs zu gelangen ist.* Dabei gilt: die *Schlußfolgerung* dieser Argumentation stellt das zu erarbeitete Werturteil dar. Beispiel: Nachdem sowohl anhand eines herangezogenen Wertmaßstabes gezeigt wurde, daß Inflation im allgemeinen schädlich ist, als auch, daß im Staat X Inflation besteht und sie von der Regierung verursacht wird, folgt das Werturteil: 'Die Stabilitäts- und Finanzpolitik dieser Regierung ist schlecht!'

Bezüglich des herangezogenen Wertmaßstabs sind folgende Erläuterungen nötig:

- Es muß, bezogen auf den zu bewertenden Sachverhalt, die 'normative Brauchbarkeit' des herangezogenen Wertmaßstabs nachgewiesen sein. Zu diesem Zweck ist anhand empirisch wahrer Aussagen in logisch stimmiger Argumentation zu zeigen, daß der fragliche Wertmaßstab wirklich in der Lage ist, als Grundlage des angestrebten Werturteils zu dienen. Die dafür nötigen Arbeitsschritte werden bei der Darstellung des Ablaufs normativer Forschung beschrieben.[89] In jedem Fall gilt: der herangezogene Wertmaßstab muß als eine korrigierbare Hypothese behandelt werden.

- Nur wenn sich die Vermutung einer normativen Brauchbarkeit der als Wertmaßstab heranzuziehenden normativen Theorie bekräftigen läßt, kann dieser Wertmaßstab als für den zu bewertenden Sachverhalt begründet gelten. Zwar lassen sich neben einer solchen 'Begründung für den praktischen Bewertungsweck' noch zwei weitere geläufige Begründungsweisen auffinden. Erstens bezieht man sich immer wieder auf die göttliche Offenbarung bestimmter Werte bzw. darauf, 'Klassiker' und 'wissenschaftliche Autoritäten' hätten diese Werte ebenfalls anerkannt, weswegen man es nicht wagen solle, sie in Zweifel zu ziehen. Eine derartige Begründung setzt aber die auf Kritik und Kontrolle ausgerichteten Regeln wissenschaftlicher Arbeit außer Kraft. Zweitens werden nicht selten verdeckt zirkuläre Argumentationen unternommen: man definiert Grundbegriffe so, daß man am Ende von auf ihnen fußenden Argumentationen zeigen kann, die über die Definition der Grundbegriffe versteckt schon eingeführten Werte ließen sich zwingend ('denknotwendig') als gültig nachweisen. Eine zirkuläre Begründung ist nun aber offensichtlich überhaupt keine Begründung, sondern bloß die argumentative Auslegung eines 'Vor-Urteils'. Insgesamt läßt sich zeigen, daß *innerhalb des Wissenschaftsspiels* Letztbegründungen von Wertmaßstäben, die immer und überall gelten würden, *nicht* gegeben werden können. Jedes Begründungsverfahren muß vielmehr an einer bestimmten Stelle abgebrochen werden. Die Abbruch-

---

89 Siehe unten S. 230ff.

stelle ist dann erreicht, wenn über die Heranziehbarkeit eines bestimmten Wertmaßstabs nach einer *sorgfältigen Prüfung* seiner normativen Brauchbarkeit *für den praktischen Bewertungszweck Konsens besteht.*

- Es ist nicht anzunehmen, daß stets und mit jedermann Konsens über die normative Brauchbarkeit des heranzuziehenden Wertmaßstabs erzielt werden kann. Natürlich markieren dann die Grenzen derartigen Konsenses auch die Grenzen jenes Personenkreises, der das auf jenen Wertmaßstab gestützte Werturteil als begründet erachten wird. Daß es solche Grenzen des Konsenses über die Verläßlichkeit von Grundlagen weiterer wissenschaftlicher Arbeit gibt, unterscheidet die Erarbeitung normativer Aussagen ('normative Forschung') allerdings nicht von der Erarbeitung empirischer Aussagen ('empirische Forschung'): auch dort kommt es immer wieder vor, daß bestimmte Ergebnisse und Theorien nur innerhalb gewisser 'Schulen' für gesichert gehalten werden.[90] Dies ist zwar bedauerlich und widerspricht dem Doppelwunsch, wissenschaftliche Aussagen sollten wechselseitig akzeptiert und zur Veränderung bisheriger Annahmen genutzt werden. Doch natürlich befolgt wissenschaftliches Handeln seine Regeln nicht weniger unvollkommen, als es in anderen menschlichen Handlungszusammenhängen der Fall ist. Folglich führt der auf einen begrenzten Personenkreis beschränkte Konsens über die normative Brauchbarkeit eines Wertmaßstabs zu keinem 'besonderen' Wissenschaftscharakter normativer Forschung, sondern stellt allenfalls drastischer als die Erarbeitung empirischer Aussagen unter Beweis, daß wissenschaftliche Emanzipationsversuche vom jeweils schon mitgebrachten Alltagsdenken ihre Grenze natürlich dort finden, wo man hinzulernen und verändern eben nicht mehr *will*. Ungeachtet dieser Grenze, die bei normativer Forschung besonders rasch erreicht wird, geht es aber normativer wie empirischer Forschung *nur* darum, zu solchen Aussagen zu gelangen, die an empirischem wie logischem Wahrheitsgehalt jenen Aussagen *überlegen* sind, die schon auf der Grundlage des gesunden Menschenverstandes formuliert werden können. Dieses Ziel kann angesichts so komplizierter Argumentationsgebilde, wie es Werturteile sind, als äußerst nützlich gelten. Bei größerer Kooperativität und Unvoreingenommenheit der beteiligten Wissenschaftler, als sie heute üblich ist, sollte dieses Ziel auch durchaus erreichbar sein. In jedem Fall gilt: ebensowenig, wie empirische Forschung dadurch 'unwissenschaftlich' würde, daß ihre Ergebnisse nicht sofort allgemeinen Konsens finden oder daß solcher Konsens später als unbegründet gekündigt wird, ist dies auch bei normativer Forschung der Fall.

Werturteile zu erarbeiten ist somit eine sinnvolle und im Prinzip erfüllbare Aufgabe wissenschaftlicher Arbeit. Zusammenfassend läßt sich formulieren: normative Aussagen des Typs 'Werturteil' sind im Wissenschaftsspiel genau dann *zulässig* und stellen ein 'begründetes' bzw. 'gültiges' Werturteil dar, wenn

---

90 Verwiesen sei beispielsweise auf die streitigen Prozesse der Durchsetzung von Atom-, Relativitäts- und Evolutionstheorie sowie der Theorie der Kontinentaldrift.

- ihnen ein für den konkreten Bewertungsfall als normativ brauchbar bekräftigter Wertmaßstab zugrunde liegt;

- dieser Wertmaßstab zugleich mit Angaben über den Umfang des bezüglich seines bestehenden Konsenses offengelegt wird, wobei fairerweise auch die wichtigsten gegen diesen Wertmaßstab ins Feld geführten Argumente zu nennen und zu erörtern sind;

- die Aussagen, welche das zu bewertende Objekt beschreiben, empirisch wahr sind;

- jene Argumentationen logisch korrekt sind, welche den Wertmaßstab auf das zu bewertende Objekt beziehen und als deren stimmige Schlußfolgerung sich das gefällte Werturteil ergibt.

Offensichtlich kann jede dieser Forderungen *ohne* die *vorgängige* Benutzung eines Werturteils erfüllt werden, weswegen sich das nur *scheinbare* Paradox formulieren läßt: Werturteile lassen sich werturteilsfrei erarbeiten, falls man den ihnen zugrunde liegenden Wertmaßstab nicht dogmatisch, sondern als normative Hypothese einführt und behandelt.

Natürlich kann auch die *Prüfung* eines persönlich gehegten Werturteils oder eines Wertmaßstabs, mit dem man sich identifiziert, Zweck normativer Forschung sein. Dann wird im wissenschaftlichen Arbeitsprozeß entdeckt werden, ob das Werturteil bzw. der Wertmaßstab den genannten Forderungen entspricht. Ist dies der Fall, so kann ein *zunächst* rein persönliches Werturteil als ein nunmehr politikwissenschaftlich begründetes Werturteil gelten. Entspricht das Werturteil allerdings nicht den aufgestellten Kriterien, so ist es ebenso wie eine als falsch erwiesene empirische Aussage zu korrigieren. Geschieht dies nicht, so wird offenbar eine Grundregel von Wissenschaft mißachtet und das Wissenschaftsspiel verlassen: trotz Verstoßes gegen jene Kriterien ein Werturteil aufrechtzuerhalten, ist ebenso wie die Beibehaltung einer falschen empirischen Aussage Ausfluß von Ideologie. Und wie bei der Erarbeitung empirischer Aussagen ist es auch bei der Erzeugung normativer Aussagen ein auszumerzender Mißbrauch von Wissenschaft, wenn man sie zur 'Untermauerung' *vorgängig festgelegter* Überzeugungen, nicht aber zu deren *Kontrolle*, *Kritik* und *Korrektur* heranziehen will.

Handlungsanweisungen haben eine noch kompliziertere logische Struktur als Werturteile. Sie läßt sich wie folgt beschreiben:

- Bezüglich eines durch vorzunehmende Handlungen anzugehenden Problems wird ein wissenschaftlichen Kriterien genügendes Werturteil gefällt. Dieses stellt klar, was bezüglich des Problems als gut bzw. schlecht, als gesollt bzw. verboten behauptet wird.

- Anhand dieses Werturteils wird im einfachsten Fall nur formuliert, was in bezug auf das zu bewältigende Problem 'im großen und ganzen' geschehen soll.

Dann liegt eine unpräzise Handlungsanweisung wie die folgende vor: 'Die Regierung soll eine stabilitätsorientierte Finanz- und Wirtschaftspolitik betreiben!'

- Eine Handlungsanweisung kann man freilich in der Form präzisieren, daß man empirisch wahre Wenn/Dann-Aussagen, die für den Zweck der Handlungsanweisung nützlich sind ('sozialtechnologische Aussagen'), mittels des erarbeiteten Werturteils *normativ auflädt*.[91] Wird nämlich im Rahmen eines Arguments *eine* der Komponenten einer empirisch wahren Wenn/Dann-Aussage als *gesollt* behauptet, so läßt sich der Informationsgehalt der Wenn/Dann-Aussage zur Verwirklichung des Gesollten nutzen, indem man ihre *andere* Komponente als *Gebot* bzw. als *Verbot* formuliert. Ein Beispiel macht dies anschaulich:

  * Folgende Wenn/Dann-Aussage habe sich als empirisch wahr herausgestellt: '*Wenn* man in einem Land das Privateigentum an Produktionsmitteln abschafft, *dann* endet in diesem Land die Ausbeutung des Menschen durch den Menschen'.

  * Anhand eines begründeten Werturteils über die Schlechtigkeit der Ausbeutung des Menschen durch den Menschen lasse sich die folgende unpräzise Handlungsanweisung formulieren: 'Im Land X *soll* die Ausbeutung des Menschen durch den Menschen abgeschafft werden!'

  * Durch 'normative Aufladung' der angeführten empirischen Wenn/Dann-Aussage entsteht sodann die folgende präzise Handlungsanweisung: 'Im Land X soll das Privateigentum an Produktionsmitteln abgeschafft werden!'

Zweifellos sind präzise Handlungsanweisungen die *praxisnützlichsten* Aussagen, welche die Politikwissenschaft erzeugen kann. Allerdings weisen sie wegen ihrer äußerst komplexen Struktur erhebliche Fehlerquellen auf: nicht nur muß ein *begründetes* Werturteil abgegeben werden, sondern zugleich müssen empirisch wahre Wenn/Dann-Aussagen verfügbar sein, welche im konkreten *Anwendungsfall* den Weg vom Ist-Zustand zum Soll-Zustand weisen. Daß diese Komponenten präziser Handlungsanweisungen *gemeinsam* verfügbar sind, kommt einstweilen nicht allzu oft vor. Folglich hat die Politikwissenschaft hier noch schlechte Chancen, über die Leistungsfähigkeit des gesunden Menschenverstandes beeindruckend weit hinauszugehen.

Empirische und normative Aussagen zielen offensichtlich *völlig verschiedene* Dinge an: die Frage, ob bestimmte Inhalte, Prozesse oder Strukturen politischer Wirklichkeit vorliegen und wie sie inhaltlich beschaffen sind, verlangt natürlich ganz anderes Wissen als jenes, ob es gut oder schlecht sei, daß diese politischen

---

91 Im besten Fall einer sozialtechnologischen Aussage verfügt man über deterministische Kausalaussagen, im schlechtesten, doch für die Politikwissenschaft üblichen Fall über probabilistische Korrelationsaussagen.

Inhalte, Prozesse oder Strukturen in ihrer jeweiligen Beschaffenheit vorliegen. Dennoch fällt es vielen Politikwissenschaftlern schwer, diesen Unterschied zu erkennen oder gar zu akzeptieren. Insbesondere lehnen nicht wenige die Forderung ab, die Erarbeitung und Prüfung empirischer Aussagen dürfe *nicht* mit der Erarbeitung und Prüfung von normativen Aussagen vermengt werden, um nämlich nicht bei *beiden* Aufgaben hinter dem zurückzubleiben, was möglich ist. Vielmehr findet man in politikwissenschaftlichen Publikationen immer wieder als empirische Aussagen hingestellte Werturteile bzw. Handlungsanweisungen, und es gibt sogar Texte, bei denen sich die vorgetragenen Aussagen nicht einmal klar der einen oder anderen Gruppe von Aussagen zuordnen lassen. Zweifellos ist dies der denkbar schlechteste Fall. Um ihn zu vermeiden, gilt die Regel: *Man muß stets so klar formulieren, daß leicht kenntlich ist, ob eine empirische oder eine normative Aussage vorliegt.*

Über diese Forderung hinaus wurde nicht selten verlangt, die Erarbeitung normativer Aussagen überhaupt aus dem Aufgabenbereich der Politikwissenschaft zu verbannen. Motiv war in der Regel die Sorge, andernfalls würden die Regeln wissenschaftlicher Arbeit durch Ideologie und werterfüllte Willkür um ihre Geltung gebracht. Ein solcher Ausschluß ist aber *unnötig*, wurde doch gezeigt, daß Werturteile und Handlungsanweisungen lediglich komplizierter sind als empirische Aussagen, daß ihre Erarbeitung und Prüfung aber durchaus kein anderes oder ein weniger strenges Wissenschaftsverständnis verlangt als der Umgang mit empirischen Aussagen. Nur in drei jederzeit vermeidbaren Fällen führt die Arbeit an bzw. mit normativen Aussagen aus dem Bereich der Wissenschaft hinaus:

- wenn man sich weigert, Werturteile und Handlungsanweisungen im Licht neuer Informationen ebenso zu korrigieren, wie man es beim Umgang mit empirischen Aussagen doch auch akzeptiert;

- wenn man versucht, für Werte und Wertmaßstäbe 'Letztbegründungen' vorzulegen, bzw. diesen Versuch gar mit der Absicht paart, solche 'Letztbegründungen' weiterer Kontrolle, Kritik und Korrektur zu entziehen;

- wenn man versucht, aus Aussagen über das *Sein* (d.h. aus empirischen Aussagen) Aussagen über das *Sollen* (d.h. normative Aussagen) einfach 'abzuleiten', um sich dergestalt die Vorlage und Prüfung des für ein Werturteil konstitutiven Wertmaßstabs zu ersparen. Dies wird beispielsweise im folgenden Argument unternommen: 'Überall auf der Erde gibt es Armut; darum nehme ich an, daß Armut wohl auch sein soll, also: aus irgendeinem Grund gut ist.' Ein solcher Schluß mißlingt immer, weil er seiner Grundlage - den empirischen Aussagen - *mehr* Informationen entnehmen will, als sie nun einmal beinhalten. Bekannt ist dieses Unterfangen unter dem Namen 'naturalistischer Fehlschluß'.

Insgesamt ist festzustellen, daß *sowohl* empirische *als auch* normative Aussagen zu formulieren die Aufgabe einer Wissenschaft von der Politik ist. Durch die Erzeugung empirischer Aussagen versorgt sie die politische Praxis und die politische Bildung mit Sachkunde und sozialtechnologisch verwertbarem Wissen, und durch die Bereitstellung von normativen Aussagen erfüllt sie nicht zuletzt die Aufgabe der Gesellschafts- und System*kritik*, was die Chancen auf eine rechtzeitige Behebung von politischen Mängeln und Fehlern steigert. Insgesamt trägt die Politikwissenschaft auf diese Weise zum Aufbau und Funktionieren solcher politischer Systeme bei, die den Maßstäben politikwissenschaftlicher Kritik standhalten können. Keineswegs stellt sich für die Politikwissenschaft die 'Alternative', *entweder* eine Art 'Sozialtechnologie' *oder* eine 'kritische Sozialwissenschaft' zu sein. Vielmehr sind *beide* Ziele wichtig und von ihr als einer 'praktisch-kritischen Wissenschaft' auch gemeinsam zu erfüllen.

c. Die Rolle von Aussagen im Forschungsprozeß

In vierfacher Weise werden Aussagen im Forschungsprozeß benutzt:

– Häufig sind Aussagen der *Untersuchungsgegenstand*. Beispiele: Was lehrt Lenin über die Praxis der Revolution? Welche innenpolitischen Absichten treten in den öffentlichen bzw. privaten Aussagen des Ministerpräsidenten XY zutage? Wie bewertet Platon die Staatsform der Demokratie?

– Aussagen bergen regelmäßig wichtige *Informationen*, die weiterverarbeitet werden müssen. Beispiele: Was ist aus dem Buch A über die Funktionsweise des britischen Regierungssystems zu lernen? Was steht in der jüngsten Allensbacher Studie über die politischen Einstellungen von Bürgern aus den neuen Bundesländern?

– Aussagen sind der *Werkstoff*, der im Forschungsprozeß bearbeitet wird. Als Werkstoff benutzte Aussagen nennt man 'Hypothesen'. Beispiel: 'SPD-Abgeordnete befürworten stärker das imperative Mandat, CDU-Abgeordnete hingegen eher das freie Mandat'. Eine derartige Vermutung wird anhand präziser, ggf. sorgfältig operationalisierter Begriffe formuliert; anschließend werden mittels geeigneter Methoden der Datenerhebung jene Informationen eingeholt, die man zur Prüfung des empirischen Wahrheitsgehalts der Hypothese braucht; und sodann wird durch zweckmäßige Verfahren der Datenanalyse festgestellt, ob im Licht der verfügbaren Informationen die zu prüfende Vermutung stimmen kann oder als falsch gelten muß. Je nach den Ergebnissen verifikationistisch oder falsifikationistisch angelegter Prüfungen von Hypothesen spricht man sodann von mehr oder minder gut bestätigten oder bekräftigten bzw. von mehr oder minder klar gescheiterten oder widerlegten Hypothesen.[92] In sinngemäß abgewandelter Weise ist mit *normativen* Hypothesen zu verfahren, deren Überprüfung die Aufgaben der Arbeit an empirischen Hypothesen weit überschreitet: es muß überdies die normative Brauch-

---

92 Siehe hierzu oben S. 73.

barkeit des jeweils herangezogenen Wertmaßstabs sowie das stimmige Zusammenwirken von Wertmaßstab, empirischen Aussagen und zum hypothetischem Werturteil bzw. zur hypothetischen Handlungsanweisung führender Argumentation geprüft werden.[93]

- Aussagen sind der *Zweck* von Forschung. Die nach Abschluß eines Forschungsprozesses erarbeiteten Aussagen beantworten entweder eine Frage oder formulieren einen Vorschlag, wie ein bestimmtes Problem gelöst werden könnte. Beispielsweise informieren durch demoskopische Forschungen erarbeitete Aussagen über die Wahlaussichten von Parteien und die Wahlmotive von Bürgern; ein politikwissenschaftliches Gutachten teilt mit, welche Konsequenzen - gemäß den Erfahrungen in daraufhin verglichenen Staaten - verschiedene Wege der Parteienfinanzierung haben; oder es werden im Rahmen politischer Bildung Werturteile über politische Inhalte, Strukturen und Prozesse vermittelt.

5. Theorien und ihre Funktionen

Werden Aussagen miteinander vernetzt, so daß statt einzelner, nebeneinander stehender Aussagen ein *Gefüge von Aussagen* formuliert wird, so nennt man dieses Aussagengefüge eine 'Theorie'. Geht man von Einzelaussagen aus und versucht man, diese zu einem größeren Argumentationszusammenhang zu vernetzen, so spricht man von 'induktiver Theoriebildung'. Arbeitet man relativ allgemeine Aussagen in der Weise aus, daß man die in ihnen angelegten Argumente systematisch weiterführt und dergestalt ein komplexes Aussagengefüge errichtet, so liegt 'deduktive Theoriebildung' vor. Es hängt natürlich ganz vom Forschungszweck ab, welches Vorgehen vorzuziehen ist.

Nach der *Art* der miteinander verknüpften Aussagen lassen sich verschiedene *Arten von Theorien* unterscheiden. Werden empirische Aussagen miteinander verknüpft, z.B. Tatsachenbehauptungen und Wenn/Dann-Aussagen, so liegt eine 'empirische Theorie' vor, etwa eine Theorie des Wahlverhaltens oder des Gesetzgebungsprozesses. Werden durch Verknüpfung geeigneter Aussagen Wertmaßstäbe begründet oder Werturteile bzw. Handlungsanweisungen formuliert, so spricht man von einer 'normativen Theorie' - etwa von einer Theorie 'guter politischer Ordnung' oder von einer Theorie der 'richtigen Ausübung des Abgeordnetenmandats'. Je nach dem Abstraktionsgrad der benutzten Begriffe und Aussagen unterscheidet man ferner 'gegenstandsspezifische Theorien' wie eine Theorie der Wirkung einzelner Wahlkampfmittel (Plakate, Annoncen, Fernsehspots, Wahlkampfveranstaltungen ...) von 'Theorien mittlerer Reichweite' (z.B. Theorien der Funktionsweise von parlamentarischen oder präsidentiellen Regierungssystemen),

---

93 Siehe unten S. 230ff.

und diese wiederum von 'allgemeinen Theorien', unter welche etwa Theorien der Entstehung von Repräsentation oder des Staates zu zählen sind. Außerdem können ausdrücklich formulierte Theorien von impliziten Theorien unterschieden werden, welch letztere sich oft unter dem Gewand beschreibender Ausführungen oder von essayistischen Formulierungen entdecken lassen. Alle Übergänge sind natürlich fließend.

Insgesamt kann man sagen: *Nichts ist praktischer als eine gute Theorie.* Wie sehr dieser Satz stimmt, merkt man beispielsweise bei der Diskussion um die Vor- oder Nachteile der Einführung von Volksentscheiden in einer repräsentativen Demokratie. Dem Abwägen der Argumente liegen nämlich stets mehr oder minder gut beherrschte Theorien der Funktionslogik repräsentativer Demokratie und der Auswirkungen von Volksentscheiden zugrunde, so daß eine Lösung des strittigen Problems am besten dann zu bewerkstelligen wäre, wenn man ihr klare und bewährte Theorien zugrunde legen könnte. Folglich ist zu formulieren: Ein zentraler Zweck von Wissenschaft besteht darin, logisch und empirisch wahre und möglichst informationshaltige Theorien so zu formulieren, daß man mit ihnen praktisch etwas anfangen kann. Theorien des Wahlverhaltens dienen dann beispielsweise als Grundlage von Wahlkämpfen, und Theorien demokratischer Repräsentativverfassung eignen sich als Ausgangspunkt für Überlegungen zur Ausgestaltung des Parteienrechts.

Keinesfalls verfängt der Einwand, man solle bei praktischen Fragen zunächst einmal 'alle Theorien beiseite lassen' und 'sich den Tatsachen selbst zuwenden'. Einerseits wird jeder Blick auf Tatsachen von (Alltags-)Theorien angeleitet und geprägt. Andererseits braucht man jemanden, der verlangt, man solle das Theoretisieren sein lassen und einfach die Tatsachen beschreiben, nur aufzufordern, genau dies zu tun: dann wird er mit größter Selbstverständlichkeit selbst eine Theorie vortragen und dergestalt zeigen, daß die Forderung nach 'Theoriefreiheit' unerfüllbar ist.

Insgesamt haben Theorien die folgenden Funktionen:

- Theorien stellen jene Begriffe, Argumentationen und Gußformen des Denkens bereit, in denen und mittels welcher man einen Gegenstandsbereich gedanklich ordnen, ihn beschreiben und über ihn kommunizieren kann. Die Wahl einer bestimmten Theorie oder die Kombination verschiedener Theorien ist dabei ungemein folgenreich: parlamentarische Demokratie etwa nimmt sich höchst verschieden aus, wenn man sie zunächst mit den Begriffen des 'Wissenschaftlichen Kommunismus' und sodann mit jenen der Pluralismustheorie beschreibt. Bildlich kann man formulieren: Theorien wirken wie Scheinwerfer, die einen interessierenden Gegenstand anstrahlen und dergestalt aus dem Dunkel hervorheben; und je nach Art und Anzahl der Scheinwerfer, nach Art und Farbe des benutzten Lichts sieht ein und derselbe Gegenstand dann höchst verschieden aus. Deswegen sollte man nicht den erstbesten Scheinwerfer verwenden, sondern grundsätzlich verschiedene Schein-

Theorienpluralismus

werfer ausprobieren und gegebenenfalls gemeinsam nutzen. Für die Arbeit eines Politikwissenschaftlers folgt hieraus: er hat viele verschiedene Theorien zu kennen, je nach Frage- und Problemstellung sorgfältig die am besten geeignete(n) auszuwählen und *keine einzige zu dogmatisieren* ('Theorienpluralismus').

- Theorien leiten den Prozeß wissenschaftlicher Arbeit und Forschung an. Sie prägen und festigen das forschungsleitende Interesse; sie kanalisieren die Auswahl der Forschungsthemen; sie fixieren bestimmte, selektive Perspektiven, in denen man auf den Forschungsgegenstand blickt; sie müssen über die Operationalisierung der in ihnen benutzten Begriffe sorgfältig auf den jeweiligen Forschungsgegenstand bezogen werden; und die - angeleitet von Theorien - eingeholten Informationen ('Datenerhebung') werden anhand der forschungsleitend benutzten Theorien ausgewertet ('Datenanalyse') und interpretiert ('Dateninterpretation'). Beispielsweise wird ein Forschungsprojekt, welches die Ursachen für den Zusammenbruch der sozialistischen Staaten Europas herausfinden soll, einen ganz anderen inhaltlichen und methodischen Verlauf nehmen, wenn man forschungsleitend Theorien politischer Ökonomie verwendet, als wenn man sich von Verschwörungstheorien leiten läßt.

- Theorien ermöglichen die Systematisierung und Aufbewahrung von Forschungsergebnissen: anhand der, ggf. im Lauf des Forschungsprozesses veränderten, Begriffe einer Theorie formuliert man die erarbeiteten Aussagen, und die erarbeiteten Befunde fügt man in das - möglicherweise auch seinerseits durch den Forschungsprozeß veränderte - Gerüst der forschungsleitenden Theorie(n). In Revolutionstheorien faßt man beispielsweise die durch Forschung erarbeiteten Aussagen über revolutionäre Veränderungen und ihre Ursachen zusammen, oder in Theorien politischer Kultur die in verschiedenen Gesellschaften erarbeiteten Befunde zu politischen Vorstellungen, Einstellungen und Verhaltensweisen.

Da Theorien sowohl das von einer wissenschaftlichen Disziplin erzeugte *Wissen bergen* als auch das für die Arbeit in dieser Disziplin unverzichtbare *Denkwerkzeug bereitstellen*, kann man sagen: ein Fach zu studieren heißt im wesentlichen, seine Theorien kennen- und benutzen zu lernen. Für einen angehenden Politikwissenschaftler meint dies: neben der Fähigkeit, anhand von MINK- und AGIL-Schema sowie des 'Schichtenmodells' politische Wirklichkeit diagnostizieren zu können, muß er sich die wichtigsten Theorien der Politikwissenschaft aneignen, angefangen - z.B. - von den verschiedenen Repräsentationstheorien bis hin zu den Varianten der Parteientheorie, und von den Theorien der Kriegsursachen bis hin zu jenen der internationalen Integration.

Derartige politikwissenschaftliche Theorien mit ihren Funktionen der Kommunikationsprägung, Forschungsanleitung und Ergebnissicherung treten meist in Konkurrenz zum schon besessenen politischen Alltagswissen und zu jenen politischen Alltagstheorien, in denen es organisiert ist.[94] Solche Konkurrenz kann durch die Unterscheidung zwischen 'politischen Theorien' und 'politikwissenschaftlichen Theorien' auf den Begriff gebracht werden:

– *Politische Theorien* sind jene Theorien, anhand welcher politisch handelnde Personen oder Beobachter des politischen Geschehens Politik wahrnehmen, interpretieren oder gestalten. In jedem Fall analytisch als 'Perzeptionswirklichkeit' zu bezeichnen, werden sie als systematisierte und bewußt genutzte Argumentationsgebilde meist 'politische Ideologien' bzw. 'politische Doktrinen' genannt. Sofern politische Theorien nicht ohnehin aus jenen Texten zu erschließen sind, die das Selbstverständnis von politischen Ideologien und Doktrinen bergen, werden sie bruchstückweise faßbar im politischen Alltagsdenken und in der politischen Alltagssprache, aus deren Begriffen, Bildern und Argumentationsmustern man sie oft rekonstruieren kann. Nicht selten sind alltagspraktisch benutzte politische Theorien aus der (politischen) Philosophie, bisweilen auch aus den Sozialwissenschaften über publizistische Vermittlung oder ihre Benutzung durch öffentlichkeitswirksam sich äußernde Politiker ins allgemeine Bewußtsein gelangt, manchmal dort auch bis zur unbemerkten Selbstverständlichkeit abgesunken. Anhand von politischen Theorien wird politische Identität ausgebildet, werden politische Streitfragen thematisiert und politische Konflikte ausgetragen. Insgesamt sind sie ein sehr wichtiger Werkstoff der Konstruktion und Reproduktion politischer Wirklichkeit, und darum sind sie ein zentraler *Gegenstand* politikwissenschaftlicher Forschung. In der Regel teilen sie alle oben erörterten Merkmale von gesundem Menschenverstand und Alltagsdenken.[95] Darum ist die immer wieder *neu* zu bewerkstelligende *Emanzipation* von ihnen, zumindest im Sinn eines reflektierten Umgangs mit ihnen, eine ständige Aufgabe jedes Politikwissenschaftlers.

– *Politikwissenschaftliche Theorien* sind jene Aussagengefüge, die im Verlauf politikwissenschaftlicher Forschung erarbeitet werden.[96] Sie sollen an logischem wie empirischem Wahrheitsgehalt, an kontrolliertem Perspektivenreichtum und an erkenntnisfördernder Nützlichkeit ihrer Terminologie über die im Umlauf befindlichen politischen Theorien hinausgehen. Dergestalt entstehen sie durch bewußte Emanzipation von politischen Theorien, die zu theoretischer, empirischer und normativer Forschung führt. Manchmal können politikwissenschaftliche Theorien im politischen Alltag bisher benutzte politische Theorien auch verdrängen. Dabei streifen sie ihren wissenschaftlichen Charakter genau dann ab, wenn ihre Perspektivität und Selektivität, auch ihre Verbesserungsfähigkeit und wahrscheinliche Mangelhaftigkeit nicht mehr reflektiert wird.

---

94 Vgl. auf S. 29ff die Abschnitte über 'Das 'konkurrierende Selbstwissen' des Forschungsgegenstandes' und über 'Die Verbundenheit des Politikwissenschaftlers mit seinem Gegenstand'.
95 Siehe S. 54ff.
96 Beispiele finden sich - trotz des irreführenden Titels 'Politische Theorie' - in Gabriel 1978 und Narr/Naschold 1972/73; siehe auch Görlitz 1980.

Stete Aufgaben der Politikwissenschaft sind somit die Kritik politischer Theorien, die Aufrechterhaltung der 'Fallhöhe' zwischen politikwissenschaftlichen und politischen Theorien, sowie der Versuch, politische Theorien durch Verbreitung der in politikwissenschaftlichen Theorien geborgenen Einsichten zu verbessern bzw. zu verdrängen.

6. Merkmalsräume und Typologien

Wichtige Bausteine politikwissenschaftlicher Theorien sind in der Regel *Merkmalsräume* oder *Typologien*. Zumal in Form von Typologien wird ein Großteil des politikwissenschaftlich erarbeiteten Wissens aufbewahrt und verfügbar gehalten.

Ein 'Merkmalsraum' ist ein sowohl einfaches als auch sehr nützliches Denkwerkzeug. Es dient dazu, Vorwissen zu ordnen oder erzielte Ergebnisse überschaubar zu machen. Um einen Merkmalsraum zu erstellen, entscheidet man anhand des jeweils verfügbaren Wissens, nach welchen und wievielen Variablen (d.h.: nach welchen Oberbegriffen) ein Gegenstandsbereich für einen gegebenen Forschungszweck gedanklich geordnet werden soll. Diese Oberbegriffe dienen dergestalt als 'Leitvariablen' und Grundbausteine jener Theorie, die es forschungsleitend zu klären oder ergebnisaufbewahrend auszuarbeiten gilt. Damit der entstehende Merkmalsraum übersichtlich bleibt, sollte man mit möglichst wenig Leitvariablen auszukommen versuchen. Zwei oder drei Variablen sind dann optimal, wenn man den angestrebten Merkmalsraum *graphisch* darstellen will.

Sind die Leitvariablen im Rahmen der forschungsleitenden Theorie ausgewählt, so legt man für jeden dieser Oberbegriffe, die man zur gedanklichen Ordnung des Gegenstandsbereichs benutzt, die heranzuziehenden Unterbegriffe fest, d.h. man bestimmt die Werte, welche die benutzten Variablen annehmen können. Dabei gibt es zwei Grundmöglichkeiten. Entweder arbeitet man mit *diskreten* Variablen[97], sieht also für jede Merkmalsausprägung einen eigenen Begriff vor. Dies wäre der Fall, wenn man den Oberbegriff 'Mitglied des Bundestages' in die Variablenwerte 'CDU-Abgeordneter', 'SPD-Abgeordneter' usw. unterteilt. Oder man arbeitet mit *stetigen* Variablen, bezeichnet also nur jene Extremwerte mit besonderen Begriffen, die eine Variable annehmen kann. Zum Beispiel könnte man die Variable 'politische Einstellung' durch ein sich zwischen den Polen 'rechts' und 'links' erstreckendes Kontinuum definieren. Unabhängig davon, ob man mit diskreten oder stetigen Variablen bzw. mit einer Kombination beider Gattungen arbeitet, entsteht durch die Verwendung von n Variablen ein n-dimensionaler

---

97 Zur Unterscheidung von diskreten und stetigen Variablen siehe S. 68.

Merkmalsraum. Das folgende Beispiel veranschaulicht die Konstruktion eines Merkmalsraums:

Man will sich klarmachen, von welchen Faktoren ein erfolgreiches Studium der Politikwissenschaft abhängt. Dabei hält man bis auf weiteres zwei Merkmale der Studenten für besonders wichtig: Begabung und Fleiß. Beide Variablen faßt man als stetig auf und geht davon aus, daß Studenten Merkmalsausprägungen zwischen großer Begabung bzw. großem Fleiß und geringer Begabung bzw. geringem Fleiß aufweisen werden. Der entstandene Merkmalsraum sieht dann so aus:

Schaubild 3: Beispiel eines zweidimensionalen Merkmalsraums

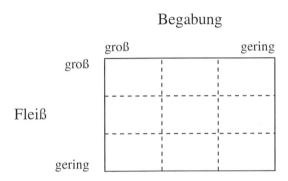

Arbeitet man mit diskreten Variablen, so wird dieser Merkmalsraum - wie im Schaubild 3 trotz der Verwendung von stetigen Variablen angedeutet - mit einem Gitternetz ausgefüllt, so daß jeder Zelle ('Kästchen') eine bestimmte Kombination von Merkmalsausprägungen bzw. Variablenwerten entspricht. Im einfachsten Fall hat jede der beiden Variablen nur zwei Ausprägungen, etwa: 'Merkmal ist vorhanden' und 'Merkmal ist nicht vorhanden'. Dann entsteht eine sogenannte 'Vierfeldertafel'.

Nur selten freilich reichen zwei Variablen aus, um sein Vorwissen zu einem bestimmten Gegenstandsbereich zu systematisieren oder um die über ihn vorliegenden Kenntnisse zutreffend zusammenzustellen. Arbeitet man mit drei Variablen, so stellt ein Würfel einen anschaulichen Merkmalsraum dar. Beispielsweise wird man annehmen, daß der Erfolg eines politikwissenschaftlichen Studiums auch von der didaktischen Qualität der akademischen Lehrer abhängt. Dann wird der im Schaubild 4 wiedergegebene Merkmalsraum aufgespannt:

Schaubild 4: Beispiel eines dreidimensionalen Merkmalsraums

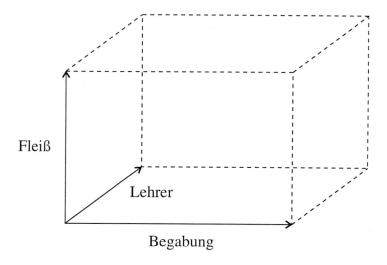

Mit einem so trivial anmutenden Denkwerkzeug, wie es Merkmalsräume darstellen, kann man die folgenden nützlichen Aufgaben bewältigen:

- Man *prüft* seinen Versuch, Vorwissen oder erzielte Ergebnisse zu systematisieren, auf logische Konsistenz und inhaltlichen Sinn. Zu diesem Zweck geht man alle im Merkmalsraum möglichen Extremwertkombinationen durch und stellt fest, ob sie logisch möglich und inhaltlich halbwegs sinnvoll sind. Auf inhaltliche Konstruktionsmängel eines erstellten Merkmalsraumes wiese etwa eine mögliche Kombination von Variablenwerten wie 'Innegehabtes Staatsamt: Ministerpräsident / Politische Funktion: Oppositionsführer' hin. Extremwertkombinationen bei dreidimensionalen und höherdimensionalen Merkmalsräumen durchzugehen, ist ein äußerst lehrreiches Unterfangen, und mit verschiedenen Leitvariablen zu 'basteln', indem man sie versuchsweise zu Merkmalsräumen zusammenfügt und immer wieder jene Leitvariablen ausschließt, die unlogische oder unsinnige Extremwertkombinationen ermöglichen, ist eine fruchtbare Technik der Theoriebildung.

- Sobald man nach Abschluß derartiger Prüfungen annehmen kann, einen logisch wie inhaltlich stimmigen Merkmalsraum aufgespannt zu habe, kann man die untersuchten Sachverhalte, Gegenstände oder Personen anhand dieses Merkmalsraums *ordnen*. Beispielsweise kann man - falls derlei für den Forschungszweck hilfreich ist und entsprechende Daten vorliegen - Studenten der Politikwissenschaft nach Begabung und Fleiß oder Bundestagsabgeordnete nach Parteizugehörigkeit und politischer Einstellung in entsprechenden Merkmalsräumen anordnen. Dergestalt läßt sich feststellen, mit welcher Häufigkeit welche Merkmalskombinationen auftreten. Sind die Häufigkeiten über alle Merkmalskombinationen ziemlich gleich verteilt, so ist anzunehmen, daß der erzeugte Merkmalsraum die interessierenden Sachverhalte, Gegenstände oder Personen nicht oder nur wenig trennscharf zu erfassen vermag. In diesem Fall ist die Auswahl der Leitvariablen bzw. die Festlegung der Variablenwerte zu überprüfen,[98] was wiederum zu einer Verbesserung der untersuchungsleitenden bzw. ergebnisbergenden Theorie führen kann.

- Falls sich anhand besonderer Häufigkeiten in benachbarten Merkmalskombinationen klare Gruppen der geordneten Sachverhalte, Gegenstände oder Personen abzeichnen, kann man anhand von Merkmalsräumen zur Bildung von 'Typen' oder 'Typologien' übergehen.

Ein Beispiel für einen zweidimensionalen Merkmalsraum, welcher die Bildung einer Typologie erlaubt, findet sich im Schaubild 5:

Schaubild 5: Typenbildung anhand eines zweidimensionalen Merkmalsraums

Variable X

	1	2	3	4	5	6
1	20	15	3		9	18
2	12	9				7
3	2					
4						
5			1	4	8	3
6		1	7	10	2	

Variable Y

Offenbar sind innerhalb der durch diesen Merkmalsraum und seine Leitvariablen festgelegten Betrachtungsperspektive drei Gruppen von Objekten (Sachverhalten, Gegenständen, Personen o.ä.) festzustellen. Was ihnen jeweils gemeinsam ist, läßt sich durch Interpretation jener Merkmalskombinationen er-

---

98 Oft erhält man ein klareres Bild, wenn man bei diskreten Variablen benachbarte Variablenwerte zusammenfaßt oder stetige Variablen durch Gruppierung ihrer Variablenwerte zu diskreten Variablen umgestaltet. Die radikalste Form der Zusammenfassung ist die 'Dichotomisierung', bei welcher man die Vielfalt der tatsächlich auftretenden Variablenwerte in nur zwei Gruppen zusammenfaßt.

schließen, die besonders häufig gemeinsam auftreten. Nimmt man beispielsweise an, im Merkmalsraum des Schaubilds 5 seien analog zum Schaubild 3 die möglichen Faktoren eines erfolgreichen Studiums der Politikwissenschaft zusammengestellt worden, so würden in der Gruppe links oben die zugleich sehr fleißigen und hochbegabten Studenten sichtbar, rechts oben jene, die geringe Begabung durch großen Fleiß kompensieren, und in der Mitte unten die eher faulen Studenten mittlerer Begabung. Solche 'Blocks' von untersuchten Sachverhalten, Gegenständen oder Personen, die sich tatsächlich als Gruppen gleichartiger Elemente nachweisen lassen, faßt man sodann als einen 'Typ' bzw. 'Typus'[99] zusammen, z.B. als 'Typ des hochbegabten, fleißigen Studenten'. Man definiert einen Typus also in der Weise, daß man zunächst die Variablen auflistet, aus deren Kombination der betrachtete Typus abgeleitet werden soll, und sodann angibt, welche tatsächlichen Kombinationen von Merkmalsausprägungen den fraglichen Typus darstellen. Da man dies anhand von Merkmalsräumen sehr anschaulich unternehmen kann, sind diese ein äußerst effizientes Mittel zur Entdeckung bzw. Definition von Typen.

In der Regel ist man daran interessiert, Vorwissen oder Forschungsergebnisse dadurch zu systematisieren, daß man die untersuchten Sachverhalte, Gegenstände oder Personen in Gestalt *mehrerer*, irgendwie *aufeinander bezogener Typen* zusammenfaßt. Eine solche geordnete Zusammenstellung von Typen nennt man 'Typologie'. Eine Typologie wird dadurch erstellt, daß man

- durch Angabe der zur Typendefinition benutzten Variablen jene Perspektive darlegt, welche die entstehende Typologie auf den zu betrachtenden Gegenstandsbereich fixieren soll;
- die aufeinander zu beziehenden Typen in der oben beschriebenen Weise definiert;
- die Unterschiede zwischen den unterschiedlichen Kombinationen von Variablenwerten herausarbeitet, welche die verschiedenen Typen ausmachen.

Dieses Verfahren wird im Abschnitt über die vergleichende Erforschung politischer Systeme praktisch angewandt, so daß hier auf dieses Beispiel verwiesen werden kann.[100]

Verständlicherweise gibt es je nach Art und Kombination der typenbildenden Variablen auch *verschiedene Arten von Typen*. Zunächst sind folgende Gruppen zu unterscheiden:

- *Extremtypen*: Bei ihnen werden *Extremausprägungen* von Variablen kombiniert. Im eben erwähnten Beispiel von S. 143ff sind 'demokratischer Verfas-

---

99 Von griech. 'typós', d.h. Abdruck, Umriß, Gestalt.
100 Siehe S. 143ff.

sungsstaat' und 'totalitäre Diktatur' bzw. 'offene Gesellschaft' und 'geschlossene Gesellschaft' zwei derartige Extremtypen.

- *Durchschnittstypen*: Bei ihnen werden umgekehrt die *durchschnittlichen* Merkmalsausprägungen der zur Typusdefinition herangezogenen Variablen miteinander kombiniert. Dergestalt entstehen Typen wie 'Der durchschnittliche Bundestagsabgeordnete' oder die 'Statistische Durchschnittsfamilie Deutschlands'.

- *Strukturtypen*: Bei ihnen werden soziale, wirtschaftliche oder politische Strukturen durch einen Typus erfaßt. Beispiele sind Typen wie 'parlamentarisches Regierungssystem' oder 'soziale Marktwirtschaft'.

- *Verlaufstypen*: Bei ihnen werden Variablen dergestalt verknüpft, daß man *Muster von Prozessen* auf einen gemeinsamen Begriff bringen kann. Verlaufstypen sind etwa Begriffe wie 'Lohn/Preis-Spirale', 'Schweinezyklus' oder 'demographischer Übergang'.

Sodann sind jene zwei grundlegenden Gattungen von Typen zu unterscheiden, denen alle bislang erwähnten Arten angehören können: 'Realtypen' und 'Idealtypen'. Letztere werden auch 'reine Typen' oder 'konstruierte Typen' genannt. *Realtypen* sind beispielsweise die aus dem Schaubild 5 abgeleiteten Typen: sie beruhen auf *tatsächlich vorkommenden*, überdurchschnittlich häufigen Merkmalskombinationen. Realtypen besitzen somit einen empirischen Referenten. In der Politikwissenschaft benutzte Realtypen sind beispielsweise der Typ des parlamentarischen Regierungssystems, des Zwei-Parteien-Systems, des sozialistischen Staates oder der Zentralverwaltungswirtschaft. Einen Realtyp zu definieren, wird häufig eine 'Realdefinition' genannt.[101]

Ein *Idealtyp* wird hingegen dadurch definiert, daß man die *Extremwerte* verschiedener Variablen miteinander verbindet, ohne damit - wie beim Extremtyp - die Behauptung zu verbinden, derartige Merkmalskombinationen träten wirklich auf. Man konstruiert ihn vielmehr aus Merkmalsausprägungen, die entweder im einzelnen oder zumindest in ihrer Kombination in der Wirklichkeit (so gut wie) nicht vorkommen, bei denen aber das, was vorkommt, 'zur letzten Konsequenz gesteigert' und somit in seiner 'reinsten Form' betrachtet wird. Durch Kombination geeigneter Variablen kann man dergestalt z.B. den Idealtyp des 'perfekten Politikwissenschaftlers', des 'vollkommenen Philosophen' oder des 'charismatischen Herrschers' definieren. Worin der Unterschied zwischen Real- und Idealtypen im einzelnen besteht, läßt sich am Beispiel des Schaubilds 6 veranschaulichen:

---

101 Dieser Begriff der Realdefinition darf keinesfalls mit jenem verwechselt werden, der auf S. 69f. beschrieben wurde: Realdefinition als Beschreibung des 'Wesens' eines Sachverhalts.

Schaubild 6: Idealtypen und Realtypen im dreidimensionalen Merkmalsraum

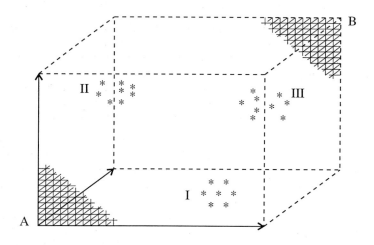

In diesem Schaubild werden einesteils die zwei Idealtypen A und B einander gegenübergestellt. Tatsächlich beobachtete Merkmalskombinationen werden durch die Sternchen gekennzeichnet. Es zeigt sich: Keinem Idealtyp entspricht irgendein empirischer Referent; indessen lassen sich die tatsächlich beobachteten Merkmale der untersuchten Gegenstände in drei Gruppen zusammenfassen, die ihrerseits Realtypen darstellen.

Aus der folgenden, ein Stück weit bildhaften Überlegung ergibt sich, warum man in der Politikwissenschaft sehr häufig mit Idealtypen arbeitet:

– Die Prozesse der Hervorbringung politischer Wirklichkeit sind dermaßen kompliziert, störanfällig und oft zufallsgesteuert, daß man sich die tatsächlich entstandenen politischen Strukturen ähnlich dem Empfang einer Haydn-Symphonie auf einem stark rauschenden Sender vorstellen kann: die 'Gestalt' der Symphonie hebt sich oft nur mühsam vom ständigen Hintergrundrauschen ab, erschöpft sich aber keineswegs in jenen verzerrten Klängen. Man würde sie sogar völlig verkennen, würde man ihr diese Verzerrungen zurechnen, obschon sie eindeutig zu hören sind.

– Der geübte Hörer blendet aus seiner Aufmerksamkeit folglich nach Möglichkeit jenes Hintergrundrauschen aus. Falls er die nötige Vorstellungskraft besitzt, sich die Klanggestalt einer Haydn-Symphonie zu vergegenwärtigen, kann er möglicherweise die verzerrten Klänge gedanklich sogar so weit 'übersteigern', daß er gar noch die Feinheiten von Haydns Instrumentationstechnik 'heraushört'.

- Dementsprechend wird durch die Bildung von Idealtypen bewirkt, daß 'Störungen' der Konstruktion politischer Wirklichkeit 'weggedacht' werden, um dergestalt den 'Kern' der interessierenden Sachverhalte freizulegen.
- Betrachtet man also einen Gegenstandsbereich anhand von Idealtypen, so lassen sich Abweichungen des tatsächlich Feststellbaren von ihnen als 'Störungen' interpretieren, die ihrerseits die Besonderheiten der Konstruktion des fraglichen Gegenstandsbereichs faßbar machen. Gerade die *Differenz* zwischen Idealtyp und tatsächlich Bestehendem birgt dergestalt eine wichtige Information. Die Feststellung dieser Differenz wird meist mit folgender Formulierung bezeichnet: 'Man mißt die Wirklichkeit am Idealtyp'.

Keinesfalls darf der Wortbestandteil 'Ideal-' im moralischen Sinn interpretiert und normativ gedeutet werden: Ein Idealtyp ist im politikwissenschaftlichen Sprachgebrauch nicht ein 'besonders wertvoller und anzustrebender Typ', sondern nur ein zu Forschungszwecken durch 'Überhöhung' von Wirklichkeitsmerkmalen erzeugter Vorstellungsinhalt. Wenn Idealtypen definiert werden, um unter gedanklichem Ausschluß von 'Störfaktoren' aller Art das (prozessuale) Zusammenwirken verschiedener Sachverhalte zu erfassen, so nennt man Idealtypen meist 'Modelle' (etwa: Modelle des Wirtschaftskreislaufs, von Wählerwanderungen und der politischen Willensbildung). Wann immer der *bewußt* irreale Charakter von Idealtypen oder der idealtypische Charakter von Modellen vergessen wird, gerät man in die Gefahr, reine Denkgebilde für reale Dinge zu halten ('Reifikation', 'Hypostasierung', 'Modellplatonismus') und dergestalt 'von der Wirklichkeit abzuheben'. Gerade weil Politikwissenschaftler aus *guten* Gründen ihre Theorien oft um Idealtypen und Modelle herum aufbauen, müssen sie vor dieser Gefahr auf der Hut sein.

7. Erklärungen

Das von der Politikwissenschaft zu erarbeitende und v.a. in Theorien zu bergende empirische Wissen läßt sich einteilen in Wissen über das Vorliegen und die Beschaffenheit von politischen Inhalten, Prozessen und Strukturen (*Tatsachenwissen*), in Wissen über das Bestehen von stochastischen, probabilistischen oder deterministischen Zusammenhängen zwischen ihnen (*Zusammenhangswissen*), und in Wissen über Erklärungen für das Vorliegen von politischen Tatsachen und Zusammenhängen (*Erklärungswissen*). Tatsachenwissen besteht aus empirisch wahren Existenz- und Allaussagen mit geeigneter raum-zeitlicher Abgrenzung ('Tatsachenaussagen'), Zusammenhangswissen aus empirisch wahren korrelativen Aussagen ('Wenn/Dann-Aussagen', 'Zusammenhangsaussagen'). Erklärungswissen besteht aus sehr komplexen Aussagengefügen, die ihrerseits aus Tatsachen- *und* korrelativen bzw. kausalen Zusammenhangsaussagen aufgebaut sind ('Erklärungsaussagen').

a. Der Aufbau einer Erklärung

Eine Erklärung wird stets in Form des Versuchs unternommen, ein Gefüge empirisch wie logisch wahrer Aussagen darüber zu formulieren, warum ein bestimmter Sachverhalt oder Zusammenhang vorliegt. Jene Sachverhalte, die erklärt werden sollen, heißen 'Explanandum'; die Sachverhalte und Zusammenhänge, auf die man sich zum Zweck einer Erklärung bezieht, nennt man 'Explanans'.[102] Ein derartiges Aussagengefüge hat die folgende *Grundstruktur*, welche durch die später zu besprechenden Merkmale praktisch benutzter Erklärungen meist überlagert bzw. unkenntlich gemacht wird:

- *Es muß der zu erklärende Sachverhalt durch mit den Tatsachen übereinstimmende Aussagen beschrieben werden.* Will man z.b. erklären, wie es zum Golfkrieg des Jahres 1991 kam, muß man den zu erklärenden Sachverhalt zunächst einmal zutreffend darlegen. Dies verlangt mit den Tatsachen übereinstimmende Beschreibungen etwa der Besetzung Kuwaits durch den Irak, der anschließenden Annexion Kuwaits, der Perzeptionen einer hieraus entstehenden Veränderung der militärischen und wirtschaftlichen Kräfteverhältnisse im Mittleren Osten, der Kriegsdrohungen an den Irak für den Fall der Nichtherausgabe Kuwaits sowie weiterer Umstände, die zum erklärungsbedürftigen Sachverhalt zu gehören scheinen. Natürlich wird die Reichweite und Eigenart solcher Beschreibungen von (Alltags-)Theorien gesteuert, mit deren Perspektivität und Selektivität in der oben beschriebenen Weise umzugehen ist. Wird der zu erklärende Sachverhalt nicht in einer mit den Tatsachen übereinstimmenden Weise beschrieben, so ist dessen Erklärung auf Sand gebaut, obschon sie - jenseits des konkreten Erklärungszwecks - nützliche und inspirierende Einsichten bewirken kann.

- *Es müssen mit den Tatsachen übereinstimmende Wenn/Dann-Aussagen formuliert werden, deren Dann-Komponenten den zu erklärenden Sachverhalt erfassen.* Wohlgemerkt können auch *mehrere* Wenn/Dann-Aussagen herangezogen werden, was zu 'mehrfaktoriellen Erklärungen' führt, die in der Regel zutreffender sind als 'einfaktorielle Erklärungen', bei denen nur eine einzige Wenn/Dann-Aussage benutzt wird.[103] In beiden Fällen sind sorgfältig jene *Randbedingungen* anzugeben, unter denen die herangezogenen Wenn/ Dann-Aussagen mit den Tatsachen übereinstimmen. Ferner muß gezeigt werden, daß im vorliegenden Erklärungsfall diese Randbedingungen *wirklich gegeben*

---

102 Von lat.'explanare', d.h.erklären.
103 Falls mehrere Wenn/Dann-Aussagen zugleich verwendet werden, ist zu prüfen, ob die von diesen Wenn/Dann-Aussagen erfaßten Zusammenhänge möglicherweise so zusammenwirken ('interagieren'), daß auch Wenn/Dann-Aussagen über derartige 'Interaktionseffekte' formuliert, auf ihren empirischen Wahrheitsgehalt geprüft und zur Erklärung unter die Explanans-Aussagen aufgenommen werden müssen. Im Unterschied zum 'Interaktionseffekt' bezeichnet man den *für sich allein* bestehenden Zusammenhang zwischen jeweils zwei Variablen, den eine Wenn/Dann-Aussage beschreibt, als den 'Haupteffekt' des fraglichen Erklärungsfaktors. Modelle statistischer Datenanalyse wie die Varianzanalyse erlauben es, die relative Stärke von Haupt- und Interaktionseffekten zu schätzen.

sind. Im Beispielsfall des 2. Golfkrieges könnte u.a. folgende, empirisch durchaus bekräftigte Wenn/Dann-Aussage herangezogen werden: 'Wenn eine Großmacht wichtige ihrer Interessen bedroht sieht, dann wird sie diese Bedrohung zu beseitigen versuchen'. Zwei Randbedingungen für die im Erklärungsfall gegebene Anwendbarkeit dieser Wenn/Dann-Aussage könnte man beispielsweise so formulieren: 'Diese Wenn/Dann-Aussage gilt, wenn die dafür geeigneten Handlungsmöglichkeiten dieser Großmacht nicht durch anders gezielte Gestaltungsabsichten anderer Großmächte beschnitten werden', bzw.: 'Diese Wenn/Dann-Aussage gilt, wenn eine Kosten/Nutzen-Analyse dieser Großmacht ein Eingreifen vorteilhaft erscheinen läßt'.

- *Es sind mit den Tatsachen übereinstimmende Aussagen über das Vorliegen jener Sachverhalte zu formulieren, welche von den Wenn-Komponenten der herangezogenen Wenn/Dann-Aussagen erfaßt werden.* Jene Sachverhalte heißen 'Anfangsbedingungen' bzw. 'Erklärungsfaktoren' (einfach auch: Faktoren) des zu erklärenden Falles. Konkret ist zu zeigen, daß die von den Wenn-Komponenten erfaßten Sachverhalte im Erklärungsfall tatsächlich vorlagen, da andernfalls eine Wenn/Dann-Aussage ja nicht für den Erklärungszweck herangezogen werden kann. Im hier benutzten Beispiel wäre demgemäß zu zeigen: Die fragliche Großmacht waren die USA; die von den USA wahrgenommene Bedrohung wichtiger Interessen bestand einesteils in der Störung des regionalen Gleichgewichts in der Golfregion, andernteils in der Kontrolle eines wichtigen Teils der weltweiten Erdölproduktion durch einen für unberechenbar gehaltenen Staat; der Versuch einer Beseitigung jener Bedrohung bestand im Aufbau einer internationalen Anti-Irak-Koalition sowie in der durch erfolgversprechende Optionen glaubwürdig gemachten Drohung mit einem siegreichen Krieg gegen den Irak.

- *Ferner ist nachzuweisen, daß die in den Randbedingungen formulierten Sachverhalte tatsächlich gegeben waren.* Im Beispielsfall des Golfkriegs von 1991 wäre also zu belegen: Andere Großmächte als die USA hegten keine die Handlungsmöglichkeiten der USA beschneidenden Gestaltungsabsichten bzw. waren nicht in der Lage, sie zu realisieren; und eine Kosten/Nutzen-Analyse eines Eingreifens der USA sprach für den Versuch, auf diese Weise die eigenen Interessen wahrzunehmen.

Das gesamte Aussagengefüge einer Erklärung besteht somit aus der 'Explanandum-Aussage' (= erster Anstrich) und aus den 'Explanans-Aussagen' (= zweiter bis vierter Anstrich), die ihrerseits in drei Gruppen von Aussagen zerfallen: in die Aussagen über die Anfangsbedingungen, in die Wenn/Dann-Aussagen mit Spezifikation ihrer Randbedingungen, sowie in den Nachweis, daß diese Randbedingungen tatsächlich gegeben sind. Eine Erklärungsaussage ist genau dann wahr, wenn sowohl die Explanandum-Aussage als auch alle Explanans-Aussagen mit den Tatsachen übereinstimmen und das gesamte Gefüge der Erklärungsaussage logisch konsistent ist.

Offenbar vernetzen Erklärungen eine Vielzahl ihrerseits sehr komplexer Aussagen. Gemeinsam mit den normativen Aussagen gehören die Erklärungsaussagen darum zu den am kompliziertesten aufgebauten Aussagengefügen, die zu formulieren oder zu prüfen erhebliche Umsicht und Sorgfalt verlangt. Da Erklärungen - ebenso wie Werturteile und Handlungsanweisungen - von großer praktischer Bedeutung sind, nimmt sich um diese Aufgabe immer schon der gesunde Menschenverstand an. Folglich ist es zwar verlockend, es mit dessen Kompetenzen bewenden zu lassen, statt sich der Mühe zu unterziehen, sich mit ungewissem Ausgang wenigstens ein Stück weit von ihm zu emanzipieren. Weil Erklärungen aber für das Verständnis politischer Wirklichkeit sowie für Prognosen[104] äußerst wichtig sind, lohnt sich gerade hier der Versuch, über das meist unzulängliche Leistungsvermögen des Common Sense hinauszugehen.

Selbstverständlich erfolgt - wie schon die Beschreibung des zu erklärenden Sachverhalts - auch die Auswahl der zur Erklärung herangezogenen Wenn/Dann-Aussagen und der zu betrachtenden Anfangsbedingungen, also der Erklärungsfaktoren, innerhalb der selektiven Perspektive einer untersuchungsleitend benutzten Theorie. Außerdem gehören die Wenn/Dann-Aussagen des Explanans einer oder mehreren Theorien an, in deren Kontext sie gedeutet und benutzt werden müssen. Falls dieser Theoriekontext bei der erklärenden Argumentation als selbstverständlich vorausgesetzt wird, unterbleibt meist eine ausdrückliche Angabe ihrer Randbedingungen.[105] Da stets die besonderen Perspektiven jener vielen Theorien in eine Erklärungsaussage eingebracht werden, ist eine Erklärung natürlich um so überzeugender, je besser bewährt jene Theorien sind.

Je nach Art der herangezogenen Wenn/Dann-Aussagen gliedern sich Erklärungen in verschiedene *Grundformen* von Erklärungen. Erstens lassen sich korrelative von kausalen Erklärungen unterscheiden. Im ersten Fall werden rein korrelative Wenn/Dann-Aussagen benutzt: man weiß dann zwar, daß - innerhalb bestimmter Randbedingungen - ein Wenn/Dann-Zusammenhang zwischen Erklärungsfaktor(en) und Explanandum besteht, kann aber keine Gründe für das Bestehen des für den Erklärungszweck benutzten Zusammenhangs angeben. Zu korrelativen Erklärungen gelangt man in der Regel aufgrund statistischer Analysen. Im zweiten Fall verfügt man *überdies* über eine Theorie, welche die zum Erklärungszweck herangezogenen Wenn/Dann-Zusammenhänge verständlich macht.

Zweitens sind deterministische Erklärungen von probabilistischen Erklärungen abzuheben. Die ersteren liegen vor, wenn deterministische Wenn/Dann-Aussagen benutzt werden, die letzteren, wenn man probabilistische Wenn/Dann-Aussagen heranzieht. Unzutreffend ist die Annahme, Erklärungen dürften *nur* de-

---

104 Hierzu siehe S. 106ff.
105 Erfahrungsgemäß kann bei politikwissenschaftlichen Erklärungen aber nur selten irgendein Theoriekontext als selbstverständlich vorausgesetzt werden. Weil dennoch auch bei ihnen oft auf die Angabe der Randbedingungen verzichtet wird, kommt es regelmäßig zu Mißverständnissen und zeitraubenden Kontroversen. Darum sollte im Zweifelsfall *nicht* auf eine genaue Beschreibung der Randbedingungen einer vorgelegten Erklärung verzichtet werden.

terministische Wenn/Dann-Aussagen enthalten; diese stellen vielmehr einen in der Politikwissenschaft seltenen Extremtyp dar.[106] Wenn man mehrere probabilistische Wenn/Dann-Aussagen gemeinsam verwenden muß, um eine Erklärungsaussage zu formulieren, so sinkt indessen die Plausibilität der geleisteten Erklärung erheblich. Offenbar ist dies in der Politikwissenschaft recht oft der Fall.

Die *Prüfung des Wahrheitsgehalts* einer Erklärung erfordert Antworten auf die folgenden fünf Fragen, die ihrerseits die bei einem Erklärungsversuch zu erfüllenden Anforderungen beschreiben:

- Stimmt die *Explanandum-Aussage* mit den Tatsachen überein, also: beschreibt sie genau den Sachverhalt, der erklärt werden soll?

- Haben sich die herangezogenen *Wenn/Dann-Aussagen* innerhalb ihrer Randbedingungen bei vorhergehenden Prüfungen bewährt, also: können sie als empirisch wahr gelten?

- Stimmt die Behauptung mit den Tatsachen überein, die *Randbedingungen* der herangezogenen Wenn/Dann-Aussagen seien im zu erklärenden Fall gegeben gewesen?

- Stimmen die Aussagen über das Vorliegen der *Anfangsbedingungen* mit den im Erklärungsfall gegebenen Tatsachen überein?

- Sind die einzelnen Aussagen des erklärenden Aussagengefüges und ist dessen Gesamtstruktur *logisch konsistent*?

b. Merkmale praktisch benutzter Erklärungen

Tatsächlich vorgebrachte Erklärungen erfüllen diese Anforderungen bisweilen nur mangelhaft, so daß sie durch wissenschaftliche Kritik und Korrektur verbessert werden müssen. Praktisch benutzte Erklärungen weichen aber außerdem aus *guten* Gründen in ihrer *sprachlichen* Gestaltung von der oben beschriebenen *logischen* Grundstruktur einer Erklärung ab. Erklärungen sind nämlich äußerst komplizierte Aussagengefüge, die übersichtlich zu formulieren keineswegs leicht fällt. Darum gilt die Regel: sie müssen nur so gut formuliert werden, daß sie in einer konkreten Kommunikationssituation ihren Zweck erfüllen. Sofern bestimmte Bestandteile der Erklärung - etwa: Begriffe in ihrer genauen Bedeutung, Wenn/Dann-Aussagen, Annahmen über Randbedingungen - als jedem Kommunikationspartner bekannt vorausgesetzt werden können, entlastet es die Kommunikation ungemein und ist sehr vorteilhaft, diese Bestandteile einer Erklärung nicht ausdrücklich zu formulieren, sondern sie nur anzudeuten und auf sie zu

---

106 Deshalb verfehlt die Bezeichnung 'deduktiv-nomologisches Erklärungsmodell' die hier dargestellte Struktur einer wissenschaftlichen Erklärung.

verweisen. Praktisch benutzte Erklärungen sind darum so gut wie immer 'unvollkommene' Erklärungen, bei denen die Explanandum- und Explanans-Aussagen weder präzis noch vollständig formuliert werden. Meist wird dies erst dann problematisch, wenn man eine Erklärung aus ihrer konkreten Anwendungssituation löst und als für sich stehendes Aussagengefüge prüft. Genau dies ist in der (Politik-)Wissenschaft allerdings üblich und auch nötig, falls man den logischen wie empirischen Wahrheitsgehalt jener Aussagen sorgfältig prüfen will, aus denen die fragliche Erklärung besteht. Um diese Arbeit nicht zu erschweren, muß darum gefordert werden, wissenschaftliche Erklärungen mit einem Sicherheitszuschlag an 'eigentlich' nicht nötiger Präzision und Ausführlichkeit zu versehen. Der in sprachlicher Kürze und Eleganz liegende Kommunikationsvorteil führt nämlich zu 'unvollkommenen' Erklärungen, die mehr oder minder große Folgeprobleme nach sich ziehen. Auf folgende Fälle unvollkommener Erklärungen sei verwiesen:

- *Ungenaue Erklärungen*: Bei ihnen sind die Begriffe, aus denen die Explanandum- oder Explanans-Aussagen aufgebaut sind, schlecht oder gar nicht definiert. In der Alltagskonversation zulässig, sind sie im Bereich der Politikwissenschaft zu vermeiden.

- *Rudimentäre Erklärungen*: Sie heißen auch 'bruchstückhafte', 'verstümmelte' oder 'elliptische'[107] Erklärungen. Sie entstehen, wenn man Bestandteile einer Erklärung beim Kommunikationspartner als so selbstverständlich voraussetzt, daß man sie nicht einmal mehr andeutet, aber dennoch davon ausgeht, der Kommunikationspartner denke sie als Kontext des Explanandum und der bruchstückhaft angegebenen Explanans-Aussagen mit. Rudimentäre Erklärungen sind für die Alltagskommunikation typisch und werden vor allem durch die Benutzung von 'Weil-Sätzen' oder von Zeitwörtern wie 'verursachen' und 'hervorrufen' geäußert. Die folgenden Beispiele zeigen übliche Verwendungsweisen:

    * 'Die DDR brach zusammen, weil ihre Bevölkerung in ihr keine Perspektive mehr sah'.

    * 'Der Zusammenbruch der DDR wurde durch die Öffnung der ungarischen Grenze verursacht'.

    * 'Das Ende des Ost-West-Konflikts rief den Zusammenbruch der DDR hervor'.

    Rudimentäre Erklärungen wie diese entlasten die Kommunikation erheblich und sind auch in der Politikwissenschaft zulässig, wenn

    * wenigstens die wichtigsten Anfangsbedingungen genannt werden;

    * man davon ausgehen kann, die Angabe der Anfangsbedingungen führe beim Kommunikationspartner ziemlich sicher zur Auffindung jener

---

107 Von griech. 'elleípein', d.h. es an etwas fehlen lassen.

Wenn/Dann-Aussagen, auf die man das eigene Argument gründet, sowie zur Berücksichtigung der einschlägigen Randbedingungen;

* die als Kontext mitgedachten, doch nicht unmittelbar mitgeteilten Wenn/ Dann-Aussagen mit den Tatsachen übereinstimmen.

Rudimentäre Erklärungen, die zudem auch noch ungenau sind, beherrschen sowohl die politische Alltagskommunikation als auch die politikwissenschaftliche Diskussion. Sie stellen freilich den denkbar schlechtesten Fall einer - möglicherweise durchaus zutreffenden - Erklärung dar. Zwar kann man sie im Prinzip solange tolerieren, wie sie keine großen Mißverständnisse herbeiführen. Es ist aber zu fordern, daß rudimentäre Erklärungen von dem, der sie vorbringt, nach Aufforderung jederzeit zu Erklärungen mit vollständiger Angabe aller behaupteten Anfangsbedingungen, Wenn/Dann-Aussagen und Randbedingungen ausgebaut werden können.

- *Erklärungsskizzen*: Wo nicht davon ausgegangen werden kann, man kenne überhaupt die in eine Erklärung einzubeziehenden Anfangsbedingungen, und wo auch noch keine brauchbaren Wenn/Dann-Aussagen bekannt sind, dort reicht der verfügbare Wissensbestand für eine befriedigende Erklärung offenbar noch nicht aus. Man muß sich dann mit einer 'Erklärungsskizze' begnügen, bei der nur in groben Zügen und auch nur vermutungsweise angegeben wird, welche denkbaren Wenn/Dann-Aussagen das Explanandum auf bestimmte Anfangsbedingungen beziehen könnten. Erklärungsskizzen sind ein wichtiger 'Werkstoff' zumal politikwissenschaftlicher Forschung und markieren noch zu bewältigende wissenschaftliche Aufgaben. Leider ist die Gefahr groß, daß man es bei Erklärungsskizzen auch schon bewenden läßt, da es in der Tat schwierig ist, für die komplexen Sachverhalte politischer Wirklichkeit präzise und vollständige Erklärungen auszuarbeiten.

- *Partielle Erklärungen*: Diese Art unvollkommener Erklärungen liegt dann vor, wenn die Explanans-Aussagen nicht hinreichen, um das Explanandum zu erklären. Typisch sind Erklärungen wie die folgende: 'Die DDR brach zusammen, weil Erich Honecker keine Reformen wollte'. Partielle Erklärungen entstehen nicht selten bei ungenauen und rudimentären Erklärungen, oft auch bei Erklärungsskizzen. Schon in der politischen Alltagskommunikation wirken sie störend, da sie einen größeren Erklärungswert vortäuschen, als sie tatsächlich besitzen. Hierin besteht auch für die Politikwissenschaft ihr Problem: sie machen Wissensgrenzen unkenntlich, lassen weitere Forschung als müßig erscheinen und blockieren so den Erkenntnisfortschritt. Sie sind allenfalls als 'Zwischenergebnisse' zu akzeptieren. Aus solcher Ablehnung partieller Erklärungen ist allerdings nicht zu folgern, Ziel der Politikwissenschaft sei die Erarbeitung 'totaler Erklärungen' für alle Bereiche politischer Wirklichkeit. Dies zu leisten ist einerseits unmöglich, da jedes sich auf Wirklichkeit beziehende Aussagengefüge - und folglich auch jede Erklärung - perspektivisch und selektiv ist. Andererseits sind 'totale Erklärungen' auch unnötig: mit jeder Erklärung wird auf einen praktischen Zweck abgezielt, weswegen sie nicht 'total', sondern stets nur so vollständig sein muß, daß dieser Zweck erfüllt wird.

c. 'Erklären durch Erzählen'

Erklärungen des Zustandekommens von Tatsachen und Zusammenhängen ('genetische Erklärungen') sowie Erklärungen von Prozessen werden selten so formuliert, daß an ihnen die oben beschriebene Struktur einer Erklärung wiederzuerkennen ist. In einer heftigen Auseinandersetzung um die Eigenart der hier einschlägigen Erklärungen geschichtlicher Sachverhalte ('historische Erklärung') wurde sogar ausdrücklich bestritten, genetische und historische Erklärungen stellten 'Unterfälle' jener allgemeinen Erklärungsstruktur dar, die oben beschrieben wurde: keineswegs durch die Angabe von Anfangsbedingungen und Wenn/Dann-Aussagen, sondern durch das 'Erzählen der Geschichte des zu Erklärenden' würde die gesuchte historische Erklärung gegeben.[108] Allerdings zeigt eine nähere Betrachtung, daß genetische wie historische Erklärungen nur sowohl komplexer als auch wegen dieser Komplexität zugleich 'unvollkommener' sind, als es der oben dargestellten Erklärungsstruktur entspricht. Sie stellen darum keinen 'eigenen Erklärungstyp', sondern nur einen *komplexen Spezialfall* dar.

Beispielsweise gelte es, Hitlers Machtergreifung zu erklären. Eine genetische Erklärung könnte wie folgt formuliert sein: 'Um Hitlers Machtergreifung zu erklären, muß man sich die Bedingungen vergegenwärtigen, welche der verlorene Erste Weltkrieg, die Revolution von 1918/19, die Wirtschaftskrise im Deutschen Reich und dessen Verfassungssystem geschaffen hatten. Diese Bedingungen waren gekennzeichnet durch: ... . Dies alles bot einem Politiker, der diese Umstände für folgende Ziele ... nutzen wollte, diese Möglichkeiten: ... . Hitler gebrauchte die gebotenen Möglichkeiten, indem er folgendes tat: ... . Dabei kamen ihm einige besondere Umstände zur Hilfe, nämlich ... . Das alles hätte freilich nichts geholfen, wenn nicht auch noch ... gewesen wäre. Am Ende stand, für viele unfaßlich, doch nach Lage der Dinge nun unabwendbar, Hitlers Machtergreifung'.

Derartige Erklärungen machen einen großen Teil der politikwissenschaftlichen und geradezu die Gesamtheit der geschichtswissenschaftlichen Erklärungen aus. Genau betrachtet, haben sie folgende Struktur:

– Das Explanandum wird - innerhalb einer bestimmten Perspektive - wiedergegeben.

– Es wird eine (selektive!) Betrachtungsperspektive, also eine mehr oder minder ausgearbeitete, bewußte und offengelegte Theorie gewählt, in deren Licht die Erklärung vorgenommen wird (etwa: 'X-Theorie', 'Standpunkt des Exper-

---

108 Zur 'motivationalen' bzw. 'rationalen' Erklärung als anderen vorgeblichen Alternativen der hier vorgestellten Erklärungsstruktur siehe Patzelt 1986: 273-276.

ten Y', 'Sichtweise der Z-Schule', 'gesunder Menschenverstand', 'Erfahrung des Forschers' usw.). Meist paßt diese Perspektive recht gut zu jener, in der bereits das Explanandum formuliert wurde, weswegen weder die Perspektivität der Formulierung des Explanandums noch jene der zu erarbeitenden Explanans-Aussagen kenntlich wird.

– Innerhalb dieser Perspektive werden jene allgemeinen Anfangsbedingungen bestimmt, von denen aus eine Argumentationskette zwischen Explanandum und Explanans geschmiedet werden soll (Feststellung der 'eigentlichen Ursachen' statt nur der 'Anlässe', der 'historischen Triebkräfte', der 'bestimmenden Faktoren einer Epoche' usw.).

– Diese Argumentationskette wird so aufgebaut, daß von einer allgemeinen Anfangsbedingung aus (oder von einer Mehrzahl allgemeiner Anfangsbedingungen aus) das Explanandum auf jene Weise erreicht werden kann, die das Schaubild 7 wiedergibt:

Schaubild 7: Die Struktur einer genetischen Erklärung

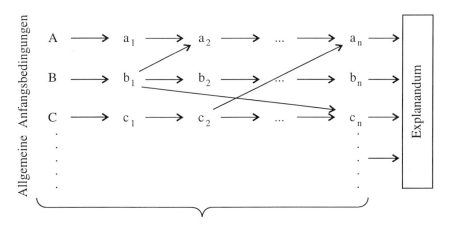

'Riesenmolekül des Explanans'

Jedes 'Paar' $A \to a_1$, $a_1 \to a_2$, ..., $a_{n-1} \to a_n$, $a_n \to$ Explanandum (bzw. $B \to$ ..., $C \to$ ..., ...) stellt *für sich* eine Erklärung dar, welche die oben erörterte Erklärungsstruktur aufweist: in der Erklärung '$a_1 \to a_2$' ist 'a_2' eine Aussage über das Explanandum, 'a_1' eine Aussage über eine (oder mehrere) mögliche Anfangsbedingung(en), und '$\to$' eine (implizite) Wenn/Dann-Aussage (bzw. ein komplexes Bündel von Wenn/Dann-Aussagen) samt ihren Randbedingungen. Jede dieser Einzelerklärungen ist mit dem jeweils folgenden 'Paar' in der Weise verbunden, daß das Explanandum des ersten 'Paars' als (Gruppe von) Anfangsbedingung(en) des zweiten 'Paars' benutzt wird.

Im oben benutzten Beispiel stellt sich dies wie folgt dar:

- $A \rightarrow a_1$: 'Weil der Erste Weltkrieg verloren wurde, stürzte in Deutschland die Monarchie'
- $a_1 \rightarrow a_2$: 'Weil die Monarchie stürzte, kam es zu ...'.
- $a_2 \rightarrow a_3$: ...

  .
  .
  .

- $a_n \rightarrow$ Explanandum: 'Weil ..., wurde Hitler mit der Regierungsbildung beauftragt'.

Natürlich sind beliebig komplexe Querverbindungen zwischen jenen Einzelerklärungen möglich: ein Explanandum kann zur Anfangs- oder Randbedingung *vieler* folgender Einzelerklärungen werden. Diese Einzelerklärungen '$a_{n-1} \rightarrow a_n$' stellen gewissermaßen jene 'Erklärungsatome' dar, aus denen das '(Riesen-)Molekül' einer komplexen genetischen Gesamterklärung aufgebaut ist.[109]

Da genetische Erklärungen derart vielschichtige Gefüge vieler kompliziert vernetzter Einzelerklärungen sind, die ihrerseits sehr vielfältig und beliebig komplex sein können, lassen sie sich für praktische Zwecke keinesfalls in derselben Weise formulieren, wie dies bezüglich ihrer Erklärungsatome ja auch nur im Grundsatz möglich ist. Um *kommunizierbar* zu sein, muß ein derartiges Gefüge verschiedenster Wenn/Dann-Aussagen mit je eigenen Randbedingungen, die zugleich auf vielerlei Anfangsbedingungen und Einzelexplananda bezogen sind, in die Form grammatisch korrekter und hörend oder lesend gut aufnehmbarer Sequenzen gebracht werden ('Linearisierung'). Diese Aufgabe kann praktisch nur in der Weise bewältigt werden, daß man auf die Interpretationskompetenz des Kommunikationspartners baut, sich deshalb von der Pflicht entlastet, für jedes Erklärungsatom eine vollständige Erklärung zu formulieren, und darum *aus guten*

---

[109] Eine Variante dieser allgemeinen Struktur einer genetischen Erklärung liegt vor, wenn nicht gleich zu Beginn *alle* 'allgemeinen Anfangsbedingungen' angegeben werden, aus denen sich das gesamte 'Erklärungsmolekül' aufbauen läßt, sondern wenn die für einzelne 'Erklärungsatome' jeweils benötigten Anfangsbedingungen *ad hoc*, also: speziell für das jeweilige Erklärungsatom, formuliert werden. Dann spricht man von 'ad hoc-Erklärungen' bzw. von 'ad hoc-Begründungen'. Ein Beispiel dafür könnte etwa lauten: "... weshalb der Reichskanzler verfassungsmäßig vom Vertrauen des Reichspräsidenten abhängig gemacht wurde. Zur völligen politischen Abhängigkeit trug ferner bei, daß die Weimarer Parteien keinen Sinn für die Notwendigkeit entwickelten, entschlossen auf die Macht zuzugreifen und 'ihren' Reichskanzler - auch gegen den Reichspräsidenten - zu unterstützen. Hieraus folgte ...".

Gründen unvollkommene, so gut wie immer rudimentäre und oft auch noch ungenaue Einzelerklärungen auf zweckdienliche Weise aneinanderreiht. Eben hierin besteht das 'Erklären durch Erzählen'. Es ist die typische Form historischer und zeitgeschichtlicher Erklärungen, auf die auch in der Politikwissenschaft keinesfalls verzichtet werden kann.

'Erklären durch Erzählen' muß sich natürlich so vollziehen, daß der Kommunikationspartner gute Chancen hat, *zielsicher* die zur Vervollständigung der unvollkommenen 'Erklärungsatome' nötigen Kontexte aufzufinden und in ihnen, obwohl anhand eines linearen Textes mitgeteilt, jene 'multidimensionale Gestalt' zu erkennen, in der die genetische Gesamterklärung besteht.[110] Eine 'Erklärung durch Erzählen' bedarf darum erheblicher Kunstfertigkeit ihres Verfassers, während dem Adressaten große Interpretationsfähigkeiten und viel guter Wille abverlangt werden. Da Können und Wollen in der Politikwissenschaft ebenso wie im Alltagsleben knappe Güter sind, kommt es zu unbeabsichtigen oder vorgespiegelten Mißverständnissen genetischer Erklärungen ebenso häufig wie zu deren allzu unvollkommener Formulierung.

Keineswegs darf 'Erklären durch Erzählen', bei dem unvollkommene Einzelerklärungen vernetzt werden, als 'unzulängliche', 'unwissenschaftliche' oder nur 'behelfsmäßige' Form einer Erklärung angesehen werden. Vielmehr ist der Gebrauch rudimentärer und ungenauer Einzelerklärungen der *faire* Preis dafür, daß man nun in gut kommunikabler Weise ein durch sehr komplexe Zusammenhänge bewirktes Explanandum erklären kann. Allerdings sinkt durch den Übergang von präzis und vollständig ausformulierten Einzelerklärungen zum komplexen Gefüge einer aus unvollkommenen 'Erklärungsatomen' aufgebauten genetischen Erklärung die *Überschaubarkeit* der logischen Struktur jener Gesamterklärung sowie die *Überprüfbarkeit* des Wahrheitsgehalts ihrer rudimentären Einzelerklärungen. Daß logische Inkonsistenzen auftreten oder unbestätigte bzw. gar falsche Anfangsbedingungen, Wenn/Dann-Aussagen und Randbedingungen als zutreffend angenommen werden, ist darum nur selten auszuschließen. Ferner steigt die Gefahr, daß man partielle Erklärungen miteinander verbindet oder sich gar ausschließlich auf Erklärungsskizzen stützt, ohne dessen recht gewahr zu werden bzw. auch den Kommunikationspartner darauf aufmerksam zu machen. Wie jede Kette ist aber auch eine genetische Erklärung nur so stark wie ihr schwächstes Glied.

Widersprüche in genetischen Erklärungen aufzuzeigen oder solche Behauptungen zurückzuweisen, herangezogene Wenn/Dann-Aussagen als falsch aufzudecken oder als richtig zu rechtfertigen, eine genetische Erklärung als unbe-

---

110 Offensichtlich wird also das Explanandum als 'Teil' in ein 'Ganzes' von Kenntnissen eingebettet. Wie unten auf S. 198ff die Ausführungen zur hermeneutischen Methode zeigen, stellt die Herbeiführung einer solchen Einbettung einen Akt des *Verstehens* dar. Entlang dieser Überlegung läßt sich zeigen, daß 'Erklären' und 'Verstehen' nicht als einander wechselseitig ausschließend aufgefaßt werden müssen. Siehe hierzu wie zu den Folgeargumenten, welche die traditionelle Entgegensetzung von Geistes- und Naturwissenschaften betreffen, Patzelt 1986: 271-273.

friedigend abzulehnen oder als befriedigend darzustellen, gibt der Politikwissenschaft einen Großteil ihres Diskussionsstoffes. Solange man sich dabei nicht auf eine sorgfältige Rekonstruktion der genauen Struktur einer erklärenden Gesamtaussage einläßt, solange man also die vagen und rudimentären 'Erklärungsatome' nicht präzisiert und vervollständigt sowie anschließend Prüfungen der logischen Konsistenz und des empirischen Wahrheitsgehalts aller Elemente des Erklärungsgefüges vornimmt, gibt es auch gar keine *wissenschaftlichen* Kriterien, nach denen bestimmte genetische Erklärungen zurückzuweisen und andere zu akzeptieren sind. Die Spielregeln der Forschung verlangen zwar auch von Politikwissenschaftlern die Durchführung solcher Arbeiten; doch auf wenigen Gebieten sind Regelverstöße so häufig wie hier. Praktisch entrichtet die Disziplin für sie einen hohen Preis: weniger aufgrund wissenschaftlicher Bewährung, sondern gemäß der Verteilung kommunikativer Macht unter Fachkollegen, die sich in Publikationschancen, der Verfügung über Forschungsmittel und der Gelegenheit zu publikumswirksamen Auftritten äußert, treten bestimmte Erklärungen in den Vordergrund, ziehen Aufmerksamkeit und Wahrheitsvermutungen auf sich, werden modisch, bisweilen selbstverständlich, und verdrängen ihre Alternativen. So entstehen - getragen von verschiedenen 'Schulen' - mehr oder minder kurzlebige 'Paradigmen'. Ihnen kann man sich zu ihrer Zeit zwar kaum entziehen, will man unter Fachkollegen Gehör finden; sie verblassen aber rasch bei Veränderungen der in der Disziplin gegebenen Verteilung kommunikativer Macht - und zwar ohne daß die Politikwissenschaft bei der Bewältigung ihrer Erklärungsaufgabe vorangekommen wäre.

8. Prognosen[111]

Schwierigkeiten lassen sich meist dann besser lösen, wenn man rechtzeitig Vorsorge für den Problemfall getroffen hat. So entsteht der Wunsch, künftige Entwicklungen vorherzusehen. Seit Thales von Milet im 6. vorchristlichen Jahrhundert eine schlachtentscheidende Sonnenfinsternis zutreffend voraussagte, erhofft man Hilfestellung für Prognosen auch von der Wissenschaft. Tatsächlich sind Aussagen, die jenen überlegen sind, welche man schon dank des Common Sense formulieren kann, besonders dort wichtig, wo es um praktisch bedeutsame Dinge geht. Kann Wissenschaft bei der Erstellung von Prognosen weiterhelfen? Den Weg zur Antwort auf diese Frage weist die logische Struktur des Erklärungsmodells. Das Schaubild 8 zeigt, daß sie symmetrisch ist:

---

111 Dem Gang der Darstellung vorausgreifend sei darauf verwiesen, daß Prognosen ('Schätzungen künftiger Entwicklungen') und statistische Schlüsse ('Schätzungen von Grundgesamtheiten aufgrund von Stichproben') zwei ganz verschiedene Aufgaben erfüllen. Siehe hierzu unten S. 204ff.

Schaubild 8: Die Symmetrie der Struktur einer Erklärung

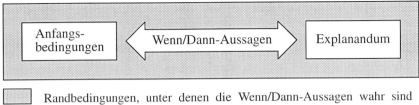

Randbedingungen, unter denen die Wenn/Dann-Aussagen wahr sind

Bei einer Erklärung müssen *alle* Bestandteile dieser Struktur bekannt sein: das Explanandum muß zutreffend beschrieben werden; man muß über empirisch wahre Wenn/Dann-Aussagen verfügen; man muß wissen, daß jene Anfangsbedingungen vorliegen, von denen aus die Wenn/Dann-Aussagen die Brücke zum Explanandum schlagen; und man muß davon ausgehen können, daß im Erklärungsfall jene Randbedingungen gegeben sind, unter denen die herangezogenen Wenn/Dann-Aussagen gelten. Wenn man nun das 'Explanandum' nicht länger als einen zur *Erklärung* anstehenden Sachverhalt auffaßt, sondern einfach als einen Sachverhalt, den man mit anderen Sachverhalten in *Beziehung setzen* will, läßt sich in dieser Struktur einer Erklärung die logische Struktur einer Prognose erkennen.

Jedes Element der im Schaubild 8 dargestellten Struktur kann nämlich *unbekannt* sein. Kennt man beispielsweise nicht die Wenn/Dann-Aussagen, welche zwei Sachverhalte (hier 'Anfangsbedingungen' und 'Explanandum' genannt) miteinander verbinden, so liegt offenbar eine typische Fragestellung von empirscher Forschung vor, welche u.a. auf die Herstellung wahrer korrelativer Aussagen abzielt. Die logische Struktur einer Prognose ist offenbar dann gegeben, wenn der im Schaubild 8 als 'Explanandum' bezeichnete Sachverhalt unbekannt ist: in diesem Fall gilt es, aus bekannten Anfangs- und Randbedingungen sowie aus wahren Wenn/Dann-Aussagen zu erschließen, welche Sachverhalte sich aus diesen Anfangs- und Randbedingungen ergeben. Falls die Anfangsbedingungen *gegenwärtige* Sachverhalte angeben *und* zugleich angenommen werden kann, die Randbedingungen und Wenn/Dann-Aussagen behielten auch zu jenen künftigen Zeiten Gültigkeit, über die man Aussagen formulieren will, so stellt der Schluß von Anfangs- und Randbedingungen auf das 'Explanandum' eine *Prognose* dar.

Zwar ist die logische Struktur prognostischer Aussagen sehr einfach. Sie praktisch zu nutzen, fällt aus einer Reihe von Gründen aber schwer. Dies gilt vor allem für Prognosen der weiteren Entwicklung gesellschaftlicher, wirtschaftlicher oder politischer Tatbestände. Eine nähere Betrachtung zeigt, warum gerade politikwissenschaftliche Prognosen nur selten zutreffen werden:

— Ungleich der Sachlage bei einer Erklärung, bei welcher alle Elemente der Erklärungsstruktur bekannt sein und zusammenpassen müssen, gibt es bei

Prognosen keine Gewähr dafür, daß man überhaupt alle für künftige Sachverhalte hinreichenden oder zumindest notwendigen Anfangsbedingungen und Wenn/Dann-Aussagen betrachtet. Solange man aber nicht sicher sein kann, alle für künftige Entwicklungen wichtigen Faktoren zu betrachten, läßt sich wiederum nicht garantieren, der prognostizierte Sachverhalt werde wirklich auftreten. Weil aber politische Wirklichkeit äußerst komplex ist, kann mit vernünftigen Gründen ohnehin nicht angenommen werden, man betrachte alle Anfangsbedingungen und Wenn/Dann-Aussagen, die für künftige Entwicklungen von Bedeutung sind. Außerdem ist die Annahme unbegründet, es könnten sich künftig nur Dinge ereignen, die schon in der Gegenwart angelegt sind. Bisher gänzlich Unbekanntes läßt sich aber von vornherein nicht prognostizieren.

- Soweit man überhaupt erklärungstüchtige Wenn/Dann-Aussagen besitzt, gelten sie in der Regel nur unter der Einschränkung, daß bestimmte Randbedingungen gegeben sind. Eine Prognose, die sich ja auf bekannte Wenn/Dann-Aussagen stützen muß, beinhaltet folglich als 'Geschäftsgrundlage' stets auch die Annahme, daß sich die Randbedindungen nicht ändern werden, unter denen die herangezogenen Wenn/Dann-Aussagen gelten ('ceteris paribus-Annahme'). Im Bereich politischer Wirklichkeit kann man davon aber nur selten ausgehen, da die Randbedingungen auch ihrerseits durch sehr komplexe und störanfällige Prozesse hervorgebracht werden, auf deren weitergehendes Wirken man nicht mit großer Sicherheit zählen kann.[112]

- Für Prognosen eignen sich sehr gut deterministische Wenn/Dann-Aussagen. In der Politikwissenschaft erweisen sich in der Regel aber nur probabilistische Zusammenhangsaussagen als wahr, also Behauptungen, ein Sachverhalt trete mit gewisser Wahrscheinlichkeit gemeinsam mit einem anderen auf. Schon in ihrem Kern sind politikwissenschaftliche Prognosen darum mit Unsicherheit behaftet. Dies gilt um so mehr, als eigentlich nie eine *einzige* probabilistische Wenn/Dann-Aussage ausreicht, einen Sachverhalt politischer Wirklichkeit zu erklären. Nicht minder komplex werden aber auch künftige Sachverhalte verursacht werden. Wenn man folglich stets *mehrere* miteinander wechselwirkende probabilistische Wenn/Dann-Aussagen in einer Prognose verwenden muß, sinkt deren Treffergenauigkeit erst recht.

- Prognosen sind gewissermaßen 'in die Zukunft gerichtete genetische Erklärungen'. Die für jedes dabei nötige Erklärungsatom herangezogenen Wenn/Dann-Aussagen sind aus den bislang erörterten Gründen bei Prognosen von oft unbekanntem Wahrheitsgehalt. Schon bei Erklärungen werden - aus guten Gründen - weder die einzelnen Erklärungsatome noch die Merkmale des gesamten genetischen Erklärungsmoleküls ausreichend klar formuliert; und selbst wenn dies geschieht, sind genetische Erklärungen wegen ihrer gro-

---

112 Vgl. S. 26ff.

ßen Komplexität äußerst fehleranfällig. In *Unkenntnis* der ohnehin vermutlich *fehlerträchtigen* Gesamtstruktur einer genetischen Erklärung anhand sehr *selektiver* und *probabilistischer* Wenn/Dann-Aussagen Prognosen erstellen zu wollen, birgt somit erst recht keine erfolgversprechenden Aussichten. Darum wundert es nicht, daß sich die meisten politikwissenschaftlichen Prognosen als falsch erwiesen haben, falls sie überhaupt hinlänglich präzis formuliert wurden, um überprüft werden zu können.

– Im Bereich der Politikwissenschaft kommt als weiteres Problem die eingangs besprochene 'Rückwirkung des Forschers auf seinen Gegenstand' hinzu.[113] Sobald eine Prognose ausgesprochen wurde, können die prognostizierten Entwicklungen in Form einer *sich selbst erfüllenden Vorhersage* ('self-fulfilling prophecy') aktiv herbeigeführt werden, oder sie können in Form einer *sich selbst widerlegenden Vorhersage* ('self-destroying prophecy') durch Reaktionen auf sie verändert oder verhindert werden. Ein Beispiel für den ersten Fall wäre die Prognose, eine Bank breche demnächst zusammen. Selbst wenn diese Prognose willkürlich und falsch wäre, könnte ein nun folgender Ansturm von Bankkunden, die alle ihr Geld zurückfordern, zum Zusammenbruch der Bank führen. Ein Beispiel für den zweiten Fall wäre die Prognose, ein Staat gerate seinem Konkurrenten gegenüber militärisch in den Rückstand, woraufhin eine erhebliche Rüstungsaktivität einsetzt, welche diese Prognose widerlegt.[114]

Daß alle diese Gründe zeigen, wie unsicher Prognosen über die künftige Entwicklung politischer Inhalte, Prozesse und Strukturen sind, ändert allerdings nichts am *praktischen* Bedürfnis, Planungsunterlagen für auf die Zukunft bezogenes Handeln schon in der Gegenwart zu erstellen und hierbei trotz jener Probleme über die Leistungsfähigkeit des bloßen Common Sense hinauszugehen. Da Wissenschaft insgesamt in nichts anderem als diesem Versuch besteht, gibt es ohnehin keinen Grund, Politikwissenschaftlern die Benutzung von *durchdachten* Formen *unsicheren* Prognostizierens als 'unwissenschaftlich' zu verwehren. Im wesentlichen geht es bei ihnen stets um den Versuch, durch eine methodisch reflektierte und systematische Ausnutzung von bisherigem Wissen und gesundem Menschenverstand wenigstens ein Stück weit über des letzteren Möglichkeiten hinauszugehen. Auf folgende '*Zusatzmethoden*' praktischer politikwissenschaftlicher Prognose sei verwiesen:

– Anhand von *historischen Analogieschlüssen* versucht man, aus der Geschichte zu lernen. Das heißt: man leitet aus ihr Wenn/Dann-Aussagen ab, ohne sich gleichwohl der Vermutung hinzugeben, geschichtliche Abläufe wiederholten sich mit *verläßlicher* Ähnlichkeit. Historische Analogieschlüsse und ihre Kritik sind ein häufiger und wichtiger Bestandteil politischer Willensbildung und Kommunikation. Man begeht allerdings den sogenannten

---

113 Siehe S. 31f.
114 Vgl. die Ausführungen zum Thomas-Theorem auf S. 37.

'historischen Fehlschluß', wenn man anhand von geschichtlichen Analogien *unbefangen* prognostiziert und nicht auf die Unterschiede in den Rahmenbedingungen der analog gesetzten Sachverhalte achtet.

– Man nimmt bis zum Nachweis des Gegenteils an, Prozesse, welche bislang die politische Wirklichkeit und ihren Wandel prägten, würden auch in Zukunft ziemlich gleich ablaufen. Falls dies stimmt, können durch *Fortschreibung* bisheriger Entwicklungen, Trends und Zyklen die benötigten Prognosen erstellt werden ('Extrapolationsverfahren'). Natürlich ändern sich die Prognosen dann, wenn man einen Wandel bisheriger Trends beobachtet. Das Extrapolationsverfahren liegt vielen staatlichen Planungen zugrunde. Sofern staatliche Planungen Gegenstand der öffentlichen Diskussion werden, können sich die durch Extrapolation gewonnenen Prognosen *selbstwiderlegend* auswirken: eben die Prognose setzt einen Prozeß der Umstrukturierung des prognostizierten Verhaltens in Gang. Zweifellos erschweren solche Rückwirkungen von Forschung auf ihren Gegenstand die Erstellung von Prognosen mittels Fortschreibung von Trends erst recht.

– Man nutzt die in persönlicher Erfahrung gründenden *alltagspraktischen Prognosefähigkeiten* für bestimmte Politikfelder. Zu diesem Zweck führt man *Befragungen von Experten* durch und stellt mittels geeigneter Verfahren[115] sicher, daß die subjektiven Prognosen einzelner Experten sich wechselseitig befruchten und korrigieren. Selbstverständlich beruhen die subjektiven Prognosen von Sachverständigen auf deren Wissen um Wenn/Dann-Zusammenhänge bzw. deren Randbedingungen, so daß systematische Befragungen der einschlägigen Experten alles kurzfristig verfügbare Wissen mobilisieren und rasch zu *bestmöglichen* Prognosen führen können. Unsystematisch benutzt, prägt solches Vorgehen das alltägliche Prognostizieren.

– Man verwendet zur Erarbeitung und Verbesserung von Prognosen ein bestimmtes wahrscheinlichkeitstheoretisches Modell, nämlich den *Bayes-Ansatz*[116]. Im Kern geht es dabei um folgendes: Man nimmt an, daß viele künftige Ereignisse, deren mögliches Auftreten prognostiziert werden soll, sich durch gewisse Symptome ankündigen - Kriege etwa durch vorausgehende Spannungen, oder Zusammenbrüche von Staaten durch vorherige Unterdrückung, die aus gleichwelchen Gründen zu einem bestimmten Zeitpunkt gelockert wird. Dann kann man zunächst - ggf. mittels einer Expertenbefragung - eine grundsätzliche Prognose über eine bestimmte Entwicklung erarbeiten, und zwar dergestalt, daß man 'subjektive Wahrscheinlichkeiten'[117] für das (Nicht-)Eintreten eines interessierenden Ereignisses festlegt ('a priori-Wahr-

---

115 Zum hierfür besonders geeigneten 'Delphi-Verfahren' siehe Frei/Ruloff 1988: 191-195.
116 Benannt nach Thomas Bayes (1702-1761).
117 'Subjektive Wahrscheinlichkeiten' sind Ziffern zwischen '0' und '1' (bzw. zwischen 0% und 100%), mit denen man ausdrückt, für wie wahrscheinlich man persönlich das Auftreten eines bestimmten Ereignisses hält.

scheinlichkeiten'). Im weiteren Zeitverlauf werden alle folgenden Ereignisse von Experten daraufhin beurteilt, wie wahrscheinlich deren Auftreten unter der Annahme ist, daß die prognostizierte Entwicklung eintritt bzw. nicht eintritt. Aus diesen subjektiven Wahrscheinlichkeitszumessungen läßt sich wiederum anhand einer von Thomas Bayes entwickelten wahrscheinlichkeitstheoretischen Formel die ursprüngliche Prognose hinsichtlich der interessierenden Entwicklung verbessern ('a posteriori-Wahrscheinlichkeiten'). Diese *verbesserte* Prognose kann im weiteren Zeitverlauf in der dargestellten Weise 'fortgeschrieben' werden. Offenbar wird mit diesem Verfahren nicht nur das zu einem bestimmten Zeitpunkt bestehende Common Sense-Wissen von Experten systematisch ausgewertet, sondern es wird der jeweils erstellten Prognose auch eine Art 'kollektives Gedächtnis' zugrunde gelegt, über welches kein *einzelner* Teilnehmer an diesem Arbeitsprozeß verfügen kann. Solchermaßen wird die Leitidee von Wissenschaft, über die Grenzen des alltagspraktisch nutzbaren gesunden Menschenverstandes hinauszugehen, äußerst anschaulich.

Von den beschriebenen *wissenschaftlichen* Prognoseverfahren ist streng jene Praxis 'historischer Prophezeiungen' zu unterscheiden, die man 'Historizismus' nennt. Bei ihr geht es darum, nicht nur mit historischen Analogien zu arbeiten oder Trends 'bis auf weiteres fortzuschreiben', sondern statt dessen 'Geschichtsgesetze' ausfindig zu machen, anhand welcher man künftige Entwicklungen prognostizieren könne.[118] Der letzte bedeutende Versuch dieser Art war jener des Historischen Materialismus, die Weltgeschichte als eine gesetzmäßige Stufenfolge von fünf 'notwendigerweise' einander ablösenden Gesellschaftsformationen zu deuten: auf die *Urgesellschaft* folge die *Sklavenhaltergesellschaft*, auf diese der *Feudalismus*, an dessen Stelle dann der Kapitalismus trete. Die endgültig letzte, weil den *höchstmöglichen* menschlichen Entwicklungsstand darstellende Gesellschaftsformation sei der *Kommunismus*, welcher in seiner erste Phase - dem *Sozialismus* - den Kapitalismus überwinde. Glaubt man an solche 'Geschichtsgesetze' und die ihnen entsprechenden Prognosen, so lassen sich äußerst folgenreiche Werturteile und Handlungsanweisungen formulieren. Durch Bezugnahme auf 'Geschichtsgesetze' kann man nämlich 'fortschrittliche' politische Positionen von 'reaktionären' Zielsetzungen unterscheiden, 'historisch richtige' politische Standpunkte von 'historisch falschen' Standpunkten abheben, und *alle* Handlungen rechtfertigen, welche der 'geschichtlichen Notwendigkeit' zu entsprechen scheinen.

Nicht nur führt diese historizistische 'Lösung' des Problems, politische Prognosen zu erarbeiten, regelmäßig zu persönlichen, politischen, wirtschaftlichen und gesellschaftlichen Katastrophen. Vielmehr wurde gezeigt, daß *von vornherein* die Hoffnung *unbegründet* ist, man könne überhaupt 'Geschichtsgesetze' entdek-

---

118 Siehe hierzu den Abschnitt über die 'Geschichtlichkeit politischer Wirklichkeit' auf S. 26ff, dem wiederum die Ausführungen von Popper 1979 zugrunde liegen.

ken.[119] Letztlich verweigert der Historizismus bei der Betrachtung geschichtlicher Entwicklungen jenen 'Übergang vom Mythos zum Logos', welcher einst zur Entstehung europäischer Philosophie und Wissenschaft führte, und er stellt die Revolte des gesunden Menschenverstandes gegen die Einsicht dar, daß im Bereich von Prognosen auch durch wissenschaftliche Mittel höchstens ein kleines Stück weit über die Leistungsfähigkeit des Common Sense hinauszugelangen ist. Doch statt sich solcher Einsicht durch den Glauben an eine alle offenen Fragen beantwortende Weltanschauung zu entziehen, ist es - zumal in der Politik - vermutlich besser, die *Grenzen* von Wissenschaft zu akzeptieren und an ihnen mit besonderer Vorsicht, Klugheit, Behutsamkeit, Mäßigung und Lernbereitschaft zu agieren.

---

119 Siehe oben S. 28f.

IV. Was ist Politikwissenschaft?

Verbindet man die Ausführungen der letzten beiden Kapitel über 'Politik' und 'Wissenschaft', so erweist sich die Rede von der Politikwissenschaft als der 'Wissenschaft von der Politik' als alles andere denn eine Leerformel. Um noch konkreter zu beschreiben, was Politikwissenschaft ist, sind einerseits die Teilfächer, andererseits die Aufgabenfelder der Politikwissenschaft zu betrachten. Außerdem ist das sogenannte 'Werturteilsproblem' und seine politikwissenschaftliche Ausprägung zu erörtern. Zuvor gilt es, die Politikwissenschaft im 'System der Wissenschaften' zu verorten.

1. Die Politikwissenschaft im System der Wissenschaften

Als 'System der Wissenschaften' soll bezeichnet werden die Gesamtheit der nach Fragestellungen, Forschungsgegenständen und Methoden verschiedenen, doch dieselben Leitgedanken von Wissenschaft teilenden Disziplinen. Es wird nach jenen Sachverhalten gegliedert, über die in den Einzelwissenschaften logisch richtige und mit den Tatsachen übereinstimmende Aussagen zu erarbeiten sind. Eine 'allgemein verbindliche' Gliederung jener Sachverhalte gibt es allerdings nicht. Lange Zeit war die Gliederung des Aristoteles einflußreich, nach dem die 'theoretischen' Wissenschaften, die das menschliche Denken zum Gegenstand hätten, von den 'praktischen' Wissenschaften zu unterscheiden seien, die das menschliche Handeln untersuchten, und beide wiederum seien von den 'poietischen'[120] Wissenschaften abzuheben, die sich mit dem Gegenständen und Weisen menschlichen Gestaltens befaßten. Heute herrscht vielfach jene Zweiteilung vor, die um die Jahrhundertwende in Deutschland vorgeschlagen und begründet wurde: wissenschaftliche Aussagen bezögen sich einerseits auf die Sachverhalte der *Natur*welt, andererseits auf die vom menschlichen Geist geschaffene und geprägte *Kultur*welt, die vor allem als menschliche Geschichte faßbar werde. Wegen der Eigentümlichkeit des Menschen als eines geistbegabten Wesens wurden beide Arten von Forschungsgegenständen für völlig verschieden gehalten. Demgemäß wurden ihnen auch vorgeblich streng voneinander geschiedene Wissenschaftsformen zugeordnet: der Welt der Natur die 'Naturwissenschaften', denen es auf verallgemeinernde Gesetzesaussagen und Erklärungen ihrer Gegenstände ankomme, der Welt der Kultur indessen die 'Geisteswissenschaften', welche idiographisch das Besondere einzelner Kulturgestalten erfassen und diese dann verstehen wollten.

Beide Gliederungsvorschläge machen zwar auf wichtige Eigentümlichkeiten einzelner Wissenschaftsgruppen aufmerksam, führen aber auch in vielfältige Pro-

---

120 Von griech. 'poieín', d.h. machen, herstellen.

bleme. Vor allem werden sie wichtigen Forschungszweigen nicht gerecht: beispielsweise fehlt in der Gliederung des Aristoteles den Naturwissenschaften, in der Spaltung von Natur- und Geisteswissenschaften den Wissenschaften vom menschlichen Handeln ein angemessener Platz. Es scheint darum sinnvoll zu sein, beide Gliederungen miteinander zu verbinden, um so eine 'Landkarte' zu gewinnen, auf welcher sich die Politikwissenschaft klar verorten läßt. Eine derartige 'Landkarte' findet sich im Schaubild 9:

Schaubild 9: Das System der Wissenschaften

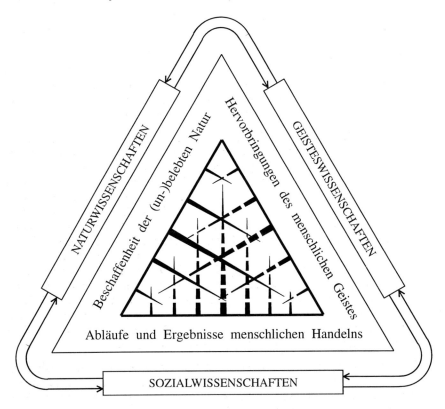

Dieses Schaubild unterscheidet drei große Gruppen von Forschungsgegenständen und ihnen zugeordneten Disziplinen:

- Sachverhalte der *unbelebten* und *belebten Natur*, die sich im Lauf der Geschichte des Kosmos, der Erde und des Lebens entwickelten. Mit ihnen befassen sich die *Naturwissenschaften* (von der Physik bis hin zur Biologie) sowie, als deren anwendungsorientierter Teil, die *Technikwissenschaften* (vom Maschinenbau bis hin zur Elektrotechnik).

- Sachverhalte, die ungleich aller unbelebten Natur und aller Flora und Fauna, auch ungleich der physischen Existenz von Menschen selbst, allein dank der besonderen *Fähigkeiten des menschlichen Geistes* hervorgebracht wurden und seither Elemente der für Menschen zugänglichen Wirklichkeit sind, z.B. Sprachen, Literatur, Philosophie, Mathematik, Logik, Recht, Gegenstände des täglichen Gebrauchs, Werkzeuge, Hervorbringungen der bildenden Künste, Bauten, Siedlungsformen und Musik. All dies ist Gegenstand der *Geisteswissenschaften* (von der Literaturwissenschaft bis hin zur Mathematik, und von der Kunstgeschichte bis hin zur analytischen Philosophie).

- Sachverhalte, die im *Verhalten von Tieren und Menschen* sowie im sinngeleitet wechselseitig aufeinander bezogenen *Handeln* von Menschen und in dessen Ergebnissen bestehen, z.B. Verhaltensrepertoires, Handlungspraktiken, Rollen, Rollengefüge, Institutionen und politische Systeme. Mit diesen Sachverhalten beschäftigen sich die *Sozialwissenschaften* (von der Ethologie über die Soziologie bis hin zur Wirtschaftswissenschaft).

Natürlich stehen diese drei Gruppen von Sachverhalten in der Wirklichkeit nicht unverbunden nebeneinander. Sie bilden vielmehr ein komplexes Gefüge aufeinander bezogener Wechselwirkungen. Menschliches Verlangen, über sie logisch wie empirisch wahre Aussagen zu erarbeiten, kann sich einerseits auf Gruppen solcher Sachverhalte richten, bei denen sich 'Natur', 'menschlicher Geist' und 'Verhalten/Handeln' nur wenig überlappen. Es entstehen dann Fächer, die sich recht klar den großen Wissenschaftsfamilien der Natur-, Geistes- und Sozialwissenschaften zuordnen lassen. Andererseits kann sich das Forschungsinteresse auch gerade auf die Zusammenhänge zwischen verschiedenen Gruppen von Forschungsgegenständen richten. Ihnen entsprechen dann Disziplinen, in denen die Grenzen zwischen Natur-, Geistes- und Sozialwissenschaften verschwimmen. Auf welche Gruppe(n) von Gegenständen auch immer sich das Forschungsinteresse richtet: die Leitgedanken und Spielregeln von Wissenschaft bleiben stets dieselben, und lediglich die konkret zu benutzenden Methoden der Datenerhebung und Datenanalyse ändern sich in Abhängigkeit der Gegenstände, die es zu erforschen gilt.

Wie die Erörterung des Politikbegriffs zeigte, hat die Politikwissenschaft ihren Schwerpunkt zwar bei der Analyse von Abläufen und Ergebnissen menschlichen Handelns, weshalb sie eindeutig zur Familie der Sozialwissenschaften gehört. Doch einesteils reicht sie in die Naturwissenschaften dort hinein, wo es um die Untersuchung der untersten Stufen des Schichtenbaus politischer Wirklichkeit geht: um die genetisch verankerte Tiefenstruktur menschlicher Informationsverarbeitung, Sinndeutung und Verhaltenssteuerung. Andernteils reicht sie weit in die Geisteswissenschaften hinein: politisches Denken schlägt sich in der Philosophie nieder und wird dort systematisiert; Recht ist Produkt und Zügel von Politik; Sprachen spiegeln politische Wirklichkeit und verfestigen sie ein Stück weit; in Literatur, bildender

Kunst und Musik bildet sich politische Wirklichkeit immer wieder ab und ist von daher zu erschließen; Siedlungsstrukturen, Gegenstände des täglichen Gebrauchs und Bauten spiegeln politische Verhältnisse wider oder gehen unmittelbar auf politische Entscheidungen zurück, deren Auswirkungen man gut studieren kann, indem man jene Sachverhalte bzw. Dinge als Indikatoren benutzt. Ihren Ort im System der Wissenschaften findet die Politikwissenschaft darum im rechten unteren Drittel des Schaubilds 9: sie ist eine Sozialwissenschaft mit vielen geisteswissenschaftlichen und einigen wenigen naturwissenschaftlichen Bezügen.

2. Die Teilfächer der Politikwissenschaft

Gemäß der Einteilung ihrer Gegenstände werden zumal für den Zweck der Lehre drei Teilfächer der Politikwissenschaft unterschieden: die Beschäftigung mit *politischen Systemen*, mit *internationaler Politik* und mit *politischer Theorie*.[121] Alle Teilfächer, die sich ihrerseits in mehr oder minder weit verzweigte Unterdisziplinen aufgliedern, haben vielfältige Verknüpfungen zu weiteren sozial-, geistes- oder naturwissenschaftlichen Disziplinen, welcher sich die Politikwissenschaft als ihrer Hilfswissenschaften[122] bedient. Von einem Politikwissenschaftler ist zu verlangen, daß er die Grundzüge aller Teilfächer beherrscht, deren spezielle Unterdisziplinen und ihre Gegenstände wenigstens kennt, und in zumindest einem Teilfach vertieftes Wissen besitzt. Ferner wird erwartet, daß er über die 'Schnittstellen' der Politikwissenschaft zu den wichtigsten Nachbar- bzw. Hilfsdisziplinen im Bilde ist.

Selbstverständlich ist allen Teilfächern der Politikbegriff in seiner oben dargelegten Komplexität zugrunde zu legen: immer geht es um Handlungen, Rollen und soziale bzw. politische Netzwerke; unentwegt um Macht, Ideologie, Normen und Kommunikation; stets um Inhalte, Prozesse und Strukturen der Herstellung und Durchsetzung allgemein verbindlicher Regelungen bzw. Entscheidungen; dauernd um Umweltanpassung, Zielverwirklichung, Integration und Prinzipienerhalt von Systemen; grundsätzlich um Analyseebenen politischer Wirklichkeit wie 'Tiefenstruktur', 'kulturelle Transformation' und 'Oberflächenstruktur' oder wie 'Einzelperson', 'Gruppe', 'Organisation', 'Gesellschaft', 'Staat', 'internationales System'; und unablässig ist auf die Genese wie geschichtliche Entwicklung der jeweils untersuchten Sachverhalte zu achten.

---

121 Bezeichnungen für diese Dreiteilung wie 'Innenpolitik' , 'Außenpolitik' und 'Theorie' sind zu eng und darum irreführend. Eine Ausgliederung der vergleichenden Politikforschung als viertes Teilfach ist unnötig, da vergleichendes Vorgehen jedes Teilfach kennzeichnet und nur im Bereich der Systemforschung sich mit eigenständigem Gewicht stabilisiert hat.

122 Die Bezeichnung eines Fachs als Hilfsdisziplin der Politikwissenschaft mindert natürlich nicht deren Rang als Wissenschaft eigenen Rechts, da im *arbeitsteiligen* System der Wissenschaften natürlich jedes Fach als Hilfsdisziplin eines anderen dienen kann.

a. Das Teilfach 'Politische Systeme'

In gewisser Weise bildet das Teilfach 'Politische Systeme' den *Kernbereich* der Politikwissenschaft. Natürlich ist daraus keine Rangordnung der Teildisziplinen abzuleiten. Doch das Teilfach 'Internationale Politik' setzt in vieler Hinsicht die im ersten Teilfach zu gewinnenden Einsichten voraus, während das Teilfach 'Politische Theorie' die in politischen Systemen ebenso wie in internationaler Politik zum Ausdruck kommenden politischen Inhalte thematisiert, die in den beiden 'konkreten' Teilfächern gewonnenen Ergebnisse auf höherer Abstraktionsebene systematisiert, sowie normative Aussagen über die Gegenstände jener Teilfächer anstrebt. In jedem Fall ist das Teilfach 'Politische Systeme' ein guter Ausgangspunkt, sich die Welt der Politikwissenschaft zu erschließen.[123]

(1) Das 'politische System'

Der Zentralbegriff des gleichnamigen Teilfachs ist jener des 'politischen Systems'. Um ihn zu erläutern, wird vom allgemeinen Systembegriff ausgegangen und dieser dann politikwissenschaftlich konkretisiert.

Allgemein ist ein System als eine Menge von 'Elementen' beliebiger Art aufzufassen, zwischen denen Beziehungen ('Relationen') bestehen. Als *Muster* dieser Beziehungen lassen sich meist bestimmte 'Strukturen' feststellen. Indem man einen Teilbereich solcher Strukturen von anderen abgrenzt, hebt man ein bestimmtes 'Strukturgefüge' als anschließend näher zu betrachtendes 'System'[124] hervor und legt dessen Grenzen zu seiner 'Umwelt' fest. Obschon Systeme zweifellos in der Wirklichkeit vorkommen (eine Maschine, ein Biotop, eine Pflanze, ein Tier, ein Mensch, ein Verein usw. 'ist' ein System), ist die genaue Festlegung dessen, was als System konkret untersucht und wie die Grenze zwischen System und Umwelt gezogen werden soll, eine mehr oder minder sinnvolle *Entscheidung des Untersuchenden.*

Zwischen einem System und seiner Umwelt bestehen folgende Beziehungen:

- Das System empfängt aus seiner Umwelt gleichwelche Dinge oder Informationen ('Input');

- es verarbeitet diese Inputs irgendwie innerhalb seiner Grenzen ('Throughput', 'Transformation');

- es entläßt irgendwelche Dinge oder Informationen in seine Umwelt ('Output');

---

123 An Einführungsliteratur sei über die in Anm. 241 angegebenen allgemeinen 'Einführungen' hinaus verwiesen auf Böhret u. a. 1988, Deutsch 1973, Easton 1965/1971, Friedrich 1953/1970, Göhler 1986, Hermens 1986, Kevenhörster 1997, Krüger 1966, Loewenstein 1975, Palombara 1974, Stammer/Weingart 1972 und Wuthe 1977.
124 Von griech. 'systema', d.h. Vereinigung, Zusammenstellung, bzw. von griech. 'syntíthesthai', d.h. zusammenstellen.

- daraufhin kann die Umwelt in irgendeiner Weise auf die Outputs des Systems reagieren ('Auswirkungen');

- sofern die Reaktionen der Umwelt wiederum zu Inputs des Systems werden, liegt 'Rückkoppelung' ('feed back') vor;

- verstärkt oder vermehrt ein System aufgrund der Rückkoppelung bisherige Verhaltensweisen, so spricht man von 'positiver Rückkoppelung'; mindert oder stoppt es aufgrund der Rückkoppelung bisherige Verhaltensweisen, so nennt man dies 'negative Rückkoppelung';

- indem sich positive oder negative Rückkoppelung ereignet und ein System in Abhängigkeit von einesteils seinen Zielvorstellungen, andernteils den Reaktionen seiner Umwelt den Output verändert, wird der Kreislauf von Input, Output und Rückkoppelung zu einem *dynamischen*, den das System durch eigenes Verhalten zu *regeln* versucht ('Regelkreislauf').

Natürlich kann man innerhalb eines Systems auch Teilbereiche von dessen Strukturgefüge betrachten und sie von deren *innerhalb* des Systems befindlicher 'Umwelt' abgrenzen. In diesem Fall hebt man 'Subsysteme' hervor. Umgekehrt kann man ein System als Subsystem eines *übergeordneten* Systems betrachten, welch letzteres dann 'Suprasystem' heißt. Die *Leistungen*, welche ein Subsystem für sein übergreifendes System oder ein System für sein Suprasystem erbringt, werden die 'Funktionen' dieses (Sub-)Systems genannt. Erfüllt eine Struktur bzw. ein System A dieselbe Funktion wie eine Struktur oder ein System B, so spricht man von einem 'funktionalen Äquivalent', während man mit 'Multifunktionalität' den Fall bezeichnet, daß eine Struktur bzw. System *verschiedene* Funktionen erfüllt. Da Systeme zur Erfüllung ihrer Funktionen in der Regel besondere Strukturen ausbilden, sind Funktion und Struktur eng aufeinander bezogen: Strukturen begreift man am besten dann, wenn man die Funktionen versteht, welche sie erfüllen bzw. derentwegen sie aufgebaut wurden. Indem man über die Strukturen und Funktionen einzelner (Sub-)Systeme hinaus auch noch deren wechselseitige bzw. hierarchische *Vernetzungen*, die *Regelkreisläufe* der jeweiligen Inputs und Outputs und die zwischen den (Sub-)Systemen entstehenden *Rückkoppelungen* betrachtet, führt man eine 'Systemanalyse' durch.

Diese abstrakte, ursprünglich der Biologie entstammende und inzwischen in sehr vielen Wissenschaften verbreitete Sichtweise wird in den Sozialwissenschaften wie folgt als Begriff eines 'sozialen Systems' konkretisiert:

Als Elemente eines sozialen Systems versteht man in der Regel *Menschen*.[125] Manche ihrer Beziehungen können große Stabilität annehmen, falls Menschen bei

---

125 Für die Logik des Arguments macht es keinen Unterschied, ob man *Menschen* als Elemente eines Systems betrachtet ('system of *actors*') oder die zwischen ihnen bestehenden Rollen ('system of *actions*'). Anschaulicher ist es, den Begriff des sozialen Systems am Fall des 'system of actors' einzuführen; analytisch mächtiger ist vermutlich das Verständnis eines sozialen Sy-

ihrem *sozialen Handeln* ihre Sinndeutungen und Handlungen wechselseitig typisieren, sie routinemäßig aufeinander abstimmen und dergestalt *Rollen* hervorbringen.[126] Aus Rollen werden *soziale Strukturen* aufgebaut, etwa jene der Teilnehmer eines Empfangs oder der Insassen eines Busses. Werden verschiedene Rollen routinemäßig aufeinander abgestimmt, so bilden sie ein mehr oder minder zusammenhängendes *Geflecht sozialer Strukturen* bzw. ein 'soziales Netzwerk'. Hebt man es von einer Umwelt ab, so spricht man von einem 'sozialen System'. Sehr stabile und mehr oder minder formalisierte soziale Systeme wie Behörden, Parteien oder Kirchen nennt man *Organisationen* oder *Institutionen*. Die Gesamtheit aller sozialen Systeme, die sich auf einem bestimmten Territorium befinden und miteinander vernetzt sind, nennt man eine *Gesellschaft* bzw. ein 'Gesellschaftssystem'.

Den Begriff des 'politischen Systems' gewinnt man aus diesen Überlegungen, indem man die Aufmerksamkeit auf eine *Teilmenge* der sozialen Systeme lenkt. Einen Politikwissenschaftler interessieren nämlich vor allem jene sozialen Strukturen und Netzwerke, in denen und mittels welcher für eine Gesellschaft allgemeine Verbindlichkeit hergestellt wird. Selbstverständlich bestehen diese 'politischen Strukturen' bzw. 'politischen Strukturgeflechte' aus den routinemäßig aufeinander abgestimmten Sinndeutungen und Handlungen von Menschen, nämlich jener Personen, die am Prozeß der Herstellung allgemeiner Verbindlichkeit fördernd oder hemmend beteiligt sind. Die Gesamtheit aller politischen Strukturen wird 'politisches System' genannt, in dem wiederum vielerlei politische Subsysteme zu unterscheiden sind, etwa Regierungen, Parlamente, Fraktionen, Parteien, Verbände, Bürgerinitiativen, Verwaltungen, Gerichte und dergleichen mehr.

Darum wird auch der Begriff des politisches Systems durch konkretere Unterbegriffe näher aufgegliedert. Als 'zentrales politisches Entscheidungssystem' werden jene Subsysteme angesprochen, in denen die Herstellung allgemeiner Verbindlichkeit *unmittelbar* gesteuert wird. Oft sind dies Parlamente und Regierungen; doch auch Zentralkomitees oder königliche Privatkabinette können das zentrale politische Entscheidungssystem darstellen. Um dieses lagert sich stets eine Reihe von Subsystemen, welche beispielsweise als System von Gerichten die verbindliche Klärung von Streitfragen übernehmen und Klarheit über die Anwendung von Normen schaffen ('Rechtssystem'), oder die das zentrale politische Entscheidungssystem mit den sonstigen Subsystemen der Gesellschaft verbinden. Parteien, Verbände, Verwaltungen und Massenmedien zählen in zeitgenössischen Demokratien zu den wichtigsten dieser letztgenannten Subsysteme.

Das zentrale politische Entscheidungssystem wird häufig auch 'Regierungssystem' genannt. Andererseits benutzt man oft auch einen recht *weiten* Begriff von 'Regierungssystem', der dann nicht selten das gleiche bedeutet wie der Begriff

---

stems als eines 'system of actions', bei dem die als Rollenträger fungierenden Personen als Teil der *Umwelt* des Systems aufgefaßt werden können.
126 Siehe zu diesen Konkretisierung des Systembegriffs die Ausführungen über soziales Handeln, Rollenbildung und Konstruktion sozialer Wirklichkeit auf S. 17ff.

'politisches System'. Letztlich gleichwertig zum weiteren Begriff des Regierungssystems und somit zu jenem des politischen Systems wird häufig der des 'Herrschaftssystems' gebraucht; dementsprechend heißen politische Strukturen zusammenfassend oft auch 'Herrschaftsstruktur'.

'Politische Akteure' sind einerseits Subsysteme des politischen Systems, die als eigenständige Träger von Interessen und Gestaltungsabsichten auftreten. Interessengruppen, Parteien, Fraktionen, Regierungen und Behörden sind typische Beispiele. Andererseits werden auch Einzelpersonen als politische Akteure bezeichnet, falls sie einen nicht nur anonymen Beitrag zur politischen Willensbildung und Entscheidungsfindung leisten.

Als 'Staat' faßt man gemeinhin jenes Gebilde auf, das eine Gesellschaft zusammen mit dem sie steuernden politischen System darstellt. Das 'Staatsvolk' sind die Menschen, für welche das politische System allgemeine Verbindlichkeit herstellt; das 'Staatsgebiet' ist jenes Territorium, auf dem einem politischen System die praktische Herstellung allgemeiner Verbindlichkeit gelingt; und 'Staatsgewalt' werden alle die Handlungen und Mittel genannt, welche für die Durchsetzung verbindlicher Entscheidungen verfügbar sind.

Die *Umwelt* eines politischen Systems stellt offenbar - neben anderen politischen Systemen und Gesellschaften - jene Gesellschaft dar, für die in den politischen Strukturen allgemeine Verbindlichkeit produziert wird; als deren Umwelt wiederum kann man andere Gesellschaften und deren Subsysteme sowie die Öko-Systeme der Natur ansehen. Praktisch ist das politische System jenes Subsystem eines Gesellschaftssystems, das sich im Lauf der sozialen und kulturellen Evolution sowie der gesellschaftlichen Arbeitsteilung zu dem Zweck entwickelte, für eine Gesellschaft allgemeine Verbindlichkeit herzustellen.

Alles, was aus dem Gesellschaftssystem bzw. aus seinen Subsystemen an Forderungen oder Leistungen in das politische System hineingelangt, wird dessen *Input* genannt; alles, was das politische System an Entscheidungen über Normen (d.h. an Rechtsetzung, Rechtsanwendung, Rechtsauslegung) oder an Entscheidungen über die Verteilung von Mitteln aller Art ('Ressourcen') produziert, ist der *Output* des politischen Systems. Die *Rückkoppelung* vollzieht sich mittels der Auswirkungen politischer Maßnahmen in der Gesellschaft und über die Reaktionen der Gesellschaft auf sie, die ihrerseits zu neuen Inputs des politischen Systems werden. Spricht man vom politischen System Deutschlands oder Frankreichs, so wird der Blick offenbar auf äußerst komplexe und hochgradig miteinander vernetzte politische Strukturen und Prozesse gelenkt. Diesen komplizierten Gegenstand macht das Schaubild 10 überschaubar.

Es ist wichtig, dieses Schaubild nicht nur als *statisches* Gefüge politischer Strukturen, sondern auch als Ablaufschema von *dynamischen* politischen Prozessen aufzufassen, bei denen es um die angestrebte oder bekämpfte Verbindlichkeit bestimmter politischer Inhalte geht:

Schaubild 10: Modell eines politischen Systems und seiner Funktionen

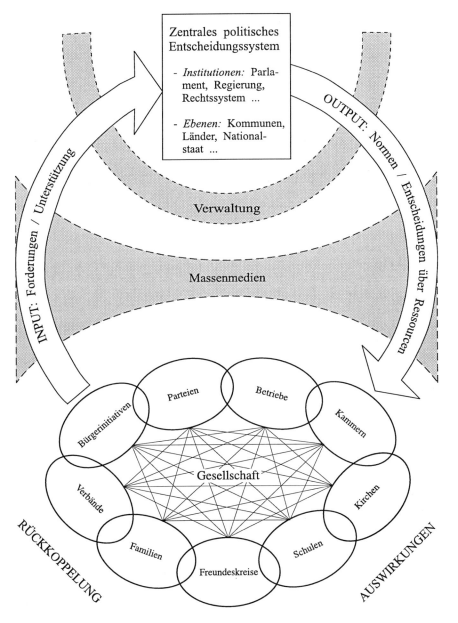

- Aus der Gesellschaft werden in vielfältigen Kommunikationsprozessen *Forderungen* an das politische System gestellt. Diese können sich auf konkrete Maßnahmen des Systems beziehen: innenpolitisch soll z.b. eine Rechtvorschrift abgeschafft, geändert oder neu eingeführt werden, außenpolitisch soll ein Staat anerkannt oder ein Bündnis verlassen werden. Dergestalt geht es um 'Handlungsalternativen'. Die Forderungen können sich aber auch auf die Zuteilung oder Verteilung von Mitteln aller Art richten: Regierung und Parlament sollen Geld- oder Sachmittel, personelle oder technische Hilfe für den einen Zweck zur Verfügung stellen, vom anderen Zweck aber abziehen ('Verteilungsalternativen'). Forderungen können schließlich auch das politische Führungspersonal auf allen Ebenen betreffen: es wird der Rücktritt eines Ministers oder Landrats bzw. die Bestellung einer bestimmten Person als Präsident, Bürgermeister oder Vorsitzender eines Gremiums verlangt ('Personalalternativen'). Ferner können an das politische System herangetragene Forderungen auf die Grundsätze der Politik, auf die insgesamt anzusteuernden Ziele und auf die einzusetzenden Mittel abheben ('Programmalternativen'). In jedem Fall werden derartige Forderungen über Interessengruppen oder Parteien, über Bürgerinitiativen oder Massenmedien, über die Verwaltung oder unmittelbar über politische Entscheidungsträger in das politische System eingebracht.

- Werden die herangetragenen Forderungen vom politischen System nicht einfach abgewiesen, sondern umzusetzen versucht, zumindest aber argumentierend aufgegriffen ('Responsivität'[127]), so beginnt die politische Kleinarbeit. Unterschiedliche Forderungen müssen miteinander abgeglichen und nach Prioritäten gegliedert werden; Nebeneffekte von Realisierungsmöglichkeiten müssen bedacht und abgepuffert werden; kurzfristige Anliegen müssen mit mittel- und langfristigen Interessen abgeglichen werden; Verteilungsmassen und künftige Entwicklungen der wirtschaftlichen bzw. gesellschaftlichen Basis des politischen Systems müssen in Rechnung gestellt werden. Nichts garantiert von vornherein den Erfolg solcher Versuche, Forderungen in Handlungen umzusetzen.

- Das politische System stellt allgemeine Verbindlichkeit in der Weise her, daß es *Entscheidungen* einesteils über die geltenden Normen und anderenteils über die Verteilung von Ressourcen herbeiführt: in Reaktion auf herangetragene Forderungen bzw. aus eigenem Antrieb erlassen Regierungen Rechtsverordnungen oder geben Parlamente Gesetze, entscheiden staatliche Behörden über die Vergabe von Finanzmitteln oder Parlamente über die Aufteilung der Staatsausgaben, und Gerichte legen zum Abschluß von Rechtsstreitigkeiten fest, wie Normen aufgefaßt oder angewandt werden müssen.

- Werden Forderungen nicht erfüllt, so muß seitens des zentralen politischen Entscheidungssystems und seiner Akteure zumindest versucht werden, eine den sie

---

127 Responsivität meint Reaktionswilligkeit, Reaktionsbereitschaft, Reaktionsfähigkeit, Sensibilität und Anregbarkeit eines Systems. Das Gegenteil bezeichnet der Begriff der 'Irresponsivität'.

unterstützenden Gruppen akzeptable *Erklärung* bzw. eine *Begründung* oder *Rechtfertigung* für die Nichtbeachtung jener Forderungen zu liefern. Dies zu tun bzw. überhaupt auf die an das politische System herangetragenen Forderungen Einfluß zu nehmen, ist eine der Formen 'politischer Führung'. Eine zweite liegt vor, wenn seitens des zentralen politischen Entscheidungssystems und seiner Akteure *selbständig* Regelungs- oder Gestaltungsbedarf identifiziert, eine Reihe von Handlungsmöglichkeiten ausfindig gemacht und für politische Unterstützung getroffener Entscheidungen geworben wird. Eine dritte Form politischer Führung besteht in der überlegten (Um-)Organisation formeller wie informeller politischer Entscheidungsstrukturen.

– Verbindlich gemachte Normen bzw. zugewiesene oder entzogene Ressourcen wirken sich in verschiedenen gesellschaftlichen Subsystemen aus. Auf mannigfache Weise reagiert die Gesellschaft sodann auf politische Maßnahmen. In der Regel entstehen hieraus neue Forderungen: sich nicht Bewährendes soll geändert, Vorteilhaftes ausgebaut, Aufgeschobenes endlich angegangen werden.

– Unklarheit bzw. Streit über die Zulässigkeit und Anwendbarkeit von Normen sowie über die zulässige Nutzung von Ermessensspielräumen führen zur Befassung von Gerichten aller Art ('Rechtssystem') mit mehr oder minder großen Detailproblemen der Herstellung allgemeiner Verbindlichkeit.

– Treffen die vom politischen System produzierten Entscheidungen per Saldo auf Zustimmung seitens der Gesellschaft und wirken sie sich in einer vertrauenssichernden oder überdies vertrauensstiftenden Weise aus, so kann *Unterstützung* für das politische System sowie für einzelne seiner Akteure entstehen bzw. aufrechterhalten werden. Solche Unterstützung kann an das Gelingen einzelner politischer Vorhaben geknüpft sein ('spezifische Unterstützung'). Es kann aber auch 'diffuse Unterstützung' vorliegen. Letzteres meint, daß dem politischen System allgemeines Vertrauen entgegengebracht wird, von dem es bei einzelnen Fehlleistungen zehren kann. Diffuse Unterstützung eines politischen Systems konkretisiert sich u.a. durch selbstverständlichen Gesetzesgehorsam der Regierten, durch politische Beteiligung oder durch argumentatives bzw. handelndes Eintreten für das politische System, wenn es angegriffen oder gefährdet wird.

Gelingt es einem politischen System, den Kreislauf von Forderungen aus der Gesellschaft, der Bearbeitung dieser Forderungen im Regierungssystem, von deren Umsetzung in verbindliche Entscheidungen und der Auswirkung solcher Entscheidungen in der Gesellschaft so zu schließen, daß in der Gesellschaft eine *aus freien Stücken vorgebrachte Unterstützung* des politischen Systems und seiner Institutionen wächst und erhalten bleibt, so ist 'Legitimität' geschaffen. Legitimität meint *Geltung von Herrschaft als rechtens*; sie liegt vor, wenn in einer Gesellschaft die ehrlich gehegte und aufrichtig bekundete Ansicht vorherrscht, das sie steuernde politische System bestehe zu Recht und leiste Unterstützenswertes. Mißlingen Legitimierungsprozesse, so kommt es zu Legitimationsproblemen bzw.

Legitimitätslücken, auf welche ein politisches System entweder mit Reformen oder mit Repressionsmaßnahmen reagieren kann.

Zwar gibt sowohl das Schaubild 10 als auch die Beschreibung des möglicherweise legitimitätsstiftenden Kreislaufprozesses auf den ersten Blick das politische System einer 'westlichen Demokratie' wieder. Doch auf den zweiten Blick wird klar, daß man sich anhand dieses Modells eine Vielzahl ganz *verschiedener* politischer Systeme vergegenwärtigen kann. Es lassen sich nämlich alle Systemelemente als *Variablen* auffassen, die in der politischen Wirklichkeit verschiedene Ausprägungen annehmen können:

- Die *Gesellschaft*, für die ein politisches System allgemeine Verbindlichkeit herstellt, kann ganz verschieden sein, woraus gewaltige Unterschiede hinsichtlich der Art und des Grades allgemeiner Verbindlichkeit resultieren, den ein politisches System für 'seine' Gesellschaft zu produzieren hat. Wenige Beispiele genügen zur Verdeutlichung des Gesagten:

    * Ein Vergleich der zeitgenössischen Gesellschaft mit einem altsteinzeitlichen Sippenverband zeigt: eine Gesellschaft kann schon rein zahlenmäßig größer oder kleiner sein, wobei sie im letztgenannten Grenzfall vielleicht ohne ein besonders ausgeprägtes politisches System auskommen mag.

    * Ein Vergleich der Gesellschaft eines jungsteinzeitlichen Dorfes mit jener des heutigen Berlin zeigt ferner: eine Gesellschaft kann einfacher oder komplexer aufgebaut sein, was dem politischen Subsystem dieser Gesellschaft ganz unterschiedliche Steuerungsaufgaben stellt.

    * Die Art und Anzahl der gesellschaftlichen Subsysteme sowie deren gesellschaftliche Bedeutung können höchst unterschiedlich sein. Dies stellt dem jeweiligen politischen System dann ganz verschiedene Regelungsaufgaben und setzt seiner Tätigkeit mannigfaltige Rahmenbedingungen. Die folgenden Fragen vermitteln einen ersten Eindruck von der Bedeutung dieses Faktors: Welche sozialen und wirtschaftlichen Funktionen erfüllt die Institution der Familie bzw. des Familienverbandes? Gibt es - wie bei einer Gesellschaft des europäischen Mittelalters - im wesentlichen nur landwirtschaftliche Betriebe und Handwerksbetriebe, oder gibt es wie in einer modernen Gesellschaft auch Großkonzerne und international tätige Unternehmen? Welche Rolle spielt Religion in einer Gesellschaft, und in welchem Verhältnis stehen die Institutionen 'organisierter Religion' (etwa Kirchen, Klöster, Orden oder Laienkongregationen) zu jenen des politischen Systems? Gibt es ein Netzwerk an Verbänden, über das die verschiedensten Interessen an das politische System herangetragen werden? Gibt es Parteien, über welche Privatleute die Möglichkeit haben, Ämter im politischen System zu erlangen, bzw. auf welchen anderen Wegen gelangt man zu politischer Macht?

* Stark unterscheiden können sich von Gesellschaft zu Gesellschaft ebenfalls die Erwartungen an die Leistungen des politischen Systems sowie die Vorstellungen der Regierten vom ihnen zukommenden Verhältnis zum politischen System. Etwa können es Menschen für selbstverständlich halten, daß vom politischen System ihr ganzes Leben sowohl gestaltet als auch materiell gesichert wird; darüberhinaus können sie ihre obersten politischen Führer - den Pharao als 'lebenden Gott', den chinesischen Kaiser als 'Sohn des Himmels', den christlichen König als 'Herrscher von Gottes Gnaden' ... - auch als verantwortlich für die Verankerung ihres Lebens in transzendenten Zusammenhängen ansehen; und sie können ihre Rolle als die eines 'treuen Untertans' einer 'von Natur aus notwendigen Obrigkeit' auffassen. Menschen können das politische System aber auch als eine Art 'Unternehmen' betrachten, das für sie Güter wie Schutz nach außen, Sicherheit im Inneren, Freiheit, sowie verläßliche Rahmenbedingungen persönlichen Strebens nach selbstdefiniertem Lebensglück hervorzubringen hat, sich ansonsten aber nicht in die Rechte und Entscheidungen seiner Bürger einmischen soll. Dementsprechend können sie geneigt sein, politische Beteiligungsmöglichkeiten für selbstverständlich zu halten, von ihnen aber zugleich nur gemäß persönlicher Kosten/Nutzen-Erwägungen Gebrauch zu machen.

– Auch das *politische System* selbst kann höchst unterschiedlich gestaltet sein. Ohne Anspruch auf Vollständigkeit sei anhand von Beispielen auf drei Unterscheidungsmerkmale verwiesen:

  * *Komplexität*: Ein politisches System sehr geringer Komplexität liegt offenbar vor, wenn es im wesentlichen aus dem Oberhaupt der führenden Familie eines Stammes und aus einigen Beratern ('Ältesten' o.ä.) besteht. Dann ist es unnötig, im politischen System ein besonderes 'zentrales politisches Entscheidungssystem' zu unterscheiden. Ein ziemlich komplexes politisches System liegt demgegenüber vor, wenn z.B. Parlamente und Regierungen, Verwaltungen, Parteien und Verbände eine vernetzte Funktionseinheit bilden. Einen wichtigen Schritt zur Steigerung der Komplexität eines politischen Systems stellt die Entstehung *politischer Repräsentation* dar: die Befugnis, allgemeine Verbindlichkeit herzustellen, wird im Zug gesellschaftlicher Arbeitsteilung einer kleinen Gruppe von 'Stellvertretern' bzw. 'Treuhändern' anvertraut, worauf anschließend es mehr oder minder komplizierter Vernetzungssysteme und Kommunikationsprozesse zwischen Repräsentanten und Repräsentierten bedarf.

  * *Kontrolle*: Die Inhaber politischer Macht können einerseits weitgehend freie Hand bei der Herstellung allgemein verbindlicher Entscheidungen haben. Absolut regierende Fürsten, Revolutionsführer oder Diktatoren aller Art sind Beispiele hierfür. Andererseits kann das politische System so aufgebaut sein, daß die Inhaber politischer Macht einander kontrollie-

ren bzw. von den Regierten kontrolliert werden. Beispiele hierfür sind die verschiedensten Formen der Gewaltenteilung bis hin zur Bindung politischer Macht an Mandate, die in freien Wahlen errungen werden müssen, welche ihrerseits von der konkurrierenden Willensbildung in einem pluralistischen Parteien-, Verbände- und Mediensystem geprägt werden.

* *Konzentration*: Ein politisches System kann so organisiert sein, daß es in 'seinem' Gesellschaftssystem nur einen einzigen Kreislauf von politischen Inputs, Transformation, Outputs und Rückkoppelung gibt. Dann liegt ein 'unitarisches' (auch: 'zentralistisches') Regierungssystem vor. Beispiele sind der absolutistische Fürstenstaat oder die durch 'demokratischen Zentralismus' geführten politischen Systeme des ehedem real existierenden Sozialismus. Es kann aber die Befugnis zur Herstellung allgemeiner Verbindlichkeit auch auf Subsysteme verlagert und das System auf diese Weise dezentralisiert werden. Dann stellen beispielsweise Gemeinden und Städte nach dem Prinzip der kommunalen Selbstverwaltung auf ausgedehnten Handlungsfeldern allgemeine Verbindlichkeit für ihren regionalen Zuständigkeitsbereich her, während Aufgaben, die auf kommunaler Ebene nicht erfüllbar sind, auf höhere Ebenen verlagert werden, etwa auf die Ebene von Ländern, von Nationalstaaten oder von supranationalen Organisationen. In einem dergestalt vom Prinzip der 'Subsidiarität' geprägten politischen System laufen viele *voneinander abgehobene* und gleichwohl auf verschiedenste Weise *vernetzte* wie *verschachtelte* Prozesse der Herstellung allgemeiner Verbindlichkeit ab, was zu enormer Komplexität des politischen Systems führt.

– Es können die *Input-Strukturen* eines politischen Systems mannigfaltig ausgeprägt sein: politische Prozesse laufen ganz anders ab, wenn es in einer Gesellschaft Kommunikations-, Versammlungs- und Vereinigungsfreiheit gibt und ein dichtes Netz an Vereinen, Verbänden, Bürgerinitiativen und Parteien besteht, als wenn die politische Betätigung der Bürger von Staats wegen kontrolliert wird und die Gründung von Vereinen, Interessengruppen und Parteien vorheriger staatlicher Zustimmung bedarf.

– Auch die Wege, auf denen ein politisches System seine Entscheidungen konkret umsetzt, also seine *Output-Strukturen*, können sehr verschieden sein. Herrschaft kann als persönliche Beziehung zwischen König und Vasall oder Herr und Hintersasse organisiert sein; politisches System und zu regierende Gesellschaft können aber auch über einen vielfältig gegliederten Verwaltungsapparat verschränkt sein, was Herrschaft als mehr oder minder anonymes Verwaltungshandeln erfahrbar macht. Der Verwaltungsapparat wiederum kann Eigengewicht haben und sich ein Stück weit selbst führen, oder aber bloßes Vollzugsorgan sein; er kann korrupt und untüchtig oder von loyaler Pflichterfüllung und Effizienz geprägt sein, was jeweils zu erheblichen Unterschieden in der Funktionsweise eines politischen Systems und in dessen Beziehungen zur regierten Gesellschaft führt. Das Gerichtswesen schließlich kann von staatlichen Weisungen abhängig sein bzw. gar einen König oder Führer zum 'obersten Gerichtsherrn' haben; es kann aber auch unabhängige Gerichte geben, die möglicherweise - wie ein Verfassungsgericht - sogar den Gesetzgeber kontrollieren und korrigieren können.

- Natürlich werden politische Prozesse auch nachhaltig davon beeinflußt, ob und welche *Massenkommunikationsmittel* verfügbar sind, wer auf sie Zugriff hat und wie sie ihre Rolle im politischen System verstehen. Es macht z.B. einen großen Unterschied, ob - wie in mittelalterlichen Dörfern - politische Maßnahmen nur durch Weitererzählen und obrigkeitliche Bekanntmachung zur Kenntnis kommen, oder ob über sie in Fernsehen, Hörfunk und Presse berichtet wird, was jedem Interessierten leicht zu öffnende 'Fenster zur politischen Wirklichkeit' verfügbar macht. Und ein ebenso großer Unterschied für den Prozeß politischer Willensbildung entsteht, wenn einesteils die Massenmedien vom politischen System angeleitet und kontrolliert werden, oder wenn sie anderteils nach dem Ermessen konkurrierender Verleger und freier Journalisten berichten und kommentieren.

- Außerdem haben jene *Spielregeln* eine große Variationsbreite, nach denen die Elemente eines politischen Systems zusammenwirken. Diese 'Spielregeln' stellen die *Verfassung* eines politischen Systems dar und werden heute oft in einer *Verfassungsurkunde* in rechtstechnisch geeigneter Weise festgehalten. Die folgenden Fragen verweisen auf die wichtigsten Grundmöglichkeiten der Verfassungsgestaltung und dienen als ein topischer Kriterienkatalog, der an jedes politische System angelegt werden kann:

    * Liegt dem politischen System die Vorstellung zugrunde, es habe die Regierten als Personen zu behandeln, die mit vorstaatlichen *Menschenrechten* - vor allem jenen auf Leben, Freiheit und Streben nach *selbst*definiertem Glück - ausgestattet sind, wobei alle Rechte des Staates ihre Grenzen an den Rechten der Bürger finden? Liegt dem politischen System überdies die Vorstellung zugrunde, es bestehe überhaupt nur zum Zweck der Sicherung von Rechten seiner Bürger? Oder gelten die Rechte der regierten Menschen als vom Staat *gewährt*, so daß der Staat diese Rechte dann entziehen darf, wenn der Untertan nicht mehr fügsam der Obrigkeit gehorcht? Gilt vielleicht als Zweck des politischen Systems die Erfüllung bestimmter 'geschichtlicher Aufgaben', derentwegen die Rechte der derzeit lebenden Menschen zurückstehen müssen?

    * Liegt dem politischen System die Vorstellung zugrunde, Herrschaft dürfe nur *treuhänderisch* im Auftrag der Regierten ausgeübt werden ('Volkssouveränität'), so daß die Regierenden ihr Handeln vor der Bevölkerung zu rechtfertigen haben ('Verantwortlichkeit der Regierung') und alle Inhaber politischer Ämter sich regelmäßig freien Wahlen stellen müssen ('demokratisches Repräsentationsprinzip')? Oder werden die Befugnisse

und Spielregeln der Ausübung politischer Macht dahingehend begründet, daß 'Obrigkeit' eben von Gott eingesetzt sei, die Regierenden eine bestimmte geschichtliche Mission zu erfüllen hätten, oder politische Macht nur einer besonderen Dynastie oder Gesellschaftsgruppe zukomme?

* Gilt es als richtig und erstrebenswert, daß die politische Macht *aufgeteilt* wird durch den prinzipiell allen Bevölkerungskreisen möglichen Zugang zu politischen Ämtern ('*soziale* Gewaltenteilung'), durch *Konkurrenz* verschiedener politischer Akteure wie z.B. Parteien und Verbände ('*dezisive* Gewaltenteilung', 'Pluralismus'), durch Verteilung von Regelungsbefugnissen gemäß dem *Subsidiaritätsprinzip* auf verschiedene Ebenen wie Kommunen, Länder, Staaten oder supranationale Organisationen ('*vertikale* Gewaltenteilung'), durch ein System *wechselseitig kontrollierender Zuständigkeiten* bei der Herstellung allgemeiner Verbindlichkeit, wie es die Aufteilung von Macht auf Regierungen, Parlamente und Gerichte darstellt ('*horizontale* Gewaltenteilung'), oder durch Anvertrauung politischer Ämter nur auf Zeit ('*temporale* Gewaltenteilung')? Oder wird es in einem politischen System für erstrebenswert gehalten, daß alle Macht an einer Stelle *konzentriert* ist, etwa in der Person des Herrschers oder bei der Führungsgruppe einer Partei?

* Wird die Durchsetzung allgemeiner Verbindlichkeit von der Vorstellung geprägt, der Staat habe sich beim Umgang mit seinen Bürgern an klare Gesetze zu halten ('Rechtsstaatlichkeit'[128], 'Gesetzmäßigkeit der Verwaltung'), die jedermann gleich behandeln und worüber unabhängige Gerichte zu wachen haben? Oder liegt dem politischen Prozeß die Ansicht zugrunde, das Recht sei nur ein Mittel zum jeweils anzustrebenden Zweck, das man als technische 'Gesetzlichkeit' parteilich anwenden solle ('Willkürherrschaft')?

* Gilt es als richtig und unverzichtbar, daß *mehrere* Träger unterschiedlicher politischer Gestaltungsabsichten sich organisieren sollen, um sodann um die Unterstützung seitens der Bevölkerung sowie um zu politischer Macht führende Wählerstimmen zu konkurrieren ('Mehrparteienprinzip')? Mündet diese Ansicht sogar in die Vorstellung, der Staat selbst habe, so gut es geht, für die Chancengleichheit konkurrierender Parteien zu sorgen? Oder liegt dem politischen System die Vorstellung zugrunde, alle politische Kompetenz und Gestaltungskraft solle in einer einzigen politischen Bewegung gebündelt werden, mit welcher zu konkurrieren

---

[128] Strikt ist *formale* Rechtsstaatlichkeit von *materialer* Rechtsstaatlichkeit zu unterscheiden. Formale Rechtsstaatlichkeit meint, daß staatliches Handeln an bestehendes Recht gebunden ist und Recht nur auf rechtsförmige Weise zustande kommen darf. Materiale Rechtsstaatlichkeit meint *überdies*, daß als Recht *nur* gelten bzw. in Geltung gebracht werden darf, was mit *vorstaatlichen*, *unabdingbaren* Menschenrechten, wie sie etwa im Grundrechtsteil des deutschen Grundgesetzes niedergelegt sind, im Einklang steht.

lediglich eine Minderung von deren Leistungsfähigkeit und somit eine Schwächung des Staatswesens bewirke?

* Gilt es als erstrebenswert, daß auch die in der politischen Konkurrenz *unterlegenen* Kräfte und Organisationen sich *weiterhin* betätigen sollen? Liegt dem politischen System überdies das Prinzip zugrunde, solche Kräfte sollten die jeweils Regierenden öffentlichkeitswirksam *kritisieren*, sie durch institutionell abgesicherten politischen Einfluß *kontrollieren* und darüberhinaus der Bevölkerung sachliche wie personelle *Alternativen unterbreiten*, derentwegen sie bei einer weiteren Wahl selbst an die Macht gelangen könnten - ohne den dann in der Minderheit befindlichen Kräften dieselben Möglichkeiten zu nehmen, ebenso eines Tages wieder an die Macht zu gelangen? Gehört also das Recht auf Bildung und Ausübung von *Opposition* zu den grundlegenden Prinzipien eines politischen Systems? Oder gilt Opposition als überflüssig, da alle sinnvollen und unterstützenswerten Anliegen von den Regierenden ohnehin berücksichtigt würden, bzw. gilt Opposition als gefährlich und auszuschalten, da sie den Staat an der Verwirklichung strittiger Ziele hindere?[129]

Alle Elemente eines politischen Systems können somit äußerst unterschiedlich ausgeprägt sein. Nicht jede beliebige Kombination von Ausprägungsformen dieser Elemente ist allerdings möglich oder stabil: schließlich müssen die verschiedenen 'Bauteile' eines politischen Systems routinemäßig in sehr komplizierten und vielfach wechselwirkenden Prozessen zusammenpassende, einander ergänzende und zugleich der sich wandelnden Gesellschaft angemessene Funktionen erfüllen, soll der Regelungsbedarf einer Gesellschaft halbwegs störungsfrei befriedigt werden. Daß ein so komplexes Unterfangen ohne weiteres gelingt, ist insgesamt eher unwahrscheinlich. Darum wundert auch nicht, was jede Betrach-

---

129 Unbedingt ist im politikwissenschaftlichen Sprachgebrauch der Begriff der *Opposition* von jenem des *Widerstands* zu unterscheiden. Widerstand meint, daß man nicht nur eine regierende Gruppe oder Partei, sondern auch schon die Spielregeln des politischen Prozesses ablehnt. Opposition hingegen betreibt man, wenn man die Spielregeln des politischen Prozesses akzeptiert, doch die jeweils regierende Gruppe oder Partei ablösen bzw. deren Entscheidungen verändern will. *Widerstand* war beispielsweise der aktive Kampf verschiedener politischer Gruppierungen gegen die nationalsozialistische Diktatur, während Widerstand keineswegs vorliegt, wenn man durch dafür vorgesehene parlamentarische Verfahren eine Regierung stürzen, durch Nutzung von Rechtsbehelfen sich gegen eine staatliche Baumaßnahme wehren oder als Bürgerinitiative durch spektakuläre Aktionen die Stationierung bestimmter Waffensysteme verhindern will. Dergleichen ist *Opposition*, die sich sowohl in Parlamenten als 'parlamentarische Opposition' entfalten als auch außerhalb der Parlamente sich als auf alternative Ziele abhebende Beteiligung in der politischen Willenskonkurrenz äußern kann. Alltagssprachlich wird dieser wichtige Unterschied oft verdeckt, was stets zu Mißverständnissen führt. *Für Widerstand gibt es nur dort Anlaß, wo kein Recht auf Opposition besteht:* bloß dann muß man nämlich die politischen Spielregeln selbst zu verändern versuchen, um alternative Zielvorstellungen in den politischen Willensbildungsprozeß einzubringen. Es steht außer Zweifel, daß die 'Erfindung' und Integration von Opposition in das politische System dessen Komplexität und Kontrollfähigkeit gewaltig ansteigen läßt.

tung der Geschichte menschlicher Regierungsformen zutage fördert: nur wenige Typen politischer Systeme produzierten je in verläßlicher Weise sowohl allgemeine Verbindlichkeit als auch Legitimität und waren langfristig stabil; selten überlebten politische Ordnungsformen tiefgreifende gesellschaftliche Wandlungsprozesse; kein politisches System arbeitete ohne Fehler, Defizite und Probleme; und viele politischen Systeme gingen an ihren Funktionsmängeln spätestens nach wenigen Jahrzehnten zugrunde. Zu untersuchen, welche 'Spielregeln' und politischen Strukturen in Abhängigkeit von welchen gesellschaftlichen Rahmenbedingungen *trotzdem* problemlösungsfähige wie stabile politische Systeme hervorbringen können, ist somit nicht nur eine intellektuell reizvolle, sondern auch äußerst praxisnützliche Aufgabe politikwissenschaftlicher Forschung. Wird sie erfüllt, so gewinnt man verläßliche Grundlagen der *Politikberatung* sowie normativ brauchbare Maßstäbe der *Systemkritik*.

Insgesamt dient das im Schaubild 10 vorgestellte Systemmodell als Schlüssel zum ersten Verständnis einesteils der vielschichtigen Aufgaben politikwissenschaftlicher Systemforschung, andernteils der Funktionslogik politischer Systeme. Am Beispiel einiger Elemente jenes halbwegs stabilen Systemtyps, wie er in den sogenannten 'westlichen Demokratien'[130] vorliegt, soll im folgenden das komplexe Zusammenwirken der Funktionen einzelner Systemelemente *idealtypisch*[131] umrissen werden. Andere Typen politischer Systeme weisen natürlich davon abweichende Elemente und Funktionskataloge dieser Systemelemente auf.

- Als politische *Spielregeln* der 'westlichen Demokratien' gelten im wesentlichen die *Grundprinzipien freiheitlicher demokratischer Grundordnung* ('fdGO'): Achtung der als vorstaatlich aufgefaßten Menschenrechte, v.a. des Rechts auf Leben, Freiheit und Streben nach selbstdefiniertem Glück; Volkssouveränität (d.h.: das Demokratieprinzip); Verantwortlichkeit der Regierung; Gewaltenteilung; Gesetzmäßigkeit der Verwaltung; Unabhängigkeit der Gerichte; Mehrparteienprinzip bei Chancengleichheit der konkurrierenden Parteien; und Recht auf Bildung und Ausübung von Opposition.

- Der *Bürger* hat zwar grundsätzlich das Recht, sich vom politischen Geschehen auch fernzuhalten. Doch das System arbeitet nur dann halbwegs störungsfrei und stabil, wenn ein nicht allzu geringer Teil seiner Bürger die ihm zukommenden Funktionen tatsächlich erfüllt, d.h., die politisch wichtigen Rechte auf Informationsfreiheit, Kommunikationsfreiheit, Versammlungsfreiheit und Vereinigungsfreiheit sowie das aktive und passive Wahlrecht zur nachhaltigen und hartnäckigen Einmischung in politische Prozesse wirklich nutzt. Dies beginnt mit privat, am Arbeitsplatz und in der Öffentlichkeit geführten politischen Diskussionen, setzt sich fort in der Betätigung in Bürgerinitiativen, Interessenverbänden und Parteien, und kann in die Übernahme politischer Ämter auf der Ebene von Kommunen, Ländern, des Gesamtstaates

---

130 Eine präzise Namensgebung für diesen Systemtyp findet sich auf S. 146f.
131 Zum Begriff und Zweck eines Idealtyps siehe S. 93-95.

oder von internationalen Organisationen bzw. supranationalen Gemeinschaften münden.

- *Interessengruppen* entstehen als Folge des Rechts der Bürger, sich beliebiger, selbst definierter Interessen wegen zu organisieren. Sie haben neben der Erfüllung verschiedener Leistungen für ihre Mitglieder die Funktion, benachbarte Interessen zu gut darstellbaren Interessenbündeln zu *aggregieren*, diese Interessen als Input für das politische System öffentlich zu *artikulieren*, sie auf geeigneten Wegen in den Prozeß politischer Willensbildung einzuführen und durch geeignete Maßnahmen so *konfliktfähig* zu machen, daß die Chancen dafür steigen, sie in Konkurrenz mit anderen Interessen auch wirklich durchzusetzen.

- *Parteien* haben zunächst einmal als Bindeglied zwischen den verschiedenen gesellschaftlichen Subsystemen und dem politischen System zu fungieren: einfach indem es sie als funktionstüchtige Organisationen gibt, deren Mitglieder in allen Gesellschaftsbereichen verankert sind, dienen sie als wichtige, integrierende Netzwerke und 'Kanalsysteme', über welche Informationen, Forderungen, Unterstützungsleistungen und Personal zwischen Gesellschaft und Staat ausgetauscht werden können. Parteien stehen sozusagen mit ihren Füßen in der Gesellschaft, reichen mit Kopf und Händen aber in das zentrale politische Entscheidungssystem hinein und erfüllen dergestalt eine 'Bindegliedfunktion'. Sodann haben sie im politischen System für Responsivität zu sorgen ('Responsivitätsfunktion'[132]): sie haben die Probleme, Sorgen, Wünsche, Anregungen usw. der Bürger aufzunehmen, auf sie zu reagieren, sie zu verarbeiten und an das politische System weiterzuleiten. Dergestalt ermöglichen sie es dem politischen System, allgemeine Verbindlichkeit per Saldo in Übereinstimmung mit den Wünschen der Bevölkerung herzustellen, was die Vorbedingung für das Bestehen von Legitimität ist. Des weiteren erfüllen Parteien eine 'Führungsfunktion': sie haben nicht nur zu warten, bis Gestaltungswünsche oder Informationen über gesellschaftlichen Regelungs- und Reformbedarf an sie herangetragen werden, sondern sie haben selbst nach solchem Bedarf Ausschau zu halten, Sachkunde für Problemlösungen zu mobilisieren und Lösungsvorschläge auszuarbeiten.[133] Diese haben sie sodann samt weiterführenden Zielsetzungen der Bevölkerung in Form von Programmen oder Absichtserklärungen *werbend* und *meinungsbildend* anzubieten, woraus für die Bürger die Möglichkeit entsteht, im Rahmen gesellschaftlicher Arbeitsteilung mittels freier Wahlen politische Führungs- und Gestaltungsaufträge an Parteien und ihre Kandidaten zu erteilen. Gerechtfertigt durch solche Aufträge und nach Maßgabe der Wahlergebnisse haben die Parteien sodann ihre Ziele durch Zugriff auf die staatlichen Ämter in konkrete politische Maßnahmen umzusetzen. Plausiblerweise erfüllen Parteien

---

132 Zum Begriff der Responsivität siehe Anm. 127.
133 Diesen Bereich der Führungsfunktion bezeichnet man auch als 'Zielfindungsfunktion'.

ihre Funktionen allein dann brauchbar, wenn sie ein gewisses Gleichgewicht zwischen ihrer Responsivitätsfunktion und ihrer Führungsfunktion zustande bringen, also weder populistisch bzw. opportunistisch sich nach dem Schwanken politischer Stimmungen richten, noch den Bürger mit der 'Arroganz der Macht' bevormunden. Eine weitere Funktion von Parteien ist die eines 'Personalmarkts': Parteien sind Anlaufstellen von Bürgern, die sich politisch beteiligen wollen ('Rekrutierungsfunktion'); in der Parteiarbeit erwerben Bürger spezielles politisches Know-how, wie beispielsweise Erfahrung in Konsensstiftung und Konfliktmanagement, in Durchsetzungs- und (Selbst-) Darstellungspraktiken oder im Umgang mit Parteifreunden, Journalisten, Behörden und Bürgern ('Sozialisationsfunktion'); und über den Aufstieg in Parteien, die sich ihrerseits freien Wahlen stellen und Wahlen letztlich überhaupt erst ermöglichen, erwerben Bürger die Befugnis, in politische Ämter einzurücken und von ihnen aus politische Macht auszuüben ('Personalstellungsfunktion').

– Falls nicht - wie in sogenannten 'präsidentiellen Regierungssystemen' - Staatspräsidenten als Chefs der Exekutive unmittelbar vom Volk gewählt werden, haben *Parlamente* die Funktion, Regierungen hervorzubringen und dann zugleich zu tragen und zu kontrollieren ('parlamentarisches Regierungssystem'). Zum Zweck der Regierungsbildung ('Kreationsfunktion') verbünden sich die zu gemeinsamer politischer Arbeit entschlossenen Parlamentsfraktionen in der Regel zu einer mehrheitsfähigen Regierungskoalition. Stets haben Parlamente die Aufgabe einer *Kontrolle* der Regierung ('Kontrollfunktion'). Dabei gibt es auch in 'westlichen Demokratien' sehr starke Unterschiede in den konkreten Möglichkeiten der einzelnen Parlamente, diese Funktion zu erfüllen. Vor allem unterscheiden sich die Kontrollmechanismen erheblich, die einesteils von regierenden Parlamentsmehrheiten und andererseits von der parlamentarischen Opposition angewandt werden. Insgesamt meint Kontrolle viel mehr als bloß eine *nachträgliche* Überprüfung der Amtsführung der Regierung etwa durch Anfragen und Untersuchungsausschüsse ('ex post-Kontrolle'), wenn auch bereits der Regierung bloßes Wissen um die Verfügbarkeit solcher Kontrollinstrumente immer schon ein Stück weit Kontrolle bewirkt. Insofern sind diese typischen Oppositionsinstrumente nicht nur wirksam, sondern auch wichtig. Ein äußerst großes Maß parlamentarischer Kontrolle ist indessen dann erreicht, wenn parlamentarischer Gestaltungswille *von vornherein* in die Tätigkeit der Regierung eingeht und es durch eine enge personelle Verschränkung zwischen Koalitionsfraktionen und Regierung zur 'Kontrolle durch Mitwirkung' kommt ('ex ante-Kontrolle'). Von diesem Kontrollinstrument ist die Opposition naturgemäß im wesentlichen ausgeschlossen, wenngleich in einer vom Streben nach möglichst umfassenden Konsens geprägten Parlamentskultur der Opposition beträchtlicher Einfluß zuwachsen kann. Das geläufigste Kontrollinstrument der parlamentarischen Opposition ist indessen die *öffentliche Debatte*, in welcher die Regierung publikumswirksam mit Kritik konfrontiert und zur Darlegung ihrer gegebenenfalls wenig schlüssigen Position gezwungen werden kann. Als seine *unabdingbare* Funktion ist dem

Parlament regelmäßig die endgültige Entscheidung im *Gesetzgebungsverfahren* vorbehalten ('Legislativfunktion'). Der parlamentarischen Entscheidung geht im Zug parlamentarischer Mitregierung bei der Ausarbeitung von Gesetzen und Gesetzentwürfen meist eine enge Zusammenarbeit zwischen Parlament und Regierung voraus. Nur ein Parlament, das im wesentlichen auf Gesetzgebungsaufgaben beschränkt ist, sollte man als 'Legislative' bezeichnen, gehen die Parlamentsfunktionen - zumal jene der Regierungsbildung und Regierungskontrolle - über diese Teilfunktion doch weit hinaus. Nicht zuletzt hat ein Parlament außerdem die öffentliche politische Diskussion aufzugreifen und seiner eigenen Argumentation in nachvollziehbarer Weise zugrundezulegen ('Öffentlichkeitsfunktion'). Bei der Erfüllung dieser Funktion haben Parlamente wie Parteien mit Führungskraft gepaarte Responsivität unter Beweis zu stellen. Falls einem Parlament beides gelingt, kann eine Gesellschaft sich von ihm vertreten fühlen; andernfalls wird sie Schwierigkeiten haben, ihr Meinungsspektrum und ihre Anliegen im Parlament repräsentiert zu sehen. Dann entstehen *Legitimitätslücken*, welche selbst nutzbringende Gesetzgebungsarbeit kaum zu schließen vermag.

- In parlamentarischen Regierungssystemen steht die Staatsleitung Regierungen und Parlamenten 'zur gesamten Hand' zu. Doch in ihnen - wie ohnehin in präsidentiellen Regierungssystemen - ist auch ein Kernbereich der Funktionen von *Regierungen* anzugeben: diese haben die politischen Ziele der sie tragenden parlamentarischen Mehrheit bzw. politischen Gruppierungen bei ihrer laufenden Arbeit zu verwirklichen, dabei in pflichtgemäßem Ermessen jedoch zu berücksichtigen, daß Regierung zum Nutzen der *gesamten* Gesellschaft und nicht nur zum Vorteil jener Kräfte auszuüben ist, welche die Regierung tragen ('Amtsgedanke'); Regierungen haben gemäß dieser doppelten Aufgabenstellung die staatliche Verwaltung anzuleiten; und sie müssen auf aktuelle politische Ereignisse durch ausreichend rasche Willensbildung und Entscheidungsfindung reagieren, um solchermaßen den Nutzen der Regierten zu mehren und Schaden von ihnen zu wenden.

- *Massenmedien* (Presse, Hörfunk, Fernsehen) haben die Gesellschaft über ihren eigenen Zustand, über das Handeln des politischen Systems und über benachbarte Staaten und Gesellschaften zu informieren. Durch derartige öffentliche Bereitstellung von Wissen, zu dem nicht nur jeder Bürger Zugang finden *kann*, sondern das tatsächlich ein Stück weit zum *gemeinsamen* Wissen der Mitglieder einer Gesellschaft wird, stiften die Massenmedien *politische Integration*. Andernteils schaffen sie durch Erfüllung ihrer Informationsfunktion Anknüpfungspunkte und *Grundlagen für politische Beteiligung*: man kann sich nur in solche Dinge fördernd oder verhindernd einmischen, von denen man Kenntnis hat. Durch die Herstellung von Öffentlichkeit mittels Nachricht, Reportage und Kommentar über alle Bereiche des gesellschaftlichen, wirtschaftlichen, kulturellen und politischen Lebens ermöglichen und bewirken die Massenmedien ferner eine *öffentliche Kontrolle* der

Inhaber zumal politischer Macht. Nicht zuletzt sind sie ein *Sprachrohr wechselseitiger Kritik* im politischen Meinungsstreit und Machtkampf, wodurch sie ganz wesentlich zur persönlichen politischen *Meinungsbildung* der Bürger beitragen.

Offenbar muß sehr vieles gelingen, wenn diese vielfältigen Funktionen so vieler voneinander unabhängiger Systemelemente nicht nur routinemäßig erfüllt werden, sondern auch störungsfrei ineinander greifen sollen. Daß auf so komplizierter Funktionslogik beruhende politische Systeme überhaupt entstehen und sich über nennenswerte Zeiträume halten konnten, ist um so verwunderlicher, als sie Konkurrenz, streitige politische Auseinandersetzung und praktizierte Opposition zu *Prägefaktoren* ihrer Willensbildungsprozesse machen. In gewisser Weise gehören sie zu den erstaunlichsten und erklärungsbedürftigsten Ergebnissen des Evolutionsprozesses.

(2) Forschungsfelder des Teilfachs 'Politische Systeme'

Es ist die Aufgabe der *spezialisierten Forschungsfelder* des Teilfachs 'Politische Systeme', die mannigfaltigen Elemente der verschiedenen politischen Systeme zutreffend zu beschreiben, ihre Funktionen sowie ihr tatsächliches Funktionieren zu erforschen, das mehr oder minder störungsanfällige Zusammenwirken solcher Einzelelemente zu untersuchen, und die Grundlagen wie Rahmenbedingungen der Funktionslogik politischer Systeme verschiedenen Typs zu ermitteln. Die hierauf abzielenden Forschungsfelder, auf deren Ergebnissen sodann die vergleichende Systemforschung aufbauen kann, lassen sich dreifach gliedern: in die *Unterdisziplinen* des Teilfachs 'Politische Systeme', in *Politikfeldanalysen*, und in *zusammenfassende Studien von Systemgruppen*. In der Praxis lassen sich die vorzustellenden Forschungsfelder sowohl untereinander als auch von der vergleichenden Systemforschung nicht streng trennen; außerdem betätigen sich die meisten Politikwissenschaftler auf mehreren Forschungsfeldern und verstehen sich kaum als ausschließlich dessen Spezialist. Folglich hat die nachstehende Einteilung nur den Charakter einer ersten Orientierung. Sie ist leicht anhand des Schaubilds 10 nachzuvollziehen: über alle dort dargestellten Elemente eines politischen Systems ist empirisch wie logisch wahres Tatsachen-, Zusammenhangs- und Erklärungswissen zu erarbeiten. Ohne Anspruch auf Vollständigkeit lassen sich die Unterdisziplinen des Teilfaches 'Politische Systeme' samt ihren wichtigsten Forschungsgegenständen wie folgt auflisten:

- *Parlamentarismusforschung*: Funktionen, Befugnisse, Strukturen, Arbeitsweisen und Wirkungen von Parlamenten, ihrer Fraktionen und Abgeordneten auf allen Ebenen eines politischen Systems.

- *Regierungslehre*: Aufgaben, Organisationsformen und Arbeitsweisen von Regierungen auf allen Ebenen eines politischen Systems einschließlich der von Regierungen geleisteten Planungstätigkeit und der Rückwirkung ihrer Folgen auf weiteres Regierungshandeln ('Planungsforschung').[134]

- *Politische Verwaltungsforschung*: Funktionen, Strukturen, Arbeitsweisen und Wirkungen von politisch bedeutsamen Verwaltungen aller Art.

- *Föderalismusforschung*: Strukturen und Funktionsabläufe von mehr oder minder bundesstaatlich aufgebauten politischen Systemen; Formen und Probleme vertikaler Gewaltenteilung.

- *Erforschung 'lokaler Politik'*: Politische Prozesse und Strukturen auf kommunaler Ebene; politische Machtstrukturen in der Lebenswelt der Bürger.

- *Parteienforschung*: Arten, Funktionen, Strukturen, rechtliche Grundlagen, Ziele, gesellschaftlichen Vernetzungen, Aktivitäten usw. von Parteien und ihren Mitgliedern; Parteiensysteme und ihre historische Herausprägung sowie kulturelle, wirtschaftliche, gesellschaftliche und politische Prägung.

- *Verbändeforschung*: Arten, Funktionen, Strukturen, rechtliche Grundlagen, Ziele, Vernetzungen, Praktiken usw. von Interessengruppen aller Art.

- *Erforschung sozialer Bewegungen*: Auftreten, Anliegen, Arten, Funktionen, Strukturen, rechtliche Grundlagen, Vernetzungen und Aktionsweisen von sich immer wieder neu formenden Gruppen von Bürgern (Bürgerinitiativen, Bürgerbewegungen, 'ad hoc-Gruppen' usw.), die bislang noch nicht abgedeckte Interessen vertreten wollen und dazu politische Organisationen bilden.

- *Wahlforschung*: Dokumentation von Wahlkämpfen und Wahlverhalten; Analyse der Grundlagen und Bestimmungsfaktoren des Wahlverhaltens; Prognose von Wahlergebnissen.

- *Elitenforschung*: Zusammensetzung, Rekrutierung, Sozialisation, Qualifikation, Karrieren, Zusammenhalt, Einstellungen, Responsivitäts- und Führungsleistung etc. von politischen oder politisch wichtigen Eliten in gesellschaftlichen und politischen (Sub-)Systemen.

- *Erforschung politischer Kultur*:[135] Politisch bedeutsame Werte und Wissensbestände, Einstellungen und Vorstellungen der Bevölkerung; Formen politischer Aktivität und Partizipation; öffentlich bekundete und praktisch benutzte Spielregeln des politischen Prozesses; alltagspraktische Grundlagen politischer Systeme, u.a. die kulturelle und völkische Zusammensetzung der jeweils zu regierenden Gesellschaft. Werden - v.a. durch Umfragen - haupt-

---

134 Im Unterschied zu dieser *objektbezogenen* Bezeichnung wird unter Regierungslehre vielfach auch eine teils empirische, teils normative Theorie der *Gesamtsteuerung* politischer Systeme und der Erfüllung der Staatsaufgaben verstanden.
135 Vgl. die Ausführungen zu deren Bedeutung für die Konstruktion politischer Wirklichkeit auf S. 17ff und 40ff.

sächlich Ansichten und Einstellungen untersucht, so nimmt die Erforschung politischer Kultur die Form der *Meinungsforschung* ('Demoskopie') an; stehen politische Verhaltensweisen im Vordergrund, so wird in den Bereich der politischen *Verhaltensforschung* übergewechselt. Indem zeitgenössische politische Theorien, Ideologien und Doktrinen, welche die politische Kultur einzelner Systeme prägen, zum Untersuchungsgegenstand gemacht werden, geht diese Unterdisziplin in jene *ideengeschichtliche Forschung* über, welche eine Unterdisziplin des Teilfachs 'Politische Theorie' ist.

- *Erforschung politischer Sozialisation*: Prozesse und Institutionen der Vermittlung politisch folgenreicher Vorstellungen, Einstellungen und Wissensbestände; Untersuchung der politisch bedeutsamen Entwicklung von altersgleichen Personen ('Kohorten') über längere Zeiträume; Analyse der Prägung sowie der daraus folgenden Besonderheiten 'politischer Generationen'.

- *Erforschung politischer Kommunikation, Propaganda und Sprache*: Struktur der Massenmedien; deren technische, wirtschaftliche, gesellschaftliche, kulturelle und politische Grundlagen bzw. Rahmenbedingungen; Auswahlkriterien der massenmedialen Berichterstattung über Politik; Formen und Auswirkungen von Politikvermittlung und Propaganda; Rezeptionsverhalten der Bevölkerung und dessen Folgen; sprachliche und symbolische Codes sowie Kommunikationspraktiken im politischen Prozeß.

- *Politische Geographie*: Geographische Grundlagen politischer Systeme wie Bodenbeschaffenheit, Bodenschätze, Verkehrslinien, Siedlungs- und Wirtschaftsstruktur usw.; sowie die Wechselwirkungen all dessen mit einerseits der Organisation eines politischen Systems und mit andererseits dessen Grenzen zu und Vernetzungen mit seinen Nachbarn. Steht vor allem der letztere Aspekt im Zentrum des Interesses, so verschränkt diese Unterdisziplin das Teilfach 'Politische Systeme' mit dem Teilfach 'Internationale Politik' und wird oft als *Geopolitik* bezeichnet.

- *Politische Ökonomie*: Wirtschaftliche Grundlagen politischer Systeme; Vernetzungen zwischen wirtschaftlichen und politischen Eliten, Prägung politischer Willensbildung und staatlicher Entscheidungen durch Interessen und Forderungen des Wirtschaftslebens.

- *Politische Soziologie*:[136] Gesellschaftliche Grundlagen politischer Systeme, z.B. der Schichtaufbau einer Gesellschaft und dessen politische Prägekraft, oder verfestigte gesellschaftliche Konflikte ('Cleavages') und deren politische Folgen; Vernetzung des politischen Systems in die Gesellschaft hinein; all-

---

[136] Hier als Unterdisziplin des politikwissenschaftlichen Teilfachs 'Politische Systeme' aufgelistet, kann man sie von der Perspektive eines Soziologen aus ebenso gut als Teildisziplin der Soziologie auffassen.

tagspraktische Auswirkungen politischer Systeme und deren Rückkoppelungen mit dem politischen Prozeß.

- *Politische Rechtslehre*: Rechtliche Grundlagen politischer Systeme; die Prozesse ihrer Schaffung, Benutzung und Sicherung; das normative und institutionelle Rechtssystem eines Staatswesens oder einer inter- bzw. supranationalen Organisation. Die politische Rechtslehre verbindet sich oft mit der juristischen Disziplin der *Allgemeinen Staatslehre*.

- *Politische Psychologie*: Psychische Grundlagen politischen Handelns, psychische Auswirkungen politischer Systeme auf die von ihnen regierten Menschen.

- *Transformationsforschung*: Tiefgreifende Wandlungsprozesse im Bereich von Gesellschaft, Wirtschaft und Kultur sowie deren Auswirkungen auf ein politisches System. Vermag ein Staatswesen derartigen Wandlungsprozessen nicht durch Reformen zu folgen und bricht es zusammen, so findet darin die *Revolutionsforschung* ihren Gegenstand.

- *Theoriebildung* hinsichtlich der Beschaffenheit politischer Systeme, um die Ergebnisse der genannten Einzeldisziplinen in allgemein-abstrakter Weise zusammenzufassen und um der vergleichenden Erforschung politischer Systeme analytische Kategorien bereitzustellen. In dieser Unterdisziplin geht das Teilfach 'Politische Systeme' in die Unterdisziplin 'Politikwissenschaftliche Theorieforschung' des Teilfachs 'Politische Theorie' über.

Während die Liste der 'Unterdisziplinen' sehr stark auf die im Schaubild 10 zusammengestellten *Elemente* eines politischen Systems abhebt, läßt sich eine weitere Liste von Forschungsgebieten anhand jener *Inhalte* erstellen, die durch politische Prozesse gestaltet werden sollen. Solche politischen Regelungsmaterien, die ihretwegen ablaufenden politischen Prozesse sowie die Strukturen, in denen diese Prozesse ablaufen, werden zusammenfassend als 'Politikfelder' bezeichnet. Die auf Politikfelder abgestellte Erarbeitung von Tatsachen-, Zusammenhangs- und Erklärungswissen sowie von halbwegs verläßlichen Prognosen heißt demgemäß 'Politikfeldanalyse' (engl. 'policy analysis').[137] Bei Politikfeldanalysen wird mit Anspruch auf für den praktischen Untersuchungszweck ausreichende Vollständigkeit untersucht, wie beispielsweise Bildungspolitik, Forschungspolitik, Finanzpolitik, Wirtschaftspolitik, Sozialpolitik, Gesundheitspolitik, Wohnungsbaupolitik, Agrarpolitik, Verkehrspolitik, Industriepolitik, regionale Strukturpolitik usw. im einzelnen ablaufen, welche Probleme sie zu lösen versuchen, wie sie im einzelnen zustande kommen, wie Planungsabläufe vonstatten gehen, wie Zielvorstellungen bzw. Planungen in konkrete administrative Maßnahmen umgesetzt werden ('Implementationsforschung'), welche Interessen die beteiligten Akteure vertreten, welche Wirkungen welche Maßnahmen zeitigen

---

137 Siehe hierzu Hartwich 1985.

und was die Resultate einer bestimmten Politik sind ('Evaluationsforschung'), sowie welche Veränderungen weiteren politischen Gestaltens sinnvoll wären. Besondere Beachtung verdienen dabei die *ungeplanten Folgen* geplanten Handelns, welche sehr oft dazu führen, daß stimmig entworfene Politikprojekte sich in der Praxis ganz anders auswirken als erwartet. Durch die (vergleichende) Analyse derartiger Planungsfolgen kann Einsicht in die - zweifellos begrenzten - Möglichkeiten planmäßiger staatlicher Systemsteuerung gewonnen werden. In jedem Fall erreicht die Politikwissenschaft mittels derartiger Analysen größtmögliche Praxisnähe, kann politische und administrative Erfahrungen systematisch auswerten und dient nicht zuletzt der Politikberatung.

Eine dritte Liste von Forschungsgebieten entsteht daraus, daß oft mehrere politische Systeme einer bestimmten Region oder eines bestimmten Typs *gemeinsam* erforscht werden und man dergestalt eine *Gruppe* von politischen Systemen, nicht aber ein *einzelnes* politisches System zum Untersuchungsgegenstand macht. Der Übergang zur anschließend vorzustellenden vergleichenden Systemforschung ist dabei fließend. Auf drei Ausprägungen zusammenfassender Studien von Systemgruppen sei unter Angabe exemplarischer Themen verwiesen:

- *Vergleichende Staatenkunde*, etwa: 'Die politischen Systeme der baltischen Staaten', 'Die parlamentarischen Regierungssysteme Westeuropas', 'Militärdiktaturen der Dritten Welt'.

- *Systemübergreifende Politikfeldanalysen*, etwa: 'Bevölkerungspolitik in Lateinamerika', 'Sozialpolitik in Industriegesellschaften', 'Innere Sicherheitspolitik sozialistischer Staaten'.

- *Querschnittsanalysen im Sinn der Unterdisziplinen* des Teilfachs 'Politische Systeme', etwa: 'Politische Willensbildung in Osteuropa', 'Parteien in Erziehungsdiktaturen', 'Politischer Wandel durch Alphabetisierung'.

Bildet man die Gruppe der gemeinsam untersuchten politischen Systeme nach *geographischen* Gesichtspunkten, so spricht man von 'Regionalstudien' (engl. 'area studies'). Bei ihnen gewonnene Ergebnisse sind besonders nützlich für Politikberatung und politische Bildung sowie als Grundstock der vergleichenden Systemforschung. In diese geht die Untersuchung von Systemgruppen ohnehin über, wenn die Gruppenbildung nach *typologischen* Gesichtspunkten vorgenommen wird. Als Zuordnungsmerkmal kann in diesem Fall die Zielsetzung der vorgenommenen Untersuchungen dienen: soll durch Betrachtung verschiedener politischer Systeme allgemeineres *Zusammenhangs- und Erklärungswissen* erarbeitet werden, so liegt vergleichende Systemforschung vor, von welcher vergleichende *Beschreibungen* mehrerer politischer Systeme bzw. *parallele Einzelfallstudien* abzuheben sind.

Häufig führt man Forschungen im Teilfach 'Politische Systeme' in *historischer Perspektive* durch: englischer Parlamentarismus der Gegenwart erschließt sich sehr gut, wenn man die Wege seiner geschichtlichen Herausprägung kennt; dem Verständnis von Sozialpolitik ist es förderlich, wenn man ihre derzeitigen Gestaltungsaufgaben als zeitspezifische Ausprägungen recht alter Probleme betrachtet; bei Regionalstudien müssen die oft gemeinsamen geschichtlichen Wurzeln derzeit getrennter politischer Systeme beachtet werden; und bei der Analyse von typologisch zusammengestellten Systemgruppen erweisen sich unterschiedliche historische Voraussetzungen oft als sehr wichtige Untersuchungsvariable. Folglich ist die Geschichtswissenschaft ein sehr wichtiges Nachbarfach bzw. eine unverzichtbare Hilfsdisziplin des Teilfachs 'Politische Systeme'. Kenntnisse der Neueren Geschichte und Zeitgeschichte sollte ohnehin ein jeder Politikwissenschaftler selbst dann besitzen, wenn er sich nicht zu einem Nebenfachstudium der Geschichte entschließen kann. Weitere bedeutende Nachbarfächer bzw. Hilfswissenschaften sind v.a. die Staatsrechtslehre, die Verwaltungs-, Wirtschafts- und Kommunikationswissenschaft, sowie Geographie, Psychologie, Anthropologie und Soziologie.

(3) Die vergleichende Erforschung politischer Systeme

Oft geht das politikwissenschaftliche Forschungsinteresse über die bloße Beschreibung politischer Systeme, ihrer speziellen Funktionslogik und ihrer individuellen Elemente hinaus. Man will zudem herausfinden, ob den unterschiedlichen Konfigurationen politischer Systeme und dem Variantenreichtum der in ihnen ablaufenden politischen Prozesse möglicherweise eine mehr oder minder *allgemeine Funktionslogik politischer Wirklichkeit* zugrunde liegt. Zumal aus praktischen Gründen - etwa jenen der Verfassunggebung und Verfassungsreform - will man außerdem wissen, welche Ausprägungsformen von Systemelementen sich unter Auftreten welcher Effekte mit anderen koppeln lassen, bzw. von welchen Faktoren die konkret möglichen Ausprägungsformen einzelner Systemelemente abhängen. Derartige Kenntnisse erlauben offenbar Aussagen über die Vorzüge oder Schwächen unterschiedlichster politischer Ordnungsformen und können als Grundlage politikwissenschaftlicher Systemkritik dienen. Solchermaßen durch den *Vergleich* politischer Systeme und ihrer Elemente zu *allgemeineren* Aussagen über deren Funktionen und Funktionsmöglichkeiten zu gelangen, ist die Aufgabe der 'vergleichenden Erforschung politischer Systeme', die auch 'vergleichende Systemforschung', 'vergleichende Politikforschung' oder allgemein 'vergleichende Politikwissenschaft' genannt wird.[138]

Vergleiche können einerseits *Element für Element* vorgenommen werden. So wird etwa in Gestalt der vergleichenden Parlamentarismus-, Regierungs-, Parteien- oder Elitenforschung verfahren. Andererseits kann man auch *Funktion für*

---

138 Der weiteste Begriff ist offenbar jener der 'vergleichenden *Politik*forschung', der auch vergleichendes Vorgehen etwa im Rahmen des Teilfachs 'Internationale Politik' abdeckt. An Literatur zu vergleichenden Politik- und Systemforschung sowie zu deren Methoden sei verwiesen auf Berg-Schlosser/Müller-Rommel 1997, Beyme 1966, 1988, Brunner 1979, Chilcote 1981, Deutsch 1977, Doeker 1971, Dogan/Pelassy 1984, Hartmann 1980, 1995a, Holt/Turner 1970, Macridis/Brown 1968, Merritt/Rokkan 1966, Naßmacher 1991, Rokkan 1972 und Smelser 1976.

Funktion vergleichen.[139] Beispielsweise beantwortet man durch Vergleich verschiedener politischer Systeme Fragen danach, mit welchen Unterschieden oder Gemeinsamkeiten sich die Rekrutierung politischen Führungspersonals, die Kontrolle von Regierungen oder die Anpassung von Gesetzen an veränderte Regelungsbedürfnisse bewerkstelligen läßt. Außerdem kann die *Gesamtstruktur* politischer Systeme den Vergleichsgegenstand darstellen. In jedem Fall gibt die untersuchungsleitende Theorie die Vergleichsgesichtspunkte vor und legt fest, in bezug worauf ein Parlament mit einem anderen, eine Partei mit einer anderen oder ein politisches System mit einem anderen verglichen werden soll.[140]

Bei der vergleichenden Systemforschung entstehen aus unbedachtem Sprachgebrauch immer wieder folgenreiche Mißverständnisse. Erstens wird oft gesagt, X und Y seien *vergleichbar*, während tatsächlich behauptet werden soll, X und Y seien *gleich* bzw. *ähnlich*. Um feststellen zu können, ob X und Y ähnlich bzw. gleich sind, muß in der Tat zunächst ein Vergleich durchgeführt werden. Die Behauptung, man *könne* ihn durchführen ('Vergleichbarkeit'), vermag aber doch nicht das *Ergebnis* des Vergleichs vorwegzunehmen. Durch derartigen Sprachgebrauch wird somit unbeabsichtigt eine ungedeckte Feststellung vorgebracht. Zwar muten hieraus entstehende Mißverständnisse auf den ersten Blick harmlos an. Sie sind es aber nicht, wie das folgende, aus der politischen Alltagsdiskussion nicht unbekannte Beispiel zeigt: Der Sprecher A behauptet, die staatlichen Unterdrückungsmaßnahmen im nationalsozialistischen Deutschland und in realsozialistischen Diktaturen seien vergleichbar, woraufhin der Sprecher B argumentiert, dies könne nicht der Fall sein, weil Faschismus und Sozialismus doch völlig verschiedene Ausprägungsformen eines politischen Systems seien, die man nicht 'in einen Topf werfen' dürfe. Offensichtlich reden die beiden Sprecher hier völlig aneinander vorbei: B betont die Verschiedenheit der Systeme und bringt dies so vor, als gründe seine Behauptung eben *nicht* auf einem Vergleich (was sie offensichtlich tut), während A ausdrückt, er wolle einen Vergleich durchführen, als dessen Ergebnis sich die Aussage von B natürlich als wahr *oder* falsch erweisen kann.

Noch folgenreicher wirken sich die möglichen Mißverständnisse aus, wenn die zweite Variante einer unbedachten Verwendung des Wortes 'Vergleichbarkeit' auftritt. Oft formuliert man nämlich, X und Y seien *unvergleichbar*, obwohl man tatsächlich ausdrücken will, X sei Y *unähnlich* bzw. von Y *verschieden*. Praktisch bestreitet man dergestalt genau die Grundlage seiner Aussage: eine Verschiedenheit von A und B kann man schließlich nur dann feststellen, wenn *zuvor* ein Vergleich durchgeführt wurde, Vergleichbarkeit also *gegeben* ist. Wenn der Streit nun gerade um die Richtigkeit der Behauptung geht, X und Y seien verschieden, so verheddert sich regelmäßig am Wort 'Unvergleichbarkeit' die Diskussion. Das folgende Beispiel zeigt das: Der Sprecher A behauptet, die Alltagspraktiken politischer Repression in Nationalsozialismus und Realsozialismus seien weitgehend

---

[139] Auf diese Weise entdeckt man *funktionale Äquivalente*; vgl. S. 118.
[140] Einen von der forschungsleitenden Theorie vorgegebenen Bezugspunkt des Vergleichs nennt man traditionellerweise das 'tertium comparationis'.

gleich, woraufhin der Sprecher B argumentiert, wegen der Unvergleichbarkeit von Nationalsozialismus und Realsozialismus sei die Behauptung des Sprechers A unzulässig. Dem A wird auf diese Weise die Möglichkeit genommen, seine Behauptung durch die Darstellung von Ähnlichkeiten zwischen nationalsozialistischen und realsozialistitschen Repressionsmaßnahmen zu begründen. Dergestalt wird die Erörterung einer empirischen Aussage, die sich bei näherer Prüfung als wahr *oder* falsch erweisen könnte, mit einem Tabu belegt und Wissenschaft durch ein Denk- und Argumentationsverbot an ihr Ende gebracht. Dies ist um so schlimmer, als dem Argument des Sprechers B ja genau das zugrunde liegt, was er dem Sprecher A verbietet: nur durch einen *Vergleich* konnte A ja zur Aussage kommen, Nationalsozialismus und Realsozialismus seien so verschieden, daß eine Gleich*setzung* ihrer Repressionspraktiken falsch sei.

Im noch besten Fall eines solchen Mißverständnisses redet man aneinander vorbei und vergeudet Zeit, statt durch reflektiert vergleichendes Vorgehen die strittige Frage zu beantworten, ob die verglichenen Sachverhalte wirklich gleich oder verschieden seien. Im schlimmsten, in politischer wie politikwissenschaftlicher Diskussion aber nicht seltenen Fall werden Denk- und Argumentationstabus begründet, die zu kritisieren oder gegen die zu verstoßen zum politischen oder wissenschaftlichen Außenseiter stempelt. Solche Lahmlegung vergleichender Systemforschung ist um so nachteiliger, als so gut wie alle nicht bloß dokumentierenden und beschreibenden Aussagen über Politik, deren Kenntnis ganz wesentlich die Kompetenz eines Politikwissenschaftlers ausmacht, durch vergleichendes Vorgehen ('komparative Methode') erarbeitet werden.

Durch Vergleiche die *Besonderheiten* eines Einzelfalls herauszuarbeiten ('Differenzmethode') oder *Gemeinsamkeiten* mehrerer Fälle zu entdecken ('Konkordanzmethode'), kennzeichnet zwar die gesamte wissenschaftliche Beschäftigung mit politischen Inhalten, Prozessen und Strukturen. Dennoch entspricht es dem Selbstverständnis und der Forschungspraxis der Politikwissenschaft, den Bereich vergleichender Erforschung politischer Systeme besonders hervorzuheben. Ihn kennzeichnen im wesentlichen aber keine anderen Leitgedanken und Grundprobleme, als sie der vergleichenden Politikforschung insgesamt zu eigen sind. Stets geht es nämlich darum, *Zusammenhangs-, Erklärung- und Prognosewissen* über die Beschaffenheit politischer Wirklichkeit zu erarbeiten und dieses Wissen in Theorien aufzubereiten, die möglichst gut verallgemeinerbar sein sollen. Folglich müssen - erstens - diese Theorien anhand *so vieler Fälle wie möglich* erstellt werden und an einer größeren Anzahl politischer Systeme überprüft werden. Zweitens gilt als Vorbedingung gewünschter Verallgemeinerbarkeit: es muß die Auswahl der Untersuchungsfälle nach Regeln getroffen werden, die zu 'repräsentativen Stichproben' führen.[141]

Beide Forderungen sind in der Praxis nicht leicht zu erfüllen. Das besondere Problem der vergleichenden Systemforschung besteht in einem gewissen Mangel

---

141 Siehe hierzu S. 206ff.

an Untersuchungsfällen, so daß die Besonderheiten der wenigen Einzelfälle leicht das ihnen Gemeinsame überdecken und dergestalt Verallgemeinerbares unidentifizierbar machen. Dreierlei führt zu diesem Problem:

- Bestimmte Arten von Systemen, zu denen man über vergleichende Beschreibungen hinausgehende Aussagen formulieren will, kommen einfach selten vor. Bis zur Mitte dieses Jahrhunderts war dies etwa bei Staaten mit freiheitlicher demokratischer Grundordnung der Fall, und ebenso verhält es sich immer noch mit Systemen, die von demokratischen Allparteienregierungen gesteuert werden.

- Oft gibt es zwar genügend Systeme, deren Untersuchung zu verallgemeinerbaren Ergebnissen führen könnte; z.B. sind autoritäre Diktaturen ein äußerst häufiger Systemtyp. Im Einzelfall sind sie aber nur schlecht dokumentiert, so daß die vergleichende Forschung aus Mangel an beschreibenden Vorarbeiten bestimmte Untersuchungen eben nicht durchführen kann. Ein auf dieses Problem reagierender Sonderfall ist die Einbeziehung *historischer* politischer Systeme in die politikwissenschaftliche Analyse. Die meisten Herrschaftssysteme, die Menschen je schufen, gehören schließlich der Vergangenheit an. Soweit nicht Prozesse technischen, wirtschaftlichen, gesellschaftlichen und kulturellen Wandels deren Voraussetzungen schwinden ließen, bergen sie aber einen immer noch wertvollen Schatz an Erfahrungen mit verschiedenen Möglichkeiten, politische Ordnung aufzubauen. Ferner läßt sich ihnen Grundlegendes zur Funktionslogik der Konstruktion und Reproduktion politischer Wirklichkeit entnehmen. Unabhängig davon, daß mit zunehmendem zeitlichen Abstand über historische politische Systeme immer weniger bekannt ist, sind indessen ganz allgemein geschichtswissenschaftliche Arbeiten selten, welche die für politikwissenschaftliche Sekundäranalyse nötigen Informationen sowohl systematisch als auch detailliert verfügbar machen. Folglich verhindert Mangel an Vorarbeiten auch hier die gewünschte Erhöhung der Fallzahlen. Außerdem hat es den Anschein, als sei sich bislang nur eine Minderheit von Politikwissenschaftlern über den Wert der vergleichenden Analyse *aller* politischen Systeme - und nicht nur der jeweils zeitgenössischen - im klaren.

- Plausiblerweise liefert vergleichendes Vorgehen um so aussagekräftigere Ergebnisse, je günstiger das sogenannte n/v-Verhältnis des Untersuchungsmaterials ist, wobei 'n' für die Anzahl der verglichenen Fälle, 'v' für die Anzahl der in den Vergleich einbezogenen Variablen steht. Vergleicht man zwei Fälle nach vielen Variablen, so wird sich Besonderes von Allgemeinem naturgemäß schwerer abheben lassen, als wenn man beispielsweise viele Fälle nach zwei Variablen vergleicht. Aus genau diesem Grund gelangt die vergleichende Erforschung politischer Systeme nur selten über parallele Beschreibungen hinaus. Die Erläuterungen zum Schaubild 10 zeigen nämlich, daß sich politische Systeme nur anhand sehr vieler Beschreibungsmerkmale charakterisieren lassen, weswegen die Systemanalyse meist die Einbeziehung zahlreicher Untersuchungsvariablen verlangt, will sie nicht allzu grob vereinfachen und zu falschen bzw. trivialen Befunden führen. Will man aber verallgemeinern, so müssen um so mehr Fälle betrachtet werden, je größer die Anzahl der in ihrem Zusammenwirken zu analysierenden Untersuchungsvariablen ist. Bei der vergleichenden Systemforschung stößt dies an die eben beschriebenen Grenzen, und folglich sind deren Möglichkeiten beschränkt.

Praktisch kann man bei der vergleichenden Erforschung politischer Systeme sekundäranalytisch verfahren oder eigenständige Datenerhebungen durchführen. Vermutlich wird sie um so erfolgreicher sein, je mehr man auf Sekundäranalysen bauen kann und je weniger Arbeitskraft in eigene Erhebungen investiert werden muß. Dieser Überlegung folgend, wurde seit den späten sechziger Jahren begonnen, Daten über die verschiedensten politischen Systeme nach standardisierten Gesichtspunkten zu sammeln und in Form von Handbüchern oder Datenbanken der Öffentlichkeit zur Verfügung zu stellen. Grundsätzlich ein erfolgversprechender Weg, wird er dort zur Sackgasse, wo die gesammelten Daten bzw. ihre Kategorisierungen und Aufbereitung nur schlecht zu jenen Begriffen und Theorien passen, welche die eigene Forschungsarbeit anleiten. Somit wird der *Mangel an konsensfähigen Theorien* politischer Systeme zum Engpaß des von moderner EDV doch eigentlich hervorragend unterstützten Versuchs, der vergleichenden System- und Politikforschung leicht zugängliche Grundlagen zu schaffen.

Trotz des Fehlens einer allgemein akzeptierten Theorie zentraler Merkmale politischer Systeme haben sich beim Systemvergleich immer wieder vier Leitvariablen als besonders nützlich und erkenntniserschließend erwiesen: politische Systeme sind zu vergleichen nach ihrer *Herrschaftsstruktur*, nach der Art der in ihnen ablaufenden *Willensbildungsprozesse*, nach dem Umfang des praktizierten staatlichen *Gestaltungsanspruchs*, sowie nach der 'Offenheit' bzw. 'Geschlossenheit' der drei vorgenannten Merkmale. Die ersten drei Kategorien lassen sich zu einem anschaulichen Merkmalsraum zusammenstellen, anhand dessen eine Typologie politischer Systeme und der von ihnen zu steuernden Gesellschaften zu erstellen ist.[142]

- Die *Herrschaftsstruktur* eines politischen Systems kann *monistisch* oder *gewaltenteilend* sein. Der erste Fall liegt vor, wenn es nur ein einziges Machtzentrum gibt, z.B. einen souveränen Fürsten, einen schrankenlos herrschenden Diktator oder die Führung einer kollektiv die gesamte Macht ausübenden Einheitspartei. Der zweite Fall ist gegeben, wenn die politische Macht auf verschiedene staatliche Organe aufgeteilt ist, die einander in Schach halten und kontrollieren. Dies liegt beispielsweise vor, wenn Regierung und Parlament Kernbereiche eigener Zuständigkeit haben und bei der Herstellung allgemeiner Verbindlichkeit aufeinander angewiesen sind, oder wenn politische Entscheidungen von einem Verfassungsgericht überprüft und aufgehoben

---

142 Im Kern bauen die folgenden Ausführungen auf der Typologie politischer Systeme auf, die Hättich 1969 vorgelegt hat.

werden können. Jedes politische System kann irgendwo auf dem Kontinuum zwischen monistischer und gewaltenteilender Herrschaftsstruktur angesiedelt sein. Allerdings mag es schwer fallen, klare Indikatoren für die *genaue* Lage eines politischen Systems auf diesem Kontinuum anzugeben.

- Die *Willensbildung* in einem politischen System kann *monopolisiert* oder *konkurrierend* sein. Im ersten Fall hat eine bestimmte politische Gruppe oder Organisation das Monopol darauf, die Willensbildungs- und Entscheidungsprozesse zu gestalten. Dies ist beispielsweise gegeben, wenn eine Einheitspartei in einem politischen System die Führungsrolle ausübt, die staatliche Macht den Anweisungen einer Kirche folgt oder eine kleine Oberschicht sich allen politischen Einfluß vorbehält. Im zweiten Fall konkurrieren verschiedene Interessengruppen und Parteien, Bürgerinitiativen, Medien und Politiker in wechselnden Bündnissen um die Chance, als Ergebnis offen ausgetragener Konflikte die eigenen Absichten politisch durchzusetzen. Politische Systeme mit mehreren chancengleichen Parteien, frei gründbaren Interessengruppen und freien Massenmedien, die *durch offene Konkurrenz Pluralismus* konstituieren, verwirklichen diesen Fall. Zwischen monopolisierter und konkurrierender Willensbildung als den Endpunkten eines Kontinuums läßt sich jedes politische System verorten, wenn auch wiederum die Indikatorenbildung schwierig sein kann.

- Der *praktizierte staatliche Gestaltungsanspruch* kann *unbegrenzt* oder *begrenzt* sein. Im ersten Fall versucht das politische System, das Gesellschaftssystem nach einheitlichen Grundsätzen vollkommen durchzugestalten. Beispiele sind Bemühungen, von Staats wegen eine bestimmte Religion nicht nur für das öffentliche Leben, sondern auch für den Privatbereich verpflichtend zu machen, oder Versuche, eine neue Weltanschauung mit ihr eigentümlichen Verhaltensregeln als allgemein verbindlich durchzusetzen. Unabhängig von den konkreten Inhalten, die dergestalt durchgesetzt werden sollen, gibt es als unmittelbare Folge solcher Versuche bald keinen gesellschaftlichen und persönlichen Freiraum mehr, greift doch nun das politische System anleitend und kontrollierend in alle gesellschaftlichen Subsysteme ein. Im zweiten Fall beschränkt das politische System seine Herstellung allgemeiner Verbindlichkeit auf jene Minima, die gerade noch ausreichen, um ein Gesellschaftssystem mit integrierenden und seine Funktionstüchtigkeit sichernden Normen zu versorgen. Solche Minima können z.B. die Konkretisierung grundlegender Menschen- und Bürgerrechte durch das materiale Rechtsstaatsprinzip sowie die Absicherung politischer Konkurrenz und Opposition durch das Prinzip des Pluralismus sein. Auch auf diesem Kontinuum zwischen totalem und minimalem Gestaltungsanspruch kann jedes politische Systeme je nach seinem Steuerungsverhalten eingeordnet werden, wobei erneut die Indikatorenbildung problematisch sein mag.

Mit diesen drei Dimensionen läßt sich der im Schaubild 11 dargestellte dreidimensionale Merkmalsraum aufspannen.

Schaubild 11: Ein dreidimensionaler Merkmalsraum zum Vergleich politischer Systeme

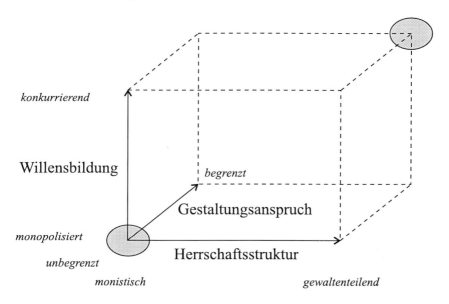

Anhand dieses dreidimensionalen Merkmalsraums kann eine erste typologische Gliederung politischer Systeme erstellt werden. Zunächst lassen sich rein gedanklich alle möglichen Kombinationen der Ausprägungen von Herrschaftsstruktur, Willensbildung und praktiziertem Gestaltungsanspruch durchgehen und daraufhin befragen, wie groß die Chancen sind, mittels ihrer stabile politische Systeme mit legitimitätsstiftenden Regelkreisen aufzubauen. Entsprechende Fragen könnten lauten: Läßt sich ein totaler staatlicher Gestaltungsanspruch mit konkurrierender Willensbildung vereinbaren, oder: Was alles muß staatlicher Gestaltung vorbehalten bleiben, wenn eine monistische Herrschaftsstruktur aufrechterhalten werden soll? Ergebnis solcher Überlegungen ist ein theoretisch begründeter Erwartungshorizont, der durch den zweiten Arbeitsschritt überprüft und ausgefüllt wird.

Denn nun sind anhand zutreffender Beschreibungen von Herrschaftsstruktur, Willensbildungsprozeß und praktiziertem Gestaltungsanspruchs möglichst viele historische wie zeitgenössische politischen Systeme in diesem dreidimensionalen Merkmalsraum zu verorten. Geschieht dies anhand aussagekräftiger Indikatoren, so lassen sich aus den Häufungen bestimmter Merkmalskombinationen *Realtypen* politischer Systeme ableiten. Selbstverständlich können die einzelnen Realtypen nach der differenzanalytischen Methode solange weiter untergliedert werden, bis eine für den konkreten Forschungs- oder Einteilungszweck ausreichende, mehrstufige Typologie vorliegt. Politische Systeme mit gewaltenteilender Herrschaftsstruktur wird man nach der Beschaffenheit ihres zentralen politischen Entscheidungssystems etwa in parlamentarische Demokratien, (semi-)präsidentielle Demokratien und Konkordanzdemokratien untergliedern, politische Systeme mit monopolisierter Willensbildung vielleicht in Ein-Parteien-Diktaturen, Militärdiktaturen und das persönliche Regiment charismatischer Führer.

Erarbeitet man eine differenzierte Realtypologie auf der Grundlage aller bekannten historischen wie zeitgenössischen Systeme, so gewinnt die Feststellung, welche Kombinationen von Merkmalsausprägungen besonders häufig oder besonders selten vorkommen, gewaltige Aussagekraft: man kann *auf politischer Erfahrung gründende* Schlüsse hinsichtlich der tatsächlichen Möglichkeiten ziehen, bestimmte Merkmalsausprägungen zu kombinieren. Durch einen Vergleich der praktisch beobachteten Häufigkeiten von Merkmalskombinationen mit den zuvor theoretisch gewonnenen Erwartungen, woran sich der letzteren Korrektur anschließen kann, erhält man dergestalt Grundlagen einer praxisnützlichen Theorie von Konstruktionsmöglichkeiten politischer Ordnung. Vor allem die zwei 'Extremkombinationen' des Erwartungshorizonts, die nicht notwendigerweise idealtypischen Charakter haben, sind interessant:

- Im ersten Extremfall liegen politische Systeme mit monistischer Herrschaftsstruktur, monopolisierter Willensbildung und totalem Gestaltungsanspruch vor, der auch in praktische Politik umgesetzt wird. Diesen Extremfall, der im 20. Jh. vergleichsweise häufig auftrat, bezeichnet man als 'totalitäre Diktatur'.[143] Totalitäre Diktaturen entstehen, wenn in einer Gesellschaft ein neues bzw. einheitliches Wertesystem und die es bergende Weltanschauung gegen Widerstand durchgesetzt werden sollen.

- Im zweiten Extremfall liegen politische Systeme mit gewaltenteilender Herrschaftsstruktur, konkurrierender Willensbildung und minimalem staatlichen Gestaltungsanspruch vor. Dieser Extremtyp, der sich ebenfalls erst im 20. Jh.

---

143 In den siebziger und achtziger Jahren galt der Begriff des Totalitarismus als antiquiert und ideologieverdächtig, da er die Beschaffenheit politischer Systeme unabhängig von ihren *inhaltlichen* Zielsetzungen angibt. Dergestalt konnte er u.a. sowohl auf die nationalsozialistische Diktatur als auch auf zumal die Aufbauphasen realsozialistischer Staaten angewandt werden. Da eine derartige analytische Gleichbehandlung von National- und Realsozialismus wegen der moralischen Kredits nicht erwünscht war, den realsozialistische Ideen und Staaten genossen, wurde der dies ermöglichende Totalitarismusbegriff mit einem Tabu belegt. Es wurde erst durch den Zusammenbruch der realsozialistischen Systeme aufgehoben, die jetzt auch in der Alltagssprache der von ihnen einst Betroffenen als totalitär bezeichnet werden. Allerdings droht nun der pauschale alltagssprachliche Wortgebrauch den Totalitarismusbegriff unscharf und analytisch unergiebig zu machen. Auf alle Fälle sollte die Politikwissenschaft aus der *politisch* geprägten Karriere des Totalitarismusbegriffs folgende Lehre ziehen: man bringt nur ein unbilliges 'sacrificium intellectus', falls man sein analytisches Instrumentarium dann einfach aufgibt, wenn es politisch nicht opportune, inhaltlich unwillkommene oder persönlich schmerzende Ergebnisse zeitigt.

in größerer Anzahl verbreitete, heißt 'demokratischer Verfassungsstaat'.[144] 'Verfassungsstaat' meint, daß die politische Macht auf verschiedene Machtträger aufgeteilt ist, während sich im Begriff 'demokratisch' spiegelt, daß jedes Gesellschaftsmitglied das Recht hat, sich nach eigenem Ermessen und gemäß persönlich definierten Mitwirkungs- und Gestaltungsabsichten an der konkurrierenden politischen Willensbildung zu beteiligen. Aus der Verbindung beider Elemente folgt in der politischen Praxis, daß die Menge dessen, was der Staat allgemein verbindlich zu gestalten vermag, nicht unbeschränkt groß sein kann. Immer nämlich müssen erst Mehrheiten für ein konkretes Gestaltungsvorhaben organisiert werden, und dies ist in politischen Systemen mit pluralistischer Interessenkonkurrenz erfahrungsgemäß nicht leicht.

Demokratische Verfassungsstaaten verkörpern zweifellos die komplizierteste und vermutlich deshalb seltenste Form eines politischen Systems, muß doch vieles gelingen, damit ein solcher Systemtyp entstehen und sich halten kann. Doch auch totalitäre Diktaturen sind eher selten und nicht stabil. Bisweilen kommt es schon nach kurzer Zeit zu ihrem Zusammenbruch aufgrund einer Überbeanspruchung der verfügbaren Ressourcen oder wegen unzulänglicher Ausschaltung von Widerstand. Doch häufiger erfährt ihr Gestaltungswille aufgrund der großen und auf Dauer nicht erfüllbaren Ansprüche, die er an staatliche Überwachung und Repression stellt, über kurz oder lang eine Einschränkung oder Abmilderung. Dann werden zwar die monistische Herrschaftsstruktur und eine monopolisierte Willensbildung aufrechterhalten; doch nur die unmittelbar für die Absicherung zentraler politischer Inhalte, Prozesse und Strukturen nötigen Verhaltensweisen werden noch vom Staat festgelegt und kontrolliert, während in politikfernen Dingen die Bürger ihr Leben selbst gestalten können. Indessen sind solche Freiräume stets dadurch bedroht, daß der Staat ungebunden von einklagbaren Regeln festlegen kann, was er als politisch oder politikfern behandeln will, und daß er, da keine Gewaltenteilung ihn hemmt, jederzeit zu umfassenden Gestaltungsansprüchen und totalitärer Herrschaftspraxis zurückkehren kann. Derartige politische Systeme ohne totalitären Gestaltungsanspruch, doch mit monistischer Herrschaftsstruktur und monopolisierter Willensbildung, nennt man 'autoritäre Diktaturen'. Totalitäre Diktatur geht immer wieder in autoritäre Diktatur über, ist aber keine Voraussetzung für deren Entstehen.

Es steht außer Zweifel, daß die meisten politischen Systeme, die Menschen im Lauf ihrer Geschichte aufgebaut haben, autoritäre Diktaturen waren. Indessen wäre die Folgerung kurzschlüssig, autoritäre Diktatur müsse als die dem Menschen 'von Natur aus angemessene' politische Ordnungsform gelten. Zwar läßt sich mit guten Gründen folgendes Argument vorbringen: Die im Evolutionsprozeß erworbenen und jedermann angeborenen Fähigkeiten zum Sozialverhalten

---

144 Wie die auf S. 127ff gegebene Darstellung zeigt, gelangen politische Systeme mit praktizierter freiheitlicher demokratischer Grundordnung in den Bereich dieses Extremtyps, wobei je nach der Umsetzung des Sozialstaatsprinzips der staatliche Gestaltungsanspruch größer oder geringer ist.

seien auf Kleingruppen beschränkt; demgemäß liege ausgedehntere soziale Strukturen zu bilden jenseits der 'natürlichen Kompetenz' des Menschen; folglich seien alle komplexeren sozialen und politischen Strukturen höchst störanfällig und immer wieder von Funktionsuntüchtigkeit bedroht; in den deshalb häufigen Systemkrisen und Systemzusammenbrüchen gäbe es dann kein verläßlicheres Steuerungsmittel, als daß - wie schon bei der Bewältigung von Krisensituationen in Kleingruppen - sich alle einem mit großen Befugnissen ausgestatteten Führer unterstellten; und dadurch müsse immer wieder autoritäre Diktatur als Normalfall politischer Ordnungsformen entstehen, der üblicherweise funktionsuntüchtige soziale Großstrukturen mit einem Minimum an existenzsichernder allgemeiner Verbindlichkeit versehe.

Doch gegen dieses Argument ist darauf hinzuweisen, daß die biologische Evolution des Menschen von dessen sozio-kultureller Evolution weitergeführt und sogar mitgesteuert wird; und ebenso wie Menschen ihre angeborene Leistungsfähigkeit durch Technik steigern konnten, vermochten sie dies auch durch kulturelle Erfindungen. Letztere werden vorangetrieben durch die menschliche Fähigkeit, kraft Versuch und Irrtum Fehler zu erkennen, aus ihnen zu lernen und die gewonnenen Einsichten in bessere Problemlösungen umzusetzen. Demgemäß läßt sich auch der Aufbau politischer Institutionen als ein Prozeß von Versuch und Irrtum verstehen, in dem aus glückenden wie mißlingenden 'Gesellschaftsexperimenten' bzw. 'Verfassungsexperimenten' mittels systematischer System- und Politikkritik Lehren gezogen werden. In der Tat kam es auf diese Weise zu vielen nützlichen 'politischen Erfindungen', unter denen ausdrücklich auf die folgenden verwiesen sei: Im Lauf der Zeit wurde die politische Macht bei einem 'Souverän' zentralisiert (*Monopol auf legitime Zwangsgewalt*), was einerseits die Herstellung und Durchsetzung allgemein verbindlicher Entscheidungen ungeheuer effektivierte sowie andererseits einen klaren Adressaten für die Zuweisung politischer Verantwortung und für Ansprüche auf Mitbeteiligung schuf; allmählich wurde politischer Macht die Schranke *vorstaatlicher Menschenrechte* gesetzt; es gelang, Herrschaft durch *Gewaltenteilung* zu bändigen; *Repräsentation* wurde als Form gesellschaftlicher Arbeitsteilung eingeführt und später durch die Einführung periodischer freier Wahlen nach dem *Demokratieprinzip* ausgerichtet; und schließlich entstand gar *Opposition* als unabdingbarer, die Chance auf Kontrolle, Alternative und Lernfähigkeit steigernder Bestandteil politischer Systeme.

Praktisch läßt sich ein Prozeß des Aufkommens und der Verbreitung freiheitlicher Alternativen zum 'historischen Normalfall' autoritärer Diktatur erkennen, der allerdings stets gefährdet und durchaus nicht unumkehrbar ist, der immer wieder unterbrochen wird und keineswegs ein 'Geschichtsgesetz' ausdrückt. Gelingt es, in immer mehr autoritären Diktaturen die Voraussetzungen demokratischer Verfassungsstaatlichkeit zu schaffen und sie zu Staaten mit freiheitlicher demokratischer Grundordnung zu transformieren, und glückt es überdies, solche Ergebnisse sozio-kultureller Evolutionsprozesse in funktionstüchtigen politischen Systemen zu stabilisieren und sie durch politische Bildung bzw. Sozialisation immer wieder auf neue Generationen zu übertragen, so ist freilich nicht auszuschließen, daß eines Tages der demokratische Verfassungsstaat zum Normalfall politischer Ordnungsformen werden kann. Dazu beizutragen, scheint eine sinnvolle und motivierende Aufgabe von Politikwissenschaftlern zu sein.

Eine vierte, im Schaubild 11 nicht darstellbare Leitvariable zur Einteilung politischer Systeme ist jene der 'Offenheit' bzw. 'Geschlossenheit' von Herrschaftsstruktur, Willensbildung und Gestaltungsanspruch.[145] Diese analytische Dimension läßt sich an ihren 'Schnittstellen' mit den drei anderen Dimensionen so beschreiben:

– Eine geschlossene *Herrschaftsstruktur* liegt vor, wenn der Zugang zu den politischen Ämtern einem bestimmtem Personenkreis vorbehalten ist, in den man allenfalls durch Geburt oder Kooptation, z.B. über ein Nomenklatursystem, aufgenommen werden kann. Adelige oder proletarische Abkunft, die Zugehörigkeit zu einer bestimmten Rasse oder einer bestimmten Religion als Voraussetzung der Übernahme politischer Ämter sind Beispiele dafür. Offene Herrschaftsstrukturen liegen indessen vor, wenn politische Partizipation und der Zugang zu den Schaltstellen der Macht im Prinzip jedermann offensteht und er sich allein in chancengleicher Konkurrenz mit anderen durchsetzen muß, die dasselbe Ziel anstreben.

– Geschlossene *Willensbildung* ist gegeben, wenn politische Artikulationsmöglichkeiten nicht jedermann zugänglich sind. Offene Strukturen der Willensbildung liegen hingegen vor, wenn jeder die Chance hat, sich allein kraft eigenen Entschlusses und mittels ihm folgender Aktivität in die politische Willensbildung einzubringen.

– Geschlossene *Gestaltungsansprüche* sind gegeben, wenn eine freie Diskussion über die Inhalte und Grenzen dessen, was das politische System allgemein verbindlich gestalten soll, nicht zulässig oder möglich ist. Der Bereich dessen, was dem politischen Streit entzogen ist ('nichtstreitiger Sektor'), wird dabei durch Tabus bzw. Argumentations- und Denkverbote gesichert. Demgegenüber kennzeichnen sich offene Gestaltungsprüche dadurch, daß Inhalte staatlicher Gestaltung sowie die Grenzen dessen, was man vom Staat verbindlich geregelt wünscht, frei und kontrovers erörtert werden können. Dergestalt liegt ein äußerst großer 'streitiger Sektor' vor. Nur ein *eng* umgrenzter Konsens über grundlegende gemeinsame *Werte*, über jeweils geltende *Spielregeln* der Konfliktaustragung und über die beim Streit zu nutzenden *Arenen* sorgt dabei dafür, daß der Streit über staatliche Gestaltungsansprüche am Ende zur Herstellung allgemeiner Verbindlichkeit, nicht aber zur Blockierung des politischen Systems führt. Derartiger Konsens wird 'Mi-

---

145 Wie die drei anderen Leitvariablen ist auch diese als eine *stetige* angelegt: 'Geschlossenheit' und 'Offenheit' sind Pole, zwischen welchen sich ein Kontinuum erstreckt, auf dem politische Systeme anhand geeigneter Indikatoren zu verorten sind.

nimalkonsens' genannt; er besteht aus *Wert-, Verfahrens- und Ordnungskonsens* und stellt den nichtstreitigen Sektor des jeweiligen politischen Systems dar. Die oben dargestellten Prinzipien freiheitlicher demokratischer Grundordnung[146] sind ein Beispiel für einen derartigen nichtstreitigen Sektor. Die im Einzelfall mehr oder minder schwierig festzustellende Proportion zwischen streitigem und nichtstreitigem Sektor ist ein sehr aussagekräftiger und ungemein verläßlicher Indikator für den freiheitlichen oder autoritären Charakter eines politischen Systems.

Ein Gesellschaftssystem, in dem offener Zugang zur Herrschaftsstruktur und Willensbildung sowie eine offene Diskussion über alle der Politik anzuvertrauenden Gestaltungsansprüche möglich sind, nennt man eine 'offene Gesellschaft'. Demgegenüber bezeichnet 'geschlossene Gesellschaft' ein Gesellschaftssystem, in dem der Zugang zur Herrschaftsstruktur und Willensbildung beschränkt sowie die mit allgemeiner Verbindlichkeit zu versehenden Gestaltungsansprüche der Auseinandersetzung entzogen sind. Anhand dieser dreifachen Beziehung zwischen einer Gesellschaft und ihrem politischen Subsystem lassen sich wiederum alle Gesellschaften mittels geeigneter Indikatoren auf dem Kontinuum zwischen offener und geschlossener Gesellschaft verorten. Beim Vergleich ganzer Gesellschaften als den Suprasystemen politischer Ordnungsformen geht die politikwissenschaftliche Analyse dergestalt in die allgemeine soziologische Forschung über.

b. Das Teilfach 'Internationale Politik'

(1) Forschungsfelder des Teilfachs 'Internationale Politik'

Im zweiten Teilfach der Politikwissenschaft werden die *Vernetzungen* politischer Systeme sowie die *zwischen* einzelnen Staaten und Gesellschaften ablaufenden politischen Prozesse untersucht. Zur komplexen Materie des ersten Teilfachs der Politikwissenschaft kommen somit all jene Komplikationen *hinzu*, welche die analytische Einbeziehung der zwischenstaatlichen und zwischengesellschaftlichen Beziehungen mit sich bringt.[147]

Dabei ist festzustellen, daß dem internationalen Zusammenwirken von politischen Systemen vielfach jene festen Ordnungsstrukturen fehlen, die das Zusammenwirken der Subsysteme von Staaten kennzeichnen: auf internationaler Ebene gibt es eben kein Gegenstück zur Leistung, die das politische System für eine Gesellschaft erbringt. Ferner ermangelt der Verkehr zwischen Staaten oft des

---

146 Siehe S. 127ff und S. 130.
147 An Einführungsliteratur zu diesem Teilfach sei - über die in Anm. 241 angegebenen Lehrbücher und Einführungen hinaus - auf folgende Arbeiten verwiesen: Bellers/Meyers 1989, Bellers/Woyke 1989, Chen u. a. 1975, Frei/Ruloff 1984, Kindermann 1981, Meyers 1981 und Tudyka 1971. Speziell zu den Theorien internationaler Politik siehe Behrens/Noack 1984, Frei 1977 und Haftendorn 1975. Siehe auch die Nachträge im Vorwort zur 3. erg. Auflage.

Konsenses über gemeinsame Werte und Zielvorstellungen, über anzuwendende Verhaltensregeln und über zu nutzende Institutionen der Austragung von Konflikten. Doch obwohl es in der internationalen Politik kein Monopol auf legitime Zwangsgewalt gibt, wie es innerhalb von nationalen Gesellschaften der Staat besitzt, wurden durch internationale Rechtssetzung und Vernetzung mittlerweilen viele Strukturen - wie die UNO, die WTO, die EU oder die NATO - geschaffen, die zwischen Staaten für ein erhebliches Maß an Verbindlichkeit oder zumindest für die Berechenbarkeit bestimmter Verhaltensweisen sorgen. Letztlich wird dergestalt der einst auf Kleingruppenebene begonnene Prozeß der Bildung sozialer und politischer Strukturen fortgesetzt, in dem ohnehin erst nach vielen Jahrtausenden die Organisationsebene des Staates geschaffen war, und der jetzt mit ebenso ungewissen und bedrohten Erfolgsaussichten fortgesetzt wird, wie sie die Entwicklung hin zum Staat kennzeichneten. Darum ist nicht verwunderlich, daß die Prozesse internationaler Politik viel weniger kanalisiert und von viel größerer Wechselhaftigkeit sind als jene politischen Prozesse, die innerhalb der viel stabileren Ordnungsgefüge von Staaten ablaufen. Im Teilfach 'Internationale Politik' sind somit sehr komplizierte Sachverhalte von oft großer Unübersichtlichkeit zu erforschen.

Folgende Begriffe sind geeignet, diese Untersuchungsgegenstände detailliert ins Blickfeld zu rücken:

- Unter 'Außenpolitik' versteht man alle Handlungen bzw. Maßnahmen, durch die ein politisches System nach außen auf die Herstellung allgemeiner Verbindlichkeit in seinen Beziehungen mit anderen politischen Systemen hinwirkt.

- Als 'außenpolitischer Willensbildungs- und Entscheidungsprozeß' werden jene Willensbildungs- bzw. Entscheidungsprozesse bezeichnet, in denen innerhalb eines politischen Systems dessen Außenpolitik gestaltet oder geprägt wird. Sie unterliegen natürlich auch den Einflüssen anderer politischer Systeme und ihrer Akteure.

- 'Außenpolitische Infrastruktur' werden jene politischen Strukturen genannt, in denen sich die außenpolitischen Willensbildungs- und Entscheidungsprozesse vollziehen. Die außenpolitische Infrastruktur wird geprägt vom Typ des politischen Systems bzw. seines Regierungssystems im engeren Sinn. Zu ihr gehören v.a. Außenministerien, diplomatische Vertretungen, Geheimdienste, die außenpolitischen Ausschüsse der Parlamente, außenpolitische Arbeitskreise von Parteien sowie außenpolitische Forschungseinrichtungen. 'Außenpolitisches Entscheidungszentrum' heißen jene Bereiche der außenpolitischen Infrastruktur, in denen die Entscheidungen konkret fallen; deren zentralen Akteure sind die 'außenpolitischen Entscheidungsträger'.

- 'Innere Bestimmungsfaktoren' von Außenpolitik sind alle in die außenpolitische Willensbildung eingehenden innenpolitischen Voraussetzungen und

Faktoren des politischen Prozesses.[148] Sie werden geprägt von der Struktur des politischen Systems, seiner Geschichte und politischen Kultur. Zentralbegriff ihrer Erfassung ist jener des *Interesses*. Gibt es unter den politisch wirkungsmächtigen Kräften eines politischen Systems weitgehenden Konsens über außenpolitische Interessenlagen, so wird er nicht selten auf den Begriff des 'nationalen Interesses' oder der außenpolitischen 'Staatsräson' gebracht.

- Zu 'äußeren Bestimmungsfaktoren' von Außenpolitik können kurzfristig die Handlungen anderer politischer Systeme oder politische Umbrüche in benachbarten, verbündeten oder gegnerischen Staaten werden. Mittel- bzw. langfristige äußere Bestimmungsfaktoren sind die vertraglichen Bindungen eines Staates; die Anzahl, Art, Interessen und Handlungsmöglichkeiten seiner Nachbarn, Verbündeten oder Gegner; die Struktur des ihn umbettenden Staatengefüges; das internationale Wirtschaftssystem; sowie die von der politischen Geographie erfaßten Grundlagen eines Staates und seiner Beziehungen zu den Nachbarn.

- 'Ziele von Außenpolitik' nennt man die Zwecke, auf die das außenpolitische Handeln eines Staates gerichtet ist. Sie werden von den Interessen geprägt, welche die außenpolitischen Entscheidungsträger anleiten. Außenpolitische Ziele sind äußerst vielfältig; sie lassen sich in Gruppen wie wirtschaftliche, kulturelle, territoriale, militärische oder strukturelle Ziele gliedern, unter welch letzteren die Einflußnahme auf zwischen Staaten oder Gesellschaften bestehende Strukturen gemeint ist. Die verfolgten Ziele prägen in Stück weit auch die 'Formen von Außenpolitik'. Soll eine bestehende internationale Lage aufrechterhalten werden, spricht man von *status quo-Politik*, während eine auf Wiederherstellung eines früheren Zustandes abzielende Außenpolitik *Revisionspolitik* genannt wird. Politik, die Bündnisse aufbauen bzw. aufrechterhalten will, heißt *Bündnispolitik*, während eine die Einordnung in bestehende Bündnisse vermeidende bzw. Allianzen gegeneinander ausspielende Politik als *Neutralitätspolitik* bzw. *Politik der Blockfreiheit* bezeichnet wird. Weitere von den verfolgten Zielen geprägte Formen von Außenpolitik sind beispielsweise *Expansionspolitik* und *Integrationspolitik*.

- Als 'Mittel außenpolitischen Handelns' bezeichnet man alles, was der Gewinnung oder Ausübung außenpolitischer Macht dient. Zu diesen Mitteln gehören u.a. Diplomatie, militärische Möglichkeiten, geheimdienstliche Aktivitäten, Außenwirtschaftspolitik einschließlich Auslands- bzw. Entwicklungshilfe und Propaganda bzw. Öffentlichkeitsarbeit. Diese Mittel eröffnen 'Handlungsoptionen' und können zur Verwirklichung oder Verhinderung außenpolitischer Ziele eingesetzt werden.

---

148 Dieser Begriff dient als analytische Brücke zwischen den arbeitspraktisch getrennten Bereichen der Innen- und Außenpolitik. Zumal in demokratischen Verfassungsstaaten sind Innen- und Außenpolitik eng miteinander verschränkt, so daß *Außen*politik keineswegs *nur* Außenpolitik ist.

- 'Internationale Organisationen' dienen der auf *Kooperation* gegründeten Herstellung allgemeiner Verbindlichkeit zwischen mehreren politischen Systemen. Sie beruhen auf Verträgen aller Art. Ihr Aufkommen sowie ihre gegenwärtig äußerst bedeutende Rolle wurde durch die Entwicklung moderner Verkehrs- und Kommunikationsmittel stark gefördert. Bei ihnen handelt es sich einesteils um Organisationen, in denen die Regierungen verschiedener politischer Systeme zusammenarbeiten; Beispiele sind die UNO, ihre Unterorganisationen und die NATO. Sie werden zusammenfassend 'IGOs' genannt ('International Governmental Organizations'). Andernteils entstehen internationale Organisationen auch durch vertraglich geregelte Zusammenarbeit von gesellschaftlichen Organisationen; Beispiele sind das Internationale Komitee vom Roten Kreuz oder die Union der Europäischen Fußballverbände. Solche internationalen Organisationen heißen 'INGOs' ('International Non-Governmental Organizations').

- Internationale Organisationen mit der Befugnis, gegebenenfalls auch gegen den Willen der sie tragenden Staaten in deren innere Angelegenheiten hineinzuwirken, nennt man 'supranationale Organisationen'. Das wichtigste Beispiel hierfür ist die Europäische Union. Supranationale Organisationen stellen den derzeit weitestgehenden Typ zwischenstaatlicher Strukturbildung und Integration dar.

- Als 'internationale Politik' bezeichnet man das auf die Herstellung allgemeiner zwischenstaatlicher Verbindlichkeit gerichtete Handeln von Regierungen, Regierungsbehörden und IGOs. Dadurch geht dieser Begriff weit über den engeren der 'Außenpolitik' hinaus. 'Supranationale Politik' ist demgegenüber das auf Herstellung allgemeiner Verbindlichkeit gerichtete Handeln in supranationalen Organisationen.

- 'Internationale Beziehungen' sind *alle* Beziehungen, die zwischen verschiedenen politischen Systemen, Gesellschaften, IGOs und INGOs bestehen. Will man ausschließlich jene Beziehungen ansprechen, die zwischen Gesellschaften oder gesellschaftlichen Subsystemen vorhanden sind und sich ziemlich unabhängig vom außenpolitischen Handeln des politischen Systems entwickeln, so benutzt man den Begriff der 'transnationalen Beziehungen'.

- Als 'Regionalsystem' wird das inter- und transnationale Handlungsgeflecht zwischen einer Gruppe benachbarter bzw. vernetzter politischer Systeme bezeichnet.[149] Die Gesamtheit *aller* Beziehungen zwischen *allen* politischen Systemen, Gesellschaften, IGOs und INGOs heißt 'internationales System'. Offensichtlich ist das internationale System der ausgedehnteste und komplexeste Forschungsgegenstand, den sich eine wissenschaftliche Disziplin vornehmen kann.

---

149 Die USA sind beispielsweise über ihre vielfältigen politischen Vernetzungen Bestandteil des Regionalsystems 'Naher Osten', obschon sie den Staaten dieser Region natürlich nicht geographisch benachbart sind.

- Mit dem Begriff der 'Konstellation' bezeichnet man das Beziehungsgefüge zwischen einer Reihe von politischen Systemen und Gesellschaften, deren Vernetzungen und Konflikte man untersuchen will.
- Begriffe wie *Gleichgewicht, Hegemonie, Abhängigkeit, Imperialismus, Bi-, Tri- und Multipolarität* oder *Bündnis* (auch: Koalition, Allianz, Pakt) werden benutzt, um 'Strukturmerkmale' von Konstellationen oder Regionalsystemen zu erfassen, während die in ihnen ablaufenden Prozesse von Begriffen wie *Kooperation, Konflikt, Krise, Krisenmanagement, Abschreckung* oder *Krieg* bezeichnet werden.

Es ist die Aufgabe des Teilfachs 'Internationale Politik', über die von diesen Begriffen erfaßten Gegenstandsbereiche logisch wie empirisch wahres Tatsachen-, Zusammenhangs- und Erklärungswissen zu erarbeiten sowie Grundlagen für außenpolitische Prognosen zu schaffen. Vor allem kommt es darauf an, die Ursachen bestimmter Formen außenpolitischen Verhaltens zu entdecken, um dergestalt Ansatzpunkte für eine bewußte Beeinflussung internationaler Strukturen ausfindig zu machen. Ein häufiges und historisch für die Entwicklung des Teilfachs 'Internationale Politik' sogar ausschlaggebendes Interesse besteht darin, die Ursachen von Kriegen und die Bedingungen stabilen Friedens aufzuklären ('Kriegsursachenforschung', 'Friedensforschung'). Im einzelnen sei auf folgende *Forschungsfelder* verwiesen:

- Analyse der *Außenpolitik*, der *außenpolitischen Infrastruktur*, der *inneren* und *äußeren* Bestimmungsfaktoren von Außenpolitik sowie der *außenpolitischen Entscheidungsträger* einzelner Staaten oder von Staatengruppen sowie der *Politik internationaler Organisationen* und deren *Vergleich* hinsichtlich ihrer Voraussetzungen, Ziele, Strategien und Probleme. Solchermaßen kann sich ein Politikwissenschaftler auf deutsche, englische oder chinesische Außenpolitik bzw. auf die Politik von EU, NATO oder UNO spezialisieren. Besonders wertvoll sind solche Kenntnisse für die Zwecke der Politikberatung und politischen Bildung.

- Analyse konkreter *Regionalsysteme* und *Konstellationen*, etwa des Regionalsystems 'Naher Osten' oder der pazifischen Staatenkonstellation. Derartige Untersuchungen sind die Hauptaufgabe praxisorientierter Forschung im Teilfach 'Internationale Politik'; sie dienen zumal der Politikberatung, doch auch der politischen Bildung.

- Analyse von *Grundstrukturen des internationalen Systems* sowie von deren *Geschichte*. Beispielsweise werden Gleichgewichts- und Hegemonialsysteme vergleichend untersucht sowie die Prozesse ihrer Herausbildung, Aufrechterhaltung, Veränderung und Zerstörung. Oder es werden die Entstehung und Entwicklung von Ost/West- bzw. Nord/Süd-Konflikt erforscht, um hieraus Kenntnisse zu gewinnen, die für die aktuelle Politikberatung, die politische Bildung oder die Erarbeitung informationshaltiger politikwissenschaftlicher Theorien nützlich sein können.

- Analyse *allgemeiner Merkmale außenpolitischen Handelns*, etwa von Entscheidungsprozessen oder Krisenverhalten, von Expansionspolitik oder rechtlicher Fixierung internationaler Strukturen. Solche Studien verlangen analog zur vergleichenden Erforschung politischer Systeme umfangreiche Vergleiche, dienen der Bildung informationshaltiger wie praktisch anwendbarer politikwissenschaftlicher Theorien und erarbeiten ein gut Teil jener Kenntnisse, deren Besitz Grundstock politikwissenschaftlicher Kompetenz ist.

- Analyse *allgemeiner Strukturmerkmale internationaler Politik*, etwa von Kriegsursachen oder Voraussetzungen friedlicher Konfliktaustragung, von Kolonialismus oder Imperialismus, von außenwirtschaftlichen Wirkungszusammenhängen oder außenpolitischen Machtverteilungen. Gerade solchen Studien sind äußerst informationshaltige und praktisch anwendbare politikwissenschaftliche Theorien abzugewinnen.

- Analyse bestimmter *Politikfelder* der internationalen Beziehungen, etwa von Friedens-, Sicherheits-, Bündnis-, Entwicklungs- oder Handelspolitik. Dies ist das Seitenstück der Politikfeldanalysen im Teilfach 'Politische Systeme' und teilt deren Praxisnutzen für die Politikberatung.

- Analyse der Beziehungen, die *unterhalb* der Regierungsebene zwischen Staaten bestehen, etwa: Verflechtungen von Wirtschaftsunternehmen und nicht-staatlichen Organisationen, oder Vernetzungen mittels Besucherverkehr und Informationsaustausch. 'Analyse transnationaler Beziehungen' genannt, liefert dieser Forschungszweig fruchtbare Erkenntnisse für die zuvor genannten Unterdisziplinen und teilt deren Praxisnutzen.

- *Theoriebildung* hinsichtlich der Beschaffenheit aller aufgelisteten Forschungsgegenstände des Teilfachs 'Internationale Politik', um die Ergebnisse von dessen Einzeldisziplinen in allgemein-abstrakter Weise zusammenzufassen. In dieser Unterdisziplin geht das Teilfach 'Internationale Politik' in die Unterdisziplin 'Politikwissenschaftliche Theorieforschung' des Teilfachs 'Politische Theorie' über.

Nachbarfächer bzw. Hilfsdisziplinen des Teilfachs 'Internationale Politik' sind v.a. die Diplomatie- und Zeitgeschichte, die Militärwissenschaften, die (historische) Soziologie sowie Zweige von Sozialpsychologie und Wirtschafts- wie Kommunikationswissenschaft. Außerdem sind völkerrechtliche Kenntnisse für ein gründliches Verständnis internationaler Politik unverzichtbar; verwiesen sei auf Wissen um die Grundzüge des internationalen Vertragsrechts, des Kriegsvölkerrechts, des Neutralitätsrechts, der Regelungen über Aggression, Intervention und Repressalien, der internationalen Gerichtsbarkeit, der Voraussetzungen, Formen und Folgen der Anerkennung von Staaten sowie der Vorbedingungen für den Status eines Völkerrechtssubjekts.

(2) Arbeitsschritte bei der Analyse internationaler Politik

Wie geht man bei der Analyse internationaler Politik, ihrer Inhalte, Prozesse und Strukturen, konkret vor? Grundsätzlich ist gemäß dem unten beschriebenen Ablauf politikwissenschaftlicher Forschungsprozesse zu verfahren.[150] Doch die besondere Komplexität zumal allgemeiner Merkmale internationaler Politik und des internationalen Systems legt die zusätzliche Benutzung besonderer diagnostischer Mittel nahe. Drei Routineverfahren bieten sich an: die Verortung des Untersuchungsgegenstandes in einem Schichtenmodell von Untersuchungsebenen, und die mit dem Schichtenmodell kombinierte Anwendung des MINK- bzw. AGIL-Schemas.[151]

Bei jeder Analyse eines Gegenstands internationaler Politik sind zumindest die folgenden Untersuchungsebenen in Betracht zu ziehen:

- Einzelpersonen, etwa außenpolitische Entscheidungsträger;

- innerstaatliche bzw. innergesellschaftliche Akteure, etwa die außenpolitischen Infrastrukturen der untersuchten politischen Systeme oder Interessengruppen, die sich für ein bestimmtes außenpolitisches Ziel engagieren;

- Nationalstaaten, IGOs oder INGOs (etwa Frankreich, die UNO oder das Rote Kreuz);

- Regionalsysteme oder Konstellationen, etwa das 'Spannungsfeld Naher Osten';

- das internationale System, etwa die Strukturen des Nord-Süd-Konflikts.

Zum Zweck der *Klärung und Festlegung der Untersuchungsebenen* macht man sich durch Auswertung seines Vorwissens zunächst klar, ob der von der Fragestellung festgelegte Untersuchungsgegenstand (z.B. eine Krise, ein Krieg, ein Friedensprozeß, eine außenpolitische Entscheidung usw.) nur auf *einer* dieser Ebenen angesiedelt ist, oder ob sich die Analyse von vornherein auf *mehrere* Ebenen erstrecken muß. Im letzteren Fall wird man meist eine Ebene als Hauptebene der Untersuchung bestimmen und die anderen ergänzend betrachten. Beispielsweise wird man bei einer Analyse des Golfkriegs von 1991 wohl den Irak und die USA und somit die Ebene der Nationalstaaten als hauptsächliche Untersuchungsebene festlegen, sodann das Regionalsystem 'Mittlerer/Naher Osten' als weitere Untersuchungsebene identifizieren und 'nach oben hin' sein Untersuchungsinteresse auch noch auf jene gewandelten Strukturen des internationalen Systems richten, die das Ende des Ost-West-Konflikts schuf. 'Nach unten hin' wird der 'analytische Blick' sich zweifellos auf die innerstaatlichen Voraussetzungen und Rahmenbedingungen des Kriegsentschlusses der (mehr oder minder) beteiligten

---

150 Siehe S. 219ff.
151 Siehe S. 40ff, S. 33ff und S. 44ff.

Staaten richten müssen. Außerdem werden auf der Ebene von Einzelpersonen wegen der 1990/91 bestehenden Struktur des irakischen Regierungssystems zumindest Saddam Hussein, im Fall der USA der Präsident und seine wichtigsten Berater in die Untersuchung einbezogen werden müssen.

Nicht in jedem Fall wird sich eine Analyse über alle Schichten politischer Wirklichkeit erstrecken, bestimmen doch allein die Fragestellung, die forschungsleitende(n) Theorie(n) sowie der Untersuchungsgegenstand selbst, wie tiefgestaffelt das Forschungsvorhaben angelegt sein muß. Stets hängt aber von einer zutreffenden Feststellung der zu betrachtenden Ebenen die Tragfähigkeit der gewonnenen Ergebnisse ab. Achtete man bei einer Analyse des Golfkriegs beispielsweise nur auf die Rollen des irakischen und amerikanischen Präsidenten, so würde man leicht der irreführenden Faustregel erliegen: '(Nur) Männer machen Geschichte'. Hielte man hingegen den 'persönlichen Faktor' für grundsätzlich vernachläßigbar, so stellte sich der ebenfalls trügerische Eindruck ein, die Außenpolitik von Staaten folge unbeirrbar der jeweiligen Staatsräson. Und bezweifelte man von vornherein den analytischen Wert der Untersuchungsebene 'Nationalstaat' bezweifelt, so wäre die Bahn zum Mißverständnis geöffnet, gleichsam anonym formten hinter aller Herrschaftsorganisation wirksame Kräfte die internationale Politik. Um von vornherein derartige Einseitigkeiten zu vermeiden, sollten routinemäßig *alle* genannten Untersuchungsebenen als Topoi von Betrachtungsweisen, Fragestellungen und Informationen benutzt werden; ist es doch eine allein durch den Blick auf die Tatsachen zu beantwortende Frage, ob Sachverhalte der niedrigeren Ebenen den interessierenden Untersuchungsgegenstand prägen, ob seine Einbettung in die Strukturen der nächsthöheren Ebene für seine Beschaffenheit bedeutsam ist, oder ob ihn allein Wirkkräfte auf der hervorgehobenen Hauptebene der Untersuchung formen.

Sobald die Analyse-Ebenen festgelegt wurden, sind auf jeder Ebene die inhaltlichen Dimensionen des Untersuchungsgegenstandes zu erkunden. Dies sollte zunächst anhand des MINK-Schemas geschehen. Ausgehend von der hauptsächlichen Untersuchungsebene ist dergestalt zu fragen, welche Rolle jeweils Macht, Ideologie, Normen und Kommunikation spielen und in welchen Wechselwirkungen diese Elemente von Politik im konkreten Fall stehen. Untersucht man den Golfkrieg von 1991, so wären dergestalt die Machtverhältnisse zwischen den beteiligten Staaten, ihre jeweiligen Perzeptionswirklichkeiten und die von ihnen befolgten bzw. zur Interpretation wechselseitigen Verhaltens benutzten Normen zu untersuchen sowie die Kanäle, Inhalte und Dichte der zwischen ihnen gepflogenen Kommunikation zu betrachten. Auf der Ebene innerstaatlicher Willensbildung wäre auf die Kräfteverhältnisse der um Einfluß ringenden politischen Kräfte, auf deren Sichtweisen, Wertvorstellungen und Kommunikationsnetze zu achten. Analog ist mit allen anderen Untersuchungsebenen zu verfahren.

In einem dritten diagnostischen Routineverfahren[152] wird anhand des AGIL-Schemas systematisch für jede Untersuchungsebene geklärt, mit welchem Gewicht die vier Grundfunktionen sozialer und politischer Systeme sowie ihre Wechselwirkungen beim Untersuchungsgegenstand im Spiel sind und folglich in dessen Analyse einbezogen werden müssen. Zu diesem Zweck fragt man auf jeder Untersuchungsebene nach den Umweltbeziehungen der dort lokalisierten Systeme, nach deren Zielsetzungen bzw. Zielverwirklichung, nach ihrer Integrationsleistung sowie nach ihrem Prinzipienerhalt. Im Fall einer Heranziehung von drei Untersuchungsebenen läßt sich diese Verbindung von Schichtenmodell und AGIL-Schema so veranschaulichen:[153]

Schaubild 12: Ein topisches Modell zur Analyse internationaler Politik

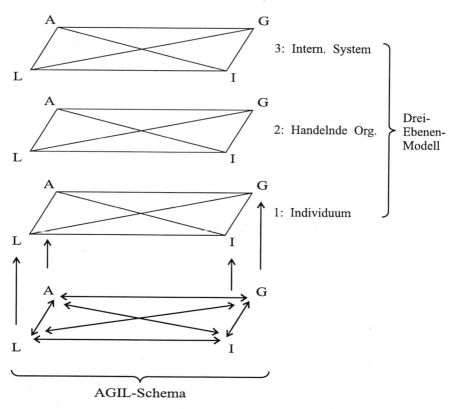

---

152 Siehe hierzu detailliert Patzelt 1983.
153 Analog läßt sich auch das MINK-Schema mit dem Schichtenmodell kombinieren.

Im Beispiel des Golfkriegs wird man auf der Ebene von Einzelpersonen klären, in welches Verhältnis sich Saddam Hussein zur außerhalb seiner Person bestehenden politischen Wirklichkeit setzte, welche Ziele er verfolgte, wie er Konsistenz in seinen Handlungen anstrebte, und auf welche Weise er welche persönlichen Prinzipien unbeschadet aller Einwirkungen auf ihn aufrechtzuerhalten versuchte. Oder man wird auf der Ebene des Regionalsystems 'Naher/Mittlerer Osten' dessen multidimensionale Vernetzungen mit anderen Regionalsystemen oder dem internationalen System studieren, auf die dort vorherrschenden Zielvorstellungen, Zielkonflikte und der Zielverwirklichung dienenden Handlungen achten, sowohl die Konfliktlinien als auch die Loyalitäten in diesem Regionalsystem herausarbeiten und den Umgang mit jenen Prinzipien bzw. Wertvorstellungen untersuchen, welche den Strukturen dieses Regionalsystems zugrunde liegen.

Nach diesem systematischen Durchgang der Dimensionen seines Untersuchungsgegenstandes wird man die relative Bedeutung der entdeckten Einzelfaktoren einzuschätzen versuchen. Die angestrebten Vermutungen lassen sich graphisch veranschaulichen, wenn man die Einzelfaktoren durch je nach zugemessener Bedeutung größere oder kleinere Kreise, deren Wechselwirkungen aber durch dickere oder dünnere Verbindungslinien markiert. Das Schaubild 13 zeigt ein fiktives Beispiel:

Schaubild 13: Beispiel einer topisch gewonnenen Strukturgraphik

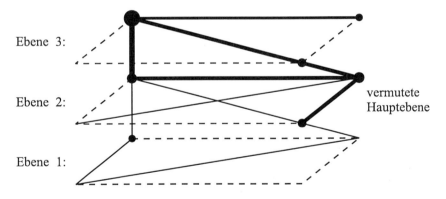

Eine derartige 'Strukturgraphik' seines Untersuchungsgegenstandes erlaubt es dem Analytiker, sich dessen Gestalt *auf einen Blick* zu vergegenwärtigen. Außerdem läßt sich die eigene Sichtweise solchermaßen viel leichter und klarer mitteilen, als es eine Beschreibung in Textform vermöchte. Indem auf diese Weise das Risiko von Mißverständnisses vermindert ist, steigen die Chancen auf anregende Kritik und erkenntnisfördernde Korrektur. Insgesamt ist dreierlei gewonnen, wenn die drei beschriebenen Routineverfahren benutzt werden:

- Man hat seine Vorkenntnisse über den Gegenstand systematisiert. Darum kann man sicher sein, alle weiteren Arbeitsschritte unter bestmöglicher Nutzung bereits vorhandenen Wissens zu planen. Für manche Zwecke - Diskussionsbeiträge, Antworten auf konkrete Fragen, Ausarbeitung der Grundzüge von Vorträgen usw. - kann eine derartige Systematisierung bereits besessener Kenntnisse schon ausreichen.

- Eigentlich immer entdeckt man anhand dieser Routineverfahren Wissenslücken. Dies führt unmittelbar zur selbstkritischen Frage, ob das verfügbare Vorwissen zur kompetenten Einschätzung des betrachteten Gegenstandes wirklich schon ausreicht. Wird dies verneint, so weist die identifizierte Struktur der Wissenslücken unmittelbar den Weg zu konkreten Aufgaben der Informationsrecherche und Lektüre.

- Nach Anwendung dieser drei Verfahren kann man kann mit großer Sicherheit annehmen, keinen wichtigen Aspekt des Untersuchungsgegenstandes übersehen zu haben. Dies steigert die Chance, im Verlauf der weiteren Arbeit zu keiner einseitigen Perspektiven- bzw. Theorienwahl zu gelangen und keine allzu groben Vereinfachungen vorzunehmen.

Die bislang vorgestellten topischen Verfahren sind für alle Aufgabenstellungen des Teilfachs 'Internationale Politik' nützlich. Untersucht man konkrete *Regionalsysteme* und *Konstellationen*, so ist *überdies* das Verfahren der 'Konstellationsanalyse' hilfreich.[154] Es besteht in folgenden Arbeitsschritten:

- *Bestimmung der zu untersuchenden Konstellation:*

   Zunächst ist die zu untersuchende Konstellation zweifach abzugrenzen:

   * *Räumliche* Abgrenzung: Welche Staaten, IGOs und INGOs sowie welche transnationalen Verflechtungen müssen in die Analyse einbezogen werden?

   * *Zeitliche* Abgrenzung: Zwischen welchen Jahren soll die fragliche Konstellation untersucht werden?

- *Feststellung des historischen Kontexts der Konstellation:*

   * Wie ist die zu untersuchende Konstellation entstanden?

   * Welche Probleme, Konflikte, Konsenspotentiale oder gemeinsamen Interessen der Akteure kennzeichnen die Konstellation von ihrer Entwicklung her?

   * Welche Einflußkräfte auf die Konstellation haben sich während deren Herausbildung als wichtig erwiesen, und welche Chancen gibt es dafür, daß sie auch in Zukunft prägend sind?

---

154 Siehe zum folgenden Kindermann 1981a.

* Gibt es bisherige Trends in der Entwicklung der Konstellation? Wie stehen die Chancen dafür, daß diese Trends anhalten oder sich verändern? Welche Veränderungen sind zu erwarten?

- *Strukturanalyse:*

  Im Rahmen der Strukturanalyse wird geklärt, wie die Konstellation genau aufgebaut ist. Dabei werden zunächst die *Einzelelemente* der Konstellation - d.h. die sie bildenden Staaten, IGOs und INGOs - anhand der folgenden Fragestellungen untersucht:

  * *Systemanalyse*: Wie sind die an der Konstellation beteiligten politischen Systeme in außenpolitisch bedeutsamer Hinsicht beschaffen? Wie laufen in ihnen politische Willensbildung und Entscheidungsfindung ab? Wie sehen die außenpolitischen Infrastrukturen aus? Wie funktionieren sie?

  * *Normenanalyse*: Welche rechtlichen oder sonstigen Normen prägen das Handeln der Akteure in der betrachteten Konstellation oder könnten es zumindest prägen? Welche Normen werden zur Interpretation bzw. Gestaltung der Konstellation von wem herangezogen? Welche Normen sind davon innerstaatlich, welche zwischenstaatlich? Wer kann sich gegebenenfalls wie leicht über welche Normen hinwegsetzen? Welche Spannungen zwischen den geltenden Normen, den Bekundungen normgerechten Verhaltens und dem tatsächlich beobachtbaren Verhalten lassen sich auffinden?

  * *Perzeptionsanalyse*: Wie nehmen die wichtigsten (außen-)politischen Entscheidungsträger, die Funktionsträger der außenpolitischen Infrastruktur oder sonstige politische Akteure die eigene Lage sowie die Umwelt des jeweiligen politischen Systems wahr? Welche Ideologien prägen die Wahrnehmung der Operationswirklichkeit? Welche Situationsdefinitionen liegen vor? Gibt es innerstaatlich Kongruenz in den Perzeptionswirklichkeiten?

  * *Interessenanalyse*: Welche kurz-, mittel- oder langfristigen Interessen verfolgen die einzelnen politischen Systeme insgesamt, die wichtigsten Akteure im innenpolitischen Prozeß sowie die außenpolitischen Entscheidungsträger? Auf welchen Wertvorstellungen und Motiven gründen die identifizierten Interessen? Welche Interessenprioritäten und innenpolitischen Durchsetzungschancen lassen sich erkennen?

  * *Machtanalyse*: Welche Machtmittel können die an der Konstellation beteiligten politischen Systeme grundsätzlich einsetzen? Wie sind diese Handlungsoptionen auf die Optionen anderer Akteure bezogen? Für wie glaubwürdig werden Drohungen mit dem Einsatz von Machtmitteln von wem gehalten?

Sobald für jedes an der Konstellation beteiligte politische System diese Analysen abgeschlossen sind, kann aus der Kombination der Befunde die *Gesamtstruktur* der Konstellation erarbeitet werden. Besonders wichtig sind dabei Analysen der Perzeptions-, Interessen- und Machtlagen, die zwischen den zur Konstellation gehörenden politischen Systemen bestehen, sowie Untersuchungen der Kooperations- wie Konfliktpotentiale und der Koalitions- und Führungsbeziehungen.

– *Prozeßanalyse:*

Ist die Gesamtstruktur der Konstellation bekannt, so können jene politischen Prozesse studiert werden, die in dieser Struktur ablaufen. Dabei interessiert vor allem, was zur Aufrechterhaltung bzw. zum Wandel der Konstellation beiträgt, wie sich die Konstellation angesichts der in ihr ablaufenden Prozesse verändert hat bzw. ändern kann, und welche Möglichkeiten es gab bzw. gibt, bestimmter Ziele willen auf jene Prozesse Einfluß zu nehmen.

c. Das Teilfach 'Politische Theorie'

Das dritte Teilfach der Politikwissenschaft liegt quer zu den Teilfächern 'Politische Systeme' und 'Internationale Politik'. Zunächst einmal leistet es die Selbstreflexion der Politikwissenschaft und schafft somit Grundlagen für die anderen Teilfächer. Sodann gilt: weil Theorien Ausgangspunkt, Durchführungsmittel und angestrebtes Ergebnis aller Forschung in den 'konkreten' Teilfächern sind, ist Politikwissenschaft stets auch im Teilfach 'Politische Theorie' beheimatet. Ebenso ist das Teilfach 'Politische Theorie' in Form der auf Theoriebildung angelegten Unterdisziplinen der anderen beiden Teilfächer mit diesen ein Stück weit verschränkt. Außerdem birgt das Teilfach 'Politische Theorie' gewissermaßen die Geschichte und kollektive Erinnerung der Politikwissenschaft: dort bleibt dokumentiert und wird immer wieder aufbereitet, was im Lauf der Jahrhunderte an überdauernden Einsichten zusammengetragen wurde. Und schließlich dient das dritte Teilfach als 'Anker' der Politikwissenschaft: während in ihren 'konkreten' Disziplinen jeweils aktuelle Probleme, Gegenstände und Theorien im Vordergrund der Arbeit stehen, hält das Teilfach 'Politische Theorie' jene 'Großtheorien' bereit, aus denen zeitgenössische Forschungen immer wieder grundlegende Inspirationen schöpfen, und es verwaltet jene 'Gußformen', in welchen die durch aktuelle Forschung gewonnenen Materialen zu allgemein nutzbaren Kenntnissen modelliert werden können.

Vier Unterdisziplinen lassen sich im dritten Teilfach unterscheiden: die *Selbstreflexion der Politikwissenschaft*, worunter die Klärung des Wissenschaftscharakters und der Forschungslogik dieser Disziplin zu verstehen ist; die

Ideengeschichte; die *politische Philosophie*; und die *politikwissenschaftliche Theorieforschung*.[155]

(1) Selbstreflexion der Politikwissenschaft

Es ist das Anliegen dieser Unterdisziplin, die Grundlagen der Politikwissenschaft und das Selbstverständnis des Faches zu klären bzw. zu entwickeln. Ihre Leitfragen lassen sich so formulieren: Was ist die *Fragestellung*, was ist der *Gegenstand*, was sind die *zentralen Begriffe*, was die *Methoden* der Disziplin? Gewissermaßen geht es, gerichtet auf politische Wirklichkeit, um die erste Grundfrage der Philosophie: 'Was können wir wissen?'[156]

Beim Versuch, diese Fragen zu beantworten, betätigt sich ein Politikwissenschaftler unter Nutzung seiner fachwissenschaftlichen Kompetenz als Erkenntnis- und Wissenschaftstheoretiker bzw. als sozialwissenschaftlicher Methodologe und schließt seine Disziplin an die äußerst ausgedehnten Forschungen, Diskussionen und Wissensbestände jener Fächer an. Klare Grenzen solchen Unterfangens lassen sich nicht angeben. Die Abschnitte dieser 'Einführung' über den Politikbegriff, über Wissenschaft, über die Stellung der Politikwissenschaft im Wissenschaftssystem, über ihr Selbstverständnis sowie über ihre Methoden und Forschungsabläufe geben einen Eindruck davon, wie vielfältig und folgenreich die in dieser Unterdisziplin zu leistenden Aufgaben sind.

(2) Ideengeschichte

Die Unterdisziplin der *Ideengeschichte* befaßt sich mit der Entwicklung des politischen Denkens.[157] Vor allem drei Forschungsaufgaben sind hier gestellt:

– Die Werke wichtiger Autoren aus der (Vor-)Geschichte der Politikwissenschaft sind durch (Neu-)Ausgaben und Kommentare zu erschließen. Ebenso ist das

---

155 Zwar wird mitunter auch die Klärung der Geschichte der Politikwissenschaft dem Teilfach 'Politische Theorie' zugerechnet. Dies ist stimmig, sofern damit nur die Geschichte der politischen Ideen gemeint ist, die freilich über weite Strecken unabhängig von der Geschichte der Politikwissenschaft als einer institutionalisierten akademischen Disziplin verlief (siehe hierzu S. 237ff). Der letzteren Entwicklung ist aber Gegenstand einer fächerübergreifenden Spezialdisziplin namens *Wissenschaftsgeschichte*. Sicher nehmen sich vor allem Politikwissenschaftler der Historiographie ihrer Disziplin an. Doch indem sie dies tun, arbeiten sie nicht im Teilfach 'Politische Theorie', sondern als Wissenschaftshistoriker.
156 Um Antworten auf die anderen von Kant formulierten Grundfragen der Philosophie bemüht sich im Rahmen der Politikwissenschaft die Politische Philosophie; siehe hierzu S. 165ff.
157 Zu diesem Forschungszweig und seinen Ergebnissen siehe Ballestrem 1990, Baruzzi 1993, Beyme 1969, 1986, 1991, Brecht 1961, Druwe 1995, Fenske u.a. 1991, Lieber 1993, Maier u.a. 1986/87, Neumann 1995, Pipers Handbuch der politischen Ideen 1985-1988, Sabine 1973, Steinvorth 1983 und Zippelius 1971.

politische Denken solcher Autoren zu untersuchen, darzustellen und daraufhin zu prüfen, welche Einsichten ihm wohl heute noch abzugewinnen sind. Arbeitsteilige Spezialisierung auf diese Aufgabe führt dazu, daß manche Politikwissenschaftler Experten für Aristoteles oder Augustinus, Hobbes oder Hegel, Machiavelli oder Marx, Locke oder Lenin, Platon oder Popper, Thomas v. Aquin oder Tocqueville werden und bisweilen die Gesamtheit der Politikwissenschaft vor allem in der Perspektive 'ihres' Klassikers wahrnehmen.

– Es gilt, die Voraussetzungen, das Aufkommen, die Entfaltung, Geschichte und Wirkung politisch wichtiger Denkströmungen zu untersuchen. Themen solcher Studien sind beispielsweise Aristotelismus und Aufklärungsdenken, Konservatismus und Kommunismus, Liberalismus und Pluralismus. Sofern politische Denkströmungen - z.B. als 'Ideologien' - die Gegenwart prägen, verliert sich der historiographische Charakter dieser Unterdisziplin, welche dann in die Erforschung politischer Kultur übergehen kann. Typischerweise spezialisiert man sich als Experte auf einen bestimmten Zeitraum und wird zum Fachmann für antike oder mittelalterliche politische Theorie, für die politische Theorie des Aufklärungszeitalters oder für die Ideologien des 19. und 20. Jahrhunderts. Häufig verbindet sich eine 'klassikerbezogene' Spezialisierung mit jener auf einen bestimmten Abschnitt der Ideengeschichte und auf die in ihm dominanten politischen Ideen.

– Ein weiteres wichtiges Forschungsziel besteht darin, die Geschichte einzelner politischer Gedanken, Konzepte und Begriffe herauszuarbeiten. Demgemäß gibt es eine ausgedehnte Forschungsliteratur etwa zur Herausbildung naturrechtlichen Denkens, der Grundgedanken repräsentativer Herrschaft oder der Idee des Sozialismus, bzw. zur Entwicklung von Konzepten wie 'Demokratie', 'Souveränität', 'Gesellschaftsvertrag' oder 'monarchisches Prinzip'. Solche Studien bauen auf den Leistungen der zuvor genannten Unterdisziplinen auf und sind zumal für die Erforschung politischer Systeme sehr nützlich, schärfen sie doch, nicht zuletzt dank 'historischer Verfremdung', den Blick sowohl für *allgemeine* politische Gestaltungsaufgaben als auch für die *zeitspezifischen* Problemlösungen der Gegenwart.

Nachbar- wie Hilfsdisziplinen der politikwissenschaftlichen Ideengeschichte sind die Philosophie-, Geistes-, Literatur- und Kunstgeschichte sowie die Wissenssoziologie. Bisweilen gerät die politikwissenschaftliche Unterdisziplin der Ideengeschichte in zu enge Berührung mit ihren historiographischen Nachbarn und dadurch in Gefahr, zu einem *rein* dokumentierenden und archivalischen Unterfangen zu werden. Dann sinkt ihr Nutzen für die Politikwissenschaft. Am größten ist er, wenn klarer Gegenwartsbezug der betriebenen ideengeschichtlichen Forschungen gegeben ist. Die folgenden Fragen illustrieren solchen Gegenwartsbezug: Woher kommen zeitgenössische politische Denkweisen? Welche Erfahrungen sind in sie eingeflossen? Welche Schwachpunkte politischer Anschauungen wurden längst erkannt? Birgt die Geschichte des politischen Denkens Antworten auf gegenwärtige Fragen? Lassen sich durch heutige Forschungen offene Fragen aus der Geschichte des politischen Denkens beantworten?

Doch selbst wenn das ideengeschichtliche Interesse nicht von solchen Fragen angetrieben wird, lohnt sich die Lektüre von ideengeschichtlichen Studien oder von 'Klassikern' zweifellos: stets erweitern sie den Horizont; oft vernetzen sie sich mit Kenntnissen über Politik-, Kunst-, Literatur- und Musikgeschichte und bereichern den politikwissenschaftlich nutzbaren eigenen Bildungsstand; und mitunter regen sie wertvolle Gedanken auf den verschiedensten Gebieten an. Ohne solide ideengeschichtliche Kenntnisse wird gerade ein kreativer Politikwissenschaftler sich immer wieder damit abmühen, das Rad neu zu erfinden, während einem weniger kreativen Politikwissenschaftler eine wichtige Quelle der Inspiration fehlt.

(3) Politische Philosophie

Die Leitfragen Politischer Philosophie lassen sich so zusammenfassen:

– *Was ist der Mensch?* Welche Voraussetzungen für welche Ausgestaltung politischer Systeme bringt er mit? Welche politischen Ordnungsformen sind seiner Natur angemessen und können mit Aussicht auf Erfolg und Dauerhaftigkeit angestrebt werden? - Bei der Erarbeitung von Antworten auf diese Fragen führt über die Philosophische Anthropologie eine breite Brücke zur allgemeinen sozial- und kulturwissenschaftlichen sowie zur naturwissenschaftlichen Anthropologie.

– *Was dürfen wir politisch hoffen?* Mit welchen Unzulänglichkeiten von Regierenden und Regierten, mit welchen Paradoxien beim Versuch, bestimmte Werte zu verwirklichen, haben wir zu rechnen? Welche Risiken politischer Ordnungsbildung und politischen Handelns sind zu bedenken? Mit welchen politischen Tugenden (z.B. Klugheit, Mäßigung, Stärke, Bescheidenheit, Vorsicht ...) kann man versuchen, diese Probleme zu bewältigen? - Beim Versuch, auf diese Fragen Antworten zu finden, werden vor allem die in den anderen politikwissenschaftlichen Teilfächern erarbeiteten Ergebnisse hilfreich sein. Doch auch der Reflexionsstand aus Disziplinen wie Ethik und Moralphilosophie kann sehr nützen.

– *Was sollen wir politisch tun?* Welche Werte sollen wir politischen Systemen zugrunde legen? Was wären für die politische Praxis tragfähige Konzeptionen von Freiheit, Gerechtigkeit, Gleichheit, Glück? - Bisweilen formen sich Antworten auf solche Fragen als ideengeschichtliche Studien aus; weiter führt es, wenn sie die Gestalt normativer politikwissenschaftlicher Forschung annehmen und am Ende ihrer Argumentationen Werturteile und Handlungsanweisungen formulieren.[158] Nicht genügend kann betont werden, daß dieses nor-

---

158 Vgl.hierzu den Abschnitt über das 'Werturteilsproblem' auf S. 170ff.

mative Anliegen eine der wichtigsten Triebkräfte politikwissenschaftlicher Arbeit darstellt. Zwar motiviert auch intellektuelle Neugier, die ihre Befriedigung in zutreffenden empirischen Theorien politischer Wirklichkeit findet. Doch wirkungsmächtiger ist meist das Interesse an der Aufrichtung oder Erhaltung von humanen, vernünftigen und funktionstüchtigen politischen Ordnungen. Darum mündet der Großteil politikwissenschaftlicher Arbeit in Antworten auf die Frage danach, was im Licht des vermutlich Möglichen und wünschbar Guten angesichts konkreter politischer Herausforderungen getan werden soll.

Auf diese drei uralten Fragen hat die Politische Philosophie immer wieder zeitgenössische Antworten zu geben. Soweit diesem Forschungsbereich entsprungene Arbeiten über das Mediensystem popularisiert werden, können sie große meinungsbildende Bedeutung gewinnen. Je besser solche Arbeiten sowohl aus dem Brunnen der Ideengeschichte als auch aus jenem des zeitgenössischen politikwissenschaftlichen Forschungsstandes schöpfen, um so hilfreicher werden sie sein.

Anhand der Einsichten Politischer Philosophie lassen sich sodann politische Ordnungsvorstellungen auf ihre Prämissen und Folgerungen untersuchen und anhand der gewonnenen Befunde verbessern. 'Kritisches Ordnungswissen' entsteht dergestalt, welches allen Arten politischer Beteiligung zugrunde gelegt werden kann. Diese nimmt zunächst die Form systematischer *Ideologie-, Gesellschafts- und Systemkritik* an und kann über *öffentliche Wirksamkeit* von Politikwissenschaftlern auch zur *Übernahme politischer Funktionen* führen. Solchermaßen zielt die Politische Philosophie auf eine 'praktische Wissenschaft' von der Politik. Deren Aufgaben lassen sich zusammenfassend so formulieren:

– Es müssen für die Anleitung gegenwärtigen politischen Handelns nützliche normative Theorien ausgearbeitet werden.

– Verfügbare normative Theorien sind auf aktuelle politische Gestaltungsaufgaben anzuwenden.

– Die Ergebnisse solcher Forschung sind in politische Beteiligung umzusetzen, v.a. in Kritik, öffentliche Wirksamkeit und in die Übernahme gesellschaftlicher oder politischer Verantwortung.

(4) Politikwissenschaftliche Theorieforschung

Im Bereich der politikwissenschaftlichen Theorieforschung geht es darum, die Forschungsergebnisse der einzelnen politik- wie sozialwissenschaftlichen (Unter-) Disziplinen zu systematisieren und sie in Gestalt möglichst gut überschaubarer, klarer und informationshaltiger Theorien aufzubereiten.[159] Solcher-

---

159 Vgl. hierzu Patzelt 1992.

maßen integriert sie die auf Theoriebildung abzielenden Unterdisziplinen der Teilfächer 'Politische Systeme' und 'Internationale Politik'. Ergebnisse solcher Bemühungen sind beispielsweise sorgfältig ausgearbeitete und miteinander vernetzte Theorien des Wahlverhaltens, der Prägung von Parteiensystemen, des sozioökonomischen Wandels und pluralistischer Willensbildung, oder des Gleichgewichts zwischen Staaten, von Kriegsursachen sowie der Dynamik von Rüstungswettläufen.

Im einzelnen lassen sich folgende Aufgaben politikwissenschaftlicher Theorieforschung unterscheiden:

- *Kritik* verfügbarer Theorien. Deren Zweck ist es, die Blindstellen und Voreingenommenheiten, die ungedeckten Behauptungen, falschen Aussagen, empirisch zumindest zweifelhaften Annahmen und logischen Unstimmigkeiten politikwissenschaftlicher Theorien aufzudecken, um so Ansatzpunkte für ihre Verbesserung zu identifizieren. Beispielsweise werden die Schwächen der Pluralismustheorie oder der marxistisch-leninistischen Theorie politischer Ökonomie ausfindig gemacht und dargestellt.

- *Ausarbeitung* verfügbarer Theorien. Hier geht es darum, das in einem Aussagengefüge angelegte Potential an Ableitungen wie Prämissen auszuloten und zu systematisieren. Dergestalt lassen sich sowohl die in Schriften von 'Klassikern' wie Machiavelli oder Hobbes geborgenen Theorien als auch zeitgenössische politikwissenschaftliche Theorien wie die Pluralismus- oder Totalitarismustheorie aufbereiten. Das Ziel besteht darin, diese Theorien so klar wie möglich zu präsentieren, damit auf sie immer dann leicht zugegriffen werden kann, wenn dies für Zwecke der Forschung, Lehre, Kritik oder Argumentation nützlich ist. Theorien auszuarbeiten meint nicht zuletzt, die empirischen Aussagen einer Theorie in überprüfbare Hypothesen umzusetzen und gegebenenfalls noch übersehene empirische Behauptungen aus dem untersuchten Aussagengefüge abzuleiten, um es später durch die bekräftigenden bzw. widerlegenden Ergebnisse empirischer Forschung abzusichern oder zu korrigieren.

- *Kreative Weiterentwicklung* verfügbarer Theorien. Bei dieser Aufgabe wird über den vorliegenden Aussagenbestand einer Theorie hinausgegangen. Es handelt sich dabei nicht nur darum, zugleich mit einer bearbeiteten Theorie möglichst alle Kritiken aufzugreifen, die gegen die Theorie vorgebracht wurden. Sondern diese Kritiken gilt es sodann gegeneinander wie gegen die untersuchte Theorie abzuwägen, um dergestalt zu Korrekturen der erforschten Theorie zu gelangten. Außerdem sind einschlägige Ergebnisse empirischer Forschung, soweit sie dazu dienlich sein können, systematisch zur Verbesserung oder Veränderung der bearbeiteten Theorie heranzuziehen. Der Zweck solcher Arbeit besteht in der Formulierung einer verbesserten Fassung der jeweiligen Theorie, welche dann die Funktionen des Angebots nützlicher Begriffe, der Anleitung von Forschungsprozessen und der Aufbewahrung von

Forschungsergebnissen besser erfüllt, als es vor diesen Anstrengungen politikwissenschaftlicher Theorieforschung der Fall war. Natürlich kann kreative Weiterentwicklung von Theorien dann ein Glasperlenspiel werden, wenn der Kontakt zur empirischen Forschung verloren geht.

- *Topische Aufbereitung* verfügbarer Theorien. Topoi sind, wie gezeigt, 'Findeorte' von Argumenten und Informationen. MINK- und AGIL-Schema, deren Kombination mit dem Schichtenmodell politischer Wirklichkeit und der drei- bzw. vierdimensionale Merkmalsraum zum Vergleich politischer Systeme sind Beispiele dafür, wie man Topoi zu Topoi-Katalogen zusammenstellen und sich dergestalt leicht merken kann. Indem man, von einem Topoi-Katalog wie dem MINK-Schema angeleitet, als Findeorte politikwissenschaftlicher Argumente und Informationen die Kategorien Macht, Ideologie, Normen und Kommunikation benutzt, schaltet man sozusagen einen Scheinwerfer nach dem anderen an, um einen Gegenstand möglichst vollständig auszuleuchten. Sodann ordnet man anhand des benutzten Katalogs das verfügbare und im Licht jener 'Scheinwerfer' aufgefundene Wissen um die zu beantwortende Frage an. Natürlich können aber nicht nur einzelne *Begriffe*, sondern auch ganze *Theorien* als Topoi dienen und in Form von Topoi-Katalogen benutzbar gemacht werden. Dies ist um so naheliegender, als Theorien nicht nur ohnehin jeder Analyse zugrunde liegen, sondern auch bisherige Erkenntnisse mehr oder minder übersichtlich aufbewahren. Um die topische Verwendbarkeit von Theorien zu optimieren, müssen Theorien allerdings in geeigneter Weise aufbereitet werden. Typisches Resultat solcher Bemühungen sind Bücher, in denen die für die Betrachtung eines bestimmten Gegenstandsbereichs nützlichen Theorien übersichtlich und miteinander verknüpfbar dargestellt sind. Fiktive Titel dieser Literaturgattung wären etwa folgende: 'Politische Führung - konkurrierende Theorien im Vergleich', 'Theorien totalitärer Herrschaft', oder 'Kriegsursachen: ein Theorienpuzzle'. Besonders nützlich sind solche Arbeiten, wenn nicht nur - wie in einem 'Reader'- längst publizierte Texte versammelt werden, sondern wenn die zusammengestellten Theorien zuvor durch Ausarbeitung und Weiterentwicklung in ihre gegenwärtig *bestmögliche Fassung* gebracht und sodann möglichst *gut benutzbar* dargestellt wurden.

- *Systematische Aufbereitung* verfügbarer Theorien. Damit ist zunächst gemeint, daß die verfügbaren Theorien möglichst klar, ggf. auch graphisch, präsentiert werden, und zwar am besten nach vorhergehender Ausarbeitung und kreativer Weiterentwicklung. Zweitens geht es darum, benachbarte Theorien gleicher Gegenstandsbereiche *ineinander übersetzbar* zu machen. Nicht selten verwenden mehrere Theorien nämlich unterschiedliche Begriffe, um gleichwohl dieselben oder einander überlappende Sachverhalte zu erfassen. Gesellschaftsformen wie die deutsche kann man beispielsweise sowohl als 'Industriegesellschaft' wie auch als 'Spätkapitalismus', Staaten wie Castros Kuba zugleich als 'sozialistische Demokratie' und als 'Ein-Parteien-Diktatur' bezeichnen. Schafft man es, solche Begriffe ineinander zu übersetzen, so kann man über derartige 'Schnittstellen' zwischen verschiedenen Theorien hin- und herwechseln, was wiederum die erwünschte gleichzeitige Verwendung verschiedener Theorien erleichtert. Drittens wird versucht, Theorien überhaupt miteinander zu *vernetzen*: bislang getrennte Aussagengefüge sollen in solche wechselseitigen Abhängigkeitsverhältnisse gebracht werden, daß eine allgemeine Theorie als Rahmen dient, den gegenstandsnähere Theorien - ohne schlechterdings zu Ableitungen der Rahmentheorie umgeformt zu werden - immer feiner auffüllen. Etwa kann eine Theorie des parlamentarischen Gesetzgebungsprozesses in eine Theorie parlamentarischer Regierungssysteme, diese in eine Theorie politischer Repräsentation eingebettet werden, welch letzterer eine allgemeine Theorie der Hervorbringung und Sicherung politischer Wirklichkeit den Rahmen geben mag. Im besten Fall sind die Schlüsselbegriffe der vernetzten Theorien identisch oder wechselseitig ableitbar; im zweitbesten Fall sorgt man durch Übersetzungsleistungen (verbunden mit kreativer Weiterentwicklung) für funktionstüchtige Schnittstellen. Im schlechtesten Fall werden mögliche Anschlußpunkte zwischen den zu vernetzenden Theorien nur genannt.

– *Erarbeitung neuer Theorien.* Bisweilen reicht es nicht aus, bestehende Theorien bloß aufzubereiten oder weiterzuentwickeln. Vielmehr erweist es sich immer wieder als wünschenswert, eine noch unbekannte Perspektive auf einen Gegenstandsbereich einzunehmen, sie begrifflich zu fixieren, in ihr die erreichten Forschungsergebnisse überschaubar zu machen sowie weiterführende Fragen zu formulieren. Dann gilt es, eine neue Theorie zu erfinden und auszuarbeiten. Derartige kreative Tätigkeit läßt sich nicht vorausplanen; meist entstehen neue Theorien darum bei der empirischen Arbeit an konkreten Problemen in den Teilfächern 'Politische Systeme' und 'Internationale Politik'.[160] Doch nicht selten setzt auch die vergleichende, übersetzende und vernetzende Arbeit an verschiedenen Theorien jene spielerische Freude und künstlerische Gestaltungskraft frei, welche die Erarbeitung neuer Theorien trägt.

Indem diese vierte Unterdisziplin des Teilfachs 'Politische Theorie' in der beschriebenen sechsfachen Weise politikwissenschaftliche Theorien bzw. allgemeine sozialwissenschaftliche Theorien sowie die in ihnen geborgenen Argumentationen und Forschungsergebnisse aufbereitet und verdichtet, wird der Transfer von Einzelerkenntnissen, wird die praktische Anwendung politikwissenschaftlicher Befunde sowie deren Popularisierung erleichtert. Bei der dafür oft nötigen 'Theoriebaukunst' stiftet die Wissenschaftstheorie als Nachbar- bzw. Hilfsdisziplin mancherlei Nutzen, während die Darstellung der erarbeiteten Theorien von wissenschaftsjournalistischen Fertigkeiten profitieren könnte. Alles in allem ist

---

160 Vor allem der 'grounded theory' genannte Ansatz gegenstandsnaher Theorieentwicklung kann hier als vorbildlich gelten; siehe etwa Glaser/Strauss 1974 und Strauss 1991.

die politikwissenschaftliche Theorieforschung die noch am wenigsten ausgebaute Unterdisziplin des dritten Teilfachs.

3. Das Werturteilsproblem in der Politikwissenschaft

Die als 'Werturteilsproblem' bezeichneten Argumentationen[161] haben nicht nur viel zur Zersplitterung der Sozialwissenschaften beigetragen, sondern bislang auch so gut wie verhindert, daß in der deutschen Politikwissenschaft ein von allgemeinem Konsens getragenes Selbst- und Forschungsverständnis entstanden ist. Dabei sind es immer wieder Mißverständnisse, an denen sich heftige Auseinandersetzungen entzünden, oder es werden 'Gegenpositionen' formuliert, wo es lediglich um die Erörterung verschiedener Einzelaspekte geht, die ihrerseits nicht selten sogar unstrittig sind. Darum scheint es möglich zu sein, das 'Werturteilsproblem' in einem Konsens über wissenschaftliche Wertbezüge und Wertbindungen als 'Problem' zu beseitigen. Drei Einzelaspekte sind zu diesem Zweck hervorzuheben:

– Die Verwirklichung bestimmter Werte ist *Motiv* der Politikwissenschaft.

– Werte, Wertmaßstäbe und wertgeleitetes Fühlen, Denken und Handeln sind wichtige *Forschungsgegenstände* der Politikwissenschaft.

– Werturteile und Handlungsanweisungen zu formulieren ist ein *Ziel* von Politikwissenschaft. Es läßt sich gemäß wissenschaftlichen Regeln erreichen, wenn normative Aussagen nicht mit empirischen Aussagen vermengt werden und sowohl den bei der Erörterung von Werturteilen umrissenen Forderungen genügen als auch gemäß der unten dargestellten Logik normativer Forschung erarbeitet werden.[162]

a. Wertverwirklichung als Motiv der Politikwissenschaft

Innerhalb dieses ersten Aspekts sind sechs Einzelzusammenhänge zu betrachten:

Die Leitidee der Politikwissenschaft, nämlich über politische Inhalte, Prozesse und Strukturen empirisch wie logisch wahre Aussagen zu erarbeiten, stellt selbst einen Wert dar. Alle Regeln wissenschaftlicher Arbeit haben denn auch keinen anderen Zweck, als bestmöglich die Verwirklichung genau dieses Wertes sicherzustellen. Schon in dieser Hinsicht ist die Politikwissen-

---

161 Vgl. Albert/Topitsch 1971.
162 Siehe S. 77ff und S. 229ff.

schaft von vornherein wertbezogen: 'wertfreie' Politikwissenschaft gibt es ebensowenig wie wertfreie Wissenschaft 'an sich'. Tatsächlich wird dies von Vertretern eines bisweilen irreführend so genannten 'Wertfreiheitspostulats' auch keineswegs bestritten, sondern genau so gesehen. Unter der leider mißweisenden (Fremd-)Bezeichnung 'Wertfreiheit' beziehen sie sich nämlich auf die ganz andere, unten zu behandelnde Forderung nach *Werturteilsfreiheit*, deren Erfüllung *ausschließlich* der hier beschriebenen *Wertverwirklichung* dienen soll.

- Politikwissenschaftler bringen natürlich ihre eigenen Wertvorstellungen und Wertbindungen in ihr Fach ein. Zwar teilt eine nicht geringe Anzahl von Politikwissenschaftlern den für Wissenschaft konstitutiven Wert, empirisch wie logisch wahre Aussagen erarbeiten zu wollen; doch ansonsten unterscheiden auch diese Politikwissenschaftler sich in dem, was sie politisch wünschen, hoffen und anstreben. Vor allem gilt: je nach persönlichen politischen Wertvorstellungen greift man bestimmte Forschungsfragen auf und übergeht andere; eignet man sich bestimmte Wissensbestände an und verzichtet auf andere; bevorzugt man gewisse Betrachtungsperspektiven und Wertmaßstäbe und vernachlässigt andere; versucht man, bestimmte Untersuchungsergebnisse zu erhalten, während man an anderen desinteressiert ist und sich gar dagegen sträubt, sie zur Kenntnis zu nehmen; hält man an manchen Aussagen länger fest als anderen: bevorzugt man bestimmte Interpretationen anstelle anderer; und betont man bei Veröffentlichungen und Vorträgen bestimmte Ergebnisse anstelle anderer. Die Spielregeln von Wissenschaft haben zwar davon auszugehen, daß Politikwissenschaftler sich dergestalt von ihren mannigfaltigen Wertvorstellungen und unterschiedlichen erkenntnisleitenden Interessen lenken lassen; sie haben aber *zugleich* dafür zu sorgen, daß hieraus keine allzu großen Störungen politikwissenschaftlicher Forschung und Kommunikation entstehen. Dies schaffen sie in der Politikwissenschaft bislang noch ziemlich schlecht, was allerdings weniger an den dargestellten Spielregeln wissenschaftlicher Arbeit als vielmehr am Unwillen vieler Politikwissenschaftler liegt, sie ernsthaft zu befolgen.

- Politikwissenschaft benötigt Ressourcen wie Zeit, Geld, Räume und Mitarbeiter. Sie erhält dies alles samt der Freiheit, Politik zu erforschen, in der Regel nur dann, wenn die von Politikwissenschaftlern geteilten politischen Werte und die in einer Gesellschaft und ihrem politischen System vorherrschenden Werte nicht allzu weit auseinanderklaffen. Praktizierte Politikwissenschaft bildet darum meist in groben Zügen die Werte jener Gesellschaften und jener politischen Systeme ab, in denen eine wissenschaftliche Beschäftigung mit Politik möglich ist.

- Durch mit politikwissenschaftlicher Kompetenz untersetzte öffentliche Äußerungen, in Gestalt politischer Bildung oder in Form der Erarbeitung von Werturteilen und Handlungsanweisungen zielen Politikwissenschaftler ausdrücklich auf die Verwirklichung bestimmter politischer Werte ab. Dabei beschränkt sich das Anliegen, durch wissenschaftlich erarbeitete Aussagen Einfluß auf die Verwirklichung politischer Werte nehmen zu wollen, keineswegs auf die Erzeugung von normativen Aussagen; auch schon die Erarbeitung und Bereitstellung empirischer Aussagen ist, wie oben gezeigt, wertbezogen. Folglich wäre schon im Ansatz der Versuch verfehlt, die Verbindung zwischen 'Werten und Wissenschaft' allein durch eine 'Verbannung' von Werturteilen oder Handlungsanweisungen aus der Politikwissenschaft kappen zu wollen.

- Der Wertverwirklichung kann auch rein empirisches Wissen um Wenn/Dann-Zusammenhänge dienen, sofern diese in der oben beschriebenen Weise 'normativ aufgeladen' werden.[163] Empirische Wenn/Dann-Aussagen normativ aufzuladen, ist allerdings nicht allein Politikwissenschaftlern vorbehalten: selbstverständlich können aus Wenn/Dann-Aussagen bereits mittels der Werturteile des gesunden Menschenverstandes Handlungsanweisungen gewonnen werden. Folglich verfängt die Einlassung nicht, man entgehe der Notwendigkeit, den Einsatz von Forschungsergebnissen zum Nutzen oder Nachteil bestimmter Werte mitbedenken zu müssen, indem man 'rein empirisch forscht'. Außerdem stehen Politikwissenschaftler erst recht vor der Frage, ob sie die Verantwortung für die (sozial-)technologische Verwertung empirischer Aussagen durch deren normative Auflladung einfach und ausschließlich den Akteuren politischer Praxis zuschieben wollen, falls nämlich politikwissenschaftlich erarbeitete Wenn/Dann-Aussagen *neuartige* politische Handlungsmöglichkeiten eröffnen. Diese Frage erschließt den sechsten Zusammenhang des Problems politikwissenschaftlicher Wertverwirklichung.

- Die Politikwissenschaft wirkt vielfach mittels ihrer praktisch genutzten Ergebnisse auf Gesellschaften und politische Systeme zurück. Wahlkämpfe werden beispielsweise anders geführt, seit Wahlforschung und Demoskopie neue Grundlagen für Wahlkampfstrategien geschaffen haben. Auf solche praktischen Umsetzungsmöglichkeiten politikwissenschaftlicher Arbeitsergebnisse beziehen sich wiederum nicht selten wichtige persönliche oder politische Werte des einzelnen Politikwissenschaftlers. Selbst wenn dies nicht der Fall sein sollte, erfordert allein schon die Mitwirkung an entsprechenden Forschungen sowie die Wahl bestimmter Themen bei Zurückstellung anderer Forschungsaufgaben eine bewußte und zu verantwortende Entscheidung bezüglich der von solcher Forschung praktisch betroffenen Werte. Wertverwirklichung als *Motiv* von Politikwissenschaft wird in diesem Fall offensichtlich. Allerdings ist angesichts des oft noch geringen Neuigkeitsgehalts bzw. der praktischen Bedeutungslosigkeit vieler politikwissenschaftlicher Forschungsergebnisse derzeit schwer vorstellbar, welche schwierig zu verantwortenden Wertentscheidungen auf die Politikwissenschaft zukämen, könnte sie eines

---

163 Siehe S. 81.

Tages ebenso praxisnützliche Ergebnisse erarbeiten wie die Naturwissenschaften.

Vor dem Hintergrund dieser sechs Zusammenhänge zeigt sich, daß die Politikwissenschaft alles andere als 'wertfrei' ist. Im Gegenteil: sie ist ein zugleich leistungsfähiger Umschlagplatz für Wünsche nach politischer Wertverwirklichung aller Art und eine gute Quelle von Mitteln zu deren Erfüllung.

b. Werte und Werturteile als Gegenstand politikwissenschaftlicher Forschung

Manchmal wird behauptet, 'wertfreie' bzw. 'werturteilsfreie' Forschung meine, Werte könnten oder dürften nicht wissenschaftlich erforscht werden, bzw. Werturteile ließen sich wissenschaftlich nicht überprüfen oder erarbeiten. Beide Behauptungen sind sowohl im allgemeinen als auch in bezug auf die Politikwissenschaft völlig *falsch*. Vielmehr gilt:

– Die Untersuchung von in Geschichte und Gegenwart dem politischen Denken und Handeln zugrunde gelegten Werten sowie die Analyse der Voraussetzungen, Umstände und Folgen ihrer Entstehung und Benutzung ist eine *wichtige Aufgabe* der *empirischen* politikwissenschaftlichen Forschung.

– Die Erarbeitung normativ brauchbarer Wertmaßstäbe sowie deren Heranziehung zur Fällung von Werturteilen und für die Formulierung von Handlungsanweisungen ist die ausgesprochen nützliche Aufgabe der *normativen* politikwissenschaftlichen Forschung. Ein Politikwissenschaftler 'darf' nicht nur Werturteile über politische Inhalte, Prozesse und Strukturen erarbeiten, sondern es ist sogar äußerst *wünschenswert*, daß gerade Politikwissenschaftler dies tun: Wer hat schon größere Chancen als sie, auch hierin über die Leistungsfähigkeit des gesunden Menschenverstandes hinauszugehen?

Häufig findet sich in diesem Zusammenhang allerdings das Mißverständnis, daß Aussagen *über* Werte ihrerseits 'wertende Aussagen' und Aussagen *über* Werturteile selbst schon Werturteile seien. In Wirklichkeit sind solche (Meta-)Aussagen[164] über Werte und Werturteile aber natürlich *empirische* Aussagen, deren empirischer Referent eben ein Wert oder ein Werturteil ist. Somit kann durch Einholung geeigneter Informationen stets geprüft werden, ob es sich mit dem Bestehen und der Beschaffenheit jener Werte bzw. Werturteile wirklich so verhält, wie es die fragliche Aussage behauptet.

---

164 Zum Begriff der Meta-Aussage siehe S. 52.

c. Zur Notwendigkeit und Zulässigkeit von Werturteilen im Ablauf von Forschungsprozessen

Dieser dritte Aspekt ist der *Kern* des 'Werturteilsproblems'. Die zu beantwortende Frage lautet: Sind bei der Erarbeitung von logisch und empirisch wahren Aussagen sowie bei der Erarbeitung von Werturteilen selbst schon Werturteile zulässig oder gar nötig? Versuche, diese Frage zu beantworten, führen aus drei Gründen meist zu einer unbefriedigenden und in Mißverständnisse wie Übertreibungen mündenden Diskussion:

- Man verknüpft die hinsichtlich *dieser* Frage einschlägigen Argumente mit Überlegungen, die sich auf den Diskussionsgegenstand 'Wertverwirklichung als Motiv von Wissenschaft' beziehen.

- Es ist oft verwirrend, daß sowohl normative als auch empirische Aussagen den Kriterien für wissenschaftliche Aussagen genügen können, daß dies aber keineswegs für *alle* formulierbaren normativen und empirischen Aussagen gilt. Der Unterschied zwischen einer Common-Sense-Vermutung über die Ursachen von Kriegen und einer durch empirische Forschung hierzu gewonnenen Aussage ist beispielsweise kein anderer als jener zwischen einem Common-Sense-Werturteil über den moralischen Gehalt einer Abschreckungsstrategie und einem Werturteil, das die bei der Erörterung normativer Aussagen beschriebenen Forderungen erfüllt.[165] Doch während diese Differenz zwischen Wissenschaft und Common Sense bei empirischen Aussagen mittlerweilen gut verstanden wird, ist dies bei normativen Aussagen noch keineswegs der Fall. Deswegen ist bezüglich ihrer ein Entweder/Oder-Standpunkt weit verbreitet: entweder man akzeptiert *jedes* Werturteil als wissenschaftlich zulässig oder überhaupt *keines*.

- Da in der Politikwissenschaft sehr oft die Alltagssprache oder die Fachsprache von Politikern benutzt wird, liegt stets folgendes Argument nahe: 'Weil sich in der Alltagssprache Beschreibungen und mit ihnen verbundene Wertungen nicht trennen lassen, ist dies auch in der diese Alltagssprache benutzenden Politikwissenschaft nicht möglich. Wenn aber schon aus sprachlichen Gründen empirische und normative Aussagen nicht unterscheidbar sind, so ist die Frage, ob Werturteile in der Politikwissenschaft *zulässig* sind, von vornherein gegenstandslos: Werturteile sind einfach *unvermeidbar*'.

Diese Mißverständnisse und Übertreibungen zu übernehmen und fortzupflanzen, ist allerdings weder nötig noch hilfreich. Soweit an einer tatsächlichen Klärung der Sachlage Interesse besteht, könnte wohl Konsens über die folgende Antwort auf die Frage gestiftet werden, ob bzw. wo Werturteile im Verlauf politikwissenschaftlicher Forschung nötig sind:

---

165 Siehe S. 79f.

- Durch hinlänglich klare Begriffsdefinition und Begriffsverwendung ist es möglich, innerhalb politikwissenschaftlicher Argumentationen Aussagen so zu formulieren, daß für alle praktischen Zwecke klar ist, ob eine empirische Aussage oder ein Werturteil bzw. eine Handlungsanweisung, vorliegt. Folglich spricht nichts gegen die Aufstellung und Einhaltung folgender Regel: Aussagen, deren Status als *entweder* empirischer *oder* normativer Aussage unklar ist, sind entweder klarer zu formulieren oder im Bereich der Politikwissenschaft unzulässig.

- Bei der Erarbeitung und Überprüfung *empirischer* Aussagen sind Werturteile schlechterdings *unnötig*: ob die Aussage X mit den Tatsachen übereinstimmt oder nicht, hat nichts damit zu tun, ob man die beschriebenen Tatsachen oder die fragliche Aussage als gut oder als schlecht bewertet.

- In der oben beschriebenen Weise aufgebaut und gemäß der unten behandelten Logik normativer Forschung erarbeitet,[166] sind Werturteile der *Zweck* normativer Forschung und deshalb natürlich *zulässig*. Soll die Politikwissenschaft ihrer politischen Verantwortung gerecht werden, sind Werturteile als Grundlage von Kritik und Handlungsanweisungen sogar ein *unverzichtbares* Ergebnis politikwissenschaftlicher Forschung. Allerdings kann der Prozeß der Erarbeitung bzw. Prüfung von Werturteilen, wie schon gezeigt wurde,[167] ohne die Beimischung persönlicher Werturteile ablaufen. Folglich ist die Forderung nach Werturteilsfreiheit selbst dort erfüllbar, wo Werturteile Arbeitsgegenstand oder angestrebtes Erzeugnis politikwissenschaftlicher Forschung sind.

- *Unzulässig* ist es, die vom Politikwissenschaftler innerhalb seines Common Sense schon 'mitgebrachten' Werturteile *ohne* die unten beschriebenen Arbeitsschritte normativer Forschung in eine politikwissenschaftliche Argumentation einfach nur einzupflanzen und dennoch für sie wissenschaftliche Autorität zu beanspruchen. Dergestalt würde nämlich die Aufgabe von Wissenschaft verfehlt, solche Aussagen zu erarbeiten, die jenen überlegen sind, welche schon mittels der Kompetenzen des gesunden Menschenverstandes formuliert werden können.

- Werturteile, die im Vollzug normativer und empirischer politikwissenschaftlicher Forschung *zusätzlich* geäußert werden, obwohl sie für die Durchführung von Forschung gar nicht nötig sind, erschweren nicht selten das Zusammenwirken von Wissenschaftlern, die ja persönlich einander widerstreitende und gar unvereinbare Werturteile bevorzugen können. Im selben Ausmaß, in dem unnötige Werturteile, die aus rein persönlichen Gründen zusätzlich vorgebracht werden, die unverzichtbare Kommunikation und Kooperation von Politikwissenschaftlern stören, behindern sie nur die Durchführung

---

166 Siehe S. 77ff und S. 229ff.
167 Siehe S. 79f.

von Politikwissenschaft und sind genau deshalb zu unterlassen. Um zumal unabsichtliche Behinderungen dieser Art möglichst auszuschließen, wird die folgende Regel aufgestellt: Werturteile dürfen nur ausdrücklich und in ihrer oben beschriebenen Form vorgebracht werden, sind aber keinesfalls in empirische Aussagen einfach 'einzustreuen' oder in Gestalt unausgesprochener 'wertender Zusatzbedeutungen' benutzter Begriffe in eine Argumentation 'einzuschmuggeln'.

In genau diesem Ausschluß persönlich eingeführter Werturteile aus der Prüfung des logischen und empirischen Wahrheitsgehalts von Aussagen sowie aus dem Arbeitsprozeß normativer Forschung besteht das 'Postulat der Werturteilsfreiheit'. Es zu erfüllen behindert mitnichten die normative Forschung und beeinträchtigt in keiner Weise die 'Wertverwirklichung als Motiv von Politikwissenschaft'. Ganz im Gegenteil: dergestalt wird die Leistungsfähigkeit der Politikwissenschaft sowohl bei der normativen Forschung als auch bei der Wertverwirklichung *gestärkt*, weil solchermaßen eine der Hauptstörungsquellen arbeitsteiliger politikwissenschaftlicher Arbeit beseitigt wird. Allerdings besteht in der Politikwissenschaft über diese Sichtweise des Werturteilszusammenhangs noch keinerlei Konsens, und leider werden die vorgestellten Regeln nur selten befolgt. Vermutlich verliert aber gerade deshalb die normative politikwissenschaftliche Forschung immer noch äußerst leicht den Wettbewerb mit den Werturteilen und Handlungsanweisungen von gesundem Menschenverstand und modischer Ideologie.

4. Die Aufgabenfelder der Politikwissenschaft

In allen Teilfächern nimmt die Politikwissenschaft eine Vielzahl von Aufgaben wahr. Sie lassen sich in vier Gruppen gliedern: Politikwissenschaft als Forschung, als Lehre, als Beratung, und als Grundlage politischer Beteiligung.

a. Politikwissenschaft als Forschung

Als *Forschung* hat Politikwissenschaft die Aufgabe, gemäß den oben beschriebenen Spielregeln politische Inhalte, Prozesse und Strukturen zu analysieren, um durch empirisch wie logisch wahre Tatsachen-, Zusammenhangs- und Erklärungsaussagen über deren Beschaffenheit zuverlässig zu informieren. Sie hat ferner die Aufgabe, Werturteile und Handlungsanweisungen zu erarbeiten, die jenen überlegen sind, die schon aus der vom Common Sense getragenen politischen Praxis heraus formuliert werden können. Außerdem hat sie sich um möglichst verläßliche Prognosen zu bemühen. Derartige politikwissenschaftliche Forschung findet vor allem an Universitäten und in speziellen, staatlichen Behörden nachgeordneten oder privatwirtschaftlich arbeitenden Instituten statt.

Selbstverständlich steuern persönliche Wertentscheidungen der beteiligten Wissenschaftler sowie mehr oder minder politisch motivierte Aufträge die Auswahl der bearbeiteten Themen und Fragestellungen. Zu Fehlentwicklungen führt dies, wenn bestimmte Gegenstandsbereiche systematisch unbeachtet bleiben oder gewisse Inhalte der Analyse und Kritik gleichwie entzogen werden. Persönliche oder institutionelle Korruption liegen vor, wenn persönliche Wertvorstellungen des Forschers oder seiner Auftraggeber die erzielten Ergebnisse in der Weise inhaltlich prägen, daß nicht mehr die Feststellung ihres logischen oder empirischen Wahrheitsgehalts, sondern vor allem die persönliche oder politische Erwünschtheit über die Akzeptanz einer Aussage entscheidet. Kriminell ist es, Daten zu fälschen oder Forschungsberichte so zu manipulieren, daß 'herauskommt, was aus politischen Gründen herauskommen soll'.

b. Politikwissenschaft als Lehre

Als *Lehre* hat die Politikwissenschaft zunächst einmal die Aufgabe, empirisches wie normatives Wissen über politische Wirklichkeit für die verschiedensten Adressatengruppen aufzubereiten und an diese weiterzugeben. Die wichtigsten Ausprägungen dieses Aufgabengebiets sind die *akademische Lehre*, die Tätigkeit im Rahmen *politischer Bildung*[168] (Vorträge, Tagungen, Seminare ...), sowie die Verfertigung und Publikation von *Lehrmaterialien* aller Art.

Je nach seinen grundlegenden Werturteilen über Charakter und Qualität des zu vermittelnden Sachverhalts, z.B. eines darzustellenden politischen Systems, wird ein Politikwissenschaftler bei seiner Lehrtätigkeit den Gegenstand neutral beschreiben, ihn zugleich kritisieren oder seine Darstellung mit positiven Werturteilen durchsetzen. Es ist ein unverzichtbares Gebot intellektueller Redlichkeit, solche Bewertungen nicht versteckt - etwa durch entsprechende, doch unkommentierte Begriffs- und Beispielswahl - vorzunehmen, sondern auf sie aufmerksam zu machen, sie als persönliche zu kennzeichnen, die benutzten Wertmaßstäbe offenzulegen und einer kritischen Diskussion verschiedener Bewertungsmöglichkeiten zugänglich zu sein.

Sodann gilt es, die über eine bloß *sozial-* bzw. *gesellschaftskundliche* Fakten- und Funktionenkenntnis hinausgehende *politikwissenschaftliche* Kompetenz der Analyse politischer Zusammenhänge und Probleme lehrbar zu machen und tatsächlich zu vermitteln. Soweit sie systematisch lehrbar sein kann, besteht politikwissenschaftliche Kompetenz großenteils aus einer 'Technik des Problemdenkens', die anhand von Topoi-Katalogen erkenntniserschließende Betrachtungsperspektiven, diagnostische Routinen, Systematisierungen von Wissensbeständen sowie Wertmaßstäbe griffbereit macht. Ausbildungsziel ist es, derartige Topoi-

---

[168] Zur Zheorie und Praxis politischer Bildung siehe z.B.Fischer 1986, Grosser/ Hättich 1976 und Hättich 1978.

Kataloge zu vermitteln, ihre Anwendung zu üben und dazu in die Lage zu versetzen, einander wechselseitig korrigierende Wertmaßstäbe zur Gesellschafts-, System- und Politikkritik heranzuziehen.

c. Politikwissenschaft als Politikberatung

Als *Politikberatung* hat die Politikwissenschaft die Aufgabe, im Rahmen ihrer Möglichkeiten den staatlichen Verwaltungen sowie politischen Entscheidungsträgern auf allen Ebenen jenes Wissen zu beschaffen, aufzubereiten und zur Verfügung zu stellen, nach dem sie nachfragen.[169] Dieses Wissen kann in empirischen Tatsachen-, Zusammenhangs und Erklärungsaussagen, in Prognosen oder in Werturteilen bzw. Handlungsanweisungen bestehen. Im Einzelfall mögen ethische Erwägungen oder politische Abneigungen der Erfüllung dieser Aufgabe Grenzen setzen. Die wichtigsten Ausprägungen dieses Aufgabenbereichs sind die Zusammenstellung von Dokumentationen, die Erledigung von mehr oder minder aufwendigen Forschungsaufträgen, die Anfertigung von Gutachten, das persönliches Auftreten als Experte in Beiräten, Kommissionen oder vor sonstigen Gremien, sowie die persönliche Einflußnahme durch informelle Kontakte.

Gemindert wird der Wert der Politikberatung, wenn diese an den Barrieren zwischen Wissenschaftssprache und Praktikersprache scheitert oder nur dazu dienen soll, ohnehin schon angebahnte Entscheidungen einfach mit Fakten und Argumenten zu untermauern. Außerdem sinkt der sachliche Nutzen der Politikberatung im selben Umfang, in dem ein zu ihr aufgeforderter Politikwissenschaftler sich eher von den politischen Verwertungsabsichten des Auftraggebers als von der wissenschaftlichen Spielregel leiten läßt, empirisch wie logisch wahre Aussagen über den interessierenden Gegenstandsbereich mit zugleich offengelegter wie kontrollierter Perspektivität und Selektivität zu erarbeiten. Praktisch ist es mittlerweile so, daß sich für kaum eine politische Position kein Politikwissenschaftler finden ließe, der sie nicht 'wissenschaftlich begründen' würde. Doch dergestalt wird Politikberatung zur bloßen Anlieferung politisch verwendbarer Munition. Dies läßt die Vermutung einer unparteiischen Fachkompetenz der Politikwissenschaft auf Null sinken und schadet dem Ansehen des Faches aufs äußerste.

Außerdem hat die Politikwissenschaft sich nicht auf die Rolle eines Wasserträgers von Fakten und Rechtfertigungen zu beschränken. Schon gar nicht hat sie sich zur 'Schubladenproduktion' herabwürdigen zu lassen. Vielmehr kommt es Politikwissenschaftlern zu, kraft eigener fachwissenschaftlicher Kompetenz auch Alternativen aufzuzeigen und jene Informationen, Werturteile und Handlungsanweisungen in die Öffentlichkeit zu tragen, welche *sie* für wichtig und jenen Aussagen für überlegen halten, die von Politikern oder Publizisten publikumswirksam vorgebracht werden. Als über öffentliche Resonanz ausgeübte 'Zwangsberatung'

---

169 Vgl. hierzu Bruder 1980 und Müller-Rommel 1984.

von gegebenenfalls beratungsunwilligen Politikern nimmt Politikwissenschaft hier die Funktion *institutionalisierter Ideologie-, Gesellschafts-, System- und Politikkritik* wahr und geht in ihre vierte Anwendungsform über.

d. Politikwissenschaft als Grundlage politischer Beteiligung

Zwar verhält sich die Politikwissenschaft zur Politik wie medizinisches Wissen zum Gesundheitszustand: weder schützt die Existenz von Ärzten vor Krankheit, noch muß man Arzt werden, um gesund zu sein. Doch Ärzte können sich in besonderer Weise und Wirksamkeit um den Gesundheitszustand einer Gesellschaft annehmen, und es wird einen großen Unterschied ausmachen, ob in ihr gute Ärzte praktizieren oder nicht. Ähnlich verhält es sich mit den praktischen Möglichkeiten der Politikwissenschaft.[170]

Nicht wenige Politikwissenschaftler wollen denn auch ihre fachliche Kompetenz politisch nutzen und sie politischer Beteiligung zugrunde legen. Eine Möglichkeit besteht im Engagement in allen Bereichen der politischen Bildung. Eine zweite besteht im Einwirken auf die öffentliche Meinung mit Hilfe von Massenmedien, also beispielsweise durch Zeitungsartikel, Rundfunkkommentare und Fernsehauftritte. Drittens stellt auch politische Beratertätigkeit aller Art politische Beteiligung dar. Ihren Höhepunkt findet sie aber in der Übernahme politischer Ämter in Bürgerinitiativen, Verbänden, Parteien und Volksvertretungen. Sofern bei derartiger politischer Tätigkeit genuin politikwissenschaftliches Können genutzt und in die politische Praxis eingebracht wird, ist solches Engagement von Politikwissenschaftlern vorbildlich und zu begrüßen. Indessen wird Schindluder mit dem Etikett der Politikwissenschaft getrieben, wenn rein persönliche politische Anschauungen einfach mit der Aura politikwissenschaftlicher Kompetenz umgeben werden, ohne durch tatsächlichen Wissenserwerb untersetzt zu sein.[171]

---

170 Vgl. Ricci 1984.
171 Untersuchungen des ausbildungsmäßigen Hintergrunds von hauptberuflichen Angestellten von Parteien und Verbänden, der Parlamentarier oder der Mitarbeiter politischer Ressorts großer Zeitungen dürften nachweisen, daß nicht wenige Politikwissenschaftler den Weg zur politischen Praxis bereits eingeschlagen haben. Allerdings reißt dann meist die Verbindung zur Politikwissenschaft, was diese nützlicher Möglichkeiten beraubt, über teilnehmende Beobachtung politischer Entscheidungsträger an Zentralbereiche ihres Forschungsgegenstands zu gelangen.

V. Die Methoden der Politikwissenschaft

1. Theorien, Forschungsansätze und Methoden

Ein einheitlicher Methodenbegriff hat sich in der Politikwissenschaft noch nicht durchgesetzt. Dies führt häufig zu Mißverständnissen und Diskussionen, die inhaltlich wenig voranbringen. Es scheint sinnvoll zu sein, in der Politikwissenschaft keinen anderen Methodenbegriff zu verwenden, als ihn die anderen Sozialwissenschaften auch benutzen. In diesem Fall sind Methoden von Forschungsansätzen und diese von Theorien zu unterscheiden. Im einzelnen gilt:

- *Theorien* sind Gefüge von Aussagen, die eine bestimmte Perspektive festlegen, in der ein Gegenstandsbereich betrachtet wird; die eine Grundmenge an Begriffen zur Beschreibung dieses Gegenstands bereitstellen; und die eine Reihe von überprüften und anschließend als zutreffend angesehenen Aussagen über dessen Beschaffenheit beinhalten. Theorien dieser Art sind die Parteien-, Oppositions- oder Pluralismustheorie. Durch die jeweils benutzten Theorien wird die Erforschung eines Gegenstandsbereichs nachhaltig geprägt: Theorien fixieren das 'erkenntnisleitende Interesse' und prägen alle Schritte eines Forschungsprozesses. Aus dem letztgenannten Grund unterscheiden sich z.B. spieltheoretisch angelegte Untersuchungen grundlegend von solchen, die strukturfunktionalistischen Theorien verpflichtet sind. Nur wer einen guten Überblick zu den in der Politikwissenschaft verfügbaren Theorien hat, kann seinen Forschungen die jeweils für sie nützlichsten zugrunde legen und den dafür nötigen *Theorienpluralismus* praktizieren.

- *Forschungsansätze* (engl. 'approaches') sind *Verbindungen von Theorie und Methoden*. Worum es geht, erschließt folgende Überlegung: Weil Theorien das Forschungsinteresse auf bestimmte Bereiche bzw. Aspekte eines Untersuchungsgegenstandes lenken, werden einige Methoden besser, andere aber schlechter geeignet sein, Informationen über genau diese Bereiche oder Aspekte einzuholen bzw. auszuwerten. Benutzt man zur Untersuchung zwischenstaatlicher Beziehungen beispielsweise eine Theorie der Politischen Ökonomie, so wird diese dazu anhalten, Informationen über die Wirtschaftsbeziehungen zwischen zwei Staaten heranzuziehen, also Methoden der Dokumentenanalyse oder statistischen Analyse zu verwenden. Benutzt man zur Untersuchung zwischenstaatlicher Beziehungen hingegen eine Theorie des außenpolitischen Verhaltens von Entscheidungsträgern, so verlangt dies, solches Verhalten entweder zu beobachten oder durch Befragung von Beobachtern bzw. der Entscheidungsträger festzustellen. Somit erzwingt nicht erst die Beschaffenheit des Forschungsgegenstandes, sondern schon die forschungsleitend benutzte Theorie, welche das Untersuchungsinteresse auf bestimmte Bereiche dieses Gegenstandes lenkt, die Nutzung bestimmter Methoden. Darum gibt es eine Art 'natürlicher' Verbindung zwischen Theorie und Methode: die Theorie legt fest, was im einzelnen untersucht werden muß, und die dergestalt ausgewählten Untersuchungsgegenstände bestimmen dann ihrerseits die konkret anzuwendenden Methoden. Eine solche Verbindung von Theorie(n) und Methode(n) wird 'Forschungsansatz' genannt.[172] Jeder Politikwissenschaftler sollte die gebräuchlichsten Forschungsansätze kennen, die in den drei Teilfächern der Politikwissenschaft benutzt werden. Keinesfalls sollte er es aber mit der Kenntnis nur der Forschungsansätze bewenden lassen: er hat neben der Theorie, die einen Forschungsansatz prägt, auch mit der Methode bzw. den Methoden vertraut zu sein, in welche ein Forschungsansatz die jeweilige Theorie praktisch umsetzt. Das Verständnis für die Notwendigkeit, sich konkrete Methodenkenntnisse anzueignen, wird in der deutschen Politikwissenschaft allerdings dadurch behindert, daß einem weit verbreiteten Sprachgebrauch zufolge Forschungsansätze schon als Methoden und gar als die 'originären Methoden' der Politikwissenschaft gelten. In diesem Sinn spricht man dann von 'ideenkritischen Methoden', 'behavioralistischen Methoden' oder 'Methoden der Politischen Ökonomie', die lange Zeit auch als 'marxistische Methoden' bezeichnet wurden. Solche begriffliche Unklarheit trägt zur Verwirrung bei und steht einem mit den übrigen Sozialwissenschaften geteilten Methodenbegriff nur im Wege. Darum sollte man hier ausschließlich den Begriff des 'Forschungsansatzes' verwenden und den viel engeren Methodenbegriff deutlich davon abheben.

— *Methoden* sind nämlich die konkreten Verfahren der Informations*gewinnung* ('Datenerhebung') durch Dokumentenanalyse, Befragung, Beobachtung, Experiment und Simulation, oder der Informations*auswertung* ('Datenanalyse') durch die Nutzung der hermeneutischen Methode, der historischen Methode, der juristischen Methode oder der statistischen Methoden. In der Politikwissenschaft werden diese Methoden bisweilen 'Arbeitstechniken' oder 'Forschungstechniken' genannt. Diese Begriffe sollten aber den Anwendungspraktiken der einzelnen Methoden vorbehalten bleiben, da sonst leicht Verwirrung gestiftet wird. Arbeits- bzw. Forschungstechniken in diesem Sinn sind also beispielsweise die konkreten Vorgehensweisen, um die bei Interviews erhaltenen Antworten aufzuzeichnen (etwa: Ankreuzen im Fragebogen, Mitschreiben, Aufzeichnung nach dem Interview aus dem Gedächtnis, oder Tonband-

---

[172] In diesem Sinne kann man etwa einen 'ideenkritischen Forschungsansatz' von einem 'behavioralistischen Forschungsansatz' unterscheiden. Im ersten Fall lenkt die forschungsleitende Theorie das Interesse auf jene Denkweisen, Sinndeutungen, Wissensbestände und Wertvorstellungen, die politischen Prozessen und Strukturen zugrunde liegen, was Inhaltsanalysen geeigneter Texte bzw. Befragungen jener Personen verlangt, die in besonderer Weise als 'Träger' jener Ideen gelten können, deren Kritik das Forschungsziel ist. Im zweiten Fall richtet die forschungsleitende Theorie das Interesse auf das Verhalten (engl. 'behavior') der Akteure, was die Durchführung von Beobachtungen bzw. von Befragungen erfordert, die über das interessierende Verhalten Aufschluß geben.

aufnahme des Interviews samt anschließender Verschriftung). Im Rahmen bestimmter Forschungstechniken werden wiederum spezielle *Arbeitsinstrumente* angewandt. Interviews werden z.b. anhand eines Fragebogens geführt, Informationen mit einem Datenbankprogramm erfaßt und aufbereitet, Daten auf einem PC analysiert. Arbeitsinstrumente sind in diesen Fällen der Fragebogen, das Datenbankprogramm oder der PC.

Wie Wissenschaft überhaupt, gründen auch die Methoden der Datenerhebung und Datenanalyse in den Kompetenzen des gesunden Menschenverstandes. Folglich ist es ein Stück weit möglich, sich ihrer schon intuitiv und ohne ausführliche Anleitung zu bedienen. Von einem Politikwissenschaftler wird allerdings erwartet, daß er auch hier über die alltagspraktischen Fertigkeiten von jedermann hinausgeht und zumindest die geläufigsten Methoden so gut kennt, daß er ihre Verwendung versteht und sie nach kurzer Einarbeitung korrekt und kompetent benutzen kann.[173]

2. Die Methoden der Datenerhebung

a. Daten und Methoden

Die Methoden der Datenerhebung ermöglichen es, auf vielfältigen Wegen jene Informationen zu erlangen, die man zur Beantwortung seiner Forschungsfrage oder zur Lösung eines gestellten Problems braucht. Im wesentlichen gliedern sie sich in die grundlegenden Methoden der *Dokumentenanalyse*, der *Befragung* und der *Beobachtung*; hierauf bauen die komplexeren Methoden des *Experiments* und der *Simulation* auf. Sie alle dienen dazu, bestimmte 'Beobachtungen' zu tätigen und aufzuzeichnen, wobei unter 'Beobachtung' natürlich auch das Wahrnehmen und Verstehen einer bestimmten Antwort auf eine gestellte Frage oder die Wahrnehmung eines gesuchten Arguments in einem analysierten Text zu verstehen ist. Daten *erzeugt* man, indem man die - angeleitet von der forschungsleitend benutzten Theorie - getätigten Beobachtungen *aufzeichnet*.

Daten sind somit nicht 'Gegebenes', sondern etwas 'Erzeugtes'.[174] Vor allem ist die Vorstellung völlig falsch, Informationen ließen sich allein anhand von 'Sinneseindrücken' einholen bzw. aufzeichnen ('Protokollsätze'), und es gäbe somit 'theoriefreie Daten'. Vielmehr benutzt man bei der Datenerhebung mindestens *zwei* Theorien. Die *forschungsleitende* Theorie legt fest, welche Sachverhalte

---

[173] Zu den politikwissenschaftlichen Methoden siehe auch im einzelnen Alemann 1995a, Alemann/Forndran 1974, Bortz 1984, Dreier 1997, Friedrichs 1990, Glaser/Strauss 1974, König 1973, Mayntz u. a. 1978, Roth 1984, Schmidt 1967 und Strauss 1991.
[174] Wer lateinisch fundierte Wortspiele liebt, könnte also sagen: 'Es gibt keine Daten, sondern nur Fakten'.

beobachtet und aufgezeichnet werden müssen, und eine - oft unbemerkt verwendete - *Beobachtungstheorie* gibt an, ob man in der Tat die interessierenden Sachverhalte beobachtet ('Validität') und sie korrekt aufzeichnet.[175] Beispielsweise ist es eine Beobachtungstheorie, welche einem Radioastronomen mitteilt, knackende Geräusche aus einem Lautsprecher oder Kurvenverläufe, die aus einem Plotter kommen, seien als Signale von Gestirnen aufzufassen. Ebenso ist es eine Beobachtungstheorie, die einem Politikwissenschaftler mitteilt, die Antworten auf bestimmte Fragen seien als Indikatoren für politische Einstellungen zu interpretieren. Selbstverständlich lassen sich Beobachtungstheorien wie alle anderen empirischen Theorien auf ihre Übereinstimmung mit den Tatsachen überprüfen, wobei jeweils *andere* Theorien als Beobachtungstheorien benutzt und für die Dauer des Forschungsablaufs als empirisch wahr behandelt werden. Niemals 'sprechen Beobachtungen oder Zahlen für sich': die in ihnen geborgenen Informationen können *nur* anhand von Beobachtungstheorien entschlüsselt und mittels der forschungsleitenden Theorie(n) interpretiert werden. Anderes zu glauben und anhand vermeintlicher 'Protokollsätze' oder 'theoriefreier Daten' Forschung betreiben zu wollen, wird 'Positivismus' genannt und ist als erkenntnistheoretisch unhaltbare Position abzulehnen. Praktisch nimmt politikwissenschaftlicher Positivismus meist die Form 'theoriefreier' Darstellungen von Forschungsergebnissen an und ist solange gerade noch akzeptabel, wie derlei Arbeiten nicht mehr beanspruchen, als Material für Sekundäranalysen bereitzustellen. Nicht nur in Deutschland wird der Positivismusbegriff oft darüber hinaus zu polemischen Zwecken in einer sehr weiten Bedeutung verwandt: jegliche empirische Forschung gilt dann als Positivismus.[176] Dieser weite Positivismusbegriff ist indessen für die Lösung kaum eines fachwissenschaftlichen oder analytischen Problems nützlich und sollte darum nicht verwendet werden.

Die zu erhebenden Daten lassen sich grundsätzlich in die Gattungen der 'Individualdaten' und der 'Aggregatdaten' gliedern. Individualdaten sind aufgezeichnete Informationen über die Beschaffenheit *einzelner* 'Untersuchungseinheiten' (z.B. von Personen, Situationen oder einzelnen Texten), Aggregatdaten hingegen aufgezeichnete Informationen über die Beschaffenheit von *Gruppen* von Untersuchungseinheiten (z.B. über die Anteile von CDU- und SPD-Wählern in verschiedenen Wahlkreisen, über die durchschnittlichen Lebenshaltungskosten aller deutschen Haushalte usw.). Welcher Gattung die vorliegenden Daten angehören, hat große Auswirkungen auf die Datenanalyse und die Dateninterpretation. Vor allem kann aus Aggregatmerkmalen nicht auf Individualmerkmale geschlossen werden: Weiß man, daß in einer Reihe untersuchter Wahlkreise 80% der Berufstätigen und 80% der Frauen CDU gewählt haben, so besagt das keineswegs, daß vor allem die berufstätigen Frauen in diesen Wahlkreisen CDU-Wähler sind (es könnten ja vor allem die Männer berufstätig und CDU-Wähler, die Frauen indessen berufslos und dennoch CDU-Wähler sein). Einen solchermaßen irre-

---

175 Siehe zur Rolle von Beobachtungstheorien Patzelt 1986: 280 - 285.
176 Vgl. Adorno 1969 und Falter 1982.

führenden Schluß von Aggregatmerkmalen auf Individualmerkmale zu ziehen, stellt den sogenannten 'ökologischen Fehlschluß'[177] dar.

Die konkrete Auswahl der jeweils anzuwendenden Methoden der Datenerhebung darf nicht von persönlichen Vorlieben oder Fertigkeiten des Forschers, sondern muß allein von seiner Forschungsfrage abhängen. Diese führt nämlich zunächst zur Auswahl der untersuchungsleitenden Theorien; die wiederum legen fest, Informationen welcher Art beschafft werden müssen, um die Forschungsfrage beantworten zu können; und aus der Natur der Forschungsgegenstände, denen diese Informationen abgewonnen werden sollen, ergibt sich sodann, welche Methoden der Datenerhebung anzuwenden sind. Fragestellung, Theorie und Methodenwahl bilden dergestalt eine Einheit, die man nur zum Schaden eines schlüssigen und erkenntnisträchtigen Forschungsprozesses auflösen kann.

Üblicherweise spricht man von den Methoden der Datenerhebung als den 'Methoden der empirischen Sozialforschung'. Dies ist im Prinzip zwar richtig. Doch bei nicht wenigen Politikwissenschaftlern führt diese Redeweise zum Mißverständnis, es gäbe neben Fächern wie Soziologie oder Politikwissenschaft eine eigene Disziplin namens 'empirische Sozialforschung', bzw. es handele sich hier um Methoden allenfalls der *soziologischen* Forschung, denen die Politikwissenschaft andere, 'eigentlich' politikwissenschaftliche Methoden als ihre eigenen an die Seite stellen müsse, als welche dann meist die oben erwähnten *Forschungsansätze* genannt werden. Diese ausgrenzende Sichtweise verlegt freilich den Weg zur empirischen politikwissenschaftlichen Forschung und sollte darum aufgegeben werden. Statt dessen wäre es dienlich, die mißweisende Rede von den 'Methoden der empirischen Sozialforschung' durch den Begriff der 'Methoden empirischer Sozialwissenschaft' zu ersetzen, welche die Politikwissenschaft zweifellos mit der Soziologie teilt.

b. Dokumenten- und Inhaltsanalyse

'Dokumente' heißen alle Dinge, die jene Informationen bergen, welche für die Beantwortung der Forschungsfrage oder für die Lösung eines gestellten Problems nützlich sein können. Der Zweck aller Verfahren der Dokumentenanalyse besteht deshalb darin, den einzelnen Dokumentengattungen die in ihnen geborgenen und zur Beantwortung der Forschungsfrage benötigten Informationen abzugewinnen. Im einzelnen versteht man als Dokumente *Texte* aller Art, *Bild-* bzw. *Tondokumente, Gegenstände* wie Werkzeuge oder Maschinen, sowie *Sachverhalte* bzw. *Zustände*, z.B. bestehende Institutionen oder benutzte Sprachen. Für die Politikwissenschaft sind - neben sekundäranalytisch auszuwertenden Büchern, Aufsätzen, 'grauer Literatur' usw. - vor allem Zeitungen, Akten, Protokolle und offizielle

---

[177] Diese Bezeichnung hat nichts mit der 'Ökologiebewegung' zu tun. Der griechische Begriff 'oikós' bezeichnet hier vielmehr jene Gesamtheit, von der ausgehend der Schluß gezogen wird.

Publikationen wichtige Textdokumente. Da Dokumente durch den analytischen Zugriff des Forschers nicht verändert, sondern allenfalls abgenutzt werden, also - ungleich befragten Personen - auf ihn nicht 'reagieren', werden die Methoden der Dokumentenanalyse bisweilen auch 'nicht-reaktive Methoden'genannt.

Jede Dokumentenanalyse nimmt ihren Anfang damit, daß man - ausgehend von seiner Forschungsfrage und der forschungsleitenden Theorie - die heranzuziehenden Dokumente nach Art, Umfang und zu untersuchender Auswahl feststellt. Müssen Texte ausgewertet werden, so geschieht dies in der Regel durch *Bibliographieren*.[178] Sollen Bild-, Film- oder Tondokumente ausgewertet werden, sind in der Regel *Archivrecherchen* oder *Gespräche mit Fachleuten* nötig. Müssen Gegenstände untersucht werden, so ist zu prüfen, ob die Analyse von bibliographisch ausfindig gemachten Reproduktionen, Beschreibungen oder Fotografien ausreicht, oder ob sie selbst beschafft bzw. besichtigt werden müssen. Sind Sachverhalte oder Zustände auszuwerten, so müssen - nach geeignetem Bibliographieren und Recherchieren - die über sie informierenden Dokumentationen oder Beschreibungen beigebracht werden. In welchem Umfang und nach welchem Verfahren die zu untersuchenden Dokumente zusammengestellt und ausgewertet werden müssen, hängt von der zu beantwortenden Forschungsfrage sowie davon ab, ob man jene Ergebnisse verallgemeinern will, die man an den tatsächlich untersuchten Dokumenten gewonnen hat. Als Faustregel kann gelten: Ist die Anzahl der Dokumente sehr gering, welche die interessierenden Informationen bergen, so soll man möglichst alle untersuchen; ist sie so groß, daß man aus praktischen Gründen nicht alle untersuchen kann, dann sollte man - geleitet von seinen theoriegeleiteten Forschungsinteressen - entweder schrittweise die Anzahl untersuchter Dokumente solange erhöhen, bis sie keine überraschenden Informationen mehr enthalten ('theoriegesteuertes Auswahlverfahren', 'theoretical sampling'),[179] oder von vornherein ein Auswahlverfahren anwenden, das zutreffende Schlüsse von der untersuchten Stichprobe auf die interessierende Grundgesamtheit zuläßt.[180]

Im folgenden soll nur die Analyse von *Texten* näher beschrieben werden. Sie wird 'Inhaltsanalyse' genannt. Ihre Grundgedanken sind leicht auf die Analyse von Dokumenten *aller* Art zu übertragen.

Das zentrale Arbeitsinstrument ('Erhebungsinstrument') der Inhaltsanalyse ist der 'Analyseleitfaden' bzw. das 'inhaltsanalytische Kategorienschema'. Ein *Analyseleitfaden* ist einfach eine Liste von Fragen, mit welchen an die zu analysierenden Texte herangetreten wird. Natürlich müssen dabei solche Fragen gestellt werden, in Antwort auf welche dem befragten Text genau die gesuchten Informationen abgewonnen werden. Beispiel: Will man feststellen, auf welche Weise von westdeutschen Politikwissenschaftlern in den 80er Jahren die DDR dargestellt

---

178 Zu in der Politikwissenschaft sinnvollen Strategien des Bibliographierens siehe S. 274.
179 Siehe hierzu S. 209f.
180 Siehe hierzu S. 206ff.

wurde, wird man eine für zutreffende Verallgemeinerungen geeignete Auswahl von einschlägigen Büchern und Aufsätzen einer Inhaltsanalyse unterziehen. In seinen Analyseleitfaden wird man u.a. Fragen wie die folgenden aufnehmen: Wie wurde die Akzeptanz des politischen Systems seitens der Bürger dargestellt? Wie wurde die Rolle des Staatssicherheitsdienstes dargestellt? Wie wurde die wirtschaftliche Leistungsfähigkeit dargestellt? Beantwortet man derartige Fragen anhand der untersuchten Texte, so gewinnt man zweifellos genau die gesuchten Informationen. Dies ist indessen nicht der Fall, wenn man sich den Texten mit Fragen wie den folgenden näherte: Was ist die durchschnittliche Länge der Sätze? In welchem Verhältnis verwenden die Autoren Substantive, Adjektive und Verben? Welchen Anteil am benutzten Wortschatz nehmen Fremdworte ein? Solche Fragen können allerdings dann zur Erreichung des Untersuchungszwecks nützlich sein, wenn man ein sprachwissenwissenschaftliches Thema bearbeitet.

Im Unterschied zum Analyseleitfaden, der einfach eine Liste von mehr oder minder systematisch geordneten Fragen darstellt, enthält ein *inhaltsanalytisches Kategorienschema* eine Reihe von Begriffen ('Kategorien'), denen Textpassagen zugeordnet werden. Eine solche Zuordnung von Textpassagen zu inhaltsanalytischen Kategorien heißt 'Codierung'; die jeweiligen Kategorien werden demgemäß auch als 'Codes' (auch: Kodes) bezeichnet.[181] Eine 'Codierer' ist demgemäß eine Person, welche die Zuordnung von Textpassagen zu Codes, also zu den inhaltsanalytischen Kategorien, vornimmt. Beispiel: Will man feststellen, auf welche Weise von westdeutschen Politikwissenschaftlern in den 80er Jahren die DDR dargestellt wurde und untersucht man zu diesem Zweck eine Auswahl von einschlägigen Büchern und Aufsätzen, so kann man das Textmaterial zunächst den folgenden Kategorien zuordnen, d.h. 'nach ihnen codieren': Beschreibungen der *Herrschaftsstruktur*, der *politischen Willensbildung*, des *staatlichen Gestaltungsanspruchs*, des *Repressionsapparats*, der *Einstellungen der Bürger* zum System usw..

Grundsätzlich gibt es zwei Wege, ein Kategorienschema zu erarbeiten:

— Verfügt man über wenig Vorwissen, so ist es sinnvoll, die auszuwertenden Texte erst einmal im Licht der inhaltlichen Fragestellung zu studieren und bei diesem ersten Arbeitsdurchgang die zur Bergung der gesuchten Informationen hilfreichen Kategorien zu *entwickeln* ('induktives Vorgehen'). Bei einem zweiten Arbeitsdurchgang führt man dann die angestrebte Inhaltsanalyse durch.

— Weiß man schon im vorhinein, welche Kategorien die zu analysierenden Texte gut erschließen, so legt man diese von Anfang an fest ('deduktives Vorgehen') und kann sich sogleich an die eigentliche Inhaltsanalyse machen.

---

181 Offensichtlich ist dies ein viel engerer Code-Begriff, als er etwa auf S. 63 im dortigen Zusammenhang benutzt wurde.

Natürlich bedarf man bestimmter Annahmen darüber, welche Textpassagen welcher Kategorie zuzuordnen sind. Diese Annahmen formuliert die jeweils benutzte *Beobachtungstheorie*, die beispielsweise jene Überlegungen enthält, nach denen man eine bestimmte Textpassage genau der Kategorie 'Einstellungen der Bürger zum System' zuordnet. Nur eine zutreffende Beobachtungstheorie gewährleistet die 'Validität' der Codierung, sorgt also dafür, daß die einzelnen Textpassagen tatsächlich genau jenen Kategorien zugeordnet werden, die sich auf sie beziehen. In der Regel dienen Überlegungen des gesunden Menschenverstands, gepaart mit systematisch aufbereiteten Vorkenntnissen, als derartige Beobachtungstheorie, die durch Schulung, Übung und Erfahrungsaustausch verbessert werden kann.

Falls ein Codierer bei mehreren in größerem zeitlichem Abstand aufeinander folgenden Codiervorgängen immer wieder dieselben Textpassagen den gleichen Codes zuordnet, kann man von einer großen Verläßlichkeit der Zuordnung ausgehen: Textmaterial, inhaltsanalytische Kategorien und Beobachtungstheorie wirken offenbar störungsfrei zusammen. In diesem Fall ist 'Intra-Reliabilität' gegeben. Falls *verschiedene* Codierer unabhängig voneinander die gleichen Textpassagen denselben inhaltsanalytischen Kategorien zuordnen, spricht man von 'Inter-Reliabilität', deren Vorliegen man anhand von Maßzahlen abschätzen kann. Ist Inter-Reliabilität gegeben, so kann man erst recht von einer Verläßlichkeit der Codierung überzeugt sein, da nun auch subjektive Verzerrungen der einzelnen Codierer als vernachlässigbar gelten können. Offensichtlich haben Inhaltsanalysen bezüglich der Datenerhebung dann ein sicheres Fundament, wenn geeignete Testverfahren belegen, daß die inhaltsanalytischen Kategorien valide und die Codierungen sowohl intra- als auch inter-reliabel sind.

Aufgrund der Codierung erkennt man bereits, ob bestimmte Kategorien in den analysierten Texten besonders häufig oder besonders selten vorkommen. Hieraus kann man oft schon wichtige inhaltsanalytische Fragen beantworten. Möchte man beispielsweise herausfinden, welches Verständnis der Deutsche Bundestag von seinen Funktionen hat, so besteht ein erfolgversprechender Forschungsweg darin, die Parlamentseröffnungsreden der Alterspräsidenten, die Antrittsreden der Bundestagspräsidenten sowie die verschiedenen Debatten um Notwendigkeiten und Möglichkeiten einer Parlamentsreform auszuwählen, die Parlamentsfunktionen anhand der in der Parlamentarismusforschung üblichen Begriffe aufzulisten, und dann alle Textpassagen, in denen auf Funktionen des Deutschen Bundestages Bezug genommen wird, der jeweiligen Kategorie zuzuordnen. Anschließend läßt sich erkennen, ob, wann und von wem welche Funktionen betont wurden oder unbeachtet blieben, und hieraus wiederum lassen sich Schlüsse auf das Selbstverständnis des Deutschen Bundestages und auf dessen Entwicklung im Zeitverlauf ziehen. Interessiert man sich sodann für die inhaltlichen Aussagen zu den einzelnen Kategorien, so wird man die ihnen zugeordneten Textpassagen weiteren Inhaltsanalysen unterziehen. Auf folgende Grundmöglichkeiten weitergehender Inhaltsanalyse sei verwiesen:

- Man tritt an Passagen, die den einzelnen Kategorien zugeordnet wurden, mit einem jeweils der interessierenden Kategorie angemessenen Analyseleitfaden heran.
- Man stellt die markantesten bzw. häufigsten Begriffe fest, anhand welcher die interessierende Kategorie in den untersuchten Texten thematisiert wird, und findet ferner heraus, in welchem Kontext bzw. mit welcher Häufigkeit diese Begriffe benutzt werden. Aus der Häufigkeit und dem Kontext von 'Schlüsselbegriffen' zieht man sodann Schlüsse auf die Sichtweisen und Mitteilungsabsichten der Verfasser der untersuchten Texte.
- Man faßt die bislang benutzten Kategorien zu abstrakteren Kategorien zusammen.
- Man unterzieht die codierten Textpassagen einer weiteren Inhaltsanalyse, um sie detaillierteren 'Unterkategorien' zuzuweisen.
- Man vergleicht die pro (Unter-)Kategorie zusammengeordneten Textpassagen nach Gruppen von Texten oder von Verfassern. Beispielsweise könnte man alle in 'liberalen' Tageszeitungen zwischen 1969 und 1989 erschienenen Berichte über den Repressionsapparat in der DDR mit jenen vergleichen, die in 'konservativen' Tageszeitungen publiziert wurden, oder die Aussagen von CDU/CSU-Rednern im deutschen Bundestag zum NATO-Nachrüstungsbeschluß mit den Aussagen von Rednern der SPD und der GRÜNEN. Durch solches Vorgehen wird von der Daten*erhebung* in die mehr oder minder detaillierte *Analyse* inhaltsanalytisch gewonnener Daten übergewechselt.

Offensichtlich ist die anhand eines - oft schriftlich nicht fixierten - Analyseleitfadens durchgeführte Inhaltsanalyse schon im Alltag üblich, um sich den Inhalt von Texten aller Art zu erschließen. Bei der wissenschaftlichen Arbeit ist eigentlich *jede zielgerichtete Lektüre* eine derartige Inhaltsanalyse. Entnimmt man vorhandener Literatur systematisch, in der Regel anhand eines Kategorienschemas, die in ihr geborgenen Informationen, so spricht man von einer 'Sekundäranalyse'.

Die inhaltsanalytisch gewonnenen Ergebnisse werden entweder in Form von frei formulierten Antworten auf die Fragen des Analyseleitfadens oder als Eintragungen auf ein Formblatt festgehalten, welches das Kategorienschema wiedergibt. Bei EDV-gestützter Inhaltsanalyse nimmt letzteres häufig die Form an, daß Listen von Textpassagen oder Wörtern erstellt werden, die einer bestimmten Kategorie zugewiesen wurden. Interessieren nur die Häufigkeiten, mit denen die einzelnen Kategorien in den untersuchten Texten oder in Untergruppen dieser Texte aufgefunden wurden, so werden die entsprechenden Zahlenangaben in ein geeignetes Formblatt oder in eine EDV-Datei eingetragen. Stets stellen derartige Aufzeichnungen die durch Inhaltsanalyse gewonnenen Daten dar. Sie werden sodann durch die jeweils der Fragestellung angemessenen Verfahren der Datenanalyse -

hermeneutische Methode, historische Methode, juristische Methode, statistische Methoden - ausgewertet und interpretiert.

c. Befragung

Bei den Befragungsmethoden werden die gesuchten Informationen durch Befragung der Personen gewonnen, die über jene Informationen verfügen. Wesentliches Instrument der Informationsgewinnung ist dabei ein *Fragebogen* bzw. *Interviewleitfaden*, der die zu beantwortenden Fragen enthält. Um die Eigenart der Befragungsmethoden zu verstehen, muß man sich klarmachen, daß die tatsächlich gestellten Fragen nichts anderes als ein 'Mittel zum Zweck' sind: sie sollen den Befragten dazu anhalten, genau jene Informationen preiszugeben, die man von ihm erlangen will, um anhand ihrer seine Forschungsfrage beantworten zu können. Beispiel: Man will herausfinden, welche politischen Einstellungen in der Bevölkerung eines Landes mit welchen Häufigkeiten verbreitet sind. Um dies zu tun, klärt man zunächst anhand seiner forschungsleitenden Theorie, in welche Komponenten der interessierende Gegenstand 'politische Einstellungen' aufzugliedern ist. Mögliche Komponenten wären u.a.: Selbsteinordnung der Befragten auf einem Links/Rechts-Kontinuum, Identifikation mit den einzelnen politischen Parteien, Haltung zu bestimmten politischen Positionen, Vertrauen zu verschiedenen staatlichen Institutionen, Formen praktizierter oder akzeptierter politischer Beteiligung, Zustimmung zu oder Ablehnung von einer Reihe von angebotenen Wertvorstellungen. Anschließend überlegt man, durch welche Fragestrategien bzw. Frageformulierungen man von den zu befragenden Personen zutreffende Auskünfte über genau diese Komponenten ihrer politischen Einstellung erhält. Bei diesen Überlegungen benutzt man natürlich *Beobachtungstheorien*. Nicht selten hat man die Formulierung und Anordnung der gestellten Fragen sodann durch Versuch und Irrtum zu verbessern. Bei der Datenanalyse setzt man mittels geeigneter Methoden aus den durch präzise Einzelfragen erhaltenen Informationen sodann das Gesamtbild 'politische Einstellung' zusammen. Offensichtlich käme man nicht sehr weit, würde man auf die Benutzung detaillierter Fragen als 'Mittel zum Zweck' verzichten und statt dessen die zu untersuchenden Personen einfach fragen: 'Was für eine politische Einstellung haben Sie eigentlich?'

Weil die konkret gestellten Fragen als 'Mittel zum Zweck' einerseits die inhaltliche Forschungsfrage umsetzen und andererseits dem Verständnishorizont und dem Formulierungsvermögen der Befragten angepaßt sein müssen, ist die Ausarbeitung eines Interviewleitfadens oder Fragebogens ein anspruchsvoller, korrekturbedürftiger und folgenreicher Prozeß. In ihm muß gewährleistet werden, daß die tatsächlich gestellten Fragen valide Antworten, also Äußerungen mit den gesuchten Informationen, hervorrufen. Neben der *Formulierung* muß dabei auch die *Reihenfolge* der Fragen bedacht werden: jede Frage stiftet einen Verständnishorizont für die folgende Frage, prägt dergestalt das weitere Antwortverhalten und strahlt in gewissem Umfang auf den Rest der Fragen aus. All diese Zusammenhänge müssen bei der Ausarbeitung eines Fragebogens oder Interviewleitfadens gekannt, in Rechnung gestellt und der Erstellungsarbeit zugrunde gelegt werden. Zweifellos ist also die weit verbreitete Vorstellung abwegig, eigentlich jedermann könne in kurzer Zeit einen nützlichen Interviewleitfaden oder Fragebogen anfertigen, also das Erhebungsinstrument einer Befragungsstudie erstellen.

Nach der Art der durch Befragung einzuholenden *Informationen* lassen sich zwei Grundformen der Befragungsmethoden unterscheiden: die 'Expertenbefragung' und die 'Umfrage':

- Bei einer *Expertenbefragung* informiert man sich über einen Gegenstandsbereich, indem man Menschen befragt, die über ihn besonders gut Bescheid wissen. Wer als Experte anzusehen ist, hängt ganz von den gesuchten Informationen ab: parlamentarische Geschäftsführer können Experten für die innerfraktionelle Willensbildung, Studenten für das 'politische Klima' an ihrem Institut sein.

- Bei einer *Umfrage* stellen persönliche Meinungen, Wertungen, Wissensbestände oder Erinnerungen die gesuchte Information dar. Hier geht man die Befragten als 'Informationsquellen eigenen Rechts', nicht als 'Verwalter von Expertenwissen' an.

Expertenbefragung und Umfrage unterscheiden sich erheblich in ihren Konsequenzen für das jeweils sinnvolle Verfahren, die zu befragenden Auskunftspersonen so auszuwählen, daß man die erlangten Informationen verallgemeinern kann.

Unabhängig von der Einteilung in die Grundformen der Expertenbefragung und der Umfrage, gliedern sich die Befragungsmethoden nach der Art der *Befragungstechnik* in die folgenden Gruppen:

- *Vollstrukturiertes Interview*: Die benötigten Informationen werden mittels eines die Fragen und ihre Reihenfolge wörtlich festlegenden Fragebogens erhoben.

- *Halbstrukturiertes*[182] *Interview*: Das Interview wird mittels eines Leitfadens geführt; ansonsten bemüht sich der Interviewer, durch flexibles Eingehen auf den Befragten die erwünschten Informationen zu erlangen. In diesem Fall müssen die Interviewer sorgfältig geschult werden, um die Inter-Reliabilität der geführten Interviews zu gewährleisten.

- *Realkontaktbefragung*: Der Interviewer tritt dem Befragten nicht als 'Interviewer' gegenüber, sondern in einer Rolle, in der dem Befragten üblicher-

---

182 Auch: 'semistrukturiertes'.

weise solche Personen begegnen, die von ihm Auskunft wünschen. Beispielsweise erkundet er die Fachkenntnis von Abgeordneten in der Rolle eines Bürgers, der die Sprechstunde des Abgeordneten aufsucht und dort ein spezielles Anliegen vorbringt. In Form von Realkontaktbefragungen lassen sich Interviews *verdeckt* durchführen.[183]

- *Gruppeninterview*: Nicht ein einzelner, sondern eine Gruppe von Personen wird befragt. Da in diesem Fall wechselseitig aufeinander Bezug nehmende Antworten erlangt werden, lassen sich besser als in Einzelinterviews Informationen über *strukturelle Zusammenhänge* zwischen Wissensbeständen, Meinungen, Wertvorstellungen, Wünschen, Gefühlen, Denkweisen und Sinndeutungen erlangen.

- *Gruppendiskussion*: Eine Gruppe von Personen wird weniger befragt, als vielmehr von einem 'Diskussionsleiter' durch Fragen oder Thesen so ins Gespräch und zu einer *thematisch gelenkten* Diskussion gebracht, daß die gesuchten Informationen in Form der Diskussionsbeiträge faßbar werden. Gelingt es, die Diskussion 'anzuheizen', wozu ein die Rolle eines einfachen Gesprächsteilnehmers spielender Helfer des Forschers beitragen kann, so lassen sich Schranken der Selbstkontrolle durchbrechen und ansonsten ungeäußerte Ansichten erfahren. Dergestalt geht diese Befragungsmethode in die Form eines *Experiments* über.

- *Schriftliche Befragung*:[184] Der Leitgedanke des Interviews wird dahingehend abgewandelt, daß der Befragte nicht mit einem Interviewer, sondern mit einem - meist postalisch zugestellten - Fragebogen konfrontiert wird. Indem der Befragte ihn ausfüllt, liefert er die gesuchten Informationen. Ein Begleitschreiben des Forschers dient dazu, den Befragten zur Ausfüllung und Rücksendung des Fragebogens zu motivieren und ist ein *wesentlicher* Bestandteil dieser Methodenvariante.

Bei einer schriftlichen Befragung hält der Befragte selbst seine Angaben fest. Bei einem vollstrukturierten Interview ist in der Regel der Fragebogen so aufgebaut, daß der Interviewer durch Ankreuzen von Antwortvorgaben oder durch kurze Eintragungen die Antworten schnell festhalten kann. Halbstrukturierte Interviews werden in der Regel auf Band aufgezeichnet. Ob der Mitschnitt dann (vollständig) verschriftet wird oder ob es ausreicht, ihn abzuhören und dabei zur weiteren Auswertung geeignete Notizen anzufertigen, hängt ganz von der Forschungsaufgabe ab. Bei Realkontaktbefragungen ist das Gespräch anschließend aus dem Gedächtnis festzuhalten. Bei Gruppeninterviews oder Gruppendiskussionen ist je nach dem konkreten Forschungszweck eine Band- bzw. Videoaufzeich-

---

183 Natürlich kann die Realkontaktbefragung gut mit der unten vorgestellte Methode der 'verdeckten Beobachtung' kombiniert werden.
184 Die populäre Bezeichnung 'Fragebogenaktion' ist unschön, erinnert an 'Aktionismus' und sollte vermieden werden.

nung oder ein Gedächtnisprotokoll angebracht; ggf. ist die Datenaufzeichnung auch wie bei den Beobachtungsmethoden vorzunehmen.[185] Werden bei der Aufzeichnung der durch die Befragungsmethoden erhobenen Informationen *Texte* erzeugt, so schließt sich als nächste Stufe der Datenerhebung eine Inhaltsanalyse an. Werden - wie bei schriftlichen Befragungen oder vollstrukturierten Interviews üblich - *vorgegebene* Kategorien angekreuzt, so kann - nach entsprechender Datenerfassung und Datenaufbereitung - zur statistischen Datenanalyse übergegangen werden.

d. Beobachtung

Beobachtungsmethoden werden angewandt, wenn die zu erlangenden Informationen in beobachtbaren Verhaltensweisen bestehen und man es nicht mit durch Befragungsmethoden zu erlangenden *Berichten* über solches Verhalten bewenden lassen will. Benutzt werden sie etwa bei folgenden Forschungsfragen: Wie vollziehen sich Konfrontation oder Kooperation zwischen Demonstranten und Polizei? Wie gehen Bürger und Abgeordnete bei der Wahlkreisarbeit von Parlamentariern miteinander um? Wie werden parlamentarische Debatten als Schaukämpfe durchgeführt?

Zentrales Arbeitsinstrument bei der Benutzung von Beobachtungsmethoden ist der *Beobachtungsleitfaden* bzw. das *Beobachtungsschema*. Ein Beobachtungsleitfaden lenkt durch konkrete Anweisungen die Aufmerksamkeit des Beobachters auf jene Sachverhalte oder Vorgänge, auf die sich die zu beantwortende Forschungsfrage bzw. das zu lösende Problem bezieht. Ein Beobachtungsschema bietet *überdies* die Möglichkeit, durch Ankreuzen vorgegebener Kategorien oder durch knappe Eintragungen die getätigten Beobachtungen sofort festzuhalten. Wie bei der Entwicklung eines inhaltsanalytischen Kategorienschemas kann auch die Erarbeitung des Beobachtungsschemas je nach dem Ausmaß verfügbaren Vorwissens induktiv oder deduktiv erfolgen. Natürlich steht und fällt auch eine Beobachtungsstudie mit einesteils der Validität des Beobachtungsleitfadens bzw. -schemas sowie anderseits mit der Intra- bzw. Inter-Reliabilität der Benutzung des Erhebungsinstruments durch den oder die Beobachter.

Die Formen der Beobachtungsmethoden unterscheiden sich im wesentlichen in zwei Dimensionen:

- *Offene* vs. *verdeckte* Beobachtung: Im ersten Fall wissen die Beobachteten, daß sie beobachtet werden, was zu Veränderungen ihres Verhaltens führen kann. Im zweiten Fall versucht der Beobachter - wie bei der Realkontaktbefragung - eine Rolle einzunehmen, in der niemand bemerkt, daß er die anderen beobachtet. Dergestalt läßt sich die Gefahr ausschließen, daß allein schon

---

185 Siehe hierzu S. 194.

die den Anwesenden bewußte Präsenz eines Beobachters jene Sachverhalte verändert, auf die sich das Forschungsinteresse richtet.

- *Teilnehmende* vs. *nicht-teilnehmende* Beobachtung: Im ersten Fall beteiligt sich der Forscher an den Handlungen der Beobachteten, was ihm die Möglichkeit intensiveren Kontakts gibt, aber den Untersuchungsgegenstand verändern kann. Im zweiten Fall mischt der Forscher sich in das zu beobachtende Geschehen nicht ein, was freilich dann zu Irritationen der Beobachteten führt, wenn es für eine nicht-teilnehmende, aber dennoch anwesende Person keine geeignete Rolle gibt.

Diese Grundmöglichkeiten des Beobachtens lassen sich je nach den zu untersuchenden Situationen vielfältig kombinieren. Natürlich hängen die Möglichkeit, einen Beobachtungsleitfaden oder ein Beobachtungsschema zu verwenden, sowie die Weise der Aufzeichnung der getätigten Beobachtungen von der Wahl des Beobachtungsverfahrens ab. Bei verdeckter und teilnehmender Beobachtung führt selten ein Weg an der Benutzung eines 'Beobachtungstagebuchs' vorbei, in dem mit möglichst geringem zeitlichen Abstand zu den getätigten Beobachtungen die erlangten Informationen festgehalten werden, während bei offener und nicht-teilnehmender Beobachtung mit einem detaillierten Beobachtungsschema gearbeitet werden kann, in das man die getätigten Beobachtungen unmittelbar einträgt. Möglicherweise kann man die zu beobachtenden Situationen auch mit einer Videokamera aufzeichnen. In solchen Fällen sowie bei der Führung eines Beobachtungstagebuchs schließt sich an die Datenerhebung mittels der Beobachtungsmethoden regelmäßig eine Inhaltsanalyse an, während bei der Benutzung eines Beobachtungsschemas oft unmittelbar zur statistischen Datenalyse übergegangen werden kann.

e. Experiment

Durch Experimente lassen sich Vermutungen über Zusammenhänge zwischen Ursachen und Wirkungen ('kausale Hypothesen') auf ihre Übereinstimmung mit den Tatsachen prüfen. Zunächst muß - anhand der forschungsleitenden Theorie - festgelegt werden, zwischen welchen 'Folgen' und 'Ursachen' Zusammenhänge betrachtet werden sollen; außerdem ist sicherzustellen, daß nicht andere denn die als ursächlich vermuteten Sachverhalte unbemerkte Einflüsse auf die interessierenden Zusammenhänge ausüben. Für diese Festlegungen und Sicherstellungen sorgen der *Versuchsplan* bzw. die *Versuchsanordnung*, die ihrerseits valide sein müssen. Im wesentlichen lassen sich in der Politikwissenschaft folgende Varianten der experimentellen Methode verwenden:

- *Ex-post-facto-Experiment* (auch: *Quasi-Experiment, historisches Experiment*): Man betrachtet *inhaltsanalytisch* Inhalte, Prozesse und Strukturen vergangener politischer Wirklichkeit und prüft, ob sich im verfügbaren historischen und zeitgeschichtlichen Dokumentmaterial solche Bereiche politischer Wirklichkeit finden lassen, die einander bis auf die vermuteten Ursachen bzw. Folgen ähnlich sind. Gelingt es, solche Sachverhalte aufzufinden und hinlängliches Dokumentenmaterial über sie verfügbar zu machen, dann lassen sich an ihnen Aussagen über Ursachen von Inhalten, Prozessen und Strukturen politischer Wirklichkeit erarbeiten und prüfen. Praktisch liegt hier vergleichendes Vorgehen differenzanalytischer Art vor.[186] Beispiel: Man vermutet, daß bipolare regionale Systeme eher außenpolitische Stabilität gewährleisten als multipolare Systeme. Um diese Hypothese zu prüfen, entwickelt man zunächst Indikatoren für außenpolitische Stabilität. Im einfachsten Fall unterscheidet man einfach die innerhalb bestimmter Zeiträume (etwa: 10, 20, 30 ... Jahre) zu beobachtende Entstehung oder Abwesenheit von Krieg im betrachteten System. Sodann klärt man, welche Störfaktoren den interessierenden Zusammenhang überlagern könnten, etwa das Eingreifen auswärtiger Mächte in ein bislang stabiles Regionalsystem. Anschließend geht man - unter Konsultation von Fachhistorikern - die bekannte und gesicherte Geschichte durch, um einesteils bipolare, andernteils multipolare regionale Systeme ohne solche Störfaktoren, etwa ohne das Eingreifen auswärtiger Mächte, ausfindig zu machen. Für die in Frage kommenden Systeme stellt man fest, innerhalb welcher Fristen es z.B. zu Kriegen kam. Ein Vergleich der Häufigkeit von Kriegsausbrüchen in bipolaren Systemen mit jener in multipolaren Systemen zeigt sodann, ob die Hypothese stimmen kann, bipolare Strukturen seien - gemessen am Indikator 'Kriegsausbruch' - stabiler als multipolare Systeme. Falls angenommen und nicht widerlegt werden kann, daß die am *historischen* Material herausgefundenen (oder nicht herausgefundenen) Zusammenhänge zwischen Ursachen und Folgen immer noch (nicht) bestehen, können dergestalt auch ursächliche Aussagen über *gegenwärtige* politische Wirklichkeit auf ihre Übereinstimmung mit den Tatsachen geprüft werden. Ihren Namen 'Quasi-Experiment' hat diese Forschungsmethode daher, daß letztlich eben doch kein Experiment unternommen, sondern *ohne* Zutun des Forschers Geschehenes anhand der Kategorien eines Versuchsplans ausgewertet wird.

– *Laborexperiment*: Hier führt der Forscher bewußt jene Situationen herbei, in denen er durch kontrolliertes Bewirken bestimmter Sachverhalte und Beobachtung der Folgen solcher Eingriffe kausale Hypothesen prüfen will. Beispiel: Es soll herausgefunden werden, ob bestimmte Techniken der Fernsehberichterstattung (Bildauswahl, Kameraeinstellungen, Szenenfolge, begleitende Kommentare usw.) einen verändernden Einfluß auf die Einschätzung und Bewertung von dargestellten Politikern haben. Man lädt zu diesem Zweck eine ausreichende Anzahl von Versuchspersonen (Probanden) in ein den technischen Anforderungen des Experiments genügendes Gebäude ein und teilt sie in zwei Gruppen, die nach allen für die Untersuchung wichtigen Gesichtspunkten gleich zusammengesetzt sind (etwa: Geschlecht, Alter, politi-

---

[186] Siehe oben S. 141.

sche Einstellung, Fernsehkonsum usw.). Sodann stellt man durch geeignete Befragungsmethoden fest, wie die Personen beider Gruppen einen bestimmten Politiker einschätzen und bewerten. Beiden Gruppen führt man sodann einen für den Forschungszweck angefertigten 'Fernsehbericht' über den als 'Testmaterial' dienenden Politiker vor, wobei z.b. bei der Gruppe A als 'positiv' geltende Bildauswahlen, Kameraeinstellungen, Szenenfolgen, Kommentare usw. den Bericht prägen, bei der Gruppe B indessen alle Darstellungsmittel auf vermutlich 'negative' Eindrücke abzielen.[187] Nach der Vorführung befragt man die Versuchspersonen erneut anhand desselben Fragebogens wie vor der Vorführung. Anschließend vergleicht man die Befragungsergebnisse und beantwortet z.B. folgende Fragen: Unterscheiden sich bei den beiden Gruppen die Einschätzungen und Bewertungen aus der Zeit vor der Vorführung überhaupt von jenen aus der Zeit nach der Vorführung? Haben die Mitglieder der Gruppe A nun positivere Einschätzungen als die Mitglieder der Gruppe B? Aus den Antworten auf diese Fragen läßt sich sodann ableiten, ob bzw. welchen Effekt die Fernsehberichterstattung hatte, der die Versuchspersonen ausgesetzt waren. Wurde die Zusammensetzung der Versuchspersonen bzw. die Art der im Experiment benutzten Fernsehberichterstattung so gewählt, daß davon ausgehend auf alle Bürger eines Landes bzw. auf alle Praktiken der Fernsehberichterstattung verallgemeinert werden kann, so hat das Ergebnis des Experiments über den konkret untersuchten Einzelfall hinaus Aussagekraft. Ihre Grenze finden Laborexperimente in der Politikwissenschaft meist darin, daß sie für die Versuchspersonen erkennbar künstlich sind und somit deren Verhalten verändern. Insgesamt kann nur eine recht begrenzte Anzahl politikwissenschaftlich interessierender Fragen durch Laborexperimente beantwortet werden.

— *Feldexperiment*: Bei ihm führt nicht der Forscher selbst jene Situationen herbei, in denen er kausale Hypothesen prüfen will, sondern er nutzt solche Situationen aus, die sich beim konkreten politischen Handeln von selbst ergeben, doch von ihm durch geeignete Maßnahmen der Datenerhebung für einen experimentellen Versuchsplan genutzt werden können. Im Unterschied zu ex-post-facto-Experimenten kann der Politikwissenschaftler somit von vornherein für eine seinem Forschungszweck dienliche Aufzeichnung der im Experimentverlauf möglichen Beobachtungen sorgen. Beispiel: Man interessiert sich dafür, welche Formen der Arbeitsmarktpolitik auf mittlere Frist am besten für Vollbeschäftigung sorgen. Zwei in für die Fragestellung wichtigen Merkmale einander weitgehend ähnliche Staaten machen sich nun daran, ganz verschiedene arbeitsmarktpolitische Maßnahmen zu ergreifen: der Staat A setzt auf staatliche Beschäftigungspolitik, der Staat B auf Schaffung privatwirtschaftlicher Investitionsanreize. Man beobachtet nun über die kom-

---

[187] Offensichtlich ist es eine Beobachtungstheorie, die dem Forscher Kriterien für die Untersuchung von 'positiven' und 'negativen' Wirkungen an die Hand gibt.

menden fünf Jahre die Folgen der jeweiligen Politik und beantwortet anhand der dann verfügbaren Arbeitsmarktdaten die Forschungsfrage.

Feldexperimente haben den Vorteil, daß sie politisches Handeln in einer ihm sehr gut angemessenen Perspektive betrachten: immer wieder geht es bei politischen Entscheidungen darum, auf der Grundlage unsicherer Kenntnisse aktuell anstehende Probleme zu lösen und dabei mit verschiedenen Handlungsmöglichkeiten zu experimentieren. Indem sie solche 'Politikexperimente' bzw. 'Gesellschaftsexperimente' sorgfältig verfolgt, gründlich ausgewertet und hinsichtlich ihrer Ergebnisse leicht faßlich dargestellt, leistet die Politikwissenschaft einen wichtigen Beitrag zur politischen Aufklärung und zur Kritik ideologischer Gestaltungsabsichten. Der große Nachteil von Feldexperimenten besteht indessen darin, daß man sie nicht 'nach Bedarf' herbeiführen und bei ihnen Störfaktoren nur selten in befriedigender Weise ausschließen kann.

f. Simulation

Durch die Simulationsmethoden werden politische Prozesse und Strukturen auf verschiedene Weise 'nachgebildet'. Sie dienen dazu,

– dank der Arbeit des Nachbildens die interessierenden Prozesse und Strukturen besser zu verstehen;

– mit den nachgebildeten Prozessen und Strukturen zu experimentieren.

Die wesentlichen Varianten der Simulationsmethode sind Planspiele und die Computersimulation.

3. Die Methoden der Datenanalyse

Welche Methoden der Datenanalyse zu benutzen sind, hängt einerseits von der zu beantwortenden Forschungsfrage bzw. dem zu lösenden Problem, andererseits von der Art der erhobenen Daten ab. Schon bei der Wahl der Methoden der Datenerhebung, die ihrerseits von der Forschungsfrage und der untersuchungsleitenden Theorie gesteuert wird, muß man darum Grundentscheidungen über die später anzuwendenden Methoden der Datenanalyse treffen.

Häufig genügt den Zwecken der Datenanalyse schon die alltagspraktische Verwendung der zunächst zu besprechenden *hermeneutischen Methode*. Sobald freilich größere Mengen an zumal ziffernmäßig aufbereiteten Informationen vorliegen, führt an der Benutzung *statistischer Methoden*[188] kein Weg vorbei. Wenn es Texte auszuwerten gilt, können EDV-gestützte Verfahren der Inhaltsanalyse äußerst nützlich sein. Historiker und Juristen verwenden bei den ihnen gestellten Aufgaben der Datenanalyse wiederum besondere Ausprägungsweisen der hermeneutischen Methode, die ein Politikwissenschaftler nicht nur kennen, sondern auch zu benutzen verstehen sollte.

a. Die hermeneutische Methode

Die 'hermeneutische Methode', die ars *interpretandi*, ist ein schon alltagspraktisch von jedermann praktiziertes Verfahren, um den in Sachverhalten aller Art geborgenen Sinn herauszufinden. In der Geschichte zumal der deutschen Geistes- und Sozialwissenschaften wurde anhand des Leitbegriffs der Hermeneutik überdies eine allgemeine Klärung der für Wissenschaft wie Alltagsleben konstitutiven Verstehensprozesse versucht, wodurch Klärungen der hermeneutischen Methode zu Reflexionen der Grundlagen sowohl von Wissenschaft als auch von sozialer Wirklichkeit wurden. Für den hier verfolgten Zweck reicht die Feststellung, daß hermeneutisches Vorgehen aller Erarbeitung von Forschungsfragen, Theoriebildung, Datenerhebung, Datenanalyse und Ergebnisinterpretation zugrunde liegt. Auf die Grundzüge vereinfacht, läßt sich die Anwendung der hermeneutischen Methode so skizzieren:

- Es geht stets darum, irgendeinen Sachverhalt (z.B. eine Aussage, eine Handlung, eine Institution, einen Text, ein Bild, ein Bauwerk, eine Reihe statistischer Maßzahlen usw.) zu verstehen, also: den darin geborgenen Informations- und Sinngehalt ausfindig zu machen. Im Kern gilt es, den zu verstehenden Sachverhalt als Teil eines Ganzen aufzufassen, als 'Dokument' eines größeren Zusammenhangs, des letzteren 'Gestalt' man teils schon kennt, teils eben durch das Bemühen um die angemessene Verortung des zu verstehenden Sachverhalts in einem größeren Ganzen besser kennenlernen will.

- An den zu verstehenden Sachverhalt wird mit dem jeweils gegebenen Wissensbestand des Interpreten ('Vorverständnis') und unter Mobilisierung allen verfügbaren Kontextwissens herangetreten. Dieses Vorverständnis betrifft sowohl den Gegenstand des Verstehensversuchs als auch den Zusammenhang, in den dieser Gegenstand eingebettet ist. Es ist wichtig, den Verstehensversuch nicht auf den Gegenstand allein zu beschränken, sondern ihn auch auf jenen größeren Zusammenhang zu beziehen, in dem der zu verstehende Gegenstand steht und in dessen Rahmen es folglich auch verstanden werden muß. Bei der *Inhaltsanalyse* - und entsprechend bei den anderen Me-

---

188 Streng genommen müßte man von statistischen *Modellen* sprechen; siehe Kriz 1975: 13-17. Um in diesem einführenden Text keine Verwirrung zu stiften, wird trotzdem der ohnehin nicht ungebräuchliche Begriff 'statistische Methoden' benutzt.

thoden der Datenerhebung - gehört zum Vorverständnis außerdem ganz wesentlich jene Beobachtungstheorie, welche in intra- wie inter-reliabler Weise für eine valide Zuordnung von inhaltsanalytischen Kategorien und Textpassagen sorgt. Bei der *Datenanalyse* nimmt solches Bemühen um Verstehen die Form an, daß man anhand seines Vorwissens sowie mittels der forschungsleitenden Theorie(n) versucht, den gesammelten Informationen jene Einsichten abzugewinnen, die man zur Beantwortung seiner Forschungsfrage braucht. Beim *Verstehen menschlicher Äußerungen und Handlungen* schlechthin nimmt dies die Form an, daß man den ihnen zugrunde liegenden Sinn durch Nachvollziehen der in sie investierten Sinndeutungen sich selbst klarzumachen versucht ('Empathie'). Doch der um ein Verstehen bemühte Forscher ist keineswegs darauf beschränkt, den zu verstehenden Sachverhalt *allein* mit jenen Deutungsweisen zu erschließen, anhand welcher dieser sich selbst interpretiert. Beispielsweise wird man durchaus auch versuchen, sozusagen 'hinter dem Rücken' eines Menschen zu verstehen, warum dieser in einer bestimmten Weise handelt; und dabei wird man sich nicht einfach auf dessen eigene Selbstdeutung *festlegen* lassen, obschon man sie natürlich als wichtige Informationsquelle in den eigenen Verstehensprozeß einbezieht. Dergestalt erhält man jene Differenz zwischen dem verstehenden Analytiker und dem zu verstehenden Sachverhalt aufrecht, welche die Emanzipation von des letzteren 'Eigen-Sinn' überhaupt erst erlaubt. Aus all dem wird klar, daß Verstehen der Königsweg jeder Analyse von kulturellen Phänomenen und sozialen Strukturen ist. Darum stimmt die Behauptung, die hermeneutische Methode sei für geistes- wie sozialwissenschaftliche Forschung zentral.

- Im Licht des Vorverständnisses läßt sich gegebenenfalls der Sinn des vorliegenden Sachverhalts oder die 'zentrale Aussage' der erhobenen Informationen bereits ausfindig machen oder wenigstens schon besser verstehen als zuvor. Vielleicht gewinnt man auch neue Erkenntnisse über jenes 'Ganze', dessen Teil der zu verstehende Gegenstand ist.

- Doch oft läßt sich dieses Ziel beim ersten Zugriff noch nicht erreichen. Dann reichte offenbar das herangetragene Vorverständnis nicht aus, 'Teil' und 'Ganzes', z.B. Daten und forschungsleitende Theorie(n), aufeinander zu beziehen. Aufgrund eines solchen Mißerfolgs wird indessen deutlich, wo nun seinerseits das Vorverständnis ergänzt, korrigiert oder verbessert werden muß, bzw. wo es sich bewährt hat. Je nach Sachlage wird man daraufhin zusätzliche Informationen zur Verbesserung seines Vorverständnisses einholen. Diese Informationen können durch ergänzende Lektüre, durch weitere Datenerhebung, durch erneute Durchsicht der gesammelten Daten, durch Gespräche mit Kollegen oder durch kreative Umorganisation des Vorwissens gewonnen werden.

- Mit dem solchermaßen verbesserten Vorverständnis tritt man erneut an den zu verstehenden Sachverhalt bzw. an die erhobenen Daten heran und versucht, jetzt endlich an sein Verstehensziel zu gelangen.

- Zwar ist man nun *scheinbar* soweit wie zuvor und hat nur 'einen Kreis ausgeschritten', weswegen man vom 'hermeneutischen Zirkel' spricht. Da man aber beim zweiten Arbeitsschritt Neues hinzugelernt hat und nun auf der Grundlage eines verbesserten Vorverständnisses einen Deutungsversuch unternimmt, liegt *kein* 'Zirkelprozeß', sondern eine Art 'Schraubvorgang' vor, bei dem man in das zu Deutende immer tiefer eindringt.

Die genannten Arbeitsschritte wiederholend, wird dieser Prozeß solange fortgesetzt, bis eine für den praktischen Forschungszweck ausreichende Deutung des fraglichen Sachverhalts bzw. der vorliegenden Daten gelungen ist, also so lange, bis man den zu verstehenden Sachverhalt als Teil oder Unterfall eines nun erfaßten *Gesamt*zusammenhanges erkennt. Dabei verschmelzen ein Stück weit der Sinngehalt des zu verstehenden Objekts und die deutend herangetragenen Wissensbestände des um ein Verstehen bemühten Forschers. Insbesondere kommt es immer wieder vor, daß man einen Sachverhalt 'überinterpretiert', ihm also mehr oder anderen Sinn 'abgewinnt', als von dessen Urheber in ihn hineingelegt wurde, oder ihn gar in Sinnhorizonte stellt, in die er sich zwar fügt, die ihm vor dieser Deutungsleistung des Interpreten aber fremd waren. Es lassen sich keine allgemeinen Kriterien dafür angeben, in welchem Ausmaß das zu verstehende Objekt oder das interpretierende Subjekt den schließlich festgestellten Sinn prägt; ebensowenig gibt es verläßliche Anzeichen dafür, ab wann eine Sinndeutung einen zu verstehenden Sachverhalt wider seinen Sinngehalt interpretiert oder mit ihm nur spielt. Allein der redliche Versuch, Aussagen so zu formulieren, daß es Chancen gibt, deren Übereinstimmung mit ihren Referenten zu überprüfen, sowie wachsame Kontrolle und offene Kritik von Kollegen können verhindern, daß man durch immer feinsinnigere Auslegungsschritte zu Luftschlössern gelangt.

Unabhängig von solchen Problemen kann bei der Benutzung der hermeneutischen Methode der bewußte Einsatz der folgenden, miteinander kombinierbaren *Interpretationsverfahren* hilfreich sein:[189]

- *'Let it pass'* - *Verfahren*: Man läßt einzelne unverstandene Sachverhalte einstweilen auf sich beruhen und hofft, daß Fortschritte beim Verständnis *anderer* Sachverhalte es erlauben werden, jene 'Gesamtgestalt' des interessierenden Gegenstandsbereichs zu erkennen, die möglicherweise später zur Klärung der einstweilen noch unverstandenen Einzelbefunde beitragen kann.

- *'Filling in'* - *Verfahren*: Man unterstellt, daß auch sinnlos Anmutendes klaren Informationsgehalt und Sinn berge, der eben noch nicht erschlossen sei. Um

---

189 Die folgenden Interpretationsverfahren wurden von der Ethnomethodologie als ein Teil der allem Sinndeuten zugrunde liegenden *formalen Praktiken des Verstehens* herausgearbeitet; siehe Patzelt 1987: 83-88.

ihn herauszufinden, trägt man hypothetisch-experimentierend nacheinander vielerlei für nützlich gehaltenen Theorien, Vermutungen, Wissensbestände, Kontexte usw. an den zu verstehenden Sachverhalt heran. Die jeweils sich ergebenden Deutungsmöglichkeiten hält man fest und prüft sodann, ob sie sich mit den Deutungen anderer Sachverhalte im zu verstehenden Gegenstandsbereich und zu einer halbwegs klaren plausiblen 'Gestalt' verbinden.

- *'Unless'* - *Annahme*: Wenn man von einer bestimmten Interpretation zwar nicht voll überzeugt ist, doch gleichwohl über keine schlüssigere Deutung verfügt, legt man den weiteren hermeneutischen Bemühungen 'bis auf weiteres' jene Interpretation zugrunde. Erst wenn sie im Licht weiterer Deutungen unschlüssig wird, gibt man sie auf.

- *Retrospektiv-prospektive Interpretation*: Man geht davon aus, daß durchaus nicht alles zu Verstehende auf Anhieb klar wird. Außerdem stellt man in Rechnung, daß längst verstanden Geglaubtes im Licht neuer Befunde wird uminterpretiert werden müssen. Folglich erwartet man keinen 'abgeschlossenen' Deutungsprozeß, sondern steuert ihn gar so, daß möglichst viele künftige Kenntnisse noch interpretationsprägend eingearbeitet werden können.

- *Verwendung von 'Normalformen' als Interpretationsschablonen*: Auf Gebieten, in denen man Kompetenz besitzt, erwartet man entweder aufgrund von Alltagswissen oder anhand wissenschaftlicher Kenntnisse, daß die auftretenden Sachverhalte bestimmte 'Normalformen' aufweisen sollten. 'Normalform' meint dabei, daß die vorkommenden Dinge in gewisser Weise typisch, mit bestimmter Wahrscheinlichkeit zu beobachten und mit anderen Sachverhalten vergleichbar sind, in einem Geflecht halbwegs nachvollziehbarer Kausalzusammenhänge auftreten, auch selbst bestimmte Wirkungen haben sowie gemäß einer identifizierbaren natürlichen oder moralischen Ordnung als 'notwendig' aufgefaßt werden können. Indem man mit der Erwartung an einen zu verstehenden Sachverhalt herantritt, er sei in dieser sechsfachen Hinsicht normal, erleichtert man sich die Aufgabe, die ihn verständlich machenden Wissensbestände, Kontexte und Interpretationsmöglichkeiten aufzufinden.

- *Deutung von Normalitätsabweichungen als Information*: Wenn es einerseits gelingt, die für einen bestimmten Gegenstandsbereich zu erwartenden 'Normalformen' von Sachverhalten zu identifizieren, andererseits aber der zu verstehende Sachverhalt klar von solchen Normalformen abweicht, kann der Schlüssel zum Verständnis in eben der Abweichung von der Normalform gesucht werden: die *Abweichung* birgt dann den zu erschließenden Sinn.

Hermeneutische Arbeit kommt nie an ein definitives und nicht mehr überschreitbares Ende, denn jedes 'Ganze', das zum Verständnis des zu interpretierenden 'Teils' diente, kann seinerseits daraufhin befragt werden, welcher 'Gesamtgestalt' Teil es sei. Verstehen kann man darum nie etwas abgelöst von dem erkenntnisleitenden Interesse, mit dem man an den zu deutenden Sachverhalt herantritt ('absolutes Verstehen'), sondern höchstens *ausreichend für einen praktischen Zweck*. Dabei ist es stets der *Interpret*, der den 'hermeneutischen Schraubvorgang' dann abbricht, wenn er meint, mit seinem Verstehen weit genug gekommen zu sein. Diese Entscheidung wiederum kann jederzeit widerrufen werden oder erweist sich angesichts neuer Einsichten oder veränderter erkenntnisleitender Interessen als verfrüht. Ein halbwegs klares Kriterium für den angemessenen Zeitpunkt, einen Verstehensprozeß zu beenden, kann allein die *Forschungsfrage* liefern: sobald man sie in einer für sich selbst wie für seine Kommunikationspartner praktisch zufriedenstellenden Weise beantworten kann, wurde offenbar ein ausreichendes Verständnis des Untersuchungsgegenstandes erzielt.

b. Die historische Methode

Die historische Methode wird angewandt, um durch Auswertung von 'Quellen' Aussagen über der Vergangenheit angehörende Sachverhalte, also: über 'vergangene Wirklichkeit', zu erarbeiten. Quellen, die in der Absicht erzeugt wurden, der Nachwelt Kenntnis von Geschehenem zu geben, werden oft *Traditionen*[190] genannt, während alle anderen Quellen als *Überreste* bezeichnet werden. Im einzelnen lassen sich Quellen gliedern in

- überlieferte *Texte*, die sich als schriftliche Quellen weiter unterteilen lassen nach Typen wie Akten, Urkunden, Briefen, publizistischen Texten, Dichtungen, Werken der Geschichtsschreibung usw.;

- überlieferte *Gegenstände* aller Art wie Gebrauchsgüter, Werkzeuge, Bauten, Siedlungen, Kunstwerke usw.;

- überlieferte *Sachverhalte* bzw. *Zustände* wie Institutionen und Sprachen, die immer noch gesprochen werden und folglich Merkmale der Vergangenheit in der Gegenwart faßbar machen.

Alle diese Quellen werden innerhalb der sozialwissenschaftlichen Methodenlehre 'Dokumente' genannt, was die zutreffende Einsicht nahelegt, die historische Methode sei *eine* der *vielen* politikwissenschaftlichen Forschungsmethoden. Ein Politikwissenschaftler benutzt zwar meist nur die *Ergebnisse* der geschichtswissenschaftlichen Forschung, indem er einschlägige Veröffentlichungen sekundäranalytisch auswertet.[191] In bestimmten Fällen kann es aber nötig sein, daß er selbst das methodische Handwerkszeug eines Historikers verwendet. Je nach Art der auszuwertenden Dokumente hat die Geschichtswissenschaft hierfür eine Reihe von sehr detaillierten Regeln entwickelt. Schematisch läßt sich die Benutzung der historischen Methode in drei Arbeitsschritte gliedern:

---

190 Von lat. 'trádere', d.h. übergeben, überliefern.
191 Zum Verhältnis zwischen Politik- und Geschichtswissenschaft siehe etwa Jensen 1969 und Mommsen 1962.

- *Quellenanalyse*: Es ist festzustellen, welche Dokumente für die interessierenden Sachverhalte vergangener Wirklichkeit verfügbar und für den Forschungszweck heranziehbar sind. Gegebenenfalls sind neue Quellen zu erschließen. Offenbar entspricht die Quellenanalyse der Datenerhebung.

- *Quellenkritik*: Es ist festzustellen, was eine gegebene Quelle tatsächlich an Informationen über die interessierenden Sachverhalte beinhaltet und welche Verzerrungen in sie eingegangen sein mögen. Besonders für schriftliche Quellen ist Quellenkritik wichtig. Ihre Schlüsselfragen lauten: Was konnte der Urheber der Quelle wissen? Was wollte er darstellen, was verschweigen? Welche Werturteile oder Entstellungen prägen seinen Bericht? Die Antworten auf diese Fragen geben Hinweise darauf, worin und wieweit den Aussagen einer Quelle zu trauen ist. In sozialwissenschaftlicher Sprache ausgedrückt, geht es bei der Quellenkritik um die Prüfung der Validität und Repräsentativität des verfügbaren Datenmaterials.

- *Quelleninterpretation*: Die durch Quellenanalyse erschlossenen und durch Quellenkritik geklärten Informationen sind zu deuten und zur Beantwortung der Forschungsfrage heranzuziehen. Wertet man Textquellen aus, so nimmt das die Form der Inhaltsanalyse an. Dabei kann sich das Problem stellen, zwischen den zeitgenössischen Begriffen des Forschers und den Begriffen der Quelle erst einmal eine Brücke schlagen zu müssen. Insgesamt vollzieht sich die Quelleninterpretation als *Benutzung der hermeneutischen Methode*. Je nach Art der Fragestellung und der Quellen können überdies Spezialmethoden der Datenanalyse bis hin zum Einsatz statistischer Methoden nützlich sein.

c. Die juristische Methode

Die juristische Methode wird dann angewandt, wenn es - oft im Anschluß an Befragungen ('Ermittlungen', 'Beweisaufnahme') - durch Analyse geeigneter Dokumente eine *Rechtslage* zu klären gilt. Die Anwendungsschritte der juristischen Methode lassen sich so zusammenfassen:

- Der in seiner rechtlichen Bedeutung zu klärende Sachverhalt wird auf jene Rechtsnormen bezogen, mittels welcher er interpretiert und gewürdigt werden kann ('juristische Ortsbestimmung'). Dabei ist die 'Hierarchie der Rechtsnormen' zu bedenken, also beispielsweise, daß Verwaltungsanweisungen im Zusammenhang mit Rechtsverordnungen, diese im Rahmen von Gesetzen, letztere aber im Kontext von Verfassungsbestimmungen zur 'juristischen Ortsbestimmung' herangezogen werden müssen.

- Ist diese 'Ortsbestimmung' vollzogen, so sind die einschlägigen Rechtsnormen (Verfassungsbestimmungen, Gesetze, Rechtsverordnungen, Verträge ...)

daraufhin zu prüfen, was sie über die angemessene rechtliche Interpretation des fraglichen Sachverhalts aussagen. Dafür gibt es eine Reihe von Auslegungsgesichtspunkten, die von den folgenden Fragen erschlossen werden: Was besagt die heranzuziehende Rechtsnorm wörtlich (*'grammatische* Interpretation')? Was besagt sie über den fraglichen Sachverhalt im Zusammenhang jener anderen Rechtsnormen, in deren Kontext und Hierarchie sie steht (*'systematische* Interpretation')? Was besagt sie hinsichtlich ihrer Entstehung (*'historische* Interpretation')? Was besagt sie hinsichtlich jener Absicht, die der 'Gesetzgeber' mit dieser Norm verband (*'teleologische* Interpretation')?

– Sodann wird der jeweils gegebene Stand einer als 'normal' angesehenen Interpretation und Benutzung der fraglichen Rechtsnorm geklärt. Zu diesem Zweck sind folgende Fragen zu beantworten: Was ist die gängige Rechtsprechung? Welche unterschiedlichen Akzente gibt es in ihr? Welche Meinungen werden hierzu in der Rechtswissenschaft vertreten? Gibt es eine 'herrschende Meinung'? Was ist vom gegenwärtigen Interpretations- und Benutzungsstand der Rechtsnorm zu halten? Welche Probleme sind dabei vorhanden, die möglicherweise gerade am nun anstehenden Fall offenzulegen und zu lösen sind?

– Aufgrund derartiger Auslegungsarbeit wird die rechtliche Würdigung des fraglichen Sachverhalts vorgenommen. Sie mündet in den Entschluß, eine bestimmte Rechtsmeinung zu vertreten.In diesen Entschluß gehen meist auch Erwägungen darüber ein, welche Folgen die Anerkennung und praktische Benutzung einer bestimmten juristischen Meinung wohl zeitigte und ob diese Folgen unter bestimmten übergreifenden Gesichtspunkten wohl wünschenswert wären ('Opportunitätsprinzip').

Die juristische Methode ist für den Politikwissenschaftler zwar nicht deswegen wichtig, weil er selbst Rechtsmeinungen erarbeiten müßte; hier entlastet so gut wie immer die Arbeitsteilung mit der Staats- und Völkerrechtslehre. Doch einesteils muß er deren Argumentationen nachvollziehen und würdigen können, wofür die Kenntnis der juristische Methode unabdingbar ist. Anderenteils erleichtert eine gewisse Übung in ihrer Verwendung die praktische Aufgabe, anhand von politikwissenschaftlicher Kompetenz immer wieder zu aktuellen Streitigkeiten mit rechtlichen Komponenten Stellung nehmen zu müssen.

d. Statistische Methoden

(1) Der Zweck statistischer Methoden

Statistische Methoden erfüllen zwei Aufgaben: sie erlauben es, Informationen in zweckdienlicher Weise *aufzubereiten*, und sie ermöglichen *Verallgemeinerungen*. Die erste Aufgabe wird von der *beschreibenden* ('deskriptiven') Statistik erfüllt, die zweite Aufgabe von der *schließenden* Statistik ('Inferenzstatistik').[192]

Die *beschreibende* Statistik gestattet es, die in den erhobenen Daten enthaltenen Informationen so sehr und in einer Weise zu verdichten, daß die Forschungsfragen klar beantwortet werden können. Beispiel: Man hat bei einer Bevölkerungsumfrage von 2000 Bürgern Informationen über ihre politischen Einstellungen und Wertvorstellungen, über ihre Wahlabsichten und über ihre Lebensumstände erlangt. Nun will man beispielsweise wissen: Wie hängen Lebensumstände und politische Einstellungen zusammen? Gibt es ein den erhobenen Wertvorstellungen zugrunde liegendes 'Muster' grundsätzlicher Wertvorstellungen? Wie wirken Einstellungen, Wertvorstellungen und Lebensumstände mit den Wahlabsichten zusammen?

Die *schließende* Statistik erlaubt es, von jenen Texten, Personen oder Situationen, die man tatsächlich untersucht hat ('Stichprobe', bestehend aus 'Untersuchungseinheiten'), auf jene Gesamtmenge von Texten, Personen oder Situationen zu schließen, auf welche sich die zu erarbeitenden Aussagen tatsächlich beziehen sollen ('Grundgesamtheit'). Untersucht man *alle* Elemente einer Grundgesamtheit, führt man also eine 'Totalerhebung' durch, so reicht die Verwendung von Methoden der beschreibenden Statistik aus. Oft aber ist es unmöglich, unvorteilhaft oder unnötig, eine Totalerhebung durchzuführen. *Unmöglich* sind Totalerhebungen z.B. bei der Qualitätskontrolle von Produkten: will man die mittlere Brenndauer jener Glühbirnen feststellen, die ein Betrieb herstellt, so ist es natürlich wenig sinnvoll, die produzierten Glühbirnen - statt sie zu verkaufen - solange brennen zu lassen, bis sie erlöschen, um sodann deren mittlere Brenndauer zu berechnen. *Unvorteilhaft* sind Totalerhebungen dann, wenn der mit ihnen verbundene Aufwand untragbar ist oder zu ergebnisverzerrenden Fehlern führt, die ja nicht selten aus Überforderung und aus damit verbundener Nachlässigkeit entstehen. Beispielsweise ist es unvorteilhaft, die Wahlabsichten der Deutschen vierteljährlich durch Befragung aller Wahlberechtigten festzustellen. *Unnötig* sind Totalerhebungen deshalb, weil an bestimmten Arten von Stichproben gewonnene Ergebnisse ebensogut über die Beschaffenheit der Grundgesamtheit informieren, wie dies eine Totalerhebung zu leisten vermag. Auf drei Beispiele sei verwiesen:

– Man will wissen, wie ZEIT, FAZ, TAZ und Süddeutsche Zeitung in den 80er Jahren die DDR dargestellt haben. Da man aus praktischen Gründen nicht alle Zeitungen dieses Zeitraums einer Inhaltsanalyse unterziehen kann, wird man eine geeignete Stichprobe dieser Grundgesamtheit untersuchen und von den an der Stichprobe gewonnenen Ergebnissen zutreffend auf die gesamte DDR-Berichterstattung dieser Zeitungen verallgemeinern.

– Man will am Wahlabend kurze Zeit nach Beginn der Auszählung wissen, welche Anteile der abgegebenen Stimmen auf die einzelnen Parteien entfallen

---

192 Einführend zur Statistik: Kennedy 1985, Kriz 1975 und Patzelt 1985.

sind. Zu diesem Zeitpunkt ist die Auszählung natürlich noch nicht abgeschlossen. Folglich zieht man aus der Grundgesamtheit aller Stimmbezirke eine Stichprobe, sorgt dort für eine möglichst rasche Auszählung und schließt von dieser Stichprobe tatsächlich ausgezählter Stimmbezirke auf die Stimmabgabe aller Wahlbeteiligten.[193]

- Man will wissen, auf welche Weise Abgeordnete im Rahmen von Wahlkreisfesten (Jubiläen, Feiern, Einweihungen usw.) mit der Bevölkerung Kontakt zu halten versuchen. Natürlich kann man nicht alle Abgeordneten während ihrer gesamten Wahlkreisarbeit beobachten. Folglich zieht man eine Stichprobe von Abgeordneten und der von ihnen besuchten Wahlkreisfeste. Auf den ausgewählten Wahlkreisfesten führt man dann die Beobachtungen durch und verallgemeinert dann auf alle derartigen Situationen der Wahlkreisarbeit.

(2) Zufallsstichproben als Voraussetzung der Benutzung schließender Statistik

Die schließende Statistik ermöglicht zutreffende Schlüsse von Stichproben auf Grundgesamtheiten allerdings *nur* dann, wenn die untersuchte Stichprobe auf folgende Weise zusammengestellt wurde: *Jedes zu untersuchende Elemente der Grundgesamtheit mußte die gleiche Chance haben, in die Stichprobe zu gelangen, und nur der Zufall entschied, welche Elemente tatsächlich ausgewählt wurden.*[194] Auf diese Weise zusammengestellte Stichproben heißen 'Zufallsstichproben' (engl.: 'random sample'). Allein sie sind in theoretisch begründeter Weise 'repräsentative Stichproben', d.h. 'verkleinerte Abbilder der Grundgesamtheit'.

Wieviele Elemente der Grundgesamtheit ausgewählt werden müssen, also: welchen Umfang 'n'[195] die zu untersuchende Stichprobe haben muß, hängt im wesentlichen davon ab, wie fein man bei der Datenanalyse das Untersuchungsgut aufgliedern will. In der Regel kann man ab ca. n=25 von *Zufalls*stichproben mit hinnehmbarer Irrtumswahrscheinlichkeit auf Grundgesamtheiten verallgemeinern.[196] Muß man mit vier Untergruppen arbeiten und kann man damit rechnen,

---

193 Offensichtlich liegt hier keine 'Prognose' des Wahlergebnisses im auf S. 106ff erläuterten Sinn vor, auch wenn alltagssprachlich dieser Begriff oft gebraucht wird. Es wurden ja alle Stimmen schon *abgegeben*, wenn von der Stichprobe der ausgewählten Stimmbezirke auf die Grundsamtheit aller Stimmen verallgemeinert wird. Prognosen sind indessen die Vorhersagen des Wahlergebnisses, die auf der Grundlage von Umfragen *vor* der Stimmabgabe durchgeführt werden.
194 Das Kriterium der *Zufälligkeit* der Auswahl ist deshalb nötig, weil jene mathematischen Modelle, die einen mit angebbarer Wahrscheinlichkeit zutreffenden Schluß von der Stichprobe auf die Grundgesamtheit ermöglichen, genau auf der *Prämisse* aufgebaut sind, die Elemente der Stichprobe seien rein zufällig ausgewählt worden. Für den Fall, daß dies nicht gegeben ist, stehen *keine* mathematischen Modelle zur Verfügung, die eine Verallgemeinerung erlauben.
195 Für lat. 'numerus', d.h. Anzahl.
196 Diese Zahl ergibt sich aus hier nicht zu erläuternden mathematisch-wahrscheinlichkeitstheoretischen Gründen. Zum Begriff der 'Irrtumswarscheinlichkeit' siehe S. 216.

daß sie trotz einer rein zufälligen Auswahl von Untersuchungseinheiten gleich stark besetzt sein werden, dann ergibt sich somit ein Mindestumfang der Stichprobe von n=100. Aus praktischen Gründen kann man allerdings in der Regel den Stichprobenumfang nicht *ausschließlich* vom Wunsch abhängig machen, auch noch von der kleinstmöglichen Untergruppe aus mit begründetem Anspruch auf empirischen Wahrheitsgehalt verallgemeinern zu können: allzu rasch ergeben sich äußerst große Stichprobenumfänge. Darum behilft man sich meist mit inhaltlich kaum begründeten 'Faustregeln' und legt beispielsweise den Umfragen, welche bundesweite Repräsentativität beanspruchen, Stichprobenumfänge von n=1000 oder n=2000 zugrunde. Keineswegs hängt der notwendige Stichprobenumfang von der Größe der *Grundgesamtheit* ab: ob man über die politischen Einstellungen der Münchener, der Bayern oder der Deutschen anhand von Umfragedaten Aussagen erarbeiten will, verlangt aus rein sachlichen Gründen stets nur, daß die kleinste Untergruppe, von der aus verallgemeinert werden soll, nicht kleiner ist als ca. n=25.[197] Bei vergleichsweise kleinen Grundgesamtheiten wird man darum oft auf Stichproben verzichten und eine Totalerhebung durchführen.

Eine Zufallsstichprobe zu ziehen, ist in der Praxis nicht ganz einfach: in der Regel muß mit erheblichem Aufwand sichergestellt werden, daß wirklich jedes Element der Grundgesamtheit die *gleiche* Chance hat, untersucht zu werden, so daß wirklich *nur* der Zufall entscheidet, welche Elemente letztlich ausgewählt werden. Was demgegenüber der gesunde Menschenverstand als 'Zufallsstichprobe' zu bezeichnen pflegt, etwa auf der Straße nach freiem Ermessen angesprochene Passanten, ist somit durchaus *keine* Zufallsstichprobe, sondern eine 'unsystematische willkürliche Auswahl'. Auf folgende, wechselseitig kombinierbare Grundmöglichkeiten des korrekten Ziehens von Zufallsstichproben sei hingewiesen:

– Wenn es eine vollständige Liste der Elemente der Grundgesamtheit gibt (z.B. eine Liste aller Stimmbezirke einer Landtagswahl oder aller Ausgaben von ZEIT, FAZ und TAZ im Zeitraum 1980-1990), so kann man eine 'systematische Zufallsauswahl' durchführen. Man stellt hierzu den Umfang der Grundgesamtheit fest (z.B.: 2000 Stimmbezirke, also N=2000[198]), legt den Stichprobenumfang fest (z.B.: n=200) und wählt dann - in diesem Beispiel - jeden zehnten aufgelisteten Stimmbezirk aus. Eine Alternative zur systematischen Zufallsauswahl ist die Auswahl anhand von 'Zufallszahlen'. Diese sind zufällig aneinandergereihte Zahlen, wie sie in vielen Statistikbüchern abge-

---

197 Allerdings hängt die Größe des benötigten Stichprobenumfangs auch mit der *Homogenität* bzw. *Heterogenität* der Grundgesamtheit zusammen. Ist die Grundgesamtheit *völlig homogen*, so kann im Extremfall eine einzige Untersuchungseinheit ausreichen, um über ihre Beschaffenheit zu informieren. Beispielsweise muß man nur eine einzige Ausgabe einer bestimmten Nummer der ZEIT untersuchen, um den Inhalt des Leitartikels *aller* Ausgaben dieser Nummer festzustellen. Indessen nimmt der benötigte Stichprobenumfang durchaus nicht im *selben* Ausmaß zu, in dem die Heterogenität der untersuchten Grundgesamtheit ansteigt.
198 Umfänge von Grundgesamtheiten bezeichnet man mit 'N', solche von Stichproben mit 'n'.

druckt sind oder von Statistikprogrammen erzeugt werden. Ist die Liste der Grundgesamtheit durchnumeriert, so braucht man, um eine Zufallsstichprobe zu ziehen, nur jene Elemente auszuwählen, welche die auf einer Liste von Zufallszahlen angegebenen Nummern tragen.

- Oft ist es nötig, eine 'stufenweise Zufallsauswahl' durchzuführen. Will man beispielsweise die politischen Informationsquellen bayerischer Schüler durch die Befragung einer Zufallsstichprobe von Schülern feststellen, so scheint dies zunächst daran zu scheitern, daß eine Liste aller Schüler nicht erhältlich ist. Es läßt sich jedoch eine Liste aller bayerischen Schulen beschaffen. Anhand dieser Liste kann man in der ersten Stufe des Auswahlvorganges eine (systematische) Zufallsstichprobe von Schulen ziehen. Für jede ausgewählte Schule ist wiederum eine Liste ihrer Klassen verfügbar, aus welcher man folglich auf einer zweiten Stufe des Auswahlverfahrens eine Zufallsstichprobe ziehen kann. Auf einer dritten Stufe läßt sich sodann aus den Schülerlisten pro Klasse eine Zufallsstichprobe der tatsächlich zu befragenden Schüler ziehen. Untersucht man alle Schüler der ausgewählten Klassen, so hat man auf der untersten Stufe des benutzten Auswahlverfahrens gewissermaßen einen 'Klumpen' von Untersuchungseinheiten ausgewählt, weswegen in diesem Fall von einer 'Klumpenauswahl' gesprochen wird. Sollte es schwierig sein, eine Gesamtliste aller bayerischen Schulen zu erhalten, so kann man dem ganzen Auswahlverfahren noch eine Stufe vorlagern: man zieht aus der Liste aller bayerischen Landkreise eine (systematische) Zufallsstichprobe und erstellt sodann anhand des statistischen Jahrbuchs pro ausgewähltem Landkreis eine Liste seiner Schulen.

- Wenn keine Listen der Grundgesamtheit verfügbar sind, läßt sich bei der Verwendung von Befragungs- oder Beobachtungsmethoden mit einer sogenannten 'Flächenstichprobe' arbeiten. Beispielsweise will man in einer mittelgroßen Stadt die Ansichten der Bevölkerung zu bestimmten kommunalpolitischen Themen herausfinden. Wenn die Listen des Einwohnermeldeamtes entweder lückenhaft sind oder für die Stichprobenbildung nicht zur Verfügung gestellt werden, geht man so vor: Man beschafft sich einen möglichst detaillierten Stadtplan, legt über ihn ein Gitternetz gleicher, nicht allzu großer Quadrate und numeriert diese mit fortlaufenden Zahlen. Sodann zieht man aus dieser Liste von Zahlen - am besten anhand von Zufallszahlen - eine Zufallsstichprobe. Innerhalb jedes nun zufällig ausgewählten Flächenquadrats legt man einen *Zufallsweg* fest, etwa so: 'Nimm die erste Straße, die von unten links in das Flächenquadrat hineinführt, gehe sie bis zum zweiten Haus auf der rechten Seite und läute dort an der jeweils ersten Klingel'. Natürlich lassen sich auch diese Anweisungen zufällig variieren. Ebenso gibt es Zufälligkeit garantierende Vorschriften zum Auswählen der Personen in den per Zufallsweg angesteuerten Wohnungen.

- Vor allem bei Beobachtungsstudien kommen 'Zeitstichproben' in Frage. Beispielsweise soll das Verhalten von Abgeordneten während der Plenarsitzungen des Deutschen Bundestages beobachtet werden. Um sicherzustellen, daß von der Stichprobe der tatsächlich beobachteten Sitzungszeiten auf die Grundgesamtheit der gesamten Sitzungszeit geschlossen werden kann, wird man so vorgehen: Anhand des Sitzungsplans des Parlaments erstellt man eine Liste der Grundgesamtheit aller Sitzungen während des gesamten Beobachtungszeitraums; anschließend legt man die Dauer der Beobachtungsintervalle fest (z.b. 30 Minuten); nun teilt man den gesamten Beobachtungszeitraum in 30 Minuten-Intervalle ein und numeriert sie; und aus dieser Zahlenreihe zieht man schließlich eine Zufallsstichprobe des gewünschten Umfangs.

Von Zufallsstichproben im eben beschriebenen Sinn sind zu unterscheiden die sogenannten 'Quotenstichproben' (engl. 'quota sample'). Sie versuchen auf folgende Weise, ein verkleinertes Abbild der Grundgesamtheit darzustellen:

- Es wird anhand einer Liste der Grundgesamtheit deren Zusammensetzung nach für wichtig gehaltenen Merkmalen festgestellt. Wird die Grundgesamtheit der Wohnbevölkerung Deutschlands betrachtet, so sind typischerweise für wichtig gehaltene Merkmale beispielsweise Geschlecht, Beruf, Alter, Nationalität, Größe des Wohnorts usw. Diese Merkmale heißen 'Quotierungsmerkmale'; die Anteile des Auftretens dieser Merkmale in der Grundgesamtheit sind die 'Quoten' (z.B. Frauenquote oder Katholikenquote).

- Sodann wird versucht, eine solche Stichprobe zusammenzustellen, in der sich dieselben Quoten der Quotierungsmerkmale befinden wie in der Grundgesamtheit. Beispielsweise soll sich in der Stichprobe ein ebenso großer Anteil an Personen aus Großstädten, Minderjährigen oder Männern befinden wie in der Grundgesamtheit. In der Praxis wählt z.B. ein Interviewer nach vorgegebenen Quotierungsmerkmalen in einem ihm zugewiesenen Gebiet eine verlangte Anzahl von Personen (oft nicht mehr als sechs) nach eigenem Ermessen aus.

Quotenstichproben erlauben keine *wahrscheinlichkeitstheoretisch* begründeten Schlüsse auf die Grundgesamtheit, da ihnen die Voraussetzung für die Anwendbarkeit der schließenden Statistik fehlt: die reine Zufälligkeit der Auswahl. Freilich zeigt ihre praktische Anwendung, daß sie etwa Anteile und Durchschnitte brauchbar zu schätzen erlauben. Setzt man die große Ähnlichkeit der Ergebnisse von parallel gezogenen Quoten- und Zufallsstichproben ins Verhältnis mit dem ganz unterschiedlichen Aufwand, den sie erfordern, so ist ersichtlich, daß die ersteren bei Bevölkerungsumfragen oft sogar zu bevorzugen sind. Ausfälle von bis zu 30% der gemäß Stichprobenplan zu Befragenden entziehen im übrigen auch Zufallsstichproben ihre *wahrscheinlichkeitstheoretische* Grundlage. Darum sind Zufallsstichproben zwar immer anzustreben; wo sie sich aber nicht verwirklichen lassen, helfen - bei bekannter Grundgesamtheit - Quotenstichproben *verläßlich* weiter.

Eine dritte Art von Stichproben erlaubt von vornherein nicht den Einsatz von Methoden der schließenden Statistik: die 'bewußten Auswahlen'. Sie wendet man etwa bei *Expertenbefragungen* an (z.B. wenn man ehemalige parlamentarische Geschäftsführer befragt, um etwas über fraktionsinterne Willensbildung zu erfahren) oder bei der Befragung von *Extremgruppen* (z.B. bei Untersuchungen von Obdachlosen oder Wirtschaftsführern), da sich in solchen Fällen schwerlich ein zu einer Zufallsstichprobe führendes Auswahlverfahren realisieren läßt. Nützlich zumal im Bereich der qualitativen Forschung[199] sind sogenannte 'theoriegesteuerte Stichproben' (engl. 'theoretical sampling'). Bei ihnen beginnt der Forscher seine Analyse mit zunächst einmal für erkenntnisträchtig gehaltenen Untersuchungseinheiten und entscheidet sodann im Licht des jeweils erreichten Erkenntnisstandes, also anhand seiner forschungsleitend benutzten Theorie, ob und welche weiteren Untersuchungseinheiten er in seine Analyse einbeziehen will. Er wird diesen Prozeß der Vergrößerung des Stichprobenumfangs dann abbrechen, wenn die Betrachtung zusätzlicher Untersuchungseinheiten ihm keinen Erkenntniszuwachs mehr bringt. Dieses Vorgehen ist äußerst hilfreich bei der Neuentwicklung von sehr gegenstandsnahen Theorien ('grounded theory'), erlaubt Verallgemeinerungen aber nur dann, wenn die Grundgesamtheit, aus welcher die theoriegesteuerte Stichprobe gezogen wurde, als äußerst homogen gelten kann. Stichproben, deren Zusammenstellung *keinerlei* stichhaltigen Überlegungen zugrunde - z.B. Passantenbefragungen - liegen, heißen 'willkürliche Auswahlen' und sind völlig unnütz.

(3) Meßniveaus und ihre Bedeutung für die Nutzung statistischer Methoden

Statistische Methoden lassen sich dann verwenden, wenn die zu analysierenden Informationen in Form von Zahlen vorliegen. Gemeinhin wird daraus geschlossen, die Statistik sei für Politikwissenschaftler nicht besonders hilfreich, da sich nur wenige politikwissenschaftlich interessante Sachverhalte zahlenmäßig darstellen ließen. Dieser Schluß ist indessen völlig falsch. Das wird klar, wenn man den Informationsgehalt von Begriffen betrachtet, aus denen in der Alltagssprache ebenso wie in der (politik-)wissenschaftlichen Fachsprache ja alle Aussagen und Theorien aufgebaut werden. Begriffe lassen sich zu diesem Zweck in drei Gruppen gliedern: in 'klassifikatorische', 'komparative' und 'metrische' Begriffe.[200] Es läßt sich zeigen, daß der von ihnen jeweils geborgene Informationsgehalt *grundsätzlich* durch Zahlen wiedergegeben werden kann, die ihrerseits das Ausgangsmaterial für statistische Analysen bilden.

— *Klassifikatorische* Begriffe sind Begriffe wie 'Mann', 'Frau' 'Kind'; 'Bayer', 'Hesse', 'Sachse'; oder 'Violine', 'Cembalo', 'Oboe'. Sie drücken aus, daß die von ihnen bezeichneten Sachverhalte bestimmte Eigenschaften aufweisen, die

---

199 Siehe hierzu S. 224ff.
200 Da Variablen eine besondere Art von *Begriffen* darstellen (siehe S. 68f), kann im folgenden statt 'Begriff' stets auch 'Variable' gesetzt werden.

sie von anderen Sachverhalten *unterscheiden*. Diese Information kann durch Zahlen ausgedrückt werden, indem man beispielsweise vereinbart, daß unter '1' ein Bayer, unter '2' ein Hesse und unter '3' ein Sachse zu verstehen ist. Welchen Zahlenwert die zugeordneten Ziffern haben, tut dabei nichts zur Sache; die Ziffern müssen nur verschieden sein. Auf diese Weise zugeordnete Ziffern darf man natürlich anschließend auch nur unter dem Gesichtspunkt ihrer Gleichheit oder Verschiedenheit betrachten; sie zu addieren oder multiplizieren ist sinnlos. Ordnet man Begriffen Zahlen in der hier beschriebenen Weise zu, so spricht man von einer 'Messung auf dem Niveau der *Nominalskala*'[201]; die entsprechend in Zifferform übersetzten ('codierten') Informationen heißen 'nominalskalierte Daten'.

– *Komparative* Begriffe sind Begriffe wie 'rechts der Mitte', 'Mitte', 'links der Mitte'; 'stark', 'stärker', 'am stärksten'; 'Kleinstaat', 'Mittelmacht', 'Supermacht'. Sie drücken nicht nur aus, daß die von ihnen bezeichneten Sachverhalte bestimmte Eigenschaften aufweisen, die sie von anderen Sachverhalten unterscheiden. Sondern darüber hinaus bringen sie die von ihnen bezeichneten Sachverhalte auch in eine *Rangordnung*. Diese Information wiederum kann durch Zahlen ausgedrückt werden: es wird vereinbart, daß unter '1' ein Kleinstaat, unter '2' eine Mittelmacht und unter '3' eine Großmacht zu verstehen ist. Welchen Zahlenwert die zugeordneten Ziffern haben und wie groß die numerischen Differenzen zwischen ihnen sind, tut wiederum nichts zur Sache: sie müssen nur einheitlich aufsteigend oder einheitlich absteigend zugeordnet werden. Natürlich darf man die dergestalt zugeordneten Zahlen anschließend nur unter zwei Gesichtspunkten betrachten: unter jenem der Gleichheit bzw. Verschiedenheit, sowie unter jenem ihrer größenmäßigen Abfolge. Sie beispielsweise zu addieren oder zu multiplizieren ist ebenso sinnlos wie im Fall nominalskalierter Daten. Ohne über den in diesen Ziffern tatsächlich geborgenen Informationsgehalt hinauszugehen, kann man mit ihnen aber solange rechnen, wie die benutzten Rechenmethoden die Zahlen nur unter dem Gesichtspunkt ihrer Gleichheit und Verschiedenheit sowie ihrer größenmäßigen Abfolge verarbeiten. Ordnet man komparativen Begriffen Ziffern solchen Informationsgehalts zu, so spricht man von einer 'Messung auf dem Niveau der *Ordinalskala*'[202]; die entsprechend aufbereiteten Informationen heißen 'ordinalskalierte Daten'.

– *Metrische* Begriffe sind Begriffe wie 'Mark', 'Tonne', 'Bevölkerungszahl' oder 'Stimmenanteile'. Auch Begriffe wie 'Wirtschaftswachstum', 'Staatsverschuldung' oder 'Angriffspotential' lassen sich ihrerseits durch metrische Begriffe ausdrücken: 'Prozent pro Jahr', 'Milliarden DM' oder 'Anzahl von Raketen und Panzern' sind *Indikatoren* für jene theoretischen Begriffe. Solche Zahlenangaben informieren offensichtlich auch über die *Differenzbeträge* bzw. über

---

201 Von lat. 'nomen', d.h. Name.
202 Von lat. 'ordo', d.h. Ordnung.

die *Proportionen*, die z.B. zwischen Mark-, Tonnen- und Stückangaben bestehen. Ordnet man Zahlen dieses Informationsgehalts metrischen Begriffen zu, so spricht man von einer 'Messung auf dem Niveau einer *metrischen Skala*'[203] bzw. von 'metrischen Daten'. Genau betrachtet, gibt es *zwei* Stufen von metrischen Skalen. Die erste Stufe heißt 'Intervallskala'. Sie liegt beispielsweise bei der Temperaturangabe in Grad Celsius oder in Grad Fahrenheit vor. Denn zwar kann man sagen, daß eine Temperatur von 40 Grad um 30 Grad höher ist als eine Temperatur von 10 Grad; die Behauptung wäre aber falsch, 40 Grad sei 'viermal so warm' wie 10 Grad. Über den Informationsgehalt der Nominal- und Ordinalskala hinaus transportieren solche Angaben ('intervallskalierte Daten') somit Aussagen über *Differenzen* ('Intervalle') sowie über die *Größenverhältnisse von Differenzen*. Mit intervallskalierten Daten kann man - über die schon auf dem Niveau der Ordinalskala zulässigen Rechenoperationen hinaus - Additionen und Subtraktionen sowie Divisionen von Differenzbeträgen durchführen, ohne ihnen mehr Informationen abzuverlangen, als sie tatsächlich bergen. Demgegenüber beinhalten 'Verhältnisskalen' bzw. 'Ratioskalen'[204] *alle* mathematisch auswertbaren Informationen. Sie sind Skalen, die einen Nullpunkt enthalten und Aussagen folgender Art erlauben: '40% Stimmenanteil ist doppelt so viel wie 20% Stimmenanteil', oder: '1000 DM Monatseinkommen ist ein Drittel eines Monatseinkommens von 3000 DM'. Häufigkeits- und Prozentangaben sowie Geldbeträge sind typische Beispiele für 'ratioskalierte Daten'. Mit ihnen kann man *alle* verfügbaren Rechenoperationen ausführen.

Natürlich arbeitet die Politikwissenschaft oft mit metrischen Begriffen, z.B. mit Häufigkeitsangaben für alle möglichen Sachverhalte. Doch selbst in ihren viel ausgedehnteren Forschungsgebieten, für die metrische Begriffe nicht verfügbar oder ungeeignet sind, kann aus der natürlichen, Worte verwendenden Sprache *jederzeit* in die Sprache der Zahlen gewechselt werden, falls dies einen Vorteil bringt: Sprache besteht schließlich aus riesigen Mengen zumal klassifikatorischer und komparativer Begriffe. Folglich können statistische Methoden *immer* benutzt werden, falls sie für Daten eines bestimmten Skalenniveaus verfügbar sind und man meint, sie zum Zweck der Informationsverdichtung oder des Schlusses von Stichproben auf Grundgesamtheiten nutzen zu sollen.

(4) Überblick zu den statistischen Methoden

Sowohl für nominal- und ordinalskalierte Daten ('qualitative Daten') als auch für intervall- und ratioskalierte Daten ('quantitative Daten') gibt es eine Vielzahl von statistischen Methoden, die es erlauben, anhand der in jenen Daten geborgenen Informationen die gestellten Forschungsfragen präzis zu beantworten. Zum

---

203 Von griech. 'metrón', d.h. Maß.
204 Von engl. 'ratio', d.h. Verhältnis.

Zweck eines an der Forschungspraxis orientierten Überblicks und ohne jeden Anspruch auf Vollständigkeit lassen sich diese Methoden wie folgt gliedern:

- Eine Reihe statistischer Methoden dient dazu, *einzelne Merkmale* der Untersuchungsgegenstände knapp und so zu beschreiben, daß man rasch Vergleiche durchführen kann ('univariate Statistik'). Beispielsweise wird das durchschnittliche Monatseinkommen verschiedener Berufsgruppen berechnet (Mittelwert, Medianwert) oder es wird durch die Berechnung von Varianz oder Standardabweichung festgestellt, wie stark es um die jeweiligen Mittelwerte schwankt ('streut').

- Eine Reihe weiterer Methoden erlaubt es, *Zusammenhänge* zwischen jeweils zwei Merkmalen der Untersuchungsgegenstände auf knappe Zahlenangaben zu verdichten ('bivariate Statistik'). Zu diesem Zweck berechnet man Kontingenz-, Assoziations- oder Korrelationskoeffizienten. Wohlgemerkt ist dies schon bei nominalskalierten Daten und erst recht bei ordinal- oder metrisch skalierten Daten möglich. Derartige Zusammenhangsmaße nehmen in der Regel beliebige Werte zwischen '0' und '1' bzw. zwischen '-1' und '+1' an. '1' ergibt sich als Ergebnis entsprechender Berechnungen, wenn in den Daten ein perfekter 'positiver' Zusammenhang zwischen zwei Variablen besteht, während '-1' bei einem perfekten 'negativem' Zusammenhang und '0' bei keinem in den Daten identifizierbaren Zusammenhang entsteht.[205] Hat man beispielsweise das Geschlecht und die Absicht, sich an der nächsten Bundestagswahl zu beteiligen, für eine Reihe von Befragten festgestellt und erhält man als Resultat der Berechnung eines geeigneten Zusammenhangsmaßes den Wert 'C=0,02'[206], so besagt dies: 'Geschlecht und Absicht, sich an der nächsten Bundestagswahl zu beteiligen, hängen nicht miteinander zusammen'. In einem anderen Fall hat man vielleicht das Alter sowie die Selbsteinstufung von Befragten auf einem Rechts/Links-Kontinuum politischer Einstellungen erhoben. Wird das Alter in Lebensjahren gemessen und werden dem 'rechten' Pol des Kontinuums kleine Zahlen, dem 'linken' Pol aber große Zahlen zugeordnet, so besagt dann ein Ergebnis der Berechnung eines geeigneten Zusam-

---

205 'Positiv' und 'Negativ' sind hier natürlich keine wertenden Begriffe. Ein 'positiver' Zusammenhang zwischen zwei Variablen X und Y besteht vielmehr dann, wenn große Werte von X mit großen Werten von Y verbunden sind bzw. kleine Werte von X mit kleinen Werten von Y. Ein 'negativer' Zusammenhang liegt indessen vor, wenn große Werte der einen Variablen mit kleinen Werten der anderen einhergehen.

206 Alle als Beispiel angeführten Ergebnisse sind frei erfunden. Betont sei, daß 'reine' Zahlenangaben wie '0,02' *keine* Aussagekraft haben. Darum ist immer anzugeben, *welches* Zusammenhangsmaß berechnet wurde. Die entsprechenden Koeffizienten werden in der Regel mit deutschen Buchstaben wie C, V oder r bzw. mit griechischen Buchstaben wie eta, lambda, gamma, rho oder tau bezeichnet. Ein zeitgemäß ausgebildeter Politikwissenschaftler sollte in der Lage sein, eine Angabe wie 'eta=0,42' zutreffend und kritisch interpretieren zu können.

menhangsmaßes wie 'r=-0,62': 'Es neigen ältere Personen eher zu rechten, jüngere Personen aber eher zu linken politischen Einstellungen'.[207]

- Wieder andere Methoden ermöglichen es, die *Wirkung* einer Vielzahl von Sachverhalten auf ein interessierendes Merkmal festzustellen und ggf. sogar die *Wechselwirkungen* und *relativen Stärken* der einzelnen Faktoren ausfindig zu machen ('multivariate Statistik'). Dem dienen u.a. statistische Methoden wie die Regressions-, Diskriminanz- und Varianzanalyse oder die Nutzung loglinearer Modelle:

    * Verfügt man mindestens über intervallskalierte Daten,[208] so kann man durch *Regressionsanalysen* herausfinden, in welchem Umfang 'unabhängige Variablen' auf eine 'Zielvariable' einwirken. Beispiel: Wie stark wirken auf den Anteil von CDU-Wählern in den deutschen Bundestagswahlkreisen sonstige Merkmale dieser Wahlkreise wie Katholikenanteil, Arbeiteranteil, Anteil der Bevölkerung in ländlichen Gebieten usw. sowohl jeweils für sich als auch gemeinsam ein? Falls man mit nominalskalierten Daten arbeitet, lassen sich zur Antwort auf solche Fragen *loglineare* Modelle heranziehen.

    * Will man wissen, wie nominalskalierte Merkmale auf einen intervallskalierten Sachverhalt einwirken, so benutzt man die *Varianzanalyse*. Beispielsweise will man herausfinden, ob und in welchem Umfang Faktoren wie Geschlecht, Parteizugehörigkeit, Wahlabsicht, für wichtig gehaltene politische Themen usw. die auf einer mehrstufigen Skala gemessenen Sympathiewerte für einen Politiker beeinflussen. Offenbar eignet sich die Varianzanalyse besonders gut für die Auswertung von experimentell erhobenen Daten, bei denen ja Hypothesen über die Wirkungen vermuteter Ursachen geprüft werden sollen. Falls man umgekehrt wissen will, wie intervallskalierte Merkmale auf einen nominalskalierten Sachverhalt einwirken, verwendet man die *Diskriminanzanalyse*.

- Ferner gibt es - auch noch zum Bereich der multivariaten Statistik zählend - Methoden, die zur Aufdeckung solcher Sachverhalte geeignet sind, welche sozusagen 'unter der Oberfläche' der tatsächlich erhobenen Informationen liegen. Diese 'latenten Strukturen' können etwa grundlegende 'Faktoren' oder 'Gruppen' sein:

---

207 Ferner ist es möglich, durch die Berechnung partieller oder multipler Zusammenhangsmaße den Einfluß von Störfaktoren (z.B. von 'Drittvariablen' wie der 'Parteizugehörigkeit des Befragten') zu eliminieren bzw. abzuschätzen.

208 Angaben über die meßtheoretischen Voraussetzungen der Anwendung einzelner statistischer Methoden beziehen sich stets auf den 'Normalfall'; Spezialfälle - wie etwa hier die Verwendung von Dummy-Variablen - werden grundsätzlich nicht erwähnt. Ebenso bleiben verteilungstheoretische Voraussetzungen, z.B. das Vorliegen von Normalverteilungen, außer Betracht.

* Beispielsweise hat man sehr differenziert auf Intervallskalenniveau Daten über alle möglicherweise politisch relevanten Wertvorstellungen der Bevölkerung eines Landes erhoben und will nun - um seine übergeordnete Forschungsfrage beantworten zu können - herausfinden, ob diese Vielzahl einzelner Wertvorstellungen möglicherweise auf bestimmten grundlegenden Dimensionen ('Faktoren') politischer Wertvorstellungen beruht. Dann bedient man sich der sogenannten *Faktorenanalyse*.

* Möglicherweise hat man äußerst detailliert Daten über die Praktiken der Wahlkreisarbeit von Abgeordneten erhoben und muß nun, der zentralen Forschungsfrage willen, sich Klarheit darüber verschaffen, ob sich anhand der Praktiken der Wahlkreisarbeit verschiedene 'Typen' bzw. 'Gruppen' von Abgeordneten identifizieren ließen. Die für diesen Zweck geeignete statistische Methode ist die *Clusteranalyse*.

– Eine letzte Gruppe hier zu erwähnender statistischer Methoden erlaubt es, von den an (Zufalls-)Stichproben gewonnenen Ergebnissen auf die Beschaffenheit der interessierenden Grundgesamtheit zu verallgemeinern ('Inferenzstatistik'). Diese Methoden zerfallen im wesentlichen in zwei Klassen:

   * Es gibt Methoden zur Schätzung von Merkmalen ('Parametern') der Grundgesamtheit. Zwei Wege führen zu diesem Ziel. Beispielsweise will man anhand einer Stichprobe feststellen, was die mittlere Minutenanzahl ist, die alle Deutschen zwischen 18 und 80 Jahren täglich für das Ansehen von Fernsehnachrichten aufwenden. Verfügt man in Form einer Zufallsstichprobe über derartige Daten zum Fernsehkonsum, so kann man jenen 'Erwartungswert' berechnen, der mit der größtmöglichen Wahrscheinlichkeit das interessierende Merkmal der Grundgesamtheit zutreffend wiedergibt ('Punktschätzung'), wodurch man eine bestimmte Minutenanzahl als *bestmögliche* Schätzung ermittelt. Andererseits kann man ein sogenanntes 'Mutungsintervall' berechnen ('Intervallschätzung'). Beispielsweise interessiert man sich für die Anzahl jener Deutschen, die sich schon einmal wegen eines persönlichen Anliegens an einen Abgeordneten gewandt haben. In der befragten Zufallsstichprobe behaupten dies y Personen, also x % der Befragten. Nun ist nicht zu erwarten, daß auch in der Grundgesamtheit sich *genau* X % (und folglich exakt Y Deutsche) an einen Abgeordneten gewandt haben.[209] Falls eine Zufallsstichprobe vorliegt, kann man aber berechnen, in welchem Schwankungsbereich um den an der Stichprobe gewonnenen Prozentwert x mit welcher Wahrscheinlichkeit der für die Grundgesamtheit richtige Prozentwert X liegen wird. Dieser Schwankungsbereich heißt *Mutungsintervall*. Verständlicherweise muß ein Mutungsintervall um so weiter sein, mit je größerer

---

[209] Erneut sei darauf hingewiesen, daß kleine Buchstaben Merkmale von Stichproben, große Buchstaben Merkmale der Grundgesamtheit bezeichnen.

Wahrscheinlichkeit man davon ausgehen will, in ihm liege der anhand der Stichprobe zu schätzende Wert X. Üblicherweise gibt man Mutungsintervalle an, in denen die Schätzwerte mit einer Wahrscheinlichkeit von 95% oder von 99% liegen, wobei die 95%-Intervalle natürlich enger sind als die 99%-Intervalle. Mutungsintervalle kann man nicht nur für Prozentanteile berechnen, sondern auch für Mittelwerte, Streuungswerte, Zusammenhangsmaße usw., also für viele Ergebnisse, die durch die Nutzung von Methoden der beschreibenden Statistik gewonnen werden.

* Eine zweite Gruppe von Methoden der schließenden Statistik bilden die 'Signifikanztests'. Um deren Zweck zu verstehen, betrachten wir folgende Beispiele: An einer Zufallsstichprobe hat man herausgefunden, daß zwischen dem Alter der Befragten und ihrer Selbsteinstufung auf einem Rechts/Links-Kontinuum politischer Einstellungen ein Zusammenhang von 'r=-0,62' besteht. Besteht dieser Zusammenhang aber auch in der Grundgesamtheit? Oder man hat an der untersuchten Stichprobe herausgefunden, daß Frauen den Politiker X sympathischer finden als es Männer tun. Trifft dies auch für die Grundgesamtheit zu? Signifikanztests bieten eine Lösung des Problems, indem sie folgende Frage beantworten: Wie wahrscheinlich ist es, in der Stichprobe rein zufällig einen bestimmten Sachverhalt zu beobachten, wenn er in der Grundgesamtheit gar nicht vorhanden ist? Wenn die Wahrscheinlichkeit sehr *gering* ist, einen rein zufällig in der Stichprobe auftretenden Sachverhalt irrtümlich auch als in der Grundgesamtheit gegeben anzunehmen, so sagt man: 'Das an der Stichprobe gewonnene Ergebnis ist signifikant'. Die Wahrscheinlichkeit, einen irreführenden Schluß zu ziehen, heißt 'Irrtumswahrscheinlichkeit' und läßt sich in sehr vielen Fällen berechnen. Ein Ergebnis wie 'r=-0,62; p=0,03' besagt dann: 'In der Zufallsstichprobe wurde ein Zusammenhang von r=-0,61 aufgefunden; die Wahrscheinlichkeit, nur irrtümlich anzunehmen, ein derartiger Zusammenhang bestehe auch in der Grundgesamtheit, beträgt 3%'. Je kleiner die Irrtumswahrscheinlichkeit (das 'Signifikanzniveau') ist, um so sicherer ist man sich, einen empirisch *wahren* Schluß von der Stichprobe auf die Grundgesamtheit zu ziehen. Da für äußerst viele Ergebnisse, die mit Methoden der beschreibenden Statistik zu gewinnen sind, Signifikanztests verfügbar sind, läßt sich fast immer mit angebbarer Irrtumswahrscheinlichkeit von Zufallsstichproben auf Grundgesamtheiten verallgemeinern.

(5) Zur praktischen Anwendung statistischer Methoden

Während es früher nötig war, umfangreiche mathematische Kenntnisse zu erwerben und mühsame Berechnungen durchzuführen, um sich der statistischen Methoden bedienen zu können, lassen sie sich heute sehr leicht benutzen. Man muß nur die geeigneten statistischen Programmpakete (z.b. SPSS oder SAS) kennen und zu bedienen verstehen, die es mittlerweile gibt und die inzwischen meist auch für PCs und somit am persönlichen Arbeitsplatz verfügbar sind. Typischerweise erfaßt man darum seine Daten EDV-gestützt und baut eine Datenbank auf, deren Inhalte anschließend anhand von Statistikprogrammen analysiert und durch Graphikprogramme anschaulich gemacht werden. Ein Politikwissenschaftler braucht darum folgende Fertigkeiten, um die skizzierten statistischen Methoden anwenden zu können:

- Überblick über die verfügbaren statistischen Methoden, um je nach inhaltlicher Fragestellung und dem Meßniveau der erhobenen Daten die geeigneten datenanalytischen Methoden auswählen zu können;

- Verständnis der Logik der benutzten Methode (d.h. des herangezogenen 'statistischen Modells'), um zu begreifen, was mit den Daten im Vollzug der Auswertung geschieht und auf welche Weise die dann zu intepretierenden statistischen Maßzahlen zustande kommen;

- Fähigkeit, die berechneten Ergebnisse inhaltlich deuten und zur Antwort auf die Forschungsfragen heranziehen zu können;

- Know-how im Umgang mit den Statistikprogrammen, welche die jeweils gewählten statistischen Methoden EDV-gestützt einzusetzen erlauben. Zwar kann man die Arbeit am PC im Prinzip auch delegieren. Doch einesteils kann man seine Mitarbeiter nicht optimal einsetzen, wenn einem selbst die Sachkenntnis fehlt, und anderteils beraubt man sich jener wichtigen, kreativen und anregenden Möglichkeiten, welche die EDV-gestützte Datenanalyse erschließt, falls man auf eigene Arbeit am Rechner verzichtet.

e. EDV-gestützte Textanalyse

Sehr oft müssen Texte inhaltsanalytisch ausgewertet werden. Sobald sie mit Hilfe eines Textverarbeitungssystems oder mittels eines Scanners erfaßt, aufbereitet und in ein geeignetes Dateiformat gebracht sind, kann auch diese Tätigkeit durch EDV-Einsatz wesentlich erleichtert werden. Inzwischen gibt es Software, die sowohl Kategorienschemata induktiv zu erarbeiten und anschließend geeignete Textpassagen den festgelegten Kategorien zuzuordnen erlauben (etwa: ATLAS/ti, WinMAXpro), als auch die Auszählung von Worten sowie deren automatische Zuordnung zu festgelegten Kategorien ermöglichten (etwa: TEXTPACK).[210] Auch solche Programme sollte ein gut ausgebildeter Politikwissenschaftler kennen. Mehr noch als bei der Statistikausbildung bleibt die Pra-

---

210 TEXTPACK wird vertrieben von ZUMA (Zentrum für Umfragen, Methoden und Analysen), Postfach 122155, 68072 Mannheim; ATLAS/ti ist erhältlich von der Technischen Universität Berlin, Sekr. HAB 6, IFP ATLAS, Hardenbergstr. 28, 10623 Berlin.

xis politikwissenschaftlicher Lehre aber hier weit hinter dem zurück, was für die meisten Studenten wünschenswert und für den wissenschaftlichen Nachwuchs notwendig wäre.

VI. Der Ablauf politikwissenschaftlicher Forschung

1. Aufgaben und Grundformen von Forschung

Forschung besteht im Versuch, durch die Formulierung empirisch wie logisch wahrer Aussagen

– *offene Fragen zu beantworten*, etwa: 'Was ist los in A?', 'Was ist der Zusammenhang zwischen B und C?', 'Warum ist X der Fall'?, 'Wie sind die Zustände in Y zu bewerten?', 'Was wird vermutlich in Z geschehen?'

– in Form geeigneter Handlungsanweisungen *Lösungsvorschläge* für konkrete Probleme vorzulegen, etwa: 'Wie kann man dem Mißstand X abhelfen?, 'Wie kann man das Ziel Z erreichen?'

Beides verlangt stets die im folgenden vorgestellten Arbeitsschritte, deren geregelte Abfolge als 'Forschungsprozeß' bezeichnet wird. Er setzt immer ein mit der Klärung der zu bearbeitenden Frage- bzw. Problemstellung. Diese wird am Forschungsgegenstand zwar meist präzisiert; sie wird ihm aber in der Regel nicht abgewonnen. Vielmehr steuern persönliche Werte und Interessen, konkrete Aufträge und politische Rücksichtnahmen oder ein komplexes Gefüge aller Faktoren die Auswahl bestimmter Frage- und Problemstellungen sowie die Hintanstellung anderer Fragen und Probleme. Natürlich hängt nicht die *Wissenschaftlichkeit* eines Forschungsprozesses, sehr wohl aber dessen praktischer oder wissenschaftlicher *Nutzen* von der Wahl der Frage- bzw. Problemstellung ab. Beispielsweise kann man mit gleicher wissenschaftlicher Gründlichkeit den Zusammenhang zwischen der Finanzierung von Parteien und ihrer organisatorischen Schlagkraft oder aber die vorletzte Bürgermeisterwahl in Kleinhartpenning untersuchen. Vermutlich wird die erste Studie aber praktisch bzw. wissenschaftlich wichtigere Ergebnisse als die letztere zeitigen.[211] Ein (Politik-)Wissenschaftler ist darum gut beraten, nicht die 'leichte Erforschbarkeit', sondern die praktische oder wissenschaftliche *Bedeutung* eines Themas zum Prüfkriterium seiner Entscheidung zu machen, es zu bearbeiten oder zu übergehen ('Forderung nach *Relevanz* von Forschung').

Insgesamt sind drei Zweige politikwissenschaftlicher Forschung zu unterscheiden: *theoretische*, *empirische* und *normative* Forschung. Stets sind Elemente theoretischer Forschung sowohl mit empirischer als auch mit normativer Forschung vermischt; desgleichen sind empirische und normative Forschung eng miteinander verbunden. Knapp lassen sich diese drei Zweige so umreißen:

---

211 Natürlich kann dieses Beispiel nicht als Argument gegen die Nutzung von Einzelfallstudien dienen, bei denen es um aus praktischen oder wissenschaftlichen Gründen *wichtige* Fälle geht; siehe hierzu S. 227.

- Wann immer es darum geht, Informationen einzuholen und auszuwerten, wird *empirische Forschung* betrieben. Bei der Formulierung der Frage- bzw. Problemstellung, bei der Auswahl der untersuchungsleitenden Theorie(n), bei der Datenanalyse und Dateninterpretation sowie bei der Darstellung der gewonnenen Ergebnisse ist empirischer Forschung stets eine mehr oder minder reflektierte Arbeit an bzw. mit Theorie(n) beigemengt bzw. geht ihr voraus. Wenn die benötigten Informationen im Schrifttum schon verfügbar sind, vollzieht sich die empirische Forschung als *Sekundäranalyse*: publizierte oder unpublizierte Forschungsergebnisse, Tabellenbände, Datensammlungen, Datenbanken, statistische Jahrbücher u.ä. werden ausgewertet. Wenn indessen die Daten vom Wissenschaftler selbst durch Befragung, Beobachtung oder Dokumentenanalyse eingeholt werden müssen, so spricht man von 'Feldforschung'. Eine Datenerhebung mittels Laborexperiment oder Simulation heißt in der Regel 'Laborforschung'.

- Von den durch empirische Forschung erzielten konkreten Ergebnissen zu abstrahieren und ihre den untersuchten Gegenstandsbereich überschreitenden Einsichten darzulegen, ist die Aufgabe der *theoretischen Forschung* bzw. der *Theorieforschung*. Vor allem hat sie Theorien so auszugestalten, daß die beschriebenen Theoriefunktionen[212] möglichst gut erfüllt werden. Erst die Ergebnisse theoretischer Forschung erlauben den Transfer von auf einem bestimmten Arbeitsgebiet gewonnenen Befunden auf die Analyse weiterer Gegenstandsbereiche.

- *Normative Forschung* liegt dann vor, wenn Werturteile und Handlungsanweisungen erarbeitet werden sollen, die jenen Werturteilen und Handlungsanweisungen an empirischem wie logischem Wahrheitsgehalt überlegen sind, welche man schon mittels der Kompetenzen des gesunden Menschenverstandes formulieren kann. Gerade für die Politikwissenschaft ist sie wichtig, macht doch sie erst der Verbesserung politischer Praxis nutzbar, was empirische und theoretische Erforschung von Politik zutage fördern.

Für alle drei Zweige politikwissenschaftlicher Forschung lassen sich Grundformen ihres Ablaufs und der sinnvollen Folge von Arbeitsschritten angeben. Allerdings kommt es in der Praxis zu mehr oder minder großen Abweichungen von der im folgenden geschilderten Ablauflogik. Sie gehen teils darauf zurück, daß sinnvolle und bewährte Abfolgen einfach ignoriert werden, teils darauf, daß man von ihnen aus arbeitsökonomischen oder sonstigen Gründen kreativ abweicht. Ausdrücklich sei betont, daß Forschung zwar klare Spielregeln befolgen muß und eine Vielzahl von eher mechanischen Routinearbeiten beinhaltet, im Kern aber ein künstlerisches und spielerisches Unterfangen ist.

---

212 Siehe S. 85f.

2. Der Ablauf theoretischer Forschung

Ein Stück weit beinhaltet jeder Forschungsprozeß theoretische Forschung: die logische Konsistenz der untersuchungsleitenden Theorien ist zu prüfen und gegebenenfalls zu verbessern; benötigte Theorien sind für den Forschungszweck weiterzuentwickeln, möglichst kreativ miteinander zu verbinden sowie in konkrete Methodenanwendungen umzusetzen; und gegen Ende des Forschungsprozesses braucht man Theorien dazu, die erarbeiteten Ergebnisse zu bergen und überschaubar wie nutzbar zu machen. Diese bei *jedem* Forschungsprozeß nötige Arbeit an und mit Theorien nennt man zusammenfassend theoretische Forschung *im weiteren Sinn*.

Bei ihr sind rudimentär stets auch jene Arbeitsschritte zu unternehmen, welche die theoretische Forschung *im engeren Sinn* - die 'Theorieforschung' - kennzeichnen. Deren speziell politikwissenschaftliche Aufgaben - Kritik, Ausarbeitung, kreative Weiterentwicklung, topische und systematische Aufbereitung sowie Erfindung neuer Theorien - wurden bei der Darstellung des Teilfaches 'Politische Theorie' schon behandelt.[213] Um diese Aufgaben praktisch zu erfüllen, sind in der Regel die folgenden Arbeiten zu unternehmen:

– Ausarbeitung der durch theoretische Forschung zu beantwortenden Frage bzw. des zu lösenden Problems;

– bibliographische Erfassung jener Texte, in denen die zu bearbeitenden Theorien niedergelegt sind bzw. benutzt werden; Feststellung der zu all dem vorliegenden Sekundärliteratur, also von Darstellungen, Untersuchungen und Kritiken der zu bearbeitenden Theorie(n);[214]

– Inhaltsanalyse der bibliographisch erfaßten Texte bzw. einer Auswahl dieser Texte;

– gegebenenfalls Sekundäranalyse jenes Schrifttums, welches anhand von Forschungsergebnissen über den Wahrheitsgehalt solcher empirischer Theorien informiert, die durch theoretische Forschung verbessert werden sollen;[215]

– Umsetzung der durch Inhalts- und Sekundäranalyse gewonnenen Ergebnisse in Kritik, Ausarbeitung bzw. kreative Weiterentwicklung der bearbeiteten Theorie(n);

---

213 Siehe S. 166ff.
214 Zur Praxis des Bibliographierens siehe S. 274.
215 Wohlgemerkt stellen die Arbeitsschritte der Inhalts- und Sekundäranalyse Phasen *empirischer* Forschung dar, welche in den Prozeß theoretischer Forschung eingebettet sind.

- falls das Forschungsziel darauf abhebt: topische und systematische Aufbereitung der untersuchten Theorien, was gegebenenfalls zur Formulierung einer neuen, integrierenden Theorie führen kann;

- Niederlegung der gewonnenen Ergebnisse in Arbeitspapieren, Diskussionsbeiträgen, Vorträgen, Aufsätzen, Buchbeiträgen, Monographien oder Editionen.

3. Der Ablauf empirischer Forschung

a. Arbeitsschritte empirischer Forschung

Obwohl manche Einzelschritte empirischer Forschung zuweilen gemeinsam unternommen oder wiederholt werden können, läßt sich das folgende allgemeine Ablaufschema herausarbeiten:[216]

- *Entdeckung* und *vorläufige Formulierung* der zu beantwortenden Frage bzw. des zu lösenden Problems.

- *Zusammentragen und Sichten des bereits verfügbaren Wissens*, v.a. durch Bibliographieren, Lesen und Gespräche.

- *Klärung der zur multiperspektivischen Erfassung des Forschungsgegenstandes geeigneten Begriffe und Theorien* und *Feststellung der in die Untersuchung einzubeziehenden Aspekte bzw. Dimensionen des Untersuchungsgegenstandes* anhand dieser Begriffe und Theorien ('dimensionale Analyse').

- *Präzisierung der Frage- bzw. Problemstellung*: Endgültige Formulierung der Frage bzw. des Problems in den Begriffen der herangezogenen Theorie(n) ('Konzeptualisierung' des Forschungsvorhabens).

- *Klärung des tatsächlichen Forschungsbedarfs*: Reicht es aus, die schon verfügbaren Wissensbestände sekundäranalytisch auszuwerten, oder müssen zusätzliche Informationen durch Dokumentenanalyse, Befragung oder Beobachtung, ggf. auch durch Experimente und Simulation eingeholt werden?

- Falls letzteres nötig ist: *Klärung der heranzuziehenden Methoden der Datenerhebung, der zu untersuchenden Stichprobe, des anzuwendenden Auswahlverfahrens sowie der sinnvollen Methoden der Datenanalyse*. Ein häufiger Fehler besteht darin, nicht schon bei der Wahl der Erhebungsmethoden auch die wichtigsten Methoden und Wege der Datenanalyse zu bestimmen. Typischerweise stellt man dann bei der Datenanalyse fest, daß man aus inhaltli-

---

216 Vgl. auch Alemann 1977.

chen Gründen wichtige Daten gar nicht oder auf unzureichendem Meßniveau erhoben hat, kann dieses Versäumnis nun aber nicht mehr korrigieren. Darum gilt: Nur wenn die Fragestellung, die untersuchungsleitenden Theorien, die Methoden der Datenerhebung und jene der Datenanalyse *von vornherein* sorgfältig aufeinander abgestimmt sind, lohnt sich die beim Forschungsprozeß aufgewandte Mühe. Am Ende solcher Überlegungen muß ein klarer Plan stehen, der eine solche Abstimmung leistet. Er wird gemeinhin das 'Forschungsdesign' genannt.

– *Ausarbeitung der Erhebungsinstrumente*: Umsetzung der konkreten Forschungsfragen und der Entscheidungen zur Methodenwahl in die konkret zu benutzenden Erhebungsinstrumente, also etwa in den Fragebogen bzw. Leitfaden für Interviews, in das Beobachtungsschema bzw. den Beobachtungsleitfaden, in ein inhaltsanalytisches Kategorienschema oder einen Analyseleitfaden, in einen Versuchsplan oder in das Design einer Simulationsstudie. Die Entwicklung der Erhebungsinstrumente muß unbedingt mit der Ausarbeitung eines detaillierten *Datenanalyseplans* einhergehen. Dies ist um so wichtiger, als Unbedachtsamkeit schon in geringfügigen Details die Datenanalyse erheblich erschweren kann. Die konkrete Ausarbeitung der Erhebungsinstrumente heißt 'Operationalisierung'.

– *Vorbereitung und Durchführung der Datenerhebung*. In dieser Arbeitsphase treten regelmäßig erhebliche organisatorische Anforderungen auf. Einige Hinweise genügen: bei Interview- und Beobachtungsstudien sind die Interviewer bzw. Beobachter zu schulen, bei inhaltsanalytischen Studien die Codierer einzuarbeiten; das konkrete Ziehen der Stichprobe kann ebenso mühsam sein wie die technische Durchführung und Koordination der Datenerhebung; und außerdem ist es nicht immer einfach, die zusammengetragenen Daten von vornherein übersichtlich und zielsicher auffindbar abzulegen.

– *Datenerfassung*: Die erhobenen Daten werden in einer Weise zusammengestellt, welche die anschließende Datenanalyse erleichtert. Nicht selten nimmt dies die Form an, daß man numerische Daten in einer Datenbank und Textdaten über ein Textverarbeitungssystem oder mit einem Scanner erfaßt.

– *'Bereinigung der Daten'*: Unbedingt muß die Qualität der aufgezeichneten Informationen bzw. der EDV-gestützt erfaßten Daten überprüft werden. Folgende Fragen zeigen, worum es dabei geht: Wurde der Auswahlplan ordnungsgemäß abgearbeitet? Sind Verzerrungen der Stichprobe festzustellen? Wurden die Daten fehlerhaft aufgezeichnet? Kam es zu Fehlern bei ihrer Erfassung in einer Datenbank? Entdeckte Mängel sind zu beseitigen; ggf. können Nacherhebungen erforderlich sein.

- *Erledigung der Datenanalyse*: In der Regel wird zunächst der bei der Entwicklung des Forschungsdesigns erstellte Datenanalyseplan abgearbeitet, woran sich Detailanalysen anschließen, die neu aufgetretenen Fragen nachgehen.
- *Zusammenschau und Interpretation* der Einzelergebnisse mittels der hermeneutischen Methode.
- *Beantwortung der Forschungsfrage bzw. Formulierung eines Lösungsvorschlags für das bearbeitete Problem* in Form von Arbeitspapieren, Gutachten, Vorträgen und Publikationen.

Auch jede Haus- oder Prüfungsarbeit, die im Lauf eines politikwissenschaftlichen Studiums angefertigt wird, folgt im großen und ganzen diesem Ablaufplan.[217] Allerdings werden dabei meist keine eigenen Datenerhebungen durchgeführt, so daß sich die herangezogenen Forschungsmethoden in der Regel auf das Bibliographieren verfügbarer Literatur samt deren Sekundäranalyse beschränken.

b. Qualitative oder quantitative Forschung?

Sowohl in den Sozialwissenschaften im allgemeinen als auch in der Politikwissenschaft im besonderen gab es heftige Diskussionen, ob man sich dem Untersuchungsgegenstand 'politische Wirklichkeit' bei empirischer Forschung mit 'quantitativen Methoden' annähern könne oder besser 'qualitative Methoden' benutzen solle. Diesen Diskussionen liegt ein mittlerweile schon traditioneller Streit um die richtige Antwort auf folgende Frage zugrunde: Gibt es wesentliche Unterschiede zwischen Forschung in den Naturwissenschaften und der Forschung in den Geistes- und Sozialwissenschaften? Benutzen die Naturwissenschaften nicht exakt quantifizierende Methoden, während die Geistes- und Sozialwissenschaften mittels der hermeneutischen Methode dem Wesen und der 'Qualität' ihrer Gegenstände nachspüren?

Falls man glaubt, die Wissenschaften ließen sich tatsächlich anhand einer Gegenüberstellung von Geistes- und Naturwissenschaften sinnvoll gliedern, unterziehen Versuche, diese Fragen gründlich zu beantworten, die sozialwissenschaftliche Forschung einer Zerreißprobe. Gemäß dem Schaubild 9 eine Eigenständigkeit der Sozialwissenschaften zu erkennen, ermöglicht indessen eine Schlichtung des Streits, bei welcher deutlich wird, daß beide 'Forschungsstrategien' nicht nur *vereinbar* sind, sondern einander sogar bestens *ergänzen*. Obschon eine systematische Erörterung hier nicht möglich ist, scheinen sich die Widersprüche zwischen beiden Positionen wie folgt aufheben zu lassen:[218]

---

217 Siehe hierzu unten S. 273ff.
218 Ausführlich siehe hierzu Patzelt 1986: 309-317.

Als Benutzung *quantitativer* Methoden, die als Ausfluß eines 'naturwissenschaftlichen Forschungsverständnisses' gilt, wird in der Regel folgendes Vorgehen angesehen:

- Aufgrund erheblichen Vorwissens über einen Forschungsgegenstand lassen sich anhand klarer untersuchungsleitender Theorien präzise Vermutungen formulieren, die nun überprüft werden sollen. Forschung zielt dergestalt auf den Test *deduktiv* gewonnener Hypothesen.

- Diese Vermutungen werden in Begriffe gefaßt, welche eine Datenerhebung auf dem Niveau möglichst einer metrischen Skala erlauben.

- Zu diesem Zweck werden *vollstrukturierte* Fragebögen, Beobachtungsschemata oder Kategorienschemata für Inhaltsanalysen benutzt. Wann immer möglich, strebt man experimentelle Forschungsdesigns unter Laborbedingungen an, um kausale Hypothesen zu prüfen.

- Zur Datenerhebung nutzt man sorgfältig geplante Zufallsstichproben, falls nicht die Homogenität des Untersuchungsgutes stichprobentheoretische Überlegungen entbehrlich macht.

- Die Datenanalyse bedient sich vor allem statistischer Methoden.

Das Vorgehen bei *qualitativer* Forschung, welches einem 'geisteswissenschaftlichen Wissenschaftsverständnis' zugerechnet wird, läßt sich hingegen so skizzieren:

- Es gilt, Neues zu entdecken bzw. einem Gegenstand bislang unbeachtete Fragestellungen abzugewinnen.

- Weder gibt es nennenswertes Vorwissen noch die präzise Begrifflichkeit einer klaren untersuchungsleitenden Theorie. Vielmehr können forschungsnützliche theoretische Vorstellungen erst im Lauf der Datenerhebung *induktiv* entwickelt werden: die Theorie entsteht in steter Auseinandersetzung mit den jeweils getätigten Beobachtungen ('grounded theory').

- Folglich werden auch keine standardisierten Erhebungsinstrumente benutzt. Allenfalls anhand eines flexiblen Leitfadens führt man Gespräche, beobachtet man oder wertet man Dokumente aus.

- Seine Untersuchungseinheiten - also die Dokumente, die man auswertet; Personen, mit denen man spricht; Situationen, die man beobachtet - wählt man schrittweise, je nach günstiger Gelegenheit, nach dem 'Schneeballsystem' und jedenfalls *theoriegesteuert* aus, da sich ja nicht vorweg bestimmen läßt, wer und was untersucht werden muß.

– Statistische Methoden sind in der Regel ungeeignet, die erhobenen Informationen auszuwerten. Königsweg der Datenanalyse ist die Benutzung der hermeneutischen Methode.

Eine nähere Betrachtung der beiden Aufzählungen zeigt nun, daß es bei der Gegenüberstellung von quantitativer und qualitativer Forschung keinesfalls um eine grundsätzliche Alternative geht, denn leicht ist zu erkennen, daß es bei der Ablauflogik qualitativer und quantitativer Forschung keine prinzipiellen, sondern nur graduelle Unterschiede gibt. Da quantitative Forschung wesentlich mehr Vorwissen verlangt als qualitative Forschung, kann sie es auch in sehr detaillierte Einzelplanungen des Forschungsprozesses umsetzen; und indem qualitative Forschung kreativ improvisiert, durchläuft sie genau die beschriebenen Forschungsphasen, wobei sie sich auf das bei ihnen Wesentliche beschränkt. Keineswegs ist quantitatives Vorgehen somit 'wissenschaftlicher' als qualitative Forschungsarbeit. Ebensowenig liegt es einfach am Forschungsgegenstand, ob ihm erkenntnisträchtiger mit einer qualitativen oder einer quantitativen Forschungsstrategie beizukommen ist. Denn ist qualitatives Vorgehen ist immer dann *nötig*, wenn

– noch wenig Vorwissen über einen gegebenen Gegenstandsbereich verfügbar ist;

– sich allenfalls klassifikatorische und komparative Begriffe zur Beschreibung des Forschungsgegenstandes eignen;

– die Datenerhebung sich weder hinsichtlich der zu untersuchenden Stichprobe noch bezüglich des Erhebungsinstruments (Fragebogen, Beobachtungs- und Kategorienschema) vorweg planen läßt;

– statistische Methoden den Informationsgehalt der gewonnenen Daten überfordern würden, während ihn nach markanten Beispielen gegliederte Beschreibungen des untersuchten Gegenstandsbereichs ('konzeptuell dichte Beschreibungen') einprägsam ausdrückten.

Umgekehrt *verschenkte* man Forschungsmöglichkeiten,

– nutzte man nicht alles verfügbare Vorwissen zu möglichst präziser Begriffsbildung;

– setzte man das Vorwissen nicht in solche Erhebungsinstrumente um, die an Verallgemeinerungen erlaubenden Stichproben Daten möglichst hohen Informationsgehalts und Meßniveaus liefern;

– zöge man nicht die für das erreichte Meßniveau leistungsfähigsten statistischen Methoden der Datenanalyse heran.

Folglich sind es keine grundsätzlichen, sondern ausschließlich *forschungspraktische* Erwägungen, die im Einzelfall zur Entscheidung für *eher* qualitatives oder *eher* quantitatives Vorgehen führen. Praktisch sind die Extremmöglichkeiten 'rein qualitativer' oder 'rein quantitativer' Forschung nur selten einschlägig, liegen die meisten nützlichen Forschungsdesigns doch im Mittelfeld zwischen beiden 'Polen'. Ein Politikwissenschaftler ist darum gut beraten, sich nicht dogmatisch auf die eine oder andere Extremform festzulegen, sondern das *gesamte* Methodenspektrum in seinen Grundzügen kennenzulernen, um seine jeweilige Forschungsstrategie allein an den wechselnden Forschungsaufgaben auszurichten.

c. Formen empirischer Forschung

Unabhängig von der Verortung eines empirischen Forschungsprozesses auf dem Kontinuum zwischen qualitativer und quantitativer Forschung sowie von den im Einzelfall herangezogenen Methoden der Datenerhebung und Datenanalyse lassen sich die folgenden *Formen* empirischer Forschung nach einer Reihe äußerlicher Merkmale des jeweiligen Forschungsdesigns unterscheiden:

- Nach der Anzahl der benutzten Forschungsmethoden unterscheidet man 'Ein-Methoden-Studien' von 'Mehr-Methoden-Studien'. Allein die Forschungsfrage und die untersuchungsleitenden Theorien, keineswegs aber persönliche Vorlieben des Forschers dürfen festlegen, ob bzw. mit welchen Methodenkombinationen gearbeitet wird.

- Nach der Anzahl der Untersuchungsebenen (etwa: Einzelperson, soziales Netzwerk, Organisation, politisches System, Gesamtgesellschaft, internationale Staatenwelt), auf denen die erforschten Sachverhalte angesiedelt sind, unterscheidet man 'Ein-Ebenen-Studien' von 'Mehr-Ebenen-Studien'. Wiederum dürfen nur Fragestellung und forschungsleitende Theorie(n) festlegen, welche Untersuchungsebenen einbezogen werden müssen. In der Regel sind politikwissenschaftlichen Forschungsgegenständen allerdings Mehr-Ebenen-Studien angemessen. Zumindest müssen die auf der nächsthöheren Untersuchungsebene angesiedelten Kontextmerkmale des konkreten Untersuchungsgegenstandes in die Analyse einbezogen werden.[219] Beispielsweise gilt es bei der Erforschung der innerparteilichen Aktivität von Parteimitgliedern, auch deren gesellschaftliches Umfeld sowie die Organisationsstruktur der Partei zu betrachten.

- Versucht man, die Forschungsfrage anhand einer einzigen Untersuchungseinheit zu beantworten (etwa anhand eines einzigen politischen Systems oder einer einzigen Person), so liegt eine 'Einzelfallstudie' vor. Einzelfallstudien dienen in der Regel der Erarbeitung erster Kenntnisse über einen Gegenstandsbereich, dem Test einer Theorie auf praktisch-analytische Anwendbarkeit, der Erprobung von Methoden oder der Beschaffung illustrierenden Ma-

---

219 Vgl. die Bemerkungen zur 'causa formalis' auf S. 76 sowie zum Schichtenbau sozialer Wirklichkeit auf Seite S. 40ff.

terials. Darüberhinaus kann versucht werden, auf den untersuchten Einzelfall bezogen praxisnützliche Vorschläge zu erarbeiten.

- Um Theorien zu überprüfen, führt man 'vergleichende Studien' durch. Sie eignen sich für diesen Zweck um so besser, je günstiger ihr n/v-Verhältnis ist, also: je größer die Anzahl der verglichenen Untersuchungsfälle in bezug auf die Anzahl der Untersuchungsvariablen ist. Derartige Studien durchzuführen, wird als - differenz- oder konkordanzanalytische - Benutzung der 'komparativen Methode' bezeichnet.[220] Nach der Logik des Vorgehens könnte man indessen auch von 'Quasi-Experimenten' sprechen. Drei *Untergattungen* vergleichender Studien sind hervorzuheben: '*historisch* vergleichende Studien', bei denen beispielsweise politische Strukturen verschiedener Zeiten miteinander verglichen werden; '*regional* vergleichende Studien', bei denen etwa die Landwirtschaftspolitik Deutschlands mit jener von Frankreich, Großbritannien und Spanien verglichen wird; und '*sektoral* vergleichende Studien', bei denen z.B. die jeweiligen Einflüsse von Wechselkursschwankungen auf den Energiemarkt, die Außenwirtschaft und den Tourismus verglichen werden. Es versteht sich von selbst, daß der Angelpunkt vergleichender Studien stets die forschungsleitende Theorie ist ('tertium comparationis').

- Werden vor allem *Zustände* beschrieben bzw. vergleichend untersucht, so spricht man von 'Querschnittstudien'. Im Unterschied dazu nennt man auf die Erfassung von *Prozessen* und *Wandel* ausgerichtete Untersuchungen 'Längsschnittstudien'. Liegen Daten über Wandlungsprozesse in Form von Zahlenreihen ('Zeitreihen') vor, so kann man sich für Längsschnittstudien der Methoden statistischer 'Zeitreihenanalyse' bedienen.

- Befragt man *dieselben* Personen (d.h. ein 'Panel') in bestimmten Abständen immer wieder, um *an ihnen* vollzogene Wandlungsprozesse aller Art festzustellen, so spricht man von 'Panel-Studien'. Eine 'Kohortenanalyse' indessen liegt vor, wenn Wandlungsprozesse in bezug auf voneinander unterschiedene Altersgruppen ('Alterskohorten') untersucht werden.

- Wenn noch wenig Wissen über einen zu erforschenden Gegenstandsbereich vorliegt, wenn also weder präzise Begriffe und Theorien den Forschungsprozeß anleiten können noch dieser im voraus gut zu planen ist, so muß mit qualitativen Studien begonnen werden. Deren Ergebnisse erhellen zwar das Untersuchungsfeld, können aber meist nicht als bestmöglich abgesichert oder gar als verallgemeinerungsfähig gelten. Derartige Forschungen heißen 'explorative Studien' und dienen stets als erster Schritt zur Aufklärung bislang unbekannter Sachverhalte. Kann ein komplexer Gegenstandsbereich nur dem Ansatz nach, doch aus zeitlichen oder finanziellen Gründen (noch) nicht in der gewünschten oder sachlich notwendigen Vielschichtigkeit und Vollständigkeit untersucht werden, so führt man eine 'Pilotstudie' (auch: 'Vorstudie')

---

220 Vgl. S. 139ff.

durch. Bei ihr wird zwar das Forschungsinstrumentarium so gut wie vollständig entwickelt; man beschränkt sich aber bei der Datenerhebung und Datenanalyse auf einen kleinen Teil des 'eigentlich' zu erforschenden Gegenstandes. In der Regel nutzt man Pilotstudien, um Erfahrungen für die Durchführung sogenannter 'Hauptuntersuchungen' zu gewinnen, die einen Forschungsplan *vollständig* umsetzen. Bei Pilotstudien oder Hauptuntersuchungen führt man ferner 'Pretests' durch, die der Erprobung von Erhebungsinstrumenten wie Fragebögen, Beobachtungs- oder Kategorienschemata dienen. *Wiederholt* man eine Hauptuntersuchung, um ihre Ergebnisse zu überprüfen oder um Veränderungen ihres Gegenstandsbereichs festzustellen, so spricht man von einer 'Replikation'. Demgegenüber sind 'Folgestudien' solche Untersuchungen, die mit einem verfeinerten, geringfügig oder gar nicht veränderten Instrumentarium über den Ergebnishorizont bisheriger Hauptuntersuchungen oder Pilotstudien hinausgehen. Eine Kette von Folgestudien liefert das Grundlagenmaterial für Längsschnitt- und Zeitreihenanalysen.

4. Der Ablauf normativer Forschung

Normative Forschung zum Zweck der Erarbeitung von *Werturteilen* ist das zentrale Anliegen Politischer Philosophie, während sie zum Zweck der Erarbeitung von *Handlungsanweisungen* zumal im Bereich von Politikfeldanalysen und der vergleichenden Erforschung politischer Systeme unternommen wird. Insgesamt hat normative Forschung die Aufgabe,

- vorgelegte normative Theorien zu überprüfen;

- Wertmaßstäbe und sie konstituierende bzw. von ihnen getragene Gefüge normativer Aussagen, also: neue normative Theorien, zu erstellen;

- Inhalte, Strukturen und Prozesse politischer Wirklichkeit anhand erarbeiteter Wertmaßstäbe zu bewerten und zu kritisieren;

- auf der Grundlage solcher Werturteile Handlungsanweisungen zu formulieren.

Stets baut normative Forschung auf recht umfangreichen Vorarbeiten theoretischer und empirischer Forschung auf. Jene Arbeitsschritte, welche diesen beiden Forschungszweigen zuzurechnen sind, werden im folgenden nur noch zusammenfassend erwähnt, nicht aber erneut aufgelistet. Mit dieser Einschränkung läßt sich der Ablauf normativer Forschung wie folgt skizzieren:

a. Die Überprüfung normativer Theorien

Soll eine normative Theorie - konkret: ein Wertmaßstab - überprüft werden, so ist zunächst eine logische Analyse des ihn konstituierenden und durch Bibliographieren sowie Inhaltsanalyse erschlossenen Aussagengefüges durchzuführen. Bei diesem ersten Untersuchungsschritt ist festzustellen, ob die zu prüfende, in vielfältige Kontexte und Argumentationen eingebettete normative Theorie logische Inkonsistenzen, naturalistische Fehlschlüsse oder zirkuläre Argumentationen enthält. Derartige Mängel sind zu beseitigen. Normative Theorien, die anders als unter Inkaufnahme solcher Fehler nicht formuliert werden können, müssen aufgegeben werden, da sie wissenschaftlichen Anforderungen von vornherein nicht genügen.

Anschließend ist die Begründung der untersuchten normativen Theorie zu überprüfen: es ist festzustellen, ob sie auf 'Offenbarungen' bzw. auf unhinterfragten Werken von 'Klassikern' oder auf einen für praktische Bewertungszwecke angestrebten, doch freier Erörterung zugänglichen Konsens gegründet ist.[221] Nur solche normativen Theorien, die ihre Begründung für Kontrolle, Kritik und Korrektur offenhalten, sind für weitergehende normative Forschung akzeptabel.

Sodann folgt die inhaltliche Prüfung der zu untersuchenden normativen Theorie auf ihre 'normative Brauchbarkeit'. Dabei ist herauszufinden, ob die fragliche Theorie jene Aufgaben, derentwegen man sie heranziehen möchte, wirklich erfüllen kann. Der Grundgedanke des Prüfverfahrens läßt sich so formulieren:

- Aus einer Untersuchung der zu erwartenden *Folgen* von Handlungen, welche den Forderungen der geprüften normativen Theorie entsprechen, wird auf die Berechtigung der Behauptung geschlossen, die überprüften normativen Aussagen seien Ausfluß eines zur Handlungsanleitung brauchbaren Wertmaßstabs.

- Aus der Bestätigung oder Widerlegung dieser Behauptung über den Wertmaßstab wird wiederum auf die Gültigkeit der von ihm abzuleitenden Werturteile und auf die Brauchbarkeit der von ihm ausgehenden Handlungsanweisungen geschlossen.

Im einzelnen ist so zu verfahren:

- Man arbeitet durch *logische* Analyse heraus, welche Handlungsanweisungen aus der zu überprüfenden normativen Theorie abzuleiten sind, also: welches Tun oder Lassen anhand des zu prüfenden Wertmaßstabs im großen und ganzen als gesollt bzw. gut behauptet wird.

- Sodann ist durch *empirische* Untersuchung einer geeigneten Auswahl von Fällen, in denen gemäß solchen Handlungsanweisungen vorgegangen wurde, herauszufinden, ob derartiges Handeln für die Verwirklichung jener Werte,

---

221 Zirkuläre Scheinbegründungen werden bereits bei der logischen Analyse entdeckt.

derentwegen es unternommen wurde, tatsächlich hinreichend oder zumindest notwendig war.²²²

- Gelangt man zu einem aussagekräftigen Prüfergebnis, so ist anhand seiner *abzuschätzen*, welche Chancen auf welche Auswirkungen des von der untersuchten normativen Theorie geforderten Handelns in jenen Situationen erwartet werden dürfen, für die man solches Handeln verlangt. Dabei gibt es drei Möglichkeiten:

  * Kann erwartet werden, daß ein Handeln gemäß den formulierten und überprüften Handlungsanweisungen für die Verwirklichung der ihnen zugrunde liegenden Werte einen förderlichen Beitrag leistet, so können die handlungsanleitenden normativen Aussagen als *brauchbar* gelten.

  * Kann erwartet werden, daß ein Handeln gemäß den Handlungsanweisungen der untersuchten normativen Theorie für die Verwirklichung der von dieser Theorie angezielten Werte weder hinreichend noch notwendig ist, so können die handlungsanleitenden normativen Aussagen als *unbrauchbar* gelten.

  * Kann erwartet werden, daß ein Handeln gemäß den Handlungsanweisungen der untersuchten normativen Theorie für die Verwirklichung der von dieser Theorie angezielten Werte eher hinderlich ist, so können die handlungsanleitenden normativen Aussagen als *kontraproduktiv* gelten.

Aus dem dergestalt gewonnenen Prüfergebnis läßt sich nun auf die Brauchbarkeit des untersuchten Wertmaßstabs schließen, also auf die Brauchbarkeit der in Form von Argumenten einen bestimmten Wertmaßstab konstituierenden normativen Theorie:

- Wertmaßstäbe, aus denen logisch stimmig brauchbare Handlungsanweisungen abzuleiten sind, können ihrerseits als *normativ brauchbar* gelten.

- Wertmaßstäbe, aus denen logisch stimmig unbrauchbare Handlungsanweisungen abzuleiten sind, müssen auch ihrerseits als *normativ unbrauchbar* gelten.

In diesem Fall muß der zugrunde gelegte Wertmaßstab solange korrigiert werden, bis ein brauchbarer Wertmaßstab gewonnen wurde. Mißlingt dies, so ist es - zumindest einstweilen - unmöglich, eine *wissenschaftlich* abgesicherte

---

222 Drei Probleme können dabei auftreten, welche die *Grenzen* der Möglichkeit markieren, normative Aussagen auf *wissenschaftliche* Weise zu erarbeiten: es lassen sich einfach keine geeigneten Untersuchungsfälle auffinden; derartige Fälle können zwar untersucht werden, doch es ist fraglich, inwiefern der bezüglich *ihrer* festgestellte Befund für den Anwendungsbereich der *nun* zu prüfenden Theorie aussagekräftig ist; oder trotz der Untersuchung geeigneter Fälle läßt sich nicht ausreichend klar herausfinden, welchen Einfluß die betrachteten Handlungsweisen tatsächlich auf die Verwirklichung jener Werte hatten, bezüglich welcher sie unternommen wurden.

normative Theorie vorzulegen. Das heißt: es kann unter Ausnutzung allen verfügbaren Wissens über die Kompetenzen des gesunden Menschenverstandes *nur* in der Weise hinausgegangen werden, daß man dessen *Grenzen aufzeigt*, ohne sie freilich überschreiten zu können.

- Wertmaßstäbe, aus denen logisch stimmig kontraproduktive Handlungsanweisungen abzuleiten sind, müssen auch ihrerseits als *normativ kontraproduktiv* gelten. Mit ihnen ist wie mit unbrauchbaren Wertmaßstäben zu verfahren.

Offensichtlich sind nur solche Werturteile, die auf normativ brauchbaren Wertmaßstäben gründen, *gültige* bzw. *begründete* Werturteile. Hingegen sind Werturteile, die aus unbrauchbaren oder kontraproduktiven Wertmaßstäben abgeleitet wurden, als *ungültig* bzw. *unbegründet* zurückzuweisen. Entsprechendes gilt für eine zu überprüfende normative Theorie: Argumentationen, die brauchbare Wertmaßstäbe, gültige Werturteile bzw. brauchbare Handlungsanweisungen tragen, sind *gültige* bzw. *brauchbare* normative Theorien, während andernfalls *ungültige* bzw. *unbrauchbare* normative Theorien vorliegen.

Somit zeigt sich, daß die Begründung einer normativen Theorie bzw. eines Wertmaßstabes durch für praktische Zwecke ausreichenden *Konsens* keinesfalls dafür genügt, die Grundlage eines *wissenschaftlich* begründeten Werturteils zu schaffen. Das wundert auch nicht, läßt sich derartiger Konsens doch gegebenenfalls auch auf *fehlerhafte* Common Sense-Annahmen stützen, über welche hinauszugehen doch der Zweck von Wissenschaft ist. Diesen Schritt indessen unternimmt erst die Prüfung der normativen Brauchbarkeit eines Wertmaßstabs: im Prüfverfahren werden jene *zusätzlichen* Informationen über die Brauchbarkeit oder Kontraproduktivität konkret wertgeleiteten, werterfüllte politische Wirklichkeit hervorbringenden Handelns eingeholt, die im (alltäglichen) Diskurs - der bislang zum Konsens über den anschließend geprüften Wertmaßstab führte - noch nicht verfügbar waren. In genau solchem Zugewinn besteht der Ertrag dieses Arbeitsgangs normativer Forschung.

Das Prüfverfahren kann zu stichhaltigen Ergebnissen führen oder an die Grenzen des wissenschaftlich Möglichen gelangen, was ja auch im Bereich empirischer Forschung immer wieder vorkommt; es kann den bereits bestehenden Konsens über die Heranziehbarkeit eines Wertmaßstabs bekräftigen oder erschüttern; und es kann die normative Brauchbarkeit eines bislang konsentierten Wertmaßstabs belegen oder als nicht gegeben nachweisen. Im letzteren Fall kann der im Prüfverfahren erzielte Informationszugewinn zur Erschütterung des bisherigen und zur Erzielung eines neuen Konsenses genutzt werden, der sich nun auf eine *korrigierte* normative Theorie bezieht. Mißlingt neue Konsensstiftung, so ist normative Forschung an ihre Grenze gelangt und überläßt dem Common Sense der Wissenschaftler das Feld. Dann muß eben eine Pluralität konkurrierender Wertmaßstäbe und normativer Theorien akzeptiert und darauf verzichtet werden, eine einzige normative Theorie als 'im Gegensatz zu anderen wissenschaftlich begründet' auszugeben. Letztlich ist dies gar keine Besonderheit normativer Forschung: auch im Bereich der empirischen Forschung kommt es immer wieder vor, daß einander ausschließende empirische Theorien miteinander konkurrieren und die sie vertretenden Wissenschaftler sich auf einen Konsens einfach nicht verständigen können.

b. Die Ausarbeitung neuer normativer Theorien

Im wesentlichen ist bei dieser Forschungsaufgabe Politischer Philosophie in vier Arbeitsschritten vorzugehen:

– In bezug auf den praktischen Zweck, dem die fragliche normative Theorie dienen soll, wird zunächst ein *hypothetischer Wertmaßstab* erarbeitet, der später sowohl auf seine Begründung als auch auf seine normative Brauchbarkeit überprüft wird. Man gelangt zu ihm, indem man - die Arbeitsschritte theoretischer Forschung vollziehend - bereits formulierte oder praktisch benutzte Wertmaßstäbe bzw. Wertvorstellungen vergleichend betrachtet und das für den praktischen Zweck Nützliche als Ergebnis dieser Analyse klar und logisch konsistent formuliert.

– Anschließend ist zu prüfen, ob sich dieser hypothetische Wertmaßstab in zulässiger Weise begründen läßt. Begründungen, die Zirkelschlüsse, naturalistische Fehlschlüsse oder den - einem Glaubensakt gleichenden - Rückgriff auf 'Offenbarungen' oder 'Klassiker' enthalten, sind zu unterlassen; statt dessen ist eine für Kontrolle, Kritik und Korrektur offene, doch unter Fachkollegen Konsens anzielende Begründung auszuarbeiten, die auf den praktischen Anwendungszweck der zu erstellenden normativen Theorie bezogen ist. Läßt sich derartiger Konsens nicht erzielen oder nicht als gegeben nachweisen, so ist diese nicht unangezweifelte Stellung des hypothetischen Wertmaßstabs unter den mit ihm konkurrierenden Wertmaßstäben darzulegen und überdies zu begründen, warum man weiterer Arbeit dennoch *diesen* Wertmaßstab zugrunde legt. Die Begründung kann zwar auch in Form eines Glaubensaktes oder einer Willkürentscheidung vorgenommen werden; dies muß dann aber als Verlassen des wissenschaftlichen Arbeitszusammenhangs offengelegt werden und wird nur dadurch geheilt, daß sich möglicherweise die normative Brauchbarkeit des entwickelten Wertmaßstabs nachweisen läßt.

– Der bis zu diesem Zeitpunkt erarbeitete hypothetische Wertmaßstab wird nun der oben dargelegten inhaltlichen Prüfung auf seine normative Brauchbarkeit unterzogen. Dabei können die Grenzen normativer Forschung erreicht werden. Ist dies nicht der Fall, so wird das Prüfergebnis entweder den hypothetischen Wertmaßstab als normativ brauchbar erscheinen lassen oder zu dessen Korrektur Anlaß geben. Im ersten Fall kann unter Verweis auf die gewonnenen Forschungsergebnisse für einen dahingehenden Konsens geworben werden, den überprüften Wertmaßstab für den Bewertungszweck der angestrebten normativen Theorie heranzuziehen. Im zweiten Fall muß eine Korrektur des geprüften Wertmaßstabs vorgenommen werden. Mißlingt sie, so ist wiederum die Grenze der jeweils gegebenen Leistungsfähigkeit normativer Forschung erreicht.

– Im anzustrebenden Optimalfall liegt hinsichtlich eines normativ brauchbaren Wertmaßstabes ein breiter Konsens über dessen Heranziehbarkeit vor. Der ursprünglich nur hypothetisch formulierte, dann geprüfte und - gegebenenfalls nach Korrekturen - als normativ brauchbar nachgewiesene Wertmaßstab kann nun zum Angelpunkt der um ihn zu errichtenden normativen Theorie gemacht werden. Die ihn konstituierenden Aussagen werden für diesen Zweck systematisiert und in hierarchische Abhängigkeitsverhältnisse gebracht, so daß ein übersichtliches und für praktische Zwecke leicht nutzbares Aussagengefüge entsteht; und dieses Aussagengefüge wird sodann zur Erfüllung jener Zwecke ausgebaut.

Erneut sei darauf verwiesen, daß weder bei der Durchführung derartiger Argumentationen noch bei der Erarbeitung der fraglichen normativen Theorie *persönliche* Werturteile des Wissenschaftlers nötig sind; vielmehr entstehen wissenschaftlich erarbeitete Werturteile erst als *Resultat* einer Argumentation, die im Rahmen einer dergestalt erarbeiteten normativen Theorie durchgeführt wird. Persönliche Werturteile anstelle logisch konsistenter und inhaltlich geprüfter Aussagen bei der Erarbeitung einer normativen Theorie zu benutzen, ist sogar nur nachteilig, weil die Überzeugungskraft der vorgelegten normativen Theorie dann allein von der Akzeptabilität jener persönlichen Werturteile abhängt. Auf diese Weise gelangte man aber in keiner Weise über das hinaus, was bereits auf der Grundlage des gesunden Menschenverstandes möglich ist: normative politikwissenschaftliche Forschung wäre schlechterdings überflüssig.

Sie wird - analog zum Fall empirischer Forschung und der dortigen Infragestellung persönlicher empirischer Hypothesen - indessen um so erfolgreicher wie nützlicher sein, in je größerem Ausmaß Wissenschaftler sich in die Lage versetzen, auch die in ihrem eigenen Alltagsdenken wurzelnden, einen Teil ihrer Identität ausmachenden Werturteile gegebenenfalls durch normative Forschung als ungültig und als auf unbrauchbaren Wertmaßstäben fußend aufzugeben, statt weiterhin in aller Selbstverständlichkeit davon auszugehen, es bestehe eine Art 'prästabilierter Harmonie' zwischen den persönlich bevorzugten und den wissenschaftlich begründbaren normativen Theorien. Allerdings ist nirgendwo größere Skepsis über die Entwicklungsmöglichkeiten politikwissenschaftlicher Forschung angebracht als bei der Entwicklung normativer Theorien. Das freilich beeinträchtigt auch die Erarbeitung von Werturteilen und Handlungsanweisungen, während bei der *Überprüfung* normativer Theorien immerhin die kritische und aufklärerische Wirkung von Wissenschaft zur Geltung kommen kann.

c. Die Erarbeitung von Werturteilen

Die Schritte der Erarbeitung eines Werturteils ergeben sich aus dessen logischer Struktur:
- Zunächst sind die zu bewertenden Inhalte, Prozesse und Strukturen durch empirisch wahre Aussagen festzustellen.
- Sodann ist ein zur Bewertung geeigneter und normativ brauchbarer Wertmaßstab ausfindig zu machen bzw. in der eben beschriebenen Weise zu erarbeiten. Wenn dabei die Regeln des Wissenschaftsspiels nicht eingehalten werden bzw. nicht eingehalten werden können, lassen sich auch keine wissenschaftlich begründeten Werturteile fällen. Trotzdem von Wissenschaftlern formulierte Werturteile sind gemäß dem Defizit des ihnen zugrunde liegenden Wertmaßstabes als nicht *wissenschaftlich* begründete, sondern als bloß *persönlich* bevorzugte Werturteile zu kennzeichnen.
- Es ist eine logisch konsistente Argumentation vorzulegen, als deren Resultat sich ergibt, wie anhand dieses Wertmaßstabs die interessierenden politischen Inhalte, Prozesse oder Strukturen zu bewerten sind. *Nur eine logisch konsistent von einem normativ brauchbaren, in zulässiger Weise begründeten Wertmaßstab abgeleitete Bewertung eines empirisch wahr beschriebenen Objekts ist ein gültiges, wissenschaftlich begründetes Werturteil.*

d. Die Erarbeitung von Handlungsanweisungen

Auch hier ergeben sich die Arbeitsschritte unmittelbar aus der logischen Struktur einer Handlungsanweisung:
- Der Sachverhalt, auf den man durch eine wissenschaftlich begründete Handlungsanweisung einwirken will, muß zunächst durch empirisch wahre Aussagen festgestellt werden.
- Anschließend ist über diesen Sachverhalt in der oben beschriebenen Weise ein gültiges, wissenschaftlich begründetes Werturteil zu fällen. Aus ihm muß klar hervorgehen, welcher Zustand durch Tun oder Lassen angestrebt werden soll. Offensichtlich läßt sich eine wissenschaftlich begründete Handlungsanweisung *keinesfalls* erarbeiten, wenn nicht zuvor ein gültiges Werturteil gefällt werden konnte. Wird dennoch von Wissenschaftlern eine Handlungsanweisung formuliert, so ist sie gemäß dem Defizit des ihr zugrunde liegenden Werturteils als eine nicht *wissenschaftlich* begründete, sondern allein kraft *persönlicher Urteilskompetenz* bevorzugte Handlungsanweisung zu kennzeichnen.

- Sodann sind durch Sekundäranalyse oder eigene Forschung empirisch wahre Wenn/Dann-Aussagen ausfindig zu machen, welche die Zusammenhänge zwischen den bestehenden und den - gemäß gültigem Werturteil - zu erreichenden Zuständen erfassen.

- Diese empirisch wahren Wenn/Dann-Aussagen sind schließlich anhand der Argumentation, die zum gefällten Werturteil führte, *normativ aufzuladen*: die eine Komponente beschreibt den zu erreichenden Zustand, die andere die dessentwegen zu unternehmenden Handlungen. Die als *Gebot* interpretierte Komponente der Wenn/Dann-Aussage stellt die gesuchte Handlungsanweisung dar. Falls nur Wenn/Dann-Aussagen zweifelhaften Wahrheitsgehalts oder überhaupt keine einschlägigen Wenn/Dann-Aussagen verfügbar sind, führt ihre 'normative Aufladung' entweder zu Handlungsanweisungen von zweifelhafter Brauchbarkeit oder ist ohnehin unmöglich. Wiederum sind dann die Grenzen normativer Forschung erreicht. Dennoch erteilte Handlungsanweisungen sind entsprechend ihrem Mangel zu kennzeichnen.

Da wissenschaftliche Handlungsanweisungen auf Werturteilen beruhen, können sie natürlich *nicht* werturteilsfrei erteilt werden. Allerdings dürfen als dabei benutzte Werturteile nicht die *ungeprüften* Werturteile des gesunden Menschenverstandes herangezogen werden; vielmehr sind jene Werturteile in den angegebenen Schritten normativer Forschung zu erarbeiten. Da dies aber werturteilsfrei geschehen kann, können auch die Werturteile benutzenden wissenschaftlichen Handlungsanweisungen auf werturteilsfreier Forschung gründen.

Insgesamt zeigt diese Darstellung normativer Forschung, daß sie äußerst komplizierte Probleme zu bewältigen hat. Gerade die vertrautesten und am einfachsten erscheinenden Aufgaben - die Abgabe von Werturteilen und die Formulierung von Handlungsanweisungen - setzen also aufwendige Forschungsarbeit voraus, soll mehr herauskommen, als der gesunde Menschenverstand ohnehin schon zu leisten versteht. Weil dies nun einmal so ist, vollziehen Politikwissenschaftler im Bereich normativer Forschung nur selten eine Emanzipation vom Common Sense. Dies wiederum hat viele um den Wissenschaftscharakter der Politikwissenschaft besorgte Forscher dazu verleitet, die normative Forschung überhaupt aus ihrer Disziplin zu verbannen. Diesem Entschluß sollte man sich aber nicht anschließen, denn ein Vorgehen, wie es hier beschrieben wurde, erlaubt es zumindest, die Werturteile und Handlungsanweisungen des gesunden Menschenverstandes in einer Weise zu prüfen und zu kritisieren, die weit über dessen eigene Kompetenz hinausgeht. An kritischer Überprüfung ihrer Wertgrundlagen und Gesetze hat aber jede politische Ordnung stets Bedarf - und letzlich um so mehr, je stärker sie ihr normatives Fundament der Kritik zu entziehen versucht.

VII. Zur Geschichte der Politikwissenschaft

Die Politikwissenschaft gilt einerseits als recht neues Fach und bisweilen bloß als 'Modedisziplin'. Andererseits beruft sie sich auf Platon und Aristoteles als die bekanntesten ihrer Gründerväter. Hinter solcher Spannung verbirgt sich eine faszinierende Geschichte. Aufs äußerste vereinfachend, kann man sie dahingehend charakterisieren, daß die moderne Politikwissenschaft in zwei auch ihrerseits recht komplizierten Entwicklungssträngen wurzelt. Die eine Entwicklungslinie ist die *denkerische Auseinandersetzung mit Politik*, die andere die *empirische Erforschung politisch bedeutsamer Sachverhalte*. Beides stand sowohl zueinander als auch zur politischen Praxis in wechselvollen, schwierigen Beziehungen. Überdies prägte das im Lauf der Jahrhunderte sich grundlegend wandelnde Wissenschaftsverständnis die jeweils als intellektuell zureichend erachtete Weise der Befassung mit Politik.

1. Politikwissenschaft als denkerische Auseinandersetzung mit Politik

Über die Möglichkeiten und Probleme, ihre Beziehungen verläßlich zu regeln, haben sich Menschen bestimmt von alters her Gedanken gemacht. Sicher gab es schon vor Erfindung der Schrift mündlich tradierte Vorstellungen über 'richtige' politische Ordnungsstrukturen, über das einem Stammes- oder Dorfmitglied angemessene Verhalten und über sinnvolle Verfahren, zu allgemein verbindlichen Entscheidungen zu gelangen. Doch in Form systematischer Abhandlungen werden Ergebnisse denkerischer Auseinandersetzung mit Politik in unserem Kulturkreis erst in der Antike faßbar, wo sie in den Werken von Platon und Aristoteles einen ersten Höhepunkt erreichen. Bis zur Spätantike wurde die Frage, wie eine gute politische Ordnung auszusehen habe und wie man in ihr handeln müsse, immer wieder erörtert. Unter dem Einfluß des Christentums verlor sie dann an Gewicht: weil das irdische Leben nur als Etappe auf dem Weg zum ewigen Leben, nicht als Gestaltungsaufgabe eigenen Rechts angesehen wurde, trat die Beschäftigung mit den Möglichkeiten, dem irdischen Leben eine auf *seine* unvollkommenen Möglichkeiten abgestellte *politische* Ordnungsform zu geben, zurück hinter theologischen Bemühungen um *insgesamt* den rechten Weg zu Gott. Zur wichtigen Gattung 'politikwissenschaftlicher' Literatur wurden demgemäß die 'Fürstenspiegel', nämlich Traktate darüber, wie ein Herrscher sein und handeln müsse, um sich und seinen Untertanen die Bahn zur Seligkeit zu öffnen. Als im Hochmittelater wieder die Schriften des Aristoteles bekannt und durch Thomas v. Aquin mit dem Christentum verbunden wurden, entstand die für Jahrhunderte die europäischen Universitäten prägende Scholastik. In ihr fand die Lehre von der

Politik ihren festen Platz im an Aristoteles ausgerichteten Ausbildungsprogramm der Hochschulen: innerhalb der an den 'Artistenfakultäten' betriebenen Grundausbildung wurde Politik als Ethik, als Kunde von den notwendigen Tugenden der politischen Amtsinhaber und der Bürger bis weit ins 18. Jh. hinein gelehrt.

Allerdings kamen die wichtigsten Anstöße politischen Denkens und die fruchtbarsten politischen Ideen nicht aus dem akademischen Bereich. Wie schon bei Platon und Aristoteles wurde die denkerische und philosophische Auseinandersetzung mit Politik immer wieder von den Problemen *politischer Praxis* angestoßen. Demgemäß verstand sie sich oft als Zeit-, Gesellschafts- und Systemkritik, nicht selten aber auch als systematische Rechtfertigung bestehender Verhältnisse. Entstand die Politikwissenschaft der Antike in Reaktion auf die Krise der Polis als zentraler politischer Ordnungsform Griechenlands, so waren es auch in der abendländischen Geschichte politische *Gestaltungsaufgaben*, welche praktisch nutzbare Bemühungen philosophischer Analyse herausforderten. Nur auf wenige Themen sei verwiesen, die denn auch die Ideengeschichte der Politikwissenschaft prägten: auf das Aufkommen der politisch so folgenreichen Vorstellung vom Bestehen natürlicher Rechte aller Menschen, an denen die Machtansprüche der Herrschenden ihre Schranke fänden; auf die Entstehung von Konzepten wie Souveränität und Volkssouveränität, um zunächst die Zentralisierung politischer Macht und sodann ihre Rückbindung an die Zustimmung der Regierten auf den Begriff und politisch zur Geltung zu bringen; auf die Entwicklung der Theorien vom Gesellschafts- und Herrschaftsvertrag, um politische Gewalt zugleich begründen und bändigen zu können; auf die Ausarbeitung der Gewaltenteilungslehre, um Freiheit zu sichern; auf das Aufkommen von polit-ökonomischen Denkweisen wie Physiokratie, Merkantilismus, Freihändlertum und Sozialismus, um einesteils die wirtschaftlichen Grundlagen politischer Ordnungsformen verstehen zu können und anderenteils verläßliche Prinzipien für staatliche Wirtschaftspolitik zu gewinnen; oder auf die unmittelbar den praktischen Gestaltungsaufgaben gewidmeten politischen Ideen von Konservatismus und Liberalismus oder von Anarchismus und Konstitutionalismus.

Auf den von Aufklärung, naturwissenschaftlichem Fortschritt und Säkularisierung gewiesenen Bahnen kam es im 19. Jh. zum Durchbruch politischer Ideologie als vorherrschender Form politischer Weltorientierung. Oft im Gewand systematisch-rationaler Analyse von Politik, nahmen Ideologien den Platz philosophischer bzw. wissenschaftlicher Befassung mit Politik ein. Sowohl bei den akademischen Platzhaltern der im 19. Jh. in Deutschland untergegangenen 'politischen Wissenschaften'[223] als auch bei etlichen Vertretern der nach dem Zweiten Weltkrieg wiederbegründeten deutschen Politikwissenschaft fielen dergestalt Wissenschaft von der Politik und politische Ideologie weithin zusammen, was das Fach verständlicherweise in Mißkredit brachte.

---

223 Siehe hierzu unten S. 242.

Allerdings ist die denkerische Auseinandersetzung mit Politik kein Reservatbereich der Politikwissenschaft: *jeder* ist hierzu befähigt, befugt und in einem freien Staat auch aufgerufen. Demgemäß konkurrieren *politikwissenschaftliche* Theorien der Politik mit äußerst vielen *politischen* Gegenstücken schier beliebiger Provenienz. Wann immer ein besonderer Vorzug speziell politikwissenschaftlicher denkerischer Auseinandersetzung mit Politik im Vergleich zum politischen Denken auf Common Sense-Grundlage nicht mehr kenntlich ist, verliert sich darum dieser Entwicklungsstrang der Politikwissenschaft im Geflecht konkurrierender politischer Kommunikation.

2. Politikwissenschaft als empirische Erforschung politisch bedeutsamer Sachverhalte

Immer schon brauchten politische Entscheidungsträger Informationen über die von ihnen regierten Gesellschaften und über deren Umwelt. Gesandtschaften und Spionage, die Mobilisierung verfügbaren Sachverstands durch die Auswahl geeigneter Berater und die Vergabe fallbezogener Arbeits- oder Forschungsaufträge sind nur wenige Beispiele für die Erfüllung praktischer Wünsche nach politischer Sachkunde. Von drei Faktoren hängt indessen ab, inwiefern solche Wünsche und Bedürfnisse wirklich zur Entstehung einer empirischen *Politikwissenschaft* führen können: von der grundsätzlichen Möglichkeit, politische Sachverhalte *systematisch* in Erfahrung bringen und *öffentlich* erörtern zu können; von der Art des zeitgenössischen *Wissenschaftsverständnisses*; und von der Möglichkeit, politische Tatsachenforschung zu *institutionalisieren*.

Solange Kenntnis von politisch bedeutsamen Sachverhalten als Geheimwissen der Regierenden ('arcana imperii') betrachtet und behandelt wurde, konnte natürlich kein von Wahrheitssuche und Kritik geprägter Arbeitszusammenhang entstehen, der auf eine systematische Erfassung und Auswertung politischer Tatsachen zielte. Nun galten aber - mit wenigen Ausnahmen - eigentlich die gesamte bekannte Geschichte hindurch bis zur europäischen Aufklärung die konkreten Gegenstände und Praktiken der Staatskunst als Dinge, die vor den Untertanen geheimzuhalten seien. Weil es folglich sowohl am Zugang zum Untersuchungsmaterial als auch am Recht fehlte, sich mit ihm frei zu befassen, konnte eine empirische Wissenschaft von der Politik nicht entstehen, obschon es immer wieder Ansätze systematischer Bestandsaufnahmen politisch wichtiger Sachverhalte gab.[224] Die rein denkerische Auseinandersetzung mit Problemen politischer Ordnung und ihrer Rechtfertigung war dergestalt das *Maximum* einer Einmischung

---

224 Siehe Berner 1982 und Kern 1982.

von Untertanen in die Geheimnisse praktischer Politik. Erst mit der Aufklärung und mit der Entwicklung bürgerlicher Öffentlichkeit wurden politische Sachverhalte Gegenstand sowohl dokumentierender Publizität als auch kritischer Erörterung und entstand überhaupt erst die *Voraussetzung* für das Aufkommen von Politikwissenschaft als empirischer Tatsachenforschung.

Zweitens hing es von den jeweils zeitgenössischen Wissenschaftsvorstellungen ab, ob die Beschreibung und Untersuchung von Tatsachen als Wissenschaft gelten konnte oder ob im Rahmen des Wissenschaftsverständnisses nicht schon die *Vorstellung* einer Sinnhaftigkeit empirischer Forschung fehlte. Die Ansichten darüber, was Wissenschaft sei und zu tun habe, wandelten sich in der europäischen Geschichte aber tiefgreifend, und eben dieser Wandel prägte erst recht die Geschichte der Politikwissenschaft.

Zwar gab es in der Antike eine hochentwickelte Technik, die faktisch in empirischer Forschung gründete. Sie wurde jedoch dem Handwerk, nicht der Wissenschaft zugerechnet. Entsprechend lag auch der Gedanke fern, die Beschreibung und den Vergleich politischer Sachverhalte anders denn höchstens als Voraussetzung der 'eigentlichen' Wissenschaft anzusehen. Diese aber galt als Erarbeitung von Aussagen über das 'Wesen' der Dinge, das hinter deren empirisch faßbaren 'Erscheinungen' liege, welche es darum denkerisch zu durchstoßen gelte. Einmal philosophisch zur Erkenntnis des 'Wesens' ihrer Gegenstände gelangt, müsse Wissenschaft darlegen, welches Handeln solchem 'Wesen' angemessen sei, und diese Einsichten hätten Wissenschaftler in Form klarer Aussagen über das *Gesollte* darzulegen. Gegebenes bloß zu *beschreiben* ('Wirklichkeitsverdoppelung') sei 'wahrer' Wissenschaft jedenfalls unwürdig. Obwohl also Aristoteles verschiedene griechische Verfassungen sammelte und verglich und somit als Gründervater *auch* der empirischen Politikforschung angeführt werden kann, entstand diese in der Antike letztlich doch nicht.

Sie konnte sich auch im Mittelalter nicht entwickeln, galt doch das 'Wesen' von Mensch und Welt als dank der Offenbarung hinlänglich bekannt und nur in der Weise näher zu erkunden, daß man die Heilige Schrift sowie die Lehren von Kirchenvätern und ausgewählten antiken Autoren immer besser auslegte und verstand. Erst recht festigte sich die Vorstellung von Wissenschaft als einer rein denkerischen Aufgabe, als die Scholastik christlichen Glauben und aristotelische Philosophie miteinander verband.

Nur gegen großen Widerstand war daraufhin die Vorstellung durchzusetzen, daß doch die *Beobachtung* von Menschen, Natur und Welt ein viel besserer Weg sei, diese tatsächlich kennenzulernen.[225] Erst als nach Beginn der Neuzeit der mo-

---

225 Literarisch ist dieser Widerstand einprägsam gestaltet in der 4. Szene von Bertolt Brechts 'Leben des Galilei': während Galilei die Existenz der Jupitertrabanten mittels eines Blicks durch das Fernrohr - also *empirisch* - glaubhaft machen will, bestehen die zur Klärung dieser Frage beigezogenen Experten - ein Philosoph und ein Mathematiker - auf einem allein anhand von *Argumenten* geführten Disput.

derne, theoretische mit empirischer Forschung verschränkende Wissenschaftsbegriff zunächst wenigstens bezüglich der Erforschung der *Natur* durchgesetzt war, konnte er allmählich auch für die Beschäftigung mit *politischen* Sachverhalten attraktiv werden und dergestalt die Idee einer empirischen Politikwissenschaft begründen.

Doch selbst heute ist eine dem neuzeitlichen Wissenschaftsbegriff verpflichtete empirische Politikforschung noch nicht allgemein akzeptiert. Mit der im Deutschland des ausgehenden 19. Jh. ersonnenen und dann im ganzen westlichen Kulturkreis verbreiteten Entgegensetzung von Natur- und Geisteswissenschaften wurde die Behauptung popularisiert, soziale wie politische Sachverhalte ließen sich eben *nicht* analog den Gegebenheiten der Natur durch Beobachtung, Aufzeichnung der Beobachtungen und Auswertung dieser Aufzeichnungen erforschen. Ihnen nämlich sei allein ein ihr 'Wesen' anzielendes *philosophisches* Bemühen, seien auf 'Verstehen' ausgerichtete Anstrengungen angemessen, während Forschung in der Art der Naturwissenschaften die Oberfläche sozialer und politischer Phänomene nicht durchdringen könne. Mit dem jahrzehntelangen Siegeszug der 'wissenschaftlichen Weltanschauung der Arbeiterklasse' kam noch ein weiteres Argument hinzu: nur vom *historisch richtigen Standpunkt* aus, den die Lehren von Marx und Engels fixierten, ließen sich Wirtschaft, Gesellschaft und Politik richtig erkennen, während die Beobachtung und Analyse tatsächlicher politischer Gegebenheiten dafür wenig erbringe und schon gar nicht die Einsichten der 'Klassiker' widerlegen könne. Damit war die scholastische Barriere zwischen Politik und Wissenschaft aufs neue errichtet. Wissenschaftstheoretische Argumente ganz verschiedener Herkunft und Intention erschwerten dergestalt die Entstehung von Politikwissenschaft als *empirischer* Erforschung politisch bedeutsamer Sachverhalte und zwangen sie zu einem sehr verwickelten Werdegang.

Drittens bedurfte es erst einmal geeigneter organisatorischer und institutioneller Grundlagen, um politischer Tatsachenforschung jene Kontinuität zu geben, die aus ganz praktischen Gründen Voraussetzung für das Entstehen einer wissenschaftlichen Disziplin ist. Keimzellen für die Institutionalisierung empirischer Politikforschung waren die im neuzeitlichen Staat entstehenden Verwaltungen, in denen regelmäßig Infrastruktur, Bevölkerungsaufbau, Wirtschaftskraft und Steueraufkommen eines Landes beobachtet wurden. Im Lauf des 19. Jahrhunderts wurden dafür, v.a. für statistische Zwecke, eigene Behörden gegründet, später auch besondere Institute für die laufende Dokumentation und Analyse der verschiedensten Politikbereiche. Um den Nachwuchs auszubilden, wurden überdies an den Universitäten geeignete Lehrstühle eingerichtet bzw. entsprechende Fachhochschulen gegründet. Nach und nach etablierte sich empirische Politikforschung auch an universitätseigenen Einrichtungen. Doch bis heute ist es so, daß ein sehr großer Teil empirischer Politikforschung, v.a. die Meinungs- und Wahlforschung, *außerhalb* der Universitäten an staatlichen oder privaten Instituten betrieben wird.

Vereinfacht man aufs äußerste, so läßt sich die von den genannten Faktoren geprägte Geschichte empirisch orientierter Politikforschung für Deutschland so umreißen:[226]

Im wesentlichen entwickelte sie sich - vor allem nach dem Dreißigjährigen Krieg - gemeinsam mit dem neuzeitlichen Fürstenstaat und der modernen Wissenschaftsauffassung: es ging um die Erarbeitung zutreffender Aussagen über solche Sachverhalte, die dem sich festigenden Fürstenstaat zur Durchführung seiner Innen-, Wirtschafts- und Außenpolitik wichtig erschienen. Außerdem brauchte der aufkommende moderne Staat Beamte, die seine wachsenden finanziellen und administrativen Probleme bewältigen konnten. In Deutschland richteten die Landesherren darum an ihren Universitäten *praxisorientierte* Lehrstühle für Staatsrecht, Verwaltungs- und Finanzwissenschaften ein ('Kameralwissenschaften'). Außerdem entfaltete sich an den Universitäten die Befassung mit politischen Tatsachen und praktischen politischen Problemen einesteils als 'Statistik', nämlich als Lehre von den wichtigsten geographischen, wirtschaftlichen und organisatorischen Merkmalen von Staaten, andernteils als Lehre von der 'guten Polizey', d.h. der richtigen, auf Wohlfahrt und öffentliche Ordnung ausgerichteten Staatsverwaltung und Staatswirtschaft. Die solchen Studien gewidmeten Fächer wurden 'Politische Wissenschaften' genannt, wovon heute noch der von (Staats-) Wirtschaftlichen Fakultäten verliehene Titel eines Doktors 'rerum politicarum' (Dr. rer.pol.) zeugt.

Im Lauf der Zeit entwickelten sich die 'Politischen Wissenschaften' auseinander und verselbständigten sich in den heute noch bestehenden Disziplinen der rechts- und wirtschaftswissenschaftlichen Fakultäten (etwa: Staatswirtschaft als Vorläuferdisziplin moderner Finanzwissenschaft, Staatsrecht und Staatslehre, Verwaltungsrecht, Völkerrecht, Wirtschaftspolitik). Das gemeinsame Band einer 'Gesamten Staatswissenschaft' oder von 'Staatswirtschaftlichen Fakultäten' konnte sie aber nur noch kurze Zeit zusammenhalten, und die Politikwissenschaft als eine um Zusammenschau aller Aspekte und Erscheinungsformen von Politik bemühte Disziplin ging unter.

Vor allem die Geschichtswissenschaft, ein Stück weit aber auch die entstehende Soziologie sowie die Politische Geographie, übernahmen im 19. Jh. die Aufgabe, diese getrennten Forschungsgebiete zusammenzuführen. Zumal die Geschichtswissenschaft konnte bis zu einem gewissen Grad die Rolle einer synoptischen und integrierenden 'Wissenschaft von der Politik' übernehmen. Die dann freilich notwendige Brücke zur Gegenwart und aktuellen Politik schlugen die 'politischen Geschichtsschreiber', die um Gesellschaftsveränderung bemühten Pioniere der Soziologie sowie die politischen Geographen bzw. 'Geopolitiker' allerdings nicht selten durch eine Verschmelzung wissenschaftlicher Arbeit mit jenen zeitgenössischen politischen Ideologien, die sie persönlich bevorzugten und oft

---

226 Hierzu und insgesamt zur Geschichte der deutschen Politikwissenschaft vor dem 20. Jh. siehe Hennis 1977, Lübbe 1963 und Maier 1980,1985.

auch ihrer historiographischen, soziologischen oder geographischen Arbeit zugrunde legten. Das Band zwischen Politik- und Geschichtswissenschaft zerschnitt dann der *Historismus*[227], welcher der letzteren zu erforschen aufgab, 'wie es eigentlich gewesen ist', und die Vermengung empirisch-historischer Aussagen mit theoretisch-verallgemeinernden Aussagen ablehnte.

Ein weiterer Zweig jenes Entwicklungsastes der Politikwissenschaft, der auf praktische Bedürfnisse des neuzeitlichen Staates zuwuchs, führte zur modernen empirischen Sozialforschung, die heute der empirischen Politikwissenschaft ihr methodisches Werkzeug bereitstellt. Im 18. Jh. kam nämlich die schon erwähnte 'Statistik', in deren Namen solcher Ursprung noch kenntlich ist, als 'vergleichende Staatenkunde' auf.[228] Dieser ging es um die quantitative Beschreibung politisch wichtiger Merkmale verschiedener Staaten sowie darum, praktisch nützliche Zusammenhänge zwischen diesen Merkmalen aufzudecken. Als 'Universitätsstatistik' hatte sie bald akademischen Rang; als 'politische Arithmetik' und 'Moralstatistik' verband sie absichtsvoll Wissenschaftlichkeit und Praxisorientierung. Seit dem späten 19. Jh. nahm dann die Bereitstellung mathematischer Modelle zur Auswertung der erhobenen Informationen einen steilen Aufschwung; desgleichen wurde die Durchführung sozialwissenschaftlicher bzw. statistischer Erhebungen zu einem wichtigen Hilfsmittel politischer Entscheidungsvorbereitung. Allerdings war es in erster Linie die im 19. Jh. entstehende Soziologie, die sich um die sogenannte 'empirische Sozialforschung' annahm, während die damals akademisch untergegangene Politikwissenschaft jene ihrer Entwicklung geschuldete Trennung von einer der eigenen Wurzeln immer noch nicht überwunden hat.

Insgesamt mündete auch diese zweite Entwicklungslinie moderner Politikwissenschaft im 19. Jh. in eine Zersplitterung jener Disziplinen, die sich mit politischen Prozessen, Strukturen und Inhalten befassen. Und gerade der *Erfolg* der einzelnen 'Politischen Wissenschaften' wie auch der empirischen Sozialforschung rückte die um Synthesen bemühte, doch in den Sog zeitgenössischer Ideologien geratene *denkerische* Auseinandersetzung mit Politik, den ersten Entwicklungsstrang moderner Politikwissenschaft, in den Hintergrund. 'Die' Wissenschaft von der Politik war in jeder Hinsicht abhanden gekommen.

3. Zur Entstehung und Entwicklung der modernen Politikwissenschaft

Folglich stimmt trotz ihrer gut zweitausendjährigen (Vor-)Geschichte der Eindruck, die heute betriebene und gelehrte Politikwissenschaft sei eine relativ

---

227 Keinesfalls dürfen *Historismus* und *Historizismus* verwechselt werden; zu letzterem siehe S. 111f und Popper 1979.
228 Vgl. Berner 1982, Kern 1982 und Oberschall 1997.

junge Disziplin. In ihr hat sich ein international durchaus gleiche Grundzüge aufweisendes Verständnis ihrer Fragestellungen, Gegenstände und Methoden entwickelt. Zwar bildeten sich mehrere nationale Varianten heraus, auf die vom geschilderten deutschen Fall auch stark abweichende Vorgeschichten hinliefen. Doch unzweifelhaft ist es die US-amerikanische Traditionslinie der Politikwissenschaft, welche zur Gußform der modernen Wissenschaft von der Politik wurde.[229]

Schon die amerikanischen Verfassungsväter verstanden ihr Tun dahingehend, daß sie sich von den zu ihrer Zeit bestbegründeten Einsichten der 'political science' leiten ließen. Dergestalt schufen sie von vornherein jene beiderseits offene Verbindung zwischen praktischer Politik und Politikwissenschaft, die ganz selbstverständlich den Werdegang US-amerikanischer Politikwissenschaft prägte. Ausgerechnet als in Deutschland die 'Politischen Wissenschaften' in gänzlich verselbständigte Fächer zerfallen waren, wurden an Universitäten der USA seit dem letzten Drittel des 19. Jahrhunderts die ersten politikwissenschaftlichen Fachbereiche gegründet. In ihnen verbanden sich von vornherein die beiden Entwicklungslinien europäischer Beschäftigung mit Politik. Zugleich wirkten in Großbritannien und in Deutschland, dessen Hochschulwesen als weltweit vorbildlich galt, erarbeitete Ansätze und Forschungsergebnisse der verselbständigten 'Politischen Wissenschaften' über eine breite Rezeption auf die aufblühende amerikanische Politikwissenschaft ein. Das bahnte ihr von Anfang an den Weg zur Internationalität. Die amerikanische Politikwissenschaft wandte sich außerdem sehr rasch konkreten politischen Gestaltungsaufgaben zu und nahm, nicht zuletzt solchen Praxisnutzens wegen, an der Entwicklung und praktischen Benutzung von Methoden der entstehenden empirischen Sozialforschung starken Anteil. So konnte hier aus allen historischen Quellen und durch Verschmelzung aller Traditionen eine *Politikwissenschaft neuer Prägung* entstehen. Stark gefördert wurde sie durch das Wirken europäischer Emigranten, welche die nationalsozialistische Gewaltherrschaft nach Amerika vertrieb. Nach dem Zweiten Weltkrieg brachten diese ihre amerikanischen Erfahrungen nach Europa zurück und schufen so vollends die Grundlage einer international konsens- und kooperationsfähigen Politikwissenschaft.

In Deutschland kam es seit der Jahrhundertwende zum Aufbau von Institutionen, die - meist außerhalb der Universitäten - einer die alten 'Politischen Wissenschaften' zusammenführenden und sowohl auf Praxisnutzen als auch auf Synthesen abzielenden Wissenschaft von der Politik eine Heimstatt gaben.[230] Beispielsweise wurde 1920 in Berlin die 'Deutsche Hochschule für Politik' gegründet. Außerdem bildete in der Rechtswissenschaft die - seit dem 19. Jh. gepflogene - Forschungsrichtung wie Literaturgattung der 'Allgemeinen Staatslehre' die intellektuelle Keimzelle einer erneuerten, einheitlichen, wenn auch nicht auf empiri-

---

229 Vgl. Somit/Tanenhaus 1967 und Easton 1991.
230 Zur Geschichte und Entwicklung der (west-)deutschen Politikwissenschaft siehe Arndt 1978, Bellers 1990a, Blanke u. a. 1972, Bracher 1982, Eisfeld 1991, Göhler/Zeuner 1991, Kastendieck 1977, Lietzmann/Bleek 1996, Mohr 1986, 1988 und Rupp/Noetzel 1991.

sche Forschung gegründeten Politikwissenschaft.[231] Die nationalsozialistische Diktatur setzte indessen der Freiheit der gerade anhebenden politikwissenschaftlichen Forschung und Lehre ein Ende und zwang viele Politikwissenschaftler zur Emigration.

Nach dem Krieg konnte in der DDR ebensowenig wie in den anderen realsozialistischen Staaten eine Wissenschaft von der Politik entstehen. Als ihr Ersatz und Zerrbild diente der 'Wissenschaftlicher Kommunismus' genannte Bereich des Marxismus-Leninismus. In der Bundesrepublik Deutschland indessen kam es, wie in den anderen freien Staaten Europas, ab 1949 zu einer meist vom amerikanischen Vorbild inspirierten Wiederentstehung einer auf Synopse und Integration setzenden Politikwissenschaft.[232] Allerdings galt es große Widerstände jener Disziplinen zu überwinden, die aus den alten 'Politischen Wissenschaften' hervorgegangen waren und nun argumentierten, ein eigenes Fach 'Politikwissenschaft' greife in ihre Zuständigkeitsbereiche ein, stelle eine nicht funktionstüchtige 'Super-Disziplin' dar und sei darum entweder unnötig oder werde zum Ausgangspunkt leichtfertiger politischer Ideologie. Zumal die letztere Befürchtung sollte sich später bewahrheiten.

Der seit Beginn der 50er Jahre an den westdeutschen Universitäten verankerten Politikwissenschaft waren zunächst zwei Hauptaufgaben gestellt. Als 'Demokratiewissenschaft' sollte sie die Bedingungen und Möglichkeiten *erforschen*, in Deutschland endlich eine stabile Demokratie aufzubauen, und als 'Politische Bildung' sollte sie dazu *beitragen*, daß nicht auch die zweite deutsche Republik als 'Demokratie ohne Demokraten' scheitere. Im Lauf der Zeit traten die historischen, juristischen und philosophischen Orientierungen allmählich zurück, die bei den frühen Vertretern des Faches vorgeherrscht hatten, und die Politikwissenschaft entwickelte sich auf breiter Front zu einer empirisch-sozialwissenschaftlichen Disziplin mit starkem Sinn für die Notwendigkeit, letztlich alle Aspekte der Erforschung von Politik zur Synthese zu bringen.

Einen tiefen Einschnitt brachte die Umgestaltung des Hochschulwesens im Zuge der '68er-Bewegung'. Marxistisches Gedankengut erlebte nicht nur eine fruchtbare Renaissance, sondern wurde weithin als einzig mögliche Grundlage einer wissenschaftlichen Beschäftigung mit Politik ausgegeben. Über diesem Streit zersplitterte das Fach. Modische Attraktivität, verbunden mit großer Publizität, führten gleichwohl zu einem großen Zulauf zur - oft bewußt so genannten - 'Politischen Wissenschaft'. Überdies änderten jene außergewöhnlichen Stellenausweitungen, die im Zug des damaligen Hochschulausbaus in sehr kurzer Zeit erfolgten, die Zusammensetzung der Fachvertreter erheblich. Nicht wenige Politik-

---

231 Vgl. Grimm 1973.
232 Es wurde beispielsweise die 'Deutsche Hochschule für Politik' 1949 wieder eröffnet und später als Otto-Suhr-Institut der Freien Universität Berlin eingegliedert. Als ergänzendes Studienfach an Universitäten wurde die Politikwissenschaft erstmals 1952 eingerichtet, als eigenständiges Studienfach rund zehn Jahre später.

wissenschaftler fragten sich, ob solchem quantitativen Aufschwung auch ein Zuwachs an Qualität entspreche. Alles in allem geriet die Politikwissenschaft an der Wende zu den siebziger Jahren zunächst in eine Phase der Euphorie und großen Selbstbewußtseins (etwa als 'institutionalisierte Oppositionswissenschaft'), sodann aber in eine tiefe Krise ihres Selbstverständnisses, ihrer wissenschaftlichen Maßstäbe und ihres Ansehens.[233] Die Folgen dieser Krise belasten sie bis heute, behindern die Entwicklung eines professionellen 'Wir-Gefühls' und machen es dem Studenten schwer, sich im Fach zurechtzufinden.[234]

---

[233] Noch heute wird die Politikwissenschaft vielfach ausgegeben als Diskussions-, Mode- und Subversionswissenschaft.

[234] Zur derzeitigen Lage der (west-)deutschen Politikwissenschaft siehe Beyme 1986a, Böhret 1985, Hartwich 1987 und Matz 1985. Zur Lage in Europa: Bellers 1989, 1990.

VIII. Zum gegenwärtigen Selbstverständnis der deutschen Politikwissenschaft

Aufgrund der - zumal jüngeren - Geschichte der deutschen Politikwissenschaft ist es nicht verwunderlich, daß dem Fach ein halbwegs einheitliches Selbstverständnis fehlt. Gerade die in den siebziger Jahren reichlich publizierten 'Einführungen in die Politikwissenschaft'[235] wirkten einem 'professionellen Konsens' entgegen, indem sie die Disziplin dreifach gespalten darstellten. Sie führten aber immerhin dazu, daß eine bestimmte 'Landkarte' möglicher politikwissenschaftlicher Orientierungen geradezu verbindlich wurde. Bis heute wirkungsvoll, soll sie unter dem Begriff 'Drei-Schulen-Lehre' vorgestellt und kritisiert werden. Oft ist auch von den drei 'grundlegenden Forschungsansätzen' oder 'theoretisch-methodischen Grundorientierungen' der Politikwissenschaft die Rede. Der Leitgedanke der folgenden Darstellung läßt sich so formulieren: Die sogenannten 'drei Schulen' machen, jede für sich, auf wichtige Forschungsaufgaben und Forschungsprobleme der Politikwissenschaft aufmerksam; sie stellen durchaus keine voneinander streng geschiedenen 'Grundmöglichkeiten' politikwissenschaftlicher Orientierung dar; und ein der Komplexität des Faches angemessenes Selbstverständnis sollte die zentralen Anliegen *aller* 'Schulen' in sich aufnehmen, Übertreibungen und Einseitigkeiten aber ablegen.

1. Die 'Drei-Schulen-Lehre'

Viele seit den 70er Jahren ausgebildete Politikwissenschaftler benutzen zur Bestimmung ihres Selbstverständnisses und zur Beschreibung ihres Fachs die am Ende der 60er Jahre formulierte Lehre, es zerfalle die Politikwissenschaft in folgende drei 'Schulen', denen ein jeweils besonderes Forschungsinteresse, methodisches Vorgehen und Selbstverständnis entspreche: die 'normativ-ontologische' (auch: 'essentialistische') Schule; die 'empirisch-analytische' (auch: 'rationalistische') Schule; und die 'historisch-dialektische' (auch: 'kritisch-dialektische') Schule. Daß es diese Schulen wirklich gäbe, wird in der Regel einfach behauptet, während ein Nachweis sich zu erübrigen scheint, da doch in fast jedem Einführungstext auf sie Bezug genommen wird. Dennoch gibt zu Zweifeln Anlaß, daß die meisten Politikwissenschaftler - zumindest inzwischen - für sich in Anspruch nehmen, keiner Schule einfach 'anzuhängen', sondern behaupten, die jeweiligen Vorzüge der einzelnen Schulen eigenständig verbinden zu wollen. Darum ist zu prüfen, ob die immer noch tradierte 'Drei-Schulen-Lehre' nicht vielleicht ein 'falsches Bewußtsein' von den politikwissenschaftlichen Grundpositionen fixiert,

---

235 Siehe Anm. 241, wo allerdings jeweils die jüngsten Auflagen angegeben sind.

also: ob sie nicht ein bloß 'vorgeblendetes' Selbstverständnis widerspiegelt, hinter dem sich ein ziemlich anderes 'praktisches' Selbstverständnis von Politikwissenschaftlern verbirgt.

a. Leitgedanken der 'normativ-ontologischen Schule'

Hinter der durch empirische Forschung faßbaren politischen Wirklichkeit liegt eine 'tiefere' (bzw. 'höhere') Schicht der Wirklichkeit, die allein durch philosophische Analyse erschlossen und geklärt werden kann. Dieser geht es um die Erkenntnis des 'Wesens' der interessierenden Sachverhalte, welches ausschließlich ein allein *Denk*mittel benutzendes Studium des 'Schichtenbaus des Seins' enthüllen kann. Eben dies bezeichnet der griechische Begriff *Ontologie*. In der hinter der Oberfläche bloßer Phänomene verborgenen 'wesentlichen' Schicht der Wirklichkeit sind vor allem jene Normen angesiedelt, nach denen z.B. die politische Welt geordnet werden muß, wenn sie ihrem 'Wesen' gemäß funktionieren und somit Bestand haben soll.

Die Forschungsaufgabe des Politikwissenschaftlers besteht folglich darin, jene 'eigentliche' politische Wirklichkeit zu erkennen, ihre Bezüge zur empirisch faßbaren politischen Wirklichkeit zu verstehen, und der ersteren jene Normen zu entnehmen, nach denen die letztere gestaltet werden soll. Es geht also darum, gültige Normen politischen Handelns zu erkennen und aus ihnen konkrete Handlungsanweisungen abzuleiten. In genau dieser *normativen* Zwecksetzung besteht der Praxisbezug der Politikwissenschaft.

Methodisch ist zuallererst philosophische Analyse gefordert, nämlich gekonnter hermeneutischer Umgang mit den Texten von hervorragenden Denkern, zumal von Klassikern der politischen Ideengeschichte, sowie die Kraft zur sorgfältigen und tiefgründigen eigenen Theoriebildung. Ihrem Selbstverständnis nach steht diese 'Schule' in der Tradition denkerischer Auseinandersetzung mit Politik und führt sie in der Gegenwart fort.

b. Leitgedanken der 'empirisch-analytischen Schule'

Aufgabe von Wissenschaft ist es, solche Aussagen zu erarbeiten, die logisch richtig sind und mit den Gegenständen, auf die sie sich beziehen, übereinstimmen. Dementsprechend ist es Aufgabe der Politikwissenschaft, eben dies am Fall politischer Inhalte, Prozesse und Strukturen zu versuchen. Der Praxisnutzen des Fachs läßt sich so beschreiben: durch die Bereitstellung empirisch wahrer Aussagen über Politik kann der Ideologiegehalt politischer Perzeptionswirklichkeiten gesenkt und einer Politik zugearbeitet werden, welche die in der Operationswirklichkeit auftretenden Probleme besser zu lösen vermag, als es ideologisch angeleiteter Politik gelingen kann. Methodisch ist gefordert, sowohl das Handwerkszeug der empirischen sozialwissenschaftlichen Forschung zu nutzen als auch in der Lage zu sein, durch umsichtige Theoriebildung die gewonnenen Informationen in praxisnützliche Analysen politischer Probleme und Handlungsmöglichkeiten umzusetzen. Strikte Werturteilsfreiheit gilt als Voraussetzung leistungsfähiger Forschung. Ihrem Selbstverständnis nach reiht sich diese Schule einerseits in die Tradition politischer Tatsachenforschung, andererseits in die Tradition der Aufklärung ein: politische Behauptungen sind nicht einfach zu akzeptieren, sondern durch logische Analyse und empirische Erprobung zu prüfen.

c. Leitgedanken der 'historisch-dialektischen Schule'

Politik kann nur begriffen werden, wenn man sie als Resultat vielfältiger Prozesse ('Totalität') auffaßt, die in mannigfaltigen Wechselwirkungen ('Dialektik') aufeinander einwirken und dergestalt die konkret erfahrbare politische Wirklichkeit *hervorbringen*. Falsch ist es, sich bei der Analyse von Politik auf deren oberflächlich erfaßbare Tatsachen und Zusammenhänge zu beschränken; vielmehr muß nach jenen grundlegenden Prozessen und Wirkungszusammenhängen gesucht werden, welche die empirisch faßbare politische Wirklichkeit überhaupt erst hervorbringen. Zumal die historische Einbettung von politischen Sachverhalten muß analysiert werden, will man die Eigenart politischer Inhalte, Prozesse und Strukturen verstehen. Dergestalt werden 'Totalität', 'Dialektik' und 'Geschichtlichkeit' zu Zentralkategorien dieser Schule: nur im Kontext allgemeiner Faktoren wird das Besondere je konkreter politischer Erscheinungen kenntlich; die Wechselwirkungen aller Einzelprozesse und Einzelstrukturen sind in Rechnung zu stellen; und es gilt, den jeweils betrachteten Gegenstand in seinem historischen Kontext sowie in seiner geschichtlichen Funktion zu verstehen. Noch in weiterer Weise hängen diese Zentralkategorien zusammen: der Geschichtsverlauf selbst ist als ein dialektischer Prozeß aufzufassen, in dem jeder Position ('These') eine Gegenposition ('Antithese') erwächst, wobei der Konflikt zwischen ihnen den Geschichtsprozeß vorantreibt und ihn in eine neue, höhere, integrierende Position münden läßt ('Synthese'), der ihrerseits wieder eine neue 'Antithese' entgegentreten wird. Folglich muß man die jeweils untersuchte politische Wirklichkeit als eine spezifisch eingebettete Phase des Geschichtsprozesses, Geschichte indessen als Totalität konflikthafter Prozesse analysieren und dabei das Modell der Dialektik anwenden.

Obschon von der grundlegenden Argumentation her unnötig, werden diese Zentralkategorien auf zumal von der 'Kritischen Theorie' gewiesenen Bahnen so gut wie immer mit (neo-)marxistischem bzw. marxistisch-leninistischem Gedankengut aufgefüllt: die Totalität der politische Wirklichkeit hervorbringenden Prozesse sei anhand der Marxschen politischen Ökonomie zu erschließen sowie in den Kategorien von Basis und Überbau zu verstehen; eine hinreichende Theorie der Wechselwirkungen böten die innerhalb des Dialektischen Materialismus formulierten 'Gesetze der Dialektik'; und der historische Stellenwert politischer Inhalte, Prozesse und Strukturen sei anhand der Theorie des Historischen Materialismus zu bestimmen, welche es ermögliche, einen bestimmten Standpunkt als zwar parteiisch, dennoch aber 'objektiv richtig' auszugeben.

Füllt man die genannten Grundkategorien in der eben beschriebenen Weise mit (neo-)marxistischem Gedankengut, so ergibt sich ein Praxisbezug dieser Schule in zweifacher Weise. Erstens ist wissenschaftlich begründete Kritik an den in 'bürgerlichen Staaten'[236] bestehenden wirtschaftlichen, politischen, sozialen und geistigen Verhältnisse zu üben, wobei die Maßstäbe der Kritik den jeweils bevorzugten Spielarten des Marxismus entnommen werden. Zweitens hat der Politikwissenschaftler selbst parteilich zu sein und zu versuchen, durch seine Publikations-, Lehr- und Organisationstätigkeit in den bürgerlichen Staaten die Chancen auf einen baldigen Übergang zur höheren Gesellschaftsformation des Sozialismus zu steigern.

Methodisch setzt diese Schule auf gekonnten hermeneutischen Umgang mit den Schriften der Klassiker des Marxismus, Sozialismus und ggf. auch Leninismus, bzw. auf eingehende Interpretationen der Schlüsselwerke der 'Kritischen Theorie', und paart die hieraus gewonnenen Einsichten mit zumindest sekundäranalytischen empirischen Bestandsaufnahmen politischer Vergangenheit und Gegenwart. Ihrem Selbstverständnis nach steht diese Schule in der vom Sozialismus in die Gegenwart verlängerten Tradition von Humanismus und Aufklärung: es gelte, die Wirklichkeit nicht nur zu interpretieren, sondern sie auf humanistische Ideale hin zu verändern. Dies geschieht durch die Bereitstellung geeigneter politischer Argumente sowie durch vielfältige politische Arbeit, bei welcher man sich auf seine Autorität als Wissenschaftler stützt.

Bis zum Zusammenbruch der sozialistischen Staaten galten Politikwissenschaftler, die sich der historisch-dialektischen Schule zurechneten oder ihr zugeordnet wurden, nicht selten als die 'fortschrittlichen' Fachvertreter, während die als normativ-ontologisch oder empirisch-analytisch etikettierten Politikwissenschaftler als 'konservativ' und allenfalls bedingt fortschrittlichen Ideen aufgeschlossen dargestellt wurden. Tatsächlich hatte die 'Drei-Schulen-Lehre' ein Stück weit die Funktion, die *politischen* Lager in der gespaltenen deutschen Politikwissenschaft zu markieren: als 'links' und 'neomarxistisch' galten die Vertreter des historisch-dialektischen Ansatzes, als 'liberal' und der 'Mitte' zugehörend die Verfechter empirisch-analytischer Politikwissenschaft, als 'konservativ' und 'rechts' die normativen Ontologen. Für eine gewisse Zeit konnte diese Einteilung durchaus als nützlicher Kompaß dienen, zumal nicht wenige Politikwissenschaftler sie selbst zur Festlegung ihres - auch politischen - Standorts übernahmen. Eine nähere Betrachtung zeigt freilich, daß die 'Drei-Schulen-Lehre' allenfalls dazu taugt, ein oder zwei Generationen von Politikwissenschaftlern zu

---

236 Gemeint sind hier meist die demokratischen Verfassungsstaaten mit (sozialer) Marktwirtschaft als ökonomischer Basis.

klassifizieren, keineswegs aber geeignet ist, ein dem Fach angemessenes Selbstverständnis zu begründen.

2. Kritik der 'Drei-Schulen-Lehre'

Blickt man hinter die Etiketten, so werden nämlich erhebliche *Gemeinsamkeiten* der 'drei Schulen' kenntlich. Hingegen liegen ihre Unterschiede im wesentlichen darin, daß die 'drei Schulen' zu den grundlegenden Problemen wissenschaftlicher Analyse eines so komplexen Gegenstandes wie politischer Wirklichkeit *Extremlösungen* vertreten. Sich auf diese zu versteifen, ist aber durchaus unnötig. Zumal die oft behauptete *grundsätzliche* Frontstellung der 'historisch-dialektischen Schule' gegen die beiden anderen gibt es nur dann, wenn ausschließlich marxistisches Gedankengut als sinnvolle Füllung der historisch-dialektischen Zentralkategorien angesehen wird. Inzwischen scheint die Zeit aber abgelaufen zu sein, in der diese Behauptung Überzeugungskraft hatte, da marxistische Theorien als fraglos überlegen galten. Folglich dürften die Chancen für eine Revision politikwissenschaftlichen Selbstverständnisses gut stehen.

a. Gemeinsamkeiten zwischen den 'drei Schulen'

Die zunächst einmal so klar getrennten Schulen unterscheiden sich in wichtigen Kernaussagen durchaus nicht allzu stark, wenn man diese nur aus den Fesseln jener zweifellos abkapselnden Sprache befreit, die in den 'Programmschriften' der Schulen meist benutzt wird. In den jeweiligen Antworten auf fünf zentrale Fragen wird dies deutlich:

– *Die Frage nach der 'eigentlichen' Struktur der politischen Wirklichkeit.* Die normativ-ontologische Schule will hinter den Erscheinungen der beobachtbaren politischen Phänomene deren Wesen, die 'eigentliche' Struktur der Wirklichkeit ausfindig machen; die historisch-dialektische Schule behauptet, (allein) im Fundus marxistischen und sozialistischen Gedankenguts wäre diese 'eigentliche Struktur politischer Wirklichkeit' zutreffend beschrieben; und die empirisch-analytische Schule ist bereit, letztlich *jede* Antwort auf die Frage nach der 'eigentlichen' Struktur politischer Wirklichkeit mit den dafür bestgeeigneten Methoden auf ihren Wahrheitsgehalt zu überprüfen und sie dann zu akzeptieren, wenn das Ergebnis solcher Forschungen für den Wahrheitsgehalt der geprüften Antwort spricht.

– *Die Frage nach politikwissenschaftlich begründbaren Normen.* Die normativ-ontologische Schule will aus Erkenntnissen über die 'eigentliche' Struktur politischer Wirklichkeit jene Normen ableiten, die konkreten politischen Ordnungsformen zugrunde zu legen sind; die historisch-dialektische Schule behauptet, diese Normen für die derzeitige Phase des geschichtsnotwendigen Übergangs vom Kapitalismus zum Sozialismus bereits zu kennen und tritt konkret für deren politische Umsetzung ein; indes bezweifelt die empirisch-analytische Schule zwar, aus Aussagen über das Sein ließen sich solche über das Sollen ableiten, ist aber bereit, sowohl entsprechende Argumentationen analytisch auf ihren logischen Wahrheitsgehalt zu überprüfen als auch jene Vermutungen aus dem Forschungsbereich der 'Evolutionären Ethik' empirisch zu testen, die im wesentlichen besagen, es gäbe aufgrund der menschlichen Phylogenese genetisch verankerte Bindungen an bestimmte Normen, d.h.: Normen ließen sich tatsächlich und im Wortsinn in der Natur des Menschen auffinden.[237]

- *Die Frage nach dem empirischen Wahrheitsgehalt der zu erarbeitenden Aussagen.* Weder die normativ-ontologische noch die historisch-dialektische Schule wollen Aussagen formulieren, die mit den Gegenständen, auf die sie sich beziehen, *nicht* übereinstimmen; ganz im Gegenteil bestehen sie darauf, ihre Behauptungen seien empirisch wahr. Hierin gibt es keinen Unterschied zur empirisch-analytischen Schule, welche ohnehin nicht mehr fordert, als daß *alle* Aussagen, von welcher Schule sie auch vorgebracht werden, auf ihren empirischen Wahrheitsgehalt überprüft werden müssen, und daß nur solche Aussagen akzeptiert werden dürfen, bei denen zumindest nicht ihre Falschheit nachgewiesen werden kann.

- *Die Frage nach der nötigen Komplexität beim Zuschnitt der Forschungsgegenstände.* Die historisch-dialektische Schule verlangt, die Gesamtheit aller politikrelevanten Prozesse in ihrer geschichtlichen Entwicklung und bezüglich ihrer Wechselwirkungen zu untersuchen. Dieser Forderung schließt sich jeder Vertreter empirisch-analytischer Politikwissenschaft mit allenfalls der skeptischen Einschränkung an, es sei praktisch kaum möglich, alles auf einmal mit größtmöglicher Intensität zu erforschen. Und auch wer eine normativ-ontologische Position vertritt, ist regelmäßig der Ansicht, daß kraftvolle Synthesen, die auch die Geschichte einschließen und Wechselwirkungen nicht übersehen, ein wichtiges Ziel politikwissenschaftlicher Forschung sind.

- *Die Frage nach dem Praxisbezug.* Nicht nur die historisch-dialektische Schule strebt praktisch verwertbare Ergebnisse politikwissenschaftlicher Forschung an; vielmehr sind diese das Ziel auch der anderen beiden Schulen.

---

237 Vgl. hierzu S. 20.

b. Grundlegende Unterschiede zwischen den 'drei Schulen' und die Möglichkeiten ihrer Überwindung

Offensichtlich verdeckt die geläufige Drei-Schulen-Einteilung somit ein äußerst großes Konsenspotential. Sie verdeckt es um so nachhaltiger, als sich wichtige Grenzlinien zwischen den 'drei Schulen' entlang der Fronten sozialwissenschaftlicher Grundsatzdebatten erstrecken:

- Normativ-ontologische und empirisch-analytische Schule entzweien sich über den Antworten auf die Fragen,

    * ob aus Aussagen über das Sein solche über das Sollen abgeleitet werden können ('Problem des naturalistischen Fehlschlusses');

    * ob Gegenstände der sozialen wie politischen Wirklichkeit eher durch *qualitative* Forschung erfaßt werden können, die sich der hermeneutischen Methode bedient und auf ein 'Verstehen' abzielt, oder ob in erster Linie *quantitative* Forschung nötig wäre, die mittels der Methoden empirischer sozialwissenschaftlicher Forschung und der Statistik soziale Tatbestände 'erklären' will.

- Empirisch-analytische Schule und historisch-dialektische Schule entzweien sich über den Antworten auf die Fragen,

    * ob nur eine bestimmte, klassengebundene Betrachtungsweise ('Parteilichkeit') der Erforschung sozialer, politischer, wirtschaftlicher und geistiger Sachverhalte angemessen sei;

    * ob wegen der Komplexität ihrer Untersuchungsgegenstände die Sozialwissenschaften nicht eine *Widersprüche zulassende* Dialektik der Logik als 'Werkzeug theoretischer Forschung' vorziehen sollten. Das hier einschlägige Argument aus dem Bereich der 'historisch-dialektischen Schule' lautet: 'Wenn ein Gegenstandsbereich Widersprüche aufweist, müssen auch die Aussagen, die ihn beschreiben, widersprüchlich sein'. Dieses Argument überzeugt allerdings nicht: eine Aussage über einen Widerspruch behauptet nur, daß ein Widerspruch vorliegt; und um diese Information mitzuteilen, muß sie natürlich nicht selbst einen Widerspruch enthalten.

- Normativ-ontologische Schule wie historisch-dialektische Schule einerseits und empirisch-analytische Schule andererseits entzweien sich über der Antwort auf folgende Frage: Kann man bestimmte Theorien, die 'Klassiker' wie Platon oder Marx vorgelegt haben, als 'offensichtlich anderen Theorien überlegen' diesen *von vornherein* vorziehen, oder ist es richtiger, Theorien als bloße Arbeitsmittel wissenschaftlicher Arbeit aufzufassen? Im ersten Fall müssen Wissenschaftler in erster Linie versuchen, 'Klassiker' immer wieder zeitgemäß auszulegen, während sie im zweiten Fall frei sind, die benutzten Theorien allein nach dem Gesichtspunkt auszuwählen und weiterzuentwickeln, ob sie sich besser oder schlechter zur Anleitung eines Forschungsprozesses und zur Aufbewahrung seiner Ergebnisse eignen.

Es lassen sich nun mit einiger Plausibilität folgende Argumente vorbringen, die eine auf Synthese abzielende Beilegung der genannten Konflikte nahelegen:[238]

- Aussagengefüge, die logische Widersprüche enthalten, sind *nicht* geeignet, über die Beschaffenheit eines interessierenden Gegenstandsbereichs zu informieren, da man aufgrund ihrer logischen Inkonsistenz nicht ihren empirischen Wahrheitsgehalt prüfen kann. Folglich bringt es nur Nachteile, doch keinen einzigen Vorteil, wenn man bei der Formulierung von Theorien die strengen Regeln der Logik durch eine Widersprüche zulassende Dialektik ersetzt.

- Qualitative und quantitative Forschung stellen keinen Gegensatz dar. Forschungsdesigns, die in geistesgeschichtlicher Tradition auf ein 'Verstehen' des Forschungsgegenstands abzielen, folgen denselben Grundregeln des Wissenschaftsspiels wie Forschungsdesigns, die in naturwissenschaftlicher Tradition auf 'Erklärungen' präzis erhobener Sachverhalte ausgehen.

- *Jeder* Blick auf die Wirklichkeit und somit jegliche Forschung ist perspektivisch und selektiv. Folglich kann der Streit nicht darum gehen, ob man 'voraussetzungslos' bzw. 'wertfrei' an seinen Untersuchungsgegenstand heranzutreten versteht. In Frage steht allein, wie man mit den verfügbaren Betrachtungsweisen und Standpunkten so umgehen kann, daß man die erkenntnisträchtigste Perspektive auf den Forschungsgegenstand zu finden und zu nutzen vermag. Dabei spricht alles dafür, daß 'Parteilichkeit' im Sinn einer grundsätzlichen Vorauswahl einer bestimmten Perspektive oder Theorie der wissenschaftlichen Arbeit *nicht* dienlich ist. Folglich muß auch die Politikwissenschaft *multiperspektivisch* und *theorienpluralistisch* betrieben werden.

- Darum ist es auch nicht sinnvoll, die Theorie eines bestimmten Klassikers oder überhaupt eine bestimmte Theorie alternativen Theorien *von vornherein* vorzuziehen. Vielmehr läßt sich nur bei der praktischen Forschungsarbeit feststellen, welche Theorie besser geeignet ist, Antworten auf die gestellte Frage oder Lösungen des bearbeiteten Problems zu finden.

- Es ist nicht möglich, mit *logischen* Mitteln aus Aussagen über das Sein solche über das Sollen abzuleiten. Zwar scheinen neuere Entwicklungen im Bereich der Evolutionsforschung - zumal auf dem Gebiet der 'Evolutionären Ethik' - die Vermutung nahezulegen, daß bestimmte Normvorstellungen angeboren sind. Bestätigt sich dies, so wäre auf *empirischem* Weg ein Schritt getan, Sollensaussagen auf Aussagen über das menschliche Sein zu beziehen. Doch immer noch ließe sich dann auf keinerlei *empirische* Weise die Frage beant-

---

[238] Die folgenden Aussagen fassen die in den Kapiteln über Wissenschaft, Methoden und Forschungsprozesse durchgeführten Erörterungen zusammen.

worten, ob bzw. warum Menschen ihren angeborenen Normvorstellungen denn wirklich folgen *sollten.* Allerdings wäre mit dem Nachweis von angeborenen und somit fraglos der 'menschlichen Natur' eigenen Normen ein zentrales Anliegen der normativ-ontologischen Schule im Konsens mit Vertretern der empirisch-analytischen Schule erfüllt. *Ob* sich die in Aussicht gestellten Ergebnisse der 'evolutionären Ethik' erzielen lassen, ist indessen eine noch offene und allein empirisch beantwortbare Frage. Es ist darum sowohl unnötig als auch verfehlt, sich im vorhinein dogmatisch einer bestimmten Antwort auf diese Frage zu verpflichten.

- Unabhängig vom Ausgang des Streits um empirisch erkennbare 'natürliche Normen' läßt sich zeigen, daß auch auf der Grundlage empirisch-analytischer Positionen normative Forschung genau jener Art möglich ist, an der die politische Praxis Bedarf hat: es lassen sich von der Politikwissenschaft in der oben umrissenen Weise solche Werturteile und Handlungsanweisungen erarbeiten, die jenen Werturteilen und Handlungsanweisungen an logischem wie empirischem Wahrheitsgehalt überlegen sind, die schon der gesunde Menschenverstand zu formulieren vermag.

Angesichts dieser Möglichkeiten, die Grundlagen der Drei-Schulen-Spaltung zu beseitigen, sollten Politikwissenschaftler sich nicht länger bemühen, ihr Selbstverständnis in deren Prokrustesbett zu zwängen. Die Debatte um die 'drei Schulen' hat zweifellos dazu beigetragen, Grundprobleme der Politikwissenschaft zu klären; insofern war sie nützlich. Doch nun sollte auf den erreichten Klarstellungen aufgebaut werden. Dann entstünde nämlich ein politikwissenschaftliches Selbstverständnis, welches von vornherein multiperspektivisch und theorienpluralistisch ist, keine Frage- und Forschungstabus kennt, bezüglich keiner Forschungsmethode Berührungsängste hat, sich nicht zwischen den traditionellen Fronten von Natur- und Geisteswissenschaften verschleißen läßt, ein Wissenschaftsverständnis aus einem Guß besitzt, empirische *und* normative Forschung als Aufgaben der Politikwissenschaft begreift, und eine logische wie empirische Wahrheit anstrebende Erforschung vergangener oder bestehender politischer Wirklichkeit mit leidenschaftlicher Einmischung in konkrete politische Gestaltungsaufgaben zu verbinden weiß.

IX. Berufsfelder für Politikwissenschaftler

1. Der Berufswahl zugrunde liegende politikwissenschaftliche Kompetenzen

Die Politikwissenschaft ist kein Fach, dessen Studium für einen bestimmten Beruf ausbildet. Lediglich ein Lehramtsstudium mit gut bestandenem Staatsexamen bahnt einen klaren Weg. Doch weder der Studienabschluß 'Diplompolitologe' noch die Magisterprüfung und auch nicht der Doktortitel (Dr. phil. oder Dr. rer. pol.) qualifizieren für eine genau festgelegte Tätigkeit. Wer das Fach Politikwissenschaft gründlich studiert, erwirbt vielmehr Kompetenzen, die ihn auf einer *Vielzahl* von Tätigkeitsfeldern zu einem attraktiven Mitarbeiter machen können.[239]

Es versteht sich von selbst, daß unabhängig von fachlicher Kompetenz die folgenden persönlichen Eigenschaften gegeben sein bzw. antrainiert werden sollten: physische und psychische Belastbarkeit, positive Grundstimmung und Begeisterungsfähigkeit, Einsatz- und Verantwortungsfreude, Pflichtbewußtsein und Fleiß, Zuverlässigkeit und Gründlichkeit, Offenheit gegen sich selbst und andere, Bereitschaft zur Kritik und Selbstkritik, Konfliktbereitschaft und Integrationsvermögen. Hilfreich für eine auf persönliches Können gegründete Karriere sind ferner Systematik im Denken und Handeln, Kreativität, Fähigkeit des Denkens in Alternativen, Ausdrucksvermögen in Wort und Schrift, kommunikative Kompetenz, Verträglichkeit, Einfühlungsvermögen in andere sowie Loyalität zu Mitarbeitern, Untergebenen und Vorgesetzten. Die ansonsten wichtigsten, bis zum ersten berufsqualifizierenden Abschluß durch das *Studium* zu erwerbenden und in eine akzeptable Anstellung umzumünzenden Kompetenzen eines Politikwissenschaftlers lassen sich so umreißen:

– Zielsicherer Zugriff auf grundlegende, doch vielfältige politikwissenschaftliche *Fachkenntnisse*. Unter ihnen sind vor allem die folgenden zu erwähnen:

  * Grundbegriffe und zentrale Argumentationen der bedeutendsten politischen Theorien sowie der einflußreichsten zeitgenössischen Ideologien;

  * Kenntnis der einflußreichsten politikwissenschaftlichen Theorien, ihrer zentralen Begriffe, Aussagen und der von ihnen geborgenen Forschungsergebnisse;

  * Wissen um den Aufbau und die Arbeitsweise mehrerer zeitgenössischer und historischer politischer Systeme samt Kenntnis der Grundzüge ihrer

---

[239] Zum folgenden siehe Wittkämpfer 1988; vgl. auch Hartwich 1987.

Rechts-, Wirtschafts-, Gesellschafts- und Kommunikationsordnung sowie ihrer politischen Kultur;
* Einsicht in die Funktionslogik politischer Systeme und ihrer Elemente, die aus einem Vergleich gut gekannter Systeme gespeist und begründet wird;
* Wissen um die politischen, rechtlichen, wirtschaftlichen und kommunikativen Strukturmerkmale des internationalen Systems sowie Überblick zu dessen wichtigsten Konflikten und Prozessen;
* Einblick in die Grundzüge der Geschichte der wichtigsten Staaten und Regionen samt ausgedehnten zeitgeschichtlichen Kenntnissen.

- Gewandtheit bei der Zusammenstellung von politisch relevanten Informationen anhand gründlicher Kenntnis der dafür verfügbaren Hilfsmittel.

- Beherrschung topischer Techniken des Problemdenkens ('Denk-Algorithmen') sowie Geschick bei der Verortung konkreter Fragestellungen und Probleme im Rahmen systematischer Kenntnisse, um rasch und mit großen Erfolgschancen zutreffende Antworten oder Vorschläge für Problemlösungen auffinden bzw. abschätzen zu können.

- Übung in der komplexen, viele Einzelaspekte vernetzenden Betrachtung von Politik sowie in Argumentationen, die auch komplizierte Sachverhalte klar gliedern und erörtern.

- Gewandtheit im wissenschaftlichen Arbeiten und bei der Benutzung politikwissenschaftlicher Methoden, also: Fähigkeit zur Diagnose von Problemen, zur Entdeckung und Prüfung möglicher Wege der Problemlösung, zur Erarbeitung präziser, weiterführender Fragestellungen, zur Erhebung und Auswertung der für ihre Beantwortung nötigen Informationen, sowie zur zweckdienlichen Aufbereitung der Ergebnisse solcher Recherchen.

- Geistige Wendigkeit, welche die im Studium exemplarisch geschulte Fähigkeit zur Einarbeitung in die verschiedensten Materien für die Bearbeitung schnell wechselnder praktischer Probleme nutzbar macht.

- Ein Sachgebiet, auf dem besondere, vertiefte Kenntnisse besessen werden, das möglicherweise als Sprungbrett zur ersten beruflichen Position dienen kann und darum überlegt ausgewählt werden sollte. Dieses Spezialgebiet ist als rein *zusätzliche* Qualifikation aufzufassen; es kann keinesfalls die übrigen, allgemeinen Kenntnisse ersetzen. Darum ist es falsch, sich zu spezialisieren, bevor man *breites* Fachwissen erworben hat.

Ergänzend sollten bei einem gut und zeitgemäß ausgebildeten Politikwissenschaftler folgende Qualifikationen hinzukommen:

- praktisch nutzbare Kenntnisse des Englischen sowie einer weiteren modernen Fremdsprache;
- kulturell erweiterter Horizont durch einen Studienaufenthalt im Ausland;
- Vertrautheit beim Umgang mit Computern und Software;
- Organisatorische Fertigkeiten;
- Kontaktfreude und Fähigkeit zur Arbeit in Gruppen.

Derartige Kompetenzen, zu erwerben durch bedachte Wahl der jeweiligen Fächerkombination, durch ein von Fleiß geprägtes Studium sowie durch selbstgewählte Herausforderungen in Form von Hochschulwechseln und Praktika, eröffnen gute Chancen, in der Konkurrenz mit Mitbewerbern zu bestehen. Ohne solche Qualifikationen auf den Arbeitsmarkt zu gehen, ist sehr unvorsichtig. Und obschon der berufliche Einstieg nicht selten über Zufallskontakte oder Empfehlungen der akademischen Lehrer gefunden wird, kann man sein anschließendes Fortkommen in der Regel nur auf das bauen, was man wirklich gelernt hat. Wen es nicht reizt, sich die genannten Fähigkeiten anzueignen, sollte rechtzeitig die Wahl seines Studienfaches überprüfen.

2. Berufsfelder für Politikwissenschaftler

Selten ist der erste Arbeitsplatz eines Politikwissenschaftlers schon der endgültige. Vielmehr dient er meist dazu, die Weichen für weiteres berufliches Fortkommen zu stellen. Darum ist es angebracht, gerade bei der Wahl des beruflichen Einstiegs sowohl flexibel zu sein als auch die mittel- wie langfristige Lebensplanung im Blick zu haben. Im allgemeinen ist es sinnvoll, im letzten Studiendrittel eine bestimmte berufliche Anfangstätigkeit *nachdrücklich* anzustreben und sich durch persönliche Kontaktaufnahme, Praktika usw. schon im vorhinein Anlaufpunkte zu schaffen. Wem das nicht gelingt, der ist auf eine regelmäßige Durchsicht der Stellenausschreibungen zumal in der ZEIT angewiesen und muß sein Glück mit Bewerbungsschreiben versuchen. Diese sind in jedem Fall sehr ernst zu nehmen, weswegen man sich über deren formale und inhaltlichen Anforderungen rechtzeitig informieren sollte.

Einem Politikwissenschaftler steht eine Vielzahl von Berufsfeldern offen. Allerdings gibt es keinen vorweg gebahnten Weg zu ihnen: Vorausplanung, Umsicht, entschlossene Nutzung zufälliger Chancen und hartnäckige Zielstrebigkeit sind nötig, um auf sie zu gelangen. Ein *erster* Weg führt über ein Lehramtsstudium in den höheren Schuldienst. Ein *zweiter* Weg führt in die Verwaltungen der Länder oder des Bundes,[240] in den Höheren Auswärtigen Dienst sowie in den Apparat der Europäischen Union oder internationaler Organisationen. Ein *dritter Weg* führt in die freie Wirtschaft, die sich in jüngster Zeit für Absolventen geistes- und sozialwissenschaftlicher Studiengänge zu öffnen beginnt. Firmen hoffen von ihnen, sie wären besser als 'Fachstudenten' der Wirtschafts- oder Rechtswissenschaft in der Lage, in größeren Zusammenhängen zu denken, komplizierte Situationen zu durchschauen und kreative Techniken der Problemlösung anzuwenden. In jedem Fall ist es ratsam, die interessierenden Institutionen oder Unternehmen im Lauf des Studiums anzuschreiben, um präzise Auskünfte einzuholen oder gar schon in ihnen ein Praktikum zu absolvieren. Ansonsten sind folgende Berufsfelder für Politikwissenschaftler typisch:

- Tätigkeit in *Stabsfunktionen bei Verbänden und Parteien*: Arbeit als Referent für bestimmte Sachbereiche oder Öffentlichkeitsarbeit, Mitarbeiter für allgemeine Organisationsfragen, Geschäftsführer auf verschiedenen Ebenen. Es ist sinnvoll, schon gegen Ende des Studiums geeignete Kontakte anzubahnen. Beziehungen und Referenzen eines Hochschullehrers helfen nicht selten weiter.

- Tätigkeiten im Bereich der *politischen Bildung*: Dozenten- und Geschäftsführertätigkeit bei Stiftungen, Akademien und Bildungswerken aller Art. In solchen Verwendungen gehören zum Tätigkeitsprofil auch Aufgaben wie Seminarplanung, Referentenkontakte, Tagungs- und Seminarleitung, Beratung der Hörer, Finanzierungsfragen und Koordinierung der Tätigkeit von Mitarbeitern. Wiederum empfiehlt sich eine Kontaktaufnahme schon vor dem Studienabschluß, wobei erneut die Unterstützung eines Hochschullehrers hilfreich sein kann.

- Tätigkeit im Bereich des *Journalismus*, z.B. als Redakteur, Korrespondent oder als Assistent in der Rundfunkverwaltung. Wer diese Laufbahn anstrebt, sollte sich rechtzeitig um ein Volontariat bzw. ohnehin um eine mit dem Fach Politikwissenschaft vernetzte Journalistenausbildung bemühen, zumindest aber sein politikwissenschaftliches Studium mit einem der Kommunikationswissenschaft oder Publizistik verbinden.

- Tätigkeit als *Assistent von Abgeordneten oder Fraktionen*. Dies ist eine äußerst interessante, Politikwissenschaftlern eigentlich auf den Leib geschnittene, im Prinzip leicht zugängliche, doch eher *kurzfristige* Berufsperspektive mit dem Charakter eines 'Sprungbretts'. Es ist zweckmäßig, mit in Frage kommenden Abgeordneten oder Fraktionen schon im letzten Studiendrittel Kon-

---

240 Überwiegend kommt das Angestelltenverhältnis in Frage. Außerdem ist es möglich, den Weg über eine zweijährige Referendarausbildung oder die Paragraphen 38 und 39 der Bundeslaufbahnverordnung bzw. analoger landesrechtlicher Bestimmungen zu nehmen, wonach Politikwissenschaftler sogenannte 'andere Bewerber' um eine Laufbahn des höheren Dienstes sind. Vgl. hierzu Wittkämper 1988: 312.

takt aufzunehmen und die angetretene Stelle, wozu sie sich bestens eignet, zur Anbahnung weiterführender Beziehungen zu nutzen.

- Tätigkeit in den *wissenschaftlichen Diensten von Parlamenten* bzw. in *sozialwissenschaftlichen Forschungsinstituten*. Für das erste Einsatzgebiet sind vor allem rechtswissenschaftliche Zusatzqualifikationen, für das zweite Einsatzgebiet solide, die politikwissenschaftliche Durchschnittskompetenz klar überschreitende Methoden- und Statistikkenntnisse unverzichtbar. Zum Zweck eines Berufseinstiegs in Forschungsinstituten sollte schon im Studium, zumindest aber in der Magister- oder Diplomarbeit empirisch gearbeitet werden, um entsprechende Qualifikationen auch konkret nachweisen zu können. Rechtzeitige Kontaktaufnahme mit in Frage kommenden Instituten bzw. Parlamentsverwaltungen mag nützlich sein.

- Tätigkeit als wissenschaftlicher Mitarbeiter im Rahmen von *Drittmittelprojekten*. Solche Chancen dienen dem Berufseinstieg und sind zufallsabhängig. Immerhin läßt sich an der eigenen Universität halbwegs leicht herausfinden, welcher Hochschullehrer mehr oder minder regelmäßig Forschungsprojekte leitet. Strebt man bei ihm eine Stelle an, so ist es eine gute Strategie, in dessen Seminarveranstaltungen durch gute Leistungen aufzufallen und ihn nach einiger Zeit auf eine mögliche Anstellung anzusprechen.

- Tätigkeit als *Universitätsassistent*. Ein solcher Berufseinstieg ist für jene Studenten attraktiv, die ihre Zukunft im Bereich der akademischen Lehre und Forschung sehen. Der erfolgversprechendste Weg hierzu besteht darin, in Lehrveranstaltungen zumal kontaktreicher Hochschullehrer durch gute Leistungen über mehrere Semester aufzufallen und entsprechende Professoren gegen Ende des Studiums mit diesem Berufswunsch anzusprechen. Wenn eine Einstellung an der eigenen Universität auch nur im Ausnahmefall möglich sein wird, können doch 'Querempfehlungen' und Referenzen des jeweiligen Hochschullehrers äußerst hilfreich sein.

Unabhängig von der konkreten Berufswahl kann für Politikwissenschaftler auch eine *politische* Betätigung reizvoll sein, die - nach gelungener beruflicher Existenzsicherung - zu einem kommunalen Mandat oder zu einem Parlamentssitz und der Laufbahn als Berufspolitiker führen mag. Zwar erachten Parlamentarier bislang ein Studium von Politikwissenschaft oder Soziologie als besonders *unnütz* für die praktische politische Tätigkeit, worin die Erfahrungen mit den 'politischen Wissenschaftlern' der 70er Jahre ihren Niederschlag finden. Doch gut ausgebildete Politikwissenschaftler mit einem Kenntnisprofil wie dem oben beschriebenen könnten solche aus dem Zeitalter ideologisierter Politikwissenschaft stammende Urteile sicher korrigieren und eine wertvolle Bereicherung des derzeit verfügbaren politischen Personals darstellen. Denn zweifellos stiftet ein sinnvoll aufgebautes und sorgfältig durchgeführtes Studium der Politikwissenschaft *hervorragende* Voraussetzungen für eine politische Tätigkeit, die schließlich umfänglicheres Leistungsvermögen brauchen kann als die - zweifellos allein praktisch erlernbare - 'Alltagstechnik der Macht'.

X. Ratschläge für das Studium der Politikwissenschaft

1. Schwierigkeiten beim Studium

Einem zielstrebigen, umfassenden und erfolgreichen Studium der Politikwissenschaft stehen mannigfaltige Schwierigkeiten entgegen. Sie zu kennen und sich von vornherein gegen Enttäuschungen zu wappnen, dürfte durchaus hilfreich sein.

Erstens macht oft schon die *Zusammensetzung der Studentenschaft* das Studium schwer, denn nicht wenige Kommilitonen wählen das Fach ohne besondere Vorstellung von dem, was es ihnen abverlangen wird. Bricht sich dann bloßes 'Interesse an Politik' oder eine gewisse 'Neigung zu politischem Engagement' am tatsächlichen Lehr- und Lernstoff, so sind Irritation und Enttäuschung die naheliegende Reaktion. Immer wieder geraten Studenten auch nur deshalb an die Politikwissenschaft, weil ihnen aufgrund ihres Notendurchschnitts der Zugang zu anderen Fächern (einstweilen) versperrt ist oder andere Disziplinen ihnen als zu schwierig gelten. Auch solche Studenten erleben die Politikwissenschaft meist als alles andere denn anziehend. Dasselbe gilt für jene, die nur ein 'einfaches Nebenfach' suchen, es in der Politikwissenschaft aber allenfalls scheinbar finden.

Zwar verlassen viele in einen politikwissenschaftlichen Studiengang bloß 'verirrte' Studenten im Lauf der Zeit diese Sackgasse. Doch gerade in den Anfängerveranstaltungen sind sie präsent und prägen oft das Bild. Darum befindet sich zumal der motivierte und begabte Studienanfänger nur selten in einer sozialen Umgebung, die ihn fordert und fördert. Kann er aber nicht vor allem zu Beginn seines Studiums die Politikwissenschaft in ihrem intellektuellen Reiz und in ihren stimulierenden Herausforderungen kennenlernen, so verliert insbesondere er leicht die Neigung zum Fach oder gerät in intellektuelle Untiefen.

Sodann führen *typische Erwartungshaltungen der Studierenden* zu Schwierigkeiten. Gerade die sozial- oder gemeinschaftskundlichen Leistungskurse an den Gymnasien behindern oft den Zugang zur wissenschaftlichen Beschäftigung mit Politik. Sie vermitteln nämlich das Gefühl, die Grundlagen der Politikwissenschaft eigentlich schon zu beherrschen, sind doch viele Begriffe, Argumentationen und Informationen den Studienanfängern nun schon vertraut. Sozial- bzw. Gemeinschaftskunde wird dergestalt mit Politikwissenschaft verwechselt. Dies macht eine Emanzipation vom mitgebrachten politischen Alltagswissen und Alltagsdenken wiederum deshalb schwierig, weil Wissenschaft nun vor allem als ein 'Mehr an Stoff' erscheint, nicht aber als eine über dessen bisherige Verarbeitungsweise weit hinausgehende Art des Umgangs mit ihm. Wer aufgrund solcher Erwartungen nicht umzudenken vermag, dem geraten politikwissenschaftliche Lehrveranstaltungen meist zur Fortsetzung des Stammtisches mit anderen Mitteln und in anderer Umgebung, was im Lauf der Zeit immer deutlichere Lernunfähigkeit bewirkt.

Probleme schaffen sich aber nicht nur die Studierenden selbst. Auch das Fach selbst macht es ihnen schwer. Vor allem tritt es seinen Studenten nicht in einer klaren 'Lehrgestalt' gegenüber. Oft gibt es an den Universitäten kein festes Curriculum politikwissenschaftlicher Ausbildung, und selten vertreten Fachkollegen wenigstens in Grundzügen dieselbe Lehrmeinung, benutzen gleiche Begriffe, beherrschen dieselben Methoden, halten sich an einheitliche Standards oder erachten wenigstens die gleichen Wissensbestände als unverzichtbar. So wird die Wahl der Lehrveranstaltungen beliebig, bleibt ein roter Faden unsichtbar, kann ein der Semesterzahl gleichlaufender Fortschritt an Kenntnis des Faches weder organisiert noch erlebt werden. Orientierungslosigkeit lähmt dann entweder die Motivation oder führt, aus Arbeitswillen, zum Hineinknien in Detailprobleme. Dann aber kann ein Student erst recht nicht erleben, Horizonterweiterung und Vertiefung in sein Spezialgebiet stünden in einem vernünftigen Verhältnis. Durch dieses mangelhafte Erscheinungsbild der Disziplin werden insgesamt unglaublich viel guter Wille, Zeit und Energie vergeudet.

Hinzu kommt, daß auch die *Lehrbuchliteratur* den Studenten vielfach im Stich läßt.[241] Die meisten älteren 'Einführungen in die Politikwissenschaft' sind wegen ihrer komplizierten Sprache erst für den Examenskandidaten interessant und lassen den Studienanfänger ratlos. Doch auch klar geschriebene Lehrbücher zu den einzelnen Lehr- und Forschungsbereichen der Politikwissenschaft waren bis zum Anfang der 90er Jahre Mangelware. Jedenfalls übergießt gerade den neugierigen Studenten ein Sturzbach von Publikationen, die ihm ein Orientierungsvermögen abverlangen, das die Fachliteratur ihm eigentlich erst geben sollte.

Denn in gut sortierten politikwissenschaftlichen Bibliotheken findet sich nicht nur ein Querschnitt aus philosophischer, juristischer, wirtschaftswissenschaftlicher, psychologischer, geschichtswissenschaftlicher und soziologischer Literatur neben jenen Titeln, die mehr oder minder klar der Politikwissenschaft zuzuordnen sind. Sondern gerade das *politikwissenschaftliche* Schrifttum ist nach Selbstverständnis, Funktion, Seriosität, Charakter und Typ von einer verwirrenden Vielfalt. Anmerkungsbeladene Monographien stehen neben aktuellen Sachbüchern aus der Feder von Journalisten, tabellenreiche empirische Studien neben politischen Essays, Werkausgaben von 'Theoretikern' neben 'Sekundärliteratur', Überblicksdarstellungen neben Streitschriften. Oft ist nicht einmal zu erkennen, ob eher ein politischer oder ein politikwissenschaftlicher Text vorliegt, und bei den letzteren ist häufig unklar, ob sie Tatsachen-, Zusammenhangs- und Erklärungswissen oder aber normative Aussagen darlegen wollen. Empirischen Arbeiten ist wiederum

---

241 Verwiesen sei insgesamt auf folgende Einführungen bzw. Lehrbücher: Abendroth/Lenk 1973, Bellers/Robert 1990, Berg-Schlosser u.a. 1982, Beyme u.a. 1987, Burdeau 1964, Dahl 1973, Druwe 1994, Esterbauer 1992, Fetscher 1972, Fetscher/Münkler 1990, Flechtheim 1958, Friedrich 1961, Gablentz 1959, Gerhardt 1990, Hättich 1967-1972, Heinrich 1989, Konegen 1973, Kress/Senghaas 1969, Lehmbruch 1971, Lenk 1975, Mackenzie 1972, Münch 1982, Naschold 1972, Naßmacher 1977/1979, Noack 1976, Oberndörfer 1962, Reinisch 1971, Röhrich/Narr 1986, Roloff 1969, Schlangen 1974, Schneider 1967 und Tudyka 1973. Siehe auch die Nachträge im Vorwort zur 3. erg. Auflage.

manchmal ihre Datenbasis nicht anzusehen. Weil indessen nur selten gut lesbare und aktuelle Lehrbücher die in solchem Schrifttum geborgenen Informationen erschließen, wird der Student auf dessen Lektüre verwiesen, in der er dann aber rasch den Überblick und die Lust am Lesen verliert.

Überdies passen in der Regel die *Leistungsanforderungen* des Fachs nicht gut zusammen. Einesteils soll der Student Wissen erwerben; hierauf eine Prämie setzende Klausuren sind in der Politikwissenschaft aber weitgehend unüblich. Andernteils soll er die Fähigkeit erwerben, erlerntes Wissen auf konkrete Probleme anzuwenden und anhand der verfügbaren Literatur in angemessener Zeit auf begrenzte Fragestellungen zutreffende und richtige Antworten zu finden. Dem dient die Textgattung der Seminararbeit. Da diese aber die routinemäßig geforderte Leistung in Lehrveranstaltungen ist, zerfällt die Studienzeit regelmäßig in einander ablösende Perioden der Anfertigung verschiedenster Hausarbeiten, mit dem Resultat, daß keine mehr gründlich sein kann. Wird aber bei fast jeder schriftlichen Arbeit sozusagen von der Hand in den Mund gelebt, erreicht keine mehr ihren Ausbildungszweck. Schlimmer noch: sie alle führen dazu, daß sich das im Studium erworbene Wissen wie ein Flickenteppich ausnimmt, da zumal ehrgeizige Studenten so viel Zeit in die einzelnen Seminararbeiten investieren, daß sie darüber die Lektüre übergreifender oder ergänzender Literatur vernachlässigen.

Weil wiederum aufgrund des Termindrucks der einander pausenlos folgenden Seminararbeiten die in Lehrveranstaltungen zu haltenden mündlichen Referate eher schlecht als recht vorbereitet werden, verlieren außerdem die *Lehrveranstaltungen* an pädagogischem wie inhaltlichem Nutzen: man hört unbefriedigende Referate schlecht vorgetragen, schleppt sich über Diskussionen und fragt alsbald, in welcher wissenschaftlichen Hinsicht die Seminare wohl überhaupt etwas nutzen könnten. Da die Antwort dann meist klar ist, sinken Leistungsbereitschaft und Niveau noch mehr. Die Dozenten allein können diesen abwärts weisenden Spiralprozeß nicht aufhalten: wer allzu selten mit den erbrachten Leistungen seiner Studenten, ihrer Einsatzbereitschaft und intellektuellen Neugier zufrieden sein kann, der wird die Lust an der Lehre verlieren und dergestalt auch seinerseits dazu beitragen, daß die Studienzeit zur Enttäuschung gerät.

Dennoch die Politikwissenschaft als eine faszinierende Disziplin zu erleben, mit Entdeckerfreude in ihre Wissensbestände einzudringen und voller Lust am Studium sich das oben skizzierte Kompetenzprofil zu erwerben, wird solchermaßen zum schwer realisierbaren *Ausnahmefall*. Die folgenden Ratschläge können die Chancen für sein Eintreten jedoch steigern. Manche Ratschläge sind zwar nur universitätsspezifisch zu verwirklichen: je nach den Bibliotheksverhältnissen läßt sich z.B. mancher Hinweis besser oder schlechter realisieren, und je nach Anzahl und Eigenart der verfügbaren Hochschullehrer ist es hilfreicher oder weniger nützlich, sich auf Vorlesungen einzulassen. Im wesentlichen sollten die gegebenen Hinweise aber allgemein befolgbar sein.

2. Ratschläge für das Studium

Zunächst einmal kommt es auf eine sinnvolle Organisation des Grundstudiums an.[242] Unbedingt sollte in den ersten vier Semestern ein *gründlicher* Einstieg in die drei Teilfächer der Politikwissenschaft sowie in die Methoden dieser Disziplin gelingen. Werden entsprechende einführende Lehrveranstaltungen in Form obligatorischer (Pro-)Seminare oder Grundkurse angeboten, so sollte von ihnen pro Semester nur eine *einzige* besucht werden, diese dann aber den *Schwerpunkt* des Semesters und seiner Lektüreaufgaben bilden. Im allgemeinen ist es sinnvoll, mit dem Teilfach 'Politische Systeme' zu beginnen und das Grundstudium mit einer einführenden Lehrveranstaltung zu den Forschungsmethoden abzuschließen. Auf jeden Fall sollte man sich das Ziel setzen, am Ende des Grundstudiums eine klare Vorstellung von den Themen *aller* wichtigen Arbeitsgebiete der Politikwissenschaft sowie von ihrer arbeitsteiligen Vernetzung zu haben.

Unter den *Vorlesungen* sollten, unabhängig von der inhaltlichen Schwerpunktbildung des jeweiligen Semesters, im Grundstudium *Überblicks*vorlesungen bevorzugt werden. Leider ist es in der Politikwissenschaft nicht üblich, daß der Lehrstoff bedarfsgerecht in systematisch aufeinander aufbauenden Vorlesungen vorgetragen wird. Um so intensiver sollte man darum jene wenigen Vorlesungen besuchen, in denen dies ausnahmsweise geschieht. Unabhängig davon ist es nützlich, wenn ein Student in den ersten zwei Semestern die Vorlesungen aller Professoren und Dozenten seines politikwissenschaftlichen Instituts wenigstens ab und zu besucht, um so von Persönlichkeit und Eigenart der prüfungsberechtigten Hochschullehrer ein erstes Bild zu gewinnen.

Angereichert wird dieses aus 'Schwerpunkt' und 'Überblick' aufgebaute Lernprogramm einesteils durch die Nutzung *ergänzender* Lehrangebote. Sie sollte man zwar möglichst dem jeweiligen Schwerpunkt des Semesters angliedern. Doch es gibt immer wieder schon vom Titel her so ansprechende Lehrveranstaltungen, daß man nicht auf sie verzichten sollte. Andernteils sollte man sich spätestens ab dem dritten Semester systematisch den wichtigsten *Nachbarfächern* der Politikwissenschaft zuwenden und, soweit gerade angeboten, Überblicksvorlesungen über Staatsrecht, Völkerrecht, Volkswirtschaftlehre, Kommunikationswissenschaft, Sozialpsychologie, Soziologie oder aus der Geschichtswissenschaft hören.

Das Grundstudium wird nach vier bis fünf Semestern abgeschlossen, und zwar in der Regel durch eine mündliche oder schriftliche *Zwischenprüfung*. Es ist verfehlter Ehrgeiz, die Zwischenprüfung möglichst früh ablegen zu wollen: es

---

242 Die folgenden Ratschläge zum Aufbau des Studiums beziehen sich in erster Linie auf das Haupt- oder Nebenfachstudium im Rahmen eines *Magister*studiengangs; für Diplomstudiengänge sowie für das Studium der Sozial- bzw. Gemeinschaftskunde sind sie aber leicht sinngemäß abzuwandeln.

zählt nicht ihr Zeitpunkt, sondern die Qualität des bis zu diesem Studieneinschnitt erworbenen Wissens.

Hat man sich bis zur Zwischenprüfung einen soliden Überblick über die Politikwissenschaft und ihre Teilfächer verschafft, so kann im nun folgenden Hauptstudium eine *Vertiefung* der Kenntnisse angestrebt werden. Vertiefung heißt *nicht* einfach Spezialisierung. Vielmehr muß es zunächst darum gehen, die zunächst noch recht oberflächlichen Kenntnisse über die Unterdisziplinen der drei Teilfächer zu verbessern. Dies sollte durch Besuch möglichst nicht zu spezialisierter Seminarveranstaltungen und Vorlesungen sowie, vor allem, durch zielgerichtete Lektüre geschehen. Außerdem ist es nach der Zwischenprüfung an der Zeit, seine Methoden- und Statistikkenntnisse so zu vertiefen, daß man im zweiten Teil des Hauptstudiums auch von seiner Methodenkompetenz her frei ist, ganz nach Interesse und wissenschaftlichem Wert ein Thema für die Magister- oder Diplomarbeit zu wählen.

Erst im zweiten Teil des Hauptstudiums, also etwa ab dem siebten Semester, sollte man eine - regelmäßig zur Einengung des Horizonts führende - *Spezialisierung* vornehmen, und zwar am besten im Hinblick auf einen ersten *Arbeitsplatz*. Dabei empfiehlt es sich, nach dem sogenannten *Y-Modell* zu verfahren. Dies meint, daß man sich auf zwei einander ergänzenden Spezialisierungsgebieten aus zwei Teilfächern der Politikwissenschaft kompetent macht. Sinnvollerweise wählt man später auch das Thema der Magister- oder Diplomarbeit aus diesem doppelten Spezialisierungsbereich. Dabei ist es nicht ungeschickt, ein kleineres empirisches Forschungsvorhaben anzugehen, das einen im Verlauf der Datenerhebung mit Personen des anzielten Berufsfeldes zusammenbringt, weil sich dergestalt nützliche Bekanntschaften knüpfen lassen.

Mit dem gemäß 'Y-Modell' gewählten Spezialisierungsbereich sollte an geeigneter Stelle im Hauptstudium ein *Praktikum* verbunden werden. Erstens untersetzt es das im Studium erworbene Buchwissen durch eigene Anschauung und persönliche Eindrücke. Zweitens sind Praktika erfahrungsgemäß für den späteren Einstieg ins Berufsleben hilfreich. Folglich sollten Studenten durch Nutzung von Gesprächsmöglichkeiten mit Dozenten, bei den Studienberatungsstellen bzw. Auslandsämtern ihrer Universität, auf den Arbeitsämtern oder mittels eigener Kontakte sich hartnäckig um den Erhalt einer Praktikumsstelle bemühen.

Spätestens nach der Absolvierung eines Praktikums und unbedingt schon vor dem Examen sollte man darüber nachdenken, worin man für sich selbst die berufliche und persönliche Selbsterfüllung für den an das Studium anschließenden Lebensabschnitt sieht. *'Was will ich mit 35 Jahren wirklich sein?'* sollte die Leitfrage lauten, die es so aufrichtig und konkret wie möglich zu beantworten gilt. Aus der Antwort sind unmittelbare Konsequenzen für den Rest des Studiums, also für die Wahl des Themas der Magister- oder Diplomarbeit, für die Vorbereitung auf die Abschlußprüfung, für die Aufrechterhaltung oder Aufnahme von Kontakten zu möglichen Arbeitgebern usw. zu ziehen.

Nicht zuletzt des beruflichen Einstiegs wegen sind die *Nebenfächer* von vornherein umsichtig auszuwählen und sorgfältig zu studieren. Gegebenenfalls ist die Wahl der Nebenfächer rasch zu korrigieren. Allein im Diplomstudiengang werden dem Studenten entsprechende Entscheidungen mehr oder minder abgenommen, während im Magisterstudiengang das politikwissenschaftliche Studium stets mit mindestens einem Nebenfach, meist aber mit deren zwei gekoppelt ist. Vernünftigerweise wird man diese Nebenfächer tatsächlich als *Abrundung* des politikwissenschaftlichen Hauptfaches wählen, wobei Soziologie, Geschichte, Rechtswissenschaft, Volkswirtschaft, Kommunikationswissenschaft, Psychologie oder Geographie äußerst sinnvolle Nebenfächer sind.

'Nebenfachstudium' der Politikwissenschaft darf keineswegs bedeuten, daß man nur Teilbereiche dieser Disziplin zur Kenntnis nimmt. Vielmehr sollte sich das Nebenfachstudium vom Hauptfachstudium nicht in der Breite, sondern nur in der Tiefe unterscheiden: man verzichtet auf jene Vertiefungen und Spezialisierungen, die das Hauptstudium des Hauptfaches kennzeichnen, und setzt statt dessen die im Grundstudium des Nebenfachs noch nicht zum Ziel führenden Bemühungen um einen *Gesamtüberblick* im Hauptstudium fort.

Natürlich müssen die pro Semester in den Nebenfächern zu erbringenden Studienleistungen mit dem Studium des Hauptfachs so abgestimmt werden, daß es zu keiner Überforderung kommt. Ein typischer und fataler Fehler besteht beispielsweise darin, möglichst alle Einführungsveranstaltungen schon in den ersten beiden Semestern absolvieren zu wollen, um dann 'endlich für das eigentliche Studium Zeit zu haben'. Das 'eigentliche' Studium besteht am Studienbeginn aber *ausschließlich* in der sorgfältigen Erarbeitung des in den Einführungsveranstaltungen angebotenen bzw. vorgesehenen Stoffs. Richtig ist es darum, sich bis zur Zwischenprüfung die nötige Zeit zu lassen, die grundlegenden Veranstaltungen aller Studienfächer gut zu streuen und sie überlegt auf vier Semester zu verteilen.

Weitgehend ist es eine Sache persönlichen Glücks, ob man möglichst schnell an akademische Lehrer gerät, deren Lehrveranstaltungen man als hilfreich und voranbringend erlebt. Man sollte sich in den ersten beiden Semestern ausgiebig unter schon länger studierenden Kommilitonen nach deren Erfahrungen erkundigen und dabei vor allen den Eindrücken überdurchschnittlich ehrgeiziger Studenten Gewicht beimessen. Unbeschadet der Qualität angebotener *Seminarveranstaltungen*, sollte man diese anhand folgender Regeln nutzen:

– Mit Ausnahme des ersten Semesters sollte man möglichst zum Schluß des einer Seminarveranstaltung vorangehenden Semesters mit dem jeweiligen Dozenten *Kontakt* aufnehmen. Einige Hochschullehrer führen ohnehin Vorbesprechungen durch. Andernfalls sollte man die Dozenten einfach aufsuchen, um sich über Fragestellung und Stoff des Seminars zu informieren, sich in den Besitz von Lektürehinweisen zu setzen sowie ein Thema für einen Seminarvortrag zu übernehmen. Unbedingt sollte man sich auch *vor* Beginn des jeweiligen Semesters in den Gegenstand der besuchten Seminarveranstaltung einarbeiten und jetzt schon sein Seminarreferat zumindest in Grundzügen fertigstellen.[243] Es ist falsch und bringt wenig, sich erst zu Semesterbeginn mit der Thematik der besuchten Seminare vertraut zu machen.

- Auf jede Seminarsitzung sollte man sich durch Erfüllung der erteilten Lektüreaufträge bzw. durch eigenständige *Lektüre* vorbereiten. Das Ziel muß darin bestehen, jedes angehörte Seminarreferat in einen schon vorhandenen, wenn auch verbesserungsfähigen Verständnisrahmen einfügen zu können. Rasch sollte man auch den Mut aufbringen, sich im Seminar *zu Wort zu melden*. Oft sind es zwar nicht die schlechtesten Studenten, die schweigen, weil sie selbstkritisch meinen, keine hinlänglich qualifizierten Äußerungen vorbringen zu können. Gerade dieses Verhalten überläßt aber den wenig denkenden Vielrednern das Feld, verdirbt das Seminarklima und macht die Sitzungen zur Last. Wann immer man den Eindruck hat, eine Seminardiskussion erschöpfe sich in Nebensächlichkeiten, sollte man darum lieber in sie eingreifen, statt 'innerlich zu kündigen'. Erfahrungsgemäß *schätzen* es Dozenten, wenn die für wissenschaftliche Arbeit ohnehin grundlegende gegenseitige Kritik gleichgestellter Kollegen schon im Umgang der Studenten beginnt.

- Grundsätzlich sollte man sich auch in Seminarveranstaltungen, in denen man keinen Leistungsnachweise erwerben will, zu *Kurzreferaten* bereit finden, falls der Seminarleiter dies anregt. Erstens hilft solche Mitarbeit dem Seminar, das ja von den Beiträgen seiner Teilnehmer lebt. Zweitens erlernt man durch nichts besser als durch solchen selbstgesetzten Druck, sich in kurzer Zeit auf einem begrenzten Gebiet sachkundig zu machen und die Ergebnisse ansprechend vorzutragen. Diese Fertigkeit wird einem Politikwissenschaftler auf fast allen Berufsfeldern zugute kommen. Drittens fällt man dadurch dem Dozenten als zunächst leistungswillige und sodann leistungsfähige Persönlichkeit auf, was sich meist in intensiverer Betreuung, Bevorzugung bei Stellenvergaben oder späteren Empfehlungen auszahlt.

Falls bei *Vorlesungen* der Dozent systematisch gegliedert vorträgt und sich nicht auf einen schon publizierten Text stützt, sollte man in den regelmäßig besuchten Vorlesungen konsequent und leserlich mitschreiben. Wenn man trotz systematischen Mitschreibens mit den Notizen im oder nach dem Semester nicht arbeitet, sollte man die Ursache prüfen. Möglicherweise hat man unzulänglich mitgeschrieben; dann ist die Technik des Notierens zu verbessern. Ein Hauptfehler besteht darin, nur Stichworte zu notieren, mit denen man später wenig anfangen kann. Ein anderer Hauptfehler gründet im Ehrgeiz, möglichst alles festzuhalten, was letztlich nur zur Unübersichtlichkeit der Mitschrift führt. Richtig ist der Mittelweg: es sind in möglichst übersichtlicher Gliederung und anhand von Strichaufzählungen die Grundzüge von Argumentationen, die Definitionen von Grundbegriffen, zentrale Wissensbestände sowie wichtige Literaturhinweise festzuhalten. Vielleicht eignet sich einfach der Vorlesungsstil des Dozenten nicht für

---

243 Zur Erstellung von Seminararbeiten siehe S. 273ff.

verwertbare Mitschriften; dann sollte man sich überlegen, ob man entweder auf die Vorlesung oder auf das Mitschreiben verzichtet. Gegebenenfalls vergräbt man auch nur die Schätze, die man zuvor mühsam zusammengetragen hat, in Aktenordnern. In diesem Fall ist das persönliche Studierverhalten zu korrigieren.

Nirgendwo ist dies häufiger nötig als bei der Erledigung von *Lektüreaufgaben*. Denn obwohl für ein gelingendes Studium das regelmäßige wie ausdauernde Lesen unverzichtbar ist, wird meist - wider alle Ratschläge - dieser Bestandteil eines Studiums aufs äußerste vernachlässigt. Studienanfänger sollten sich wenigstens *vornehmen*, diesen Fehler zu vermeiden. Dem dienen die folgenden Hinweise:

- Unabhängig von allen nachstehend beschriebenen Aufgaben der Lektüre von Fachliteratur gilt: ein Politikwissenschaftler, der seinen Gegenstand - politische Inhalte, Prozesse und Strukturen - nicht beständig anhand der Lektüre von Tageszeitungen und der kritischen Beachtung von politischen Sendungen in Hörfunk und Fernsehen zur Kenntnis nimmt, *ist kein Politikwissenschaftler*. Wen die laufende Berichterstattung über Politik nicht interessiert, der taugt nicht für diese Disziplin, und dasselbe gilt für jeden, der politische Nachrichten nicht mit jenen systematischen Kategorien und Denkweisen in Verbindung bringen kann, die er sich im Lauf seines Studiums aneignet. Folglich sollte man es sich angewöhnen, mindestens zwei politisch auseinanderliegende Tageszeitungen regelmäßig durchzusehen und auch die Wochenpresse sowie politische Magazine nicht zu vernachlässigen.

- Möglichst rasch sollte man sich mit den verfügbaren bzw. einschlägigen Bibliotheken vertraut machen. Sicher ist zunächst Schwellenangst zu überwinden, wozu sehr gut jene Bibliotheksführungen verhelfen, die fast überall zu Semesterbeginn durchgeführt werden. In einer Bibliothek hat man sich sodann mit der *Benutzungsweise* (Freihandbibliothek? Bestellverfahren? Fernleihe? Lesesäle? ...) sowie mit dem Aufbau der verfügbaren Kataloge vertraut zu machen. In Freihandbibliotheken ist sodann die *Aufstellungssystematik* zu erkunden. Im Idealfall sind die Bücher nach Literaturgattungen (z.B. Zeitschriften, Nachschlagewerke, Einführungen ...) und nach Sachgebieten (etwa: einzelne politische Systeme, Parteien, Verbände, Politikfelder ...) frei zugänglich aufgestellt. Dann ist es leicht, schnell die wichtigsten Werke kennenzulernen.

- Die *Literaturhinweise* aus den Einführungsveranstaltungen zu den Teilfächern der Politikwissenschaft sowie zu den Forschungsmethoden sollten sorgfältig abgearbeitet werden. Dies muß in den ersten Semestern sogar der Schwerpunkt eigener Lektüre sein.

- 'Fenster' im Stundenplan sollte man, wann immer möglich, in einer Fachbibliothek verbringen. Sie lassen sich zu Beginn des Studiums am besten dafür nutzen, anhand von *Nachschlagewerken* seinen Horizont zu erweitern. Nachdem die wichtigsten Lexika oder Handbücher der Politikwissenschaft ausfindig gemacht wurden, beginnt die Lektüre bei einem interessierenden oder zumindest wichtigen Stichwort (etwa: Macht, Politik, Partei, Gesetz ...); sodann schlägt man bei Querverweisen nach. Dergestalt lassen sich schnell Zusammenhänge überblicken, und Begriffe, Argumentationen, Denkweisen sowie Stoffgebiete 'wachsen zusammen'.

- Ebenso sollten rasch die wichtigsten *Fachzeitschriften* kennengelernt werden. Regelmäßig sind die neuesten Nummern einzusehen, um ein Gefühl für die aktuelle Fachdiskussion zu entwickeln.

- Größere Blöcke frei bleibender Zeit sollten genutzt werden, um in *Einführungen, Lehrbüchern* oder *Überblickswerken* zu lesen.

- Wenn eine Bibliothek über eine nach Fachgebieten gegliederte Freihandaufstellung verfügt, ist es ungeheuer nützlich, im Lauf der ersten Semester systematisch die einzelnen Regalreihen zu *durchforsten*. Man nehme sich beispielsweise vor, im Verlauf einer Stunde das Schrifttum über Parlamentarismus zu sichten. Zu diesem Zweck macht man die entsprechende(n) Signaturgruppe(n) ausfindig und begibt sich an die entsprechenden Regale. Dort überblickt man die Rücken der aufgestellten Bücher und nimmt entweder eines nach dem anderen oder nur jene zur Hand, deren Titel besonders interessant anmuten. Im jeweiligen Buch liest man das Inhaltsverzeichnis, überfliegt Einleitungen, Kapitelanfänge, Zusammenfassungen, Schluß und Literaturverzeichnis. Sich 'festzulesen' sollte man vermeiden; besonders interessante Bücher sind vielmehr zu notieren und bei nächster Gelegenheit zu entleihen. Allerdings gibt es immer wieder Bücher, die so fesseln, daß man sich über diesen Ratschlag mit gutem Gewissen hinwegsetzen kann.

- Nur 'zur Entspannung' sollte man es sich erlauben, in Büchern oder Aufsätzen bloß 'herumzulesen', statt die Zeit für *systematische* Informationssuche zu nutzen. Trotzdem sollte man auf solche 'ziellosen Streifzüge' nicht grundsätzlich verzichten, da 'zweckfreies Leseverhalten' oft recht inspirierend ist. In der Regel liest man aber zu einem bestimmten *Zweck*. Bevor man einen Text zur Hand nimmt, sollte man sich darum klarmachen, welche Informationen man ihm entnehmen will. Sobald einem der Zweck der durchzuführenden Lesearbeit klar ist, sollte man den Text zunächst durch Überfliegen und Überblättern daraufhin sichten, ob er wirklich die gesuchten Informationen erhält. Sodann wird festgelegt, welche Passagen wie intensiv gelesen werden müssen. Sorgfältig sind in jedem Fall jene Ausführungen zu studieren, welche über die Zielsetzung, die Materialgrundlagen und die thematischen Abgrenzungen des herangezogenen Textes informieren; sie finden sich oft in der Einleitung, im ersten Kapitel oder im Anhang.

- *Exzerpieren* sollte man nur, wenn zuvor geklärt wurde, für welchen Zweck man die Exzerpte benutzen will. Da Exzerpieren leicht zum Selbstzweck und zu einer Art 'Leistungsnachweis' wird, sollte man seine Exzerpierpraxis immer wieder darauf prüfen, ob sie nicht eine Art 'Beschäftigungstherapie' darstellt. Wenn man die Exzerpte später nicht oder nur nebenbei verarbeitet, ist dies ein untrügliches Anzeichen dafür, daß man durch Exzerpieren wertvolle Lesezeit verschwendet.

- *Fotokopieren* ersetzt nicht die Lektüre. Werden angefertigte Fotokopien nur abgelegt, nicht aber gelesen, so liegt eine Art 'Ersatzhandlung' sowie Geldverschwendung vor. Auch Kopien, die man nicht liest, oder Exzerpte, mit denen man nicht weiterarbeitet, sollte man allerdings systematisch geordnet abheften.[244]

Die Chancen für ein gelingendes Studium stehen dann besonders gut, wenn man das Glück hat, auf gute *Hochschullehrer* zu treffen. Fachliches Können, didaktisches Geschick, Offenheit für Studenten und Gespür für fördernde Standards sind einige Maßstäbe, die man an seine Dozenten anlegen sollte. Doch auch unabhängig von diesen Gesichtspunkten gibt es erfahrungsgemäß akademische Lehrer, bei denen man sich besser oder schlechter aufgehoben fühlt. In jedem Fall sollte man sich fragen, was die Ursache des persönlichen Eindrucks ist. Empfindet man Abneigung gegen einen Dozenten, weil man sich überfordert sieht, so sollte man sich in der Regel dazu aufraffen, die Herausforderung anzunehmen: viele Hochschullehrer benutzen nämlich eine Art 'Abschreckungsstrategie', um die Spreu vom Weizen zu trennen, so daß sie im Endeffekt mit den besseren Studenten weiterarbeiten können. Empfindet man Zuneigung zu einem Dozenten, glaubt man sich also von ihm in besonders guter Weise gelehrt und gefördert, so sollte man zwar dessen Lehrveranstaltungen auch unbeschadet ihrer konkreten Themen regelmäßig besuchen, doch unbedingt darauf achten, nicht die eigene geistige Unabhängigkeit zu verlieren: leicht wird man sonst vom Schüler zum Jünger.

In jedem Fall sollte man mit möglichst vielen Dozenten durch Gespräche im Anschluß an Lehrveranstaltungen oder im Rahmen von Sprechstunden *Kontakt* aufnehmen und aufrechterhalten, um sowohl Berührungsängste zu vermeiden als auch die Vorteile solchen Kontakts zu nutzen. Diese reichen von nützlichen Hinweisen für das Studium über den leichteren Zugang zu Hilfskraftstellen[245] bis hin zur Grundlegung späterer Referenzen und Empfehlungen für berufliche Einstiegspositionen.

---

244 Analog sollte man bei der Arbeit mit einem PC auf eine übersichtliche Gliederung der angelegten Dateien sowie auf eine sorgfältige Dateiverwaltung samt systematischer Datensicherung achten.
245 Weitgehend hängt vom einstellenden Hochschullehrer ab, wie förderlich die Tätigkeit als wissenschaftliche Hilfskraft ist. Im Idealfall erlebt man die Praxis kreativer Forschung sowie einen effizienten Institutsbetrieb und hat Chancen, sich Respekt und Vertrauen von Hochschullehrern zu erwerben, woraufhin man von der Rolle einer Hilfskraft in die eines geschätzten und geförderten Mitarbeiters gelangen kann.

Kontakt allein reicht freilich nicht aus: es muß schon auch *Leistung* erbracht und vorgewiesen werden. Dem dienen - neben Klausuren und sonstigen Prüfungen - die Hausarbeiten, Arbeitspapiere und Referate. Alle diese Texte sollte man zwar gründlich, doch auch zielstrebig und effizient anfertigen. Bei *Referaten* sollte man großen Ehrgeiz auf die rhetorische Präsentation verwenden: sie sind gute Gelegenheiten, sowohl mit einem Publikum als auch mit persönlicher Unsicherheit umgehen zu lernen. Je früher und öfter man sich dieser Herausforderung stellt, um so weniger Schwierigkeiten wird man später am Arbeitsplatz haben, der nicht selten ähnliches verlangt.

Arbeitspapiere sollen den Kommilitonen die wichtigsten Informationen zu einem Thema übersichtlich verfügbar machen; angefügte Thesen oder Leitfragen können als Einstieg in Seminardiskussionen dienen. Bei Arbeitspapieren sollte man sich erhebliche Mühe geben, und zwar nicht nur der anderen Studenten willen, sondern ebenfalls zum Training für artgleiche Aufgaben, die in vielen Berufen auf einen Politikwissenschaftler zukommen werden.

Auch *Hausarbeiten* dienen nicht nur dem Nachweis wissenschaftlichen Arbeitsvermögens. Sondern darüber hinaus sollte man an ihnen einesteils die Fertigkeit einüben, Stoff wie Gedanken in kurzer Zeit in eine passable Textform zu bringen, und andernteils sollte man sie nutzen, um seinen Stil zu schärfen. Denn auch bei Hausarbeiten, die nur der Korrektor liest, muß das Ziel darin bestehen, ihn möglichst zu fesseln und Spaß an der Lektüre haben zu lassen, trainiert man hier doch wiederum für nicht unübliche berufliche Anforderungen.[246]

Grundsätzlich haben Hausarbeiten, Arbeitspapiere und Referate eine explizite Frage zutreffend und vollständig zu beantworten. Es ist ungemein nützlich, diese Frage *immer* als *direkten Fragesatz* zu formulieren, ergibt sich dann doch präzis, was alles an Lektüre- und Darstellungsarbeit zu leisten ist. Ferner ist stets der *Zusammenhang* der Themenfrage klarzumachen. Man erschließt ihn sich am besten über folgende Frage: 'Warum ist die Antwort wichtig, die ich erarbeite?' Vom so geklärten *Kontext* der Arbeit ausgehend wird es möglich, den Stoff nicht nur wiederzugeben, sondern auch *problemorientiert aufzubereiten.*[247]

Bei der Anfertigung eines Referats und später einer Hausarbeit bewährt sich ein Vierschritt aus Vorarbeiten, Materialsammlung, Materialauswertung und Niederschrift. Im einzelnen ist so zu verfahren:

---

246 Selbstverständlich ist von vornherein die Vorstellung falsch, durch Mühe bei den abverlangten Leistungen verschaffe man den Hochschullehrern sozusagen eine Art 'Profit', den vorzuenthalten gewissermaßen im 'Klasseninteresse' des Studenten liege. Das Gegenteil ist richtig: gute 'Werkstücke' wissenschaftlicher Arbeit steigern das Selbstvertrauen des Studierenden und geben dem Dozenten Lust an der Lehre, was wiederum den Studenten zugute kommt.
247 Es gilt: indem man den Weg von der bloßen Antwort auf eine Frage hin zur Beschreibung des Nutzens der Antwort für die Lösung bestimmter Probleme einschlägt, bewegt man sich vom Leistungsniveau eines Schülers hin zu dem eines Studenten.

Die *Vorarbeiten* beginnen mit dem Einlesen, v.a. anhand von Lexika[248], Lehrbüchern, Übersichtsartikeln oder besonders empfohlener Literatur. Im Lauf des Einlesen werden systematisch *eigene Überlegungen zum Thema* entwickelt: Was interessiert mich? Was sind die zentralen Begriffe? Was sind die wichtigsten Themenbereiche? Welche konkreten Leitfragen erschließen das Stoffgebiet am besten? Eignet es sich dazu, durch ein Gerüst von Thesen und Gegenthesen untersetzt zu werden? Am Ende des Einlesens steht die vorläufige Formulierung jener Frage, die durch die Hausarbeit beantwortet werden soll.

Sodann erfolgt die *Materialsammlung*. Sie nimmt in der Regel die Form des *Bibliographierens* an, lautet eine Grundregel wissenschaftlicher Arbeit doch, daß man auf dem erreichten Wissensstand - ihn kritisch rezipierend und ggf. überprüfend - aufzubauen hat.[249] Üblicherweise wird man beim Bibliograpieren mit der Suche nach der neuesten Literatur beginnen, dann die älteren Publikationen ausfindig machen und insgesamt wie folgt vorgehen: Suche nach Literatur in Lexikon- und Handbucharticken, in Monographien und Aufsätzen zum Thema sowie in den jeweils auf diese Art identifizierten Werken ('Schneeball-Prinzip'); Suche nach Literatur in der Bibliothek anhand des Schlagwortkatalogs bzw. des systematischen Katalogs; Literaturrecherchen über das Internet (Nutzung des OPAC einschlägiger - auch ausländischer! - Bibliotheken, Recherchen über Suchmaschinen und *Links*); Suche nach Literatur in Fachbibliographien (z.B. Annotierte Bibliographie für die politische Bildung, Bibliographie zur Politik in Theorie und Praxis, Hamburger Bibliographie zum Parlamentarismus, in Monographien 'versteckte' Bibliographien); Suche nach Aufsatzliteratur in Abstract-Sammlungen (v.a.: Politische Dokumentation, International Political Science Abstracts, Sociological Abstracts ...); Suche nach aktueller Buchliteratur anhand des VLB ('Verzeichnis lieferbarer Bücher') bzw. seiner ausländischen Seitenstücke, sowie nach aktueller Zeitschriftenliteratur durch Blättern in den neuesten Ausgaben einschlägiger Fachzeitschriften sowie anhand der Zeitschrift 'Current Contents', welche Inhaltsverzeichnisse aktueller Zeitschriften abdruckt und durch ein Sachregister erschließt. Ein 'Profi' rundet die Ergebnisse seiner Literaturrecherche noch anhand des Social Science Citation Index ab.

Zum Zweck einer systematischen *Materialauswertung* muß die Literatur erst einmal *gesichtet* werden. Dafür wird sinnvollerweise die bibliographierte oder beschaffte Literatur zunächst nach ihrer vermutlichen Wichtigkeit für die Beantwortung der gestellten Frage bzw. ihrer Unterfragen *sortiert*. Bei Aufsätzen sind

---

248 Auf folgende Lexika bzw. Wörterbücher sei verwiesen: Beck 1986, Brunner u.a. 1972ff, Drechsler 1992, Fraenkel/Bracher 1980, Görlitz/Prätorius 1987, Greenstein/Polsby 1975, Hättich 1980, Holtmann 1991, Nohlen 1994ff, International Encyclopedia of the Social Sciences 1969, Mickel 1983, Nohlen 1991, Pipers Wörterbuch zur Politik 1984 - 1989, Schlangen 1977, Staatslexikon 1985-1989, Woyke 1986.
249 Detaillierte Ratschläge zum Bibliographieren finden sich üblicherweise in den 'Einführungen in das wissenschaftliche Arbeiten' (siehe Anm. 252) bzw., speziell bezogen auf die Politikwissenschaft, in folgenden Werken: Heidtmann 1985, Horn/Neubauer 1987, Kalvelage/Segal 1976, Kepplinger u.a. 1976, Laurie 1985 und Schubert 1986.

hierfür die ihnen vorangehenden oder in Abstract-Sammlungen zusammengestellten Kurzreferate nützlich; bei Büchern hilft der Blick ins Inhaltsverzeichnis, in die Einleitung, in den Schluß oder in das Register. Hierauf folgen die *Auswahl* der zu lesenden Passagen und die Durchführung der *Lektüre*. Selten ist es nötig, für die Anfertigung einer Hausarbeit Bücher ganz zu lesen; selbst bei Aufsätzen genügt bisweilen der Blick auf ausgewählte Teile.[250]

Man arbeitet äußerst effizient, wenn man sich angewöhnt, die durch Lektüre erschlossenen Informationen leicht wiedergewinnbar zu *dokumentieren*. In der Regel sollte man ein durchnumeriertes Verzeichnis der benutzten Werke anlegen und sodann systematisch notieren, zu welchen Themenbereichen welcher Text auf welchen Seiten wichtige Informationen enthält. Beispielsweise numeriert man die gelesenen Bücher und Aufsätze in der Reihenfolge ihrer Benutzung mit römischen Ziffern, etwa von I bis XXVI. Dann läßt sich leicht angeben, wo für die weitere Arbeit wichtige Passagen stehen, z.B. II/2-7 oder VI/19-23. Zweckmäßigerweise führt man beim Lesen eine Liste, in der man der Reihe nach notiert, zu welchen Aspekten des Themas man wo Informationen aufgefunden hat. Dies kann bei einer Arbeit über die Ostpolitik Bundeskanzler Erhards beispielsweise so aussehen:

- Erhards Friedensnote: X/22-40; XII/70-85; XV/70-92
- Reaktionen allgemein: VII/15-22; IX/112-118
- Reaktion der USA: XV/47-51
- Reaktion der UdSSR: XXIV/20-35

usw.

Es empfiehlt sich, unterhalb der jeweiligen Einträge soviel Platz zu lassen, daß man dort später ein- oder auffallende logische Unterpunkte notieren und samt den dazugehörenden Textpassagen festhalten kann. Parallel zur Lektüre sollte man in ähnlicher Systematik die eigenen Gedanken, Überlegungen und weiterführende Ideen festhalten, um auch sie bei der Niederschrift der Arbeit verfügbar zu haben.

Sobald man durch Lektüre und eigenes Nachdenken die Antwort auf die gestellte Frage gefunden hat, muß deren darstellerische und argumentative Aufbereitung überlegt werden. Zu diesem Zweck wird ein *Argumentations- und Darstellungskonzept* ausgearbeitet. Dafür bieten sich verschiedene Möglichkeiten an. Oft ist der Versuch hilfreich, die beim Lesen festgehaltenen und mit Literaturangaben versehenen Begriffe in eine solche Ordnung zu bringen, daß sie zu durchlaufen einen schlüssigen Argumentationsgang ergibt, in dessen Verlauf die

---

[250] Sofern man sich beim Lesen durch Exzerpieren gedankliche Klarheit schafft, sollte man auf das Exzerpieren einige Mühe verwenden. Doch effizienter ist es in der Regel, die für die eigene Arbeit unverzichtbaren Texte zu fotokopieren und mit Anstreichungen und Verweisen aller Art zu versehen. Exzerpte wie alle anderen Aufzeichnungen sollten grundsätzlich einseitig, mit einem Heftrand links und einem Markierrand rechts sowie in fotokopierfähiger Farbe (schwarz oder rot, am besten nicht blau, keinesfalls grün) angefertigt werden. Beim Exzerpieren sollte man zusätzliche eigene Ideen zum exzerpierten Text in einer vom Exzerpt verschiedenen Farbe festhalten, um jederzeit eigenes und fremdes Gedankengut auseinanderhalten zu können.

gestellte Frage vollständig beantwortet wird. Dabei ist es hilfreich, die während des Lesens festgehaltenen eigenen Ideen zu Rate zu ziehen, da sie sich nicht selten auch mit der Ordnung des Stoffs befassen. Dieses Verfahren hat den Vorteil, daß man bei der Niederschrift sofort und in sinnvoller Reihenfolge auf die dokumentierten Textpassagen zurückgreifen kann; eigene Exzerpte arbeitet man dabei an jeweils geeigneter Stelle ein. Möglicherweise ist es aber im Einzelfall nützlicher, den Stoff durch ein Gerüst von Thesen und Antithesen zu erschließen, bei deren Erörterung die zu den einzelnen Argumentationsteilen dokumentierten Literaturstellen verwendet werden. In jedem Fall verfügt man am Ende dieser Arbeitsphase über einen 'roten Faden', der in übersichtlicher Gliederung und stichwortartig den Gang der Darlegung skizziert.

Für die *Niederschrift* lassen sich ebenfalls allgemeine Ratschläge geben, obwohl hier jeder seinen eigenen Weg finden muß. Zweifellos sollte man heute seine Arbeiten möglichst mittels eines *Textverarbeitungssystems* schreiben, da dergestalt jederzeit Korrekturen und selbst sehr große Umgestaltungen möglich sind. Dies fördert die Bereitschaft, sowohl schnell zu arbeiten als auch hartnäckig an seinem Text zu feilen. Wer nicht mit einem Textverarbeitungssystem umgehen will, braucht die folgenden Ratschläge nur entsprechend abzuwandeln.

Grundsätzlich sollte eine schriftliche Arbeit *in mehreren Versionen* entstehen. Die *erste* Version sollte zügig und ohne Benutzung von Literatur allein auf der Grundlage des Argumentationskonzepts entstehen. Sie erfordert vor allem Denkarbeit und zeigt, ob der Stoff wirklich begriffen wurde. Kommt man nicht weiter, so ist dies ein untrügliches Anzeichen dafür, das man die gestellte Frage doch noch nicht beantworten kann und sich erst größere Klarheit über die zu behandelnde Materie verschaffen muß.

Schreibt man die erste Version mit einem Textverarbeitungssystem, so ist deren 'Ausbau' zum endgültigen Text unproblematisch. Schreibt man sie mit der Hand oder der Schreibmaschine, so sind folgende Regeln sinnvoll:

– Grundsätzlich die Blätter nur einseitig beschreiben, so daß man sie leicht austauschen und ihre Reihenfolge jederzeit verändern kann!

– Dennoch stets doppelseitig beschreibbares Papier benutzen, so daß man Ergänzungen auf die Rückseite schreiben kann!

– Fußnoten grundsätzlich auf dem Blatt notieren, wo sich auch der entsprechende Fußnotenhinweis findet; die Fußnoten nicht durchgehend, sondern blattweise numerieren!

– Die Seiten nicht vollständig beschreiben, sondern Platz für Korrekturen und Ergänzungen lassen!

Die *zweite* Version des Textes entsteht dadurch, daß man die erste Version auf die Schlüssigkeit ihres Aufbaus prüft. Wann immer möglich, sollte man seine

Arbeiten in einem frühen Stadium von Kommilitonen gegenlesen lassen und auch selbst diesen Dienst anderen erweisen. Die Leitfragen solcher Kontrolle lauten: Läuft die Darstellung stimmig ab? Gibt es Disproportionen in den Gliederungspunkten? Weist der Argumentationsgang Lücken auf? Beinhaltet der Text 'Stolperstellen'? Angeleitet von entsprechenden Hinweisen, erfolgen sodann Korrekturen durch Neuformulierungen, durch Umstellung von Textblöcken, durch Einfügungen oder durch Streichungen.

Erst der *dritten* Version des Textes wird die gesichtete und dokumentierte Literatur in Form von Zitaten, Paraphrasen, Verweisen auf sie und Auseinandersetzungen mit ihr systematisch eingearbeitet. So stellt man sicher, daß nichts Überflüssiges in die Arbeit gelangt, doch auch nichts Wesentliches fehlt. Bei vorwiegend beschreibenden Arbeiten schwillt durch das Einfügen zusätzlicher Seiten in dieser Arbeitsphase der Umfang leicht auf das Doppelte bis Dreifache an.

Die *vierte* und meist letzte Version entsteht, indem der Text der dritten Version - nach einer mindestens zweitägigen Zeit des Liegenlassens - noch einmal vorgenommen und sprachlich überarbeitet wird. Dabei sind folgende Regeln hilfreich:

- Beseitige Wiederholungen von Gedanken, Informationen und Ausdrücken!
- Sorge für größtmögliche Klarheit, v.a. durch die Beseitigung aller nicht zwingend erforderlichen Fremdwörter!
- Teile lange Sätze in kurze Sätze auf!
- Nutze Satzzeichen wie Strichpunkt, Doppelpunkt und Gedankenstrich, um die Sätze gut zu gliedern!
- Nutze Strichaufzählungen, um zur Übersichtlichkeit der mitgeteilten Argumente und Informationen beizutragen!
- Bemühe dich um eine gut klingende, treffende, mit Lust zu lesende Sprache!

Sobald auch diese Korrekturen eingearbeitet sind, kann die Reinschrift erfolgen. Bei der Arbeit mit einem Textverarbeitungssystem nimmt dies eigentlich nur noch die Gestalt der Rechtschreibprüfung, der Formatierung und des schönschriftlichen Ausdrucks an. Bei der Formatierung sollte man sich Mühe geben und die Regel beachten, daß ein schlichtes und klares Layout allemal besser ist als der Versuch, die gesamte Leistungsfähigkeit seines Textverarbeitungssystems zu demonstrieren.

Diese Schritte der Anfertigung einer Hausarbeit wiederholen sich im Studium immer wieder; auch Magister-, Diplom- und Doktorarbeiten werden auf keine andere Weise verfaßt. Da längere schriftliche Arbeiten stets Bestandteil von *Abschlußprüfungen* sind, sollte jede Hausarbeit dadurch zur Prüfungsvorbereitung genutzt werden, daß man in vergleichsweise immer kürzerer Zeit stets komplexere Fragestellungen auf jeweils bessere Weise zu beantworten erlernt.

Weitere typische Prüfungsarten sind Klausur und mündliche Prüfung. In einer *Klausur* geht es darum, Lernerfolge unter Zeitdruck durch die möglichst klare und fehlerfreie Reproduktion von Wissensbeständen und/oder durch die praktische Anwendung des zu erwerbenden Wissens auf vorgelegte Probleme nachzuweisen. In *mündlichen Prüfungen* wird überdies die Argumentationsfähigkeit des Studierenden und seine geistige Wendigkeit getestet. In beiden Prüfungsformen dienen die vorgebrachten Äußerungen als Indikator für die zu prüfende Leistungsfähigkeit. Dies erlegt dem Prüfling eine *Bring*schuld auf: es ist nicht Sache des Prüfers, vorgelegte Informationshappen wohlwollend zu interpretieren, sondern Sache des Kandidaten, sich und seine Kompetenz zur Schau zu stellen.

Bei der *Vorbereitung* auf Prüfungen mit eingeschränkten Stoffgebieten, also zumal bei der Vorbereitung auf Klausuren, ist es ungemein nützlich, sich den Stoff durch eine Reihe von mehr oder minder detaillierten Fragen zu erschließen. Dies meint konkret: während man den Stoff durcharbeitet, formuliert man schriftlich der Reihe nach Fragen, in Antwort auf welche sinnvolle Stoffeinheiten wiederzugeben sind. Bereitet man sich beispielsweise auf eine Klausur über politische Ideengeschichte vor, so wird man sich die anhand geeigneter Bücher, Aufsätze und Mitschriften zu erlernenden Sachverhalte durch Fragen wie die folgenden erschließen: Was sind die zentralen Begriffe in der politischen Theorie Platons? Was meint der Begriff der 'gemischten Verfassung'? Welche politikwissenschaftlich wichtigen Konzepte übernahm Thomas v. Aquin von Aristoteles? Was ist ein Herrschaftsvertrag im Unterschied zu einem Gesellschaftsvertrag? Welche Funktion hat die Beschreibung des 'Naturzustandes' im politischen Denken von Hobbes, Locke und Rousseau? Wie detailliert man den durchzuarbeitenden Stoff durch Fragen aufbricht, hängt im wesentlichen davon ab, wie intensiv man ihn sich aneignen will. Im Zweifelsfall sind detailliertere Fragen, die man anschließend wieder zusammenfassen kann, vorzuziehen. Zur Erfolgskontrolle legt man sich die selbst formulierten Fragen nach einem jeweiligen 'Lerndurchgang' vor und kann dergestalt rasch Wissenslücken identifizieren. Indem man die aufgelisteten Fragen überdies untergliedert bzw. hierarchisiert, arbeitet man den Stoff gedanklich durch und gelangt so vom Detail- zum Strukturwissen.

Ansonsten besteht die beste Vorbereitung auf die *Zwischenprüfung* in einem sorgfältigen Grundstudium. Wenn man bei der Zwischenprüfung die Wahl hat, ein zusätzliches Spezialgebiet zu wählen oder sich auf den Stoff des Grundstudiums zu beschränken, sollte man die letztgenannte Möglichkeit wählen: warum will man sich mit zusätzlichen Details belasten, wo doch die Chance besteht, die Kenntnisse über die Grundlagen des Fachs systematisch zu vernetzen und abzurunden?[251] Entsprechend läßt sich ein Stück weit sogar hinsichtlich der *Magisterprüfung* argumentieren. Versteift man sich hingegen zu sehr auf ein Spezialgebiet, so riskiert man eines-

---

251 Ein Stück weit liegt es freilich in der Hand des Prüfers, ob dieser Rat wirklich gut ist. Man sollte ihm folgen, wenn man den Prüfer gut kennt und darauf vertrauen kann, er stelle faire Fragen. Andernfalls ist es sicherer, ein vom Prüfer geschätztes Spezialgebiet zu wählen und sich vor allem mit des Prüfers Lehr- und Forschungsprogramm vertraut zu machen.

teils, den Prüfer zu überfordern: wenn das eigene Spezialgebiet nicht auch von diesem gut beherrscht wird, läuft man Gefahr, dem Stoff unangemessene Fragen beantworten zu müssen. Andernteils riskiert man, sich selbst zu überfordern, wenn das eigene Spezialgebiet sich mit dem des Prüfers deckt: er setzt dann oft zu viele Kenntnisse des Kandidaten voraus. Auch bei der Vorbereitung auf die Zwischen- und Magisterprüfung leistet die Zusammenstellung und hierarchische Gliederung von stofferschließenden Fragenkatalogen gute Dienste.

Grundsätzlich ist man bei *mündlichen Prüfungen* gut beraten, das Gespräch aktiv, gar offensiv zu führen, also: dem Prüfer eigene Kompetenz bewußt zu *demonstrieren*. Zu diesem Zweck ist es bei komplexen Antworten, die mehrere Unterpunkte enthalten müssen, äußerst vorteilhaft, diese Unterpunkte zunächst einmal überblickshaft aufzuzählen und sich dann erst im einzelnen zu ihnen zu äußern, da der Prüfer ansonsten meinen kann, der Kandidat verzettele sich in Details, habe keinen Überblick oder leide am 'Wald/Bäume-Problem'. Eine Antwort wird darum typischerweise so beginnen: 'Um diese Frage zu beantworten, will ich drei (oder fünf) Punkte ansprechen: A, B ... und E. Bei A geht es im einzelnen um folgendes: ...'. Offensichtlich wird man mit der mündlichen Prüfungssituation auf diese Weise um so leichter fertig, je besser man die Arbeit mit sachdienlichen Topoi-Katalogen beherrscht.

Um am Schluß des Studiums gelassen einer guten Prüfung entgegenzugehen, muß offensichtlich in den Semestern zuvor trotz unbefriedigender Rahmenbedingungen vielerlei gelingen. Die Chancen dafür steigen, wenn man sich in den ersten beiden Semestern mit einer bestimmten Buchgattung gründlich befaßt: mit den 'Einführungen in das wissenschaftliche Arbeiten'[252]. Sie beschreiben nützliche Techniken des Lesen, Hörens sowie Organisierens von Tagesabläufen; sie geben konkrete Hinweise, wie man effizient eine Hausarbeit oder ein Referat anfertigt; sie führen in die Spielregeln des Zitierens ein; sie lehren die Kunst des Bibliographierens und stellen dessen wichtigste Hilfsmittel vor. Wer solche Hinweise nicht zur Kenntnis nimmt oder von sich weist, handelt schlechterdings töricht. Überdies gibt es an vielen Universitäten bzw. Instituten eigene Lehrveranstaltungen zu diesen Themen, die man besuchen sollte.

Zweifellos ist das Studium ein einzigartiger Lebensabschnitt. Niemals wieder wird man so frei über seine Arbeitskraft und Zeit verfügen können. Diesen Lebensabschnitt kann man wunderbar nutzen; man kann ihn aber auch auf zweierlei Weise vergeuden. Zum einen mag es vorkommen, daß man sich zu sehr an seine Studienarbeit fesselt. Oft ist dies Anzeichen von Unsicherheit in den anderen Bereichen, die zu einer glücklichen Studentenzeit gehören: Kontakte, Geselligkeit, gemeinsam betriebene Hobbies, kulturelle Erfahrungen, Reisen, Ortswechsel. Letztlich bekommt aber selbst ehrgeizige Einsiedelei dem Studium nicht: Kreativität entsteht nicht aus Verbissenheit, geistige Befriedigung nicht ohne Kreativität.

---

252 Verwiesen sei auf Bandemer/Wewer 1991, Böttcher/Zielinski 1973, Buss/Schöps 1979, Druwe 1994, Hansen u.a. 1978, Junne 1976, Kliemann 1970 und Wellhöfer 1984.

Zum anderen mag man sich allzu sehr der Unverbindlichkeit der Studentenzeit ergeben, wofür ein durch Studienordnungen so wenig geregeltes Fach wie die Politikwissenschaft rasch verführt. Doch schon auf mittlere Frist tut man sich keinen Gefallen mit einer nachlässigen Studierpraxis: irgendwann kommen Zwischen- und Abschlußprüfung gemeinsam mit großer Examensangst, und beginnt man erst einmal mit dem Verschieben von Prüfungen, so gerät man in einen Teufelskreis. Außerdem ist es nicht fair, sich auf Kosten von steuerzahlenden Arbeitern und Angestellten, Beamten und Selbständigen ein schönes Leben zu machen. Nicht zuletzt gerät man nach einigen Jahren in die 'Statusfalle': man hat ein Alter erreicht und eine Ausbildungszeit hinter sich, welcher ein sozialer Status entspräche, der praktisch noch nicht erlangt worden ist und ohne eine grundlegende, nun aber unwahrscheinlich gewordene Änderung des bisherigen Alltagsverhaltens auch nicht in Aussicht steht. Derlei führt dann zu großer seelischer Belastung und nicht selten zum Mißlingen von Berufseinstieg und Lebenslauf.

Das Erlebnis politikwissenschaftlicher Kompetenz

Die besten Anzeichen für den erfolgreichen Verlauf eines politikwissenschaftlichen Studiums sind Veränderungen des persönlichen politischen Alltagsdenkens. Hinweise auf derartige Studienfortschritte stellen Erlebnisse wie die folgenden dar:

- Bei der zweiten oder dritten Seminararbeit merkt man, daß man keinen 'Besinnungsaufsatz' mehr zu schreiben vermag. Man schafft es nicht mehr, Bildungswissen gefällig anzuordnen, Argumentationslücken einfach durch Bekenntnisse zu füllen, Sätze aufzuschreiben, ohne sich bezüglich ihrer Begründbarkeit oder Implikationen den Kopf zu zerbrechen.

- Man schafft es nicht mehr, einfach zu 'politisieren'. Bisherige Argumentationsroutinen werden schal, gewohnte Begriffe wirken billig; Freunde schelten einen, man rede 'viel zu theoretisch'.

- Man wird seiner politischen Ansichten unsicher, fängt seinem politischen Wissen zu mißtrauen an, ist verwirrt ob der Vieldeutigkeit und Undurchschaubarkeit der bislang so klar verständlichen Nachrichten in Fernsehen, Hörfunk und Presse.

In solchen Erlebnissen spiegelt sich die Lockerung der Fesseln bisherigen Alltagsdenkens. Auf übernommene Selbstverständlichkeiten verzichten zu müssen, stiftet natürlich zunächst Orientierungslosigkeit und Kommunikationsstörungen. Gut kommt weg, wer dies als 'kreative Krise', als 'Mauser' erfährt; schlecht, wer das Studium der Politikwissenschaft nur als Anreicherung mitgebrachten Wissens um zusätzliche Details erleben wollte. Wer indessen gar nichts dergleichen empfindet, sollte sich größte Sorgen um das Gelingen seines Studiums machen.

Wieder auf sicheren Grund und zur praktischen Nutzung erworbener politikwissenschaftlicher Kenntnisse ist gelangt, wem zum Beispiel folgendes widerfährt:

- Man nimmt politische Meinungen nicht mehr so hin, als folge aus dem Recht auf freie Meinungsäußerung, daß man alle Meinungen als gleich gut begründet ansehen und als gleichwertig akzeptieren müsse. Man kann geradezu nicht mehr anders, als die logische Konsistenz vorgetragener Argumente zu prüfen und sich ihre unausgesprochenen Voraussetzungen wie Folgerungen klarzumachen; unwillkürlich fragt man sich bei jeder vorgebrachten Behauptung, ob sie wohl mit den Tatsachen übereinstimmt; und in Diskussionen beharrt man darauf, daß Tatsachenbehauptungen nicht einfach als 'zulässige persönliche Meinung' zu akzeptieren sind, sondern man erst einmal prüfen muß, ob eine solche Behauptung denn wirklich stimmt. Ein meist untrügliches Zeichen für derartiges Wachsen politikwissenschaftlicher Kompetenz besteht darin, daß politische Gespräche mit alten Bekannten schwierig werden.

- Man kann nicht mehr über einen politischen Sachverhalt nachdenken, ohne routinemäßig nach den in ihm wirksamen Machtbeziehungen, Ideologien, Normanwendungen und Kommunikationsströmen zu fahnden, ohne in aller Selbstverständlichkeit ihn mittels des AGIL-Schemas abzutasten sowie sich seinen 'Schichtenbau' zu vergegenwärtigen; und Sachlagen internationaler Politik kann man nicht mehr wahrnehmen, ohne unwillkürlich mit den Arbeitsschritten einer Konstellationsanalyse zu beginnen. Insgesamt fühlt man einen steten Systematisierungszwang.

- Man kennt nicht nur verschiedenste Betrachtungsweisen vieler Sachverhalte, sondern benutzt auch bei jedem längeren Nachdenken nacheinander recht verschiedene Theorien und Begriffe - sei es bewußt anhand von eingeübten Topoi-Katalogen, sei es wie von selbst.

- Bei jeder politischen Nachricht fragt man sich unwillkürlich: Was ist die Quelle? Was konnte der Urheber der Nachricht wissen? Was wollte er mit ihr bezwecken? Welche Verzerrungen mögen auf dem Übermittlungsweg unterlaufen sein? Was kann ich ihr konkret entnehmen? Welche Verallgemeinerungsmöglichkeiten enthält sie - und worauf gründe ich meine Vermutungen über die Verallgemeinbarkeit?

- Es gibt nur noch wenige politische Nachrichten, die man nicht in einen analytischen Rahmen einfügen kann. Liest man eine Meldung über Parteienfinanzierung, so fallen einem die Funktionen von Parteien und die Möglichkeiten ihrer Erfüllung ein; hört man eine Nachricht über Streitigkeiten innerhalb der Regierungskoalition, dann interpretiert man sie anhand seiner Kenntnisse über die Funktionslogik parlamentarischer Regierungssysteme; sieht man Bilder von einem Kriegsschauplatz, so verortet man den Konflikt ganz selbstverständlich in der Geschichte der jeweiligen Region und ordnet ihm dem entsprechenden Konflikttypus zu, so daß man rasch zu ersten Vermutungen darüber gelangt, welche Maßnahmen unwirksam, schädlich oder förderlich sein werden.

- Wird man nach seiner persönlichen Ansicht zu einem bestimmten Sachverhalt gefragt, so beginnt man fast zwanghaft mit der Aussage: 'Mir scheint, daß hier mindestens drei (oder fünf) verschiedene Aspekte zu bedenken sind, nämlich: ...'.

- Wird man nach einem Lösungsvorschlag für ein politisches Problem gefragt, so prüft man unwillkürlich, über welche Informationen man verfügen müßte, um den gewünschten Vorschlag begründet formulieren zu können, schätzt ab, in welchem Umfang man entsprechendes Wissen aktuell besitzt, und versieht sowohl seine eigene Überzeugung von der Angemessenheit des geäußerten Vorschlags als auch dessen Darstellung mit entsprechenden Hinweisen. Anschließend nimmt man sich zumindest vor, die gröbsten Kenntnislücken zu beseitigen - und folgt diesem Vorsatz auch ziemlich oft.

Ist einem all dies in Fleisch und Blut übergegangen, so kann man halbwegs sicher sein, daß man ein ziemlich brauchbarer Politikwissenschaftler wurde. Vor allem dienen Tageszeitung und Fernsehnachrichten nun als Lehrbuch: nicht nur viel mehr als früher erzählt einem die einzelne politische Meldung und immer zutreffender werden Abschätzungen möglicher Entwicklungsverläufe, sondern immer wieder erkennt man jetzt auch am Einzelfaktum die grundlegenden Konstruktionsprozesse und Strukturmerkmale politischer Wirklichkeit. Nicht selten wird man sich wundern, warum ein anderer eine Information für belanglos halten kann, die man selbst als Schlüssel zum Verständnis komplizierter Sachverhalte zu nutzen versteht. In solchen Augenblicken werden die politikwissenschaftliche Kompetenz und ihre problematischsten Merkmale ganz dicht erfahrbar: sie trennt - und läßt sich hier und jetzt nur selten vermitteln. Ein angenehmer Gesprächspartner zum bloßen Politisieren ist man darum nicht mehr. Was man aber an der Anzahl bisheriger Gesprächspartner verliert, gewinnt man an der Tiefe nun möglicher Gespräche oft zurück.

Vielleicht empfindet man eines Tages auch eine gewisse Verpflichtung, Politik nicht nur besser durchschauen zu wollen als andere, sondern sich kraft solcher Kompetenz auch in sie einmischen zu sollen. Das Interesse an den 'res gerendae' überwiegt dann jenes an den 'res gestae', und der Politikwissenschaftler mag sich anschicken, zum Politiker werden. Kein schlechter Weg - gewiesen von einer Disziplin, die politischer Probleme wegen entstand und ihr Selbstverständnis als 'praktische Wissenschaft' nie abstreifen sollte.

Anhang I: Glossar

Aggregatdaten
Durchschnittswerte, Prozentanteile und sonstige Angaben, welche nicht über *einzelne* → Untersuchungseinheiten, sondern über *Gruppen* von Untersuchungseinheiten informieren; vgl. → Individualdaten.

AGIL-Schema
Zusammenstellung von zentralen Kategorien strukturfunktionalistischer Systemanalyse. Sie verweisen darauf, daß jedes soziale System folgende Aufgaben zu erfüllen hat: Umweltanpassung und Regulierung seiner Beziehungen zur Umwelt (A für 'adaptation'); Zieldefinition und zielverwirklichendes Handeln (G für 'goal attainment'); Integration (I für 'integration'); und Aufrechterhaltung der Grundprinzipien und Wertgrundlagen des Systems (L für 'latent pattern maintenance').

Allaussage, reine
Eine → empirische Aussage, die ohne raum-zeitliche Abgrenzung Behauptungen über einen → empirischen Referenten formuliert; siehe auch → raum-zeitlich abgegrenzte Aussagen.

Alltagswissen
Bezeichnung für jene Wissensbestände, Vorstellungen und Sinndeutungen, von denen in meist unbemerkter Selbstverständlichkeit das alltägliche Handeln geprägt und angeleitet wird.

Arbeitsteilung
Aufteilung von Aufgaben der Herstellung bzw. Bereitstellung gleichwelcher Güter und Dienstleistungen auf darauf spezialisierte gesellschaftliche → Subsysteme. Beispielsweise ist das → politische System jenes Subsystem einer → Gesellschaft, welches auf → Politik, also auf die Herstellung allgemein verbindlicher Entscheidungen, spezialisiert ist.

Aussage
Form der Verknüpfung von → Begriffen. Aussagen können wahr oder falsch sein. Beziehen sie sich auf → empirische Referenten, so spricht man von empirischen Aussagen; formulieren sie → Werturteile oder → Handlungsanweisungen, so spricht man von → normativen Aussagen.

Auswahlverfahren
Sammelbezeichnung für die verschiedenen Möglichkeiten, → Stichproben zu ziehen.

Außenpolitik
Sammelbezeichnung für alle Handlungen bzw. Maßnahmen, durch die ein → politisches System auf die Herstellung allgemein verbindlicher Regelungen ('allge-

meine Verbindlichkeit'; vgl. → Politik) in seinen Beziehungen mit anderen politischen Systemen einwirkt.

Autoritarismus
Bezeichnung für einen → Typ → politischer Systeme, der sich (wie der → Totalitarismus) durch monistische → Herrschaftsstruktur und monopolisierte politische → Willensbildung kennzeichnet, doch den staatlichen → Gestaltungsanspruch auf jene Systemelemente beschränkt, die mittel- oder unmittelbar auf den → politischen Prozeß bezogen sind. Im Unterschied zum Totalitarismus bestehen in politikfernen Nischen Freiräume persönlicher Entfaltung.

Befragung, Methoden der
Sammelbezeichnung für alle → Methoden der Erhebung von → Daten, bei denen die für den Forschungszweck einzuholenden Informationen durch Befragung jener Personen erhoben werden, die über sie verfügen. Die wichtigsten Formen sind das → Interview, die schriftliche Befragung und die Gruppendiskussion. Erhebungsinstrument ist in der Regel ein mehr oder minder detailliert strukturierter Fragebogen.

Begriff
Vorstellungsinhalt, der durch ein begriffsauslösendes Wort geistig vergegenwärtigt wird. Begriff und begriffsauslösendes Wort sind ebensowenig identisch wie Begriff und → empirischer Referent des Begriffs.

Beobachtung, Methoden der
Sammelbezeichnung für → Methoden der Datenerhebung, bei denen die für den Forschungszweck einzuholenden → Daten durch Beobachtung jener Personen, Situationen oder Sachverhalte erhoben werden, in denen die benötigten Informationen → empirisch faßbar werden. Beobachtungen können offen oder verdeckt, teilnehmend oder nicht-teilnehmend durchgeführt werden. Erhebungsinstrument ist in der Regel ein → Beobachtungsleitfaden oder ein → Beobachtungsschema.

Beobachtungsbegriff
Ein → Begriff, dessen → empirischer Referent anhand einer geeigneten → Beobachtungstheorie 'unmittelbar' beobachtet werden kann.

Beobachtungsleitfaden
Liste von Anweisungen dazu, was bzw. wie zum Zweck der Erhebung von → Daten beobachtet werden soll; eingesetzt v.a. bei → qualitativer Forschung. Vgl. → Beobachtung.

Beobachtungsschema
Ein systematisierter → Beobachtungsleitfaden; eingesetzt v.a. bei → quantitativer Forschung.

Beobachtungstheorie
Eine Theorie, welche für einen praktischen Beobachtungszweck angibt, wie welche Sinneswahrnehmungen zu interpretieren sind.

bewußte Auswahl
Auswahl aus einer → Grundgesamtheit nicht zu dem Zweck, ein verkleinertes Abbild dieser Grundgesamtheit zu erhalten, sondern um nach sonstigen Gesichtspunkten, z.B. aus theoretischen oder forschungspraktischen Gründen, nötige Untersuchungseinheiten in eine Stichprobe aufzunehmen (z.b. Auswahl von 'besonders interessanten Untersuchungseinheiten', Auswahl nach dem 'Schneeballprinzip').

Bundesstaat
siehe → Föderalismus.

Code
Im *weiteren* Sinn ein → Begriff, der einem Teil eines untersuchten → Dokuments zugeordnet wurde. Beispielsweise kann man bei der → Inhaltsanalyse von Zeitungen auftauchenden Namen wie Adenauer, Erhard, Kiesinger, Brandt, Schmidt oder Kohl als Code den Begriff 'Bundeskanzler' zugewiesen haben. Im *engeren* Sinn: eine Ziffer, die einem Begriff auf dem jeweils adäquaten → Meßniveau zugeordnet wurde.

Codierung
Zuweisung eines → Code.

Daten
Im Licht einer → Beobachtungstheorie aufgezeichnete Informationen über einen → empirischen Referenten.

Deduktion
Bezeichnung für den Versuch, auf folgendem Weg zu Einsichten und Erkenntnissen zu gelangen: man prüft, auf welche verfügbaren Theorien und Annahmen man sich für seinen Forschungszweck (hypothetisch; vgl. → Hypothese) verlassen kann, und zieht aus diesen Voraussetzungen ('Prämissen') seines Gedankengangs in mehr oder minder langen Argumentationsketten Schlußfolgerungen hinsichtlich der Beschaffenheit seines Forschungsgegenstands. Falls diese Schlußfolgerungen zugleich mit den Tatsachen, auf die sie sich beziehen, übereinstimmen (also: empirisch wahr sind; siehe → Wahrheit), kann man davon ausgehen, daß auch die Prämissen der Argumentation empirisch wahr sind. Sind die Schlußfolgerungen hingegen empirisch falsch, so müssen entweder in der Argumentation logische Fehler aufgetreten sein, oder zumindest eine der Prämissen des Arguments ist empirisch falsch.

Definition
Bestimmung eines → Begriffs dergestalt, daß man den beabsichtigten Vorstellungsinhalt sowie ein begriffsauslösendes Wort festlegt, das die gedankliche Vergegenwärtigung jenes Vorstellungsinhalts herbeiführen soll. Wählt man den Zuschnitt des beabsichtigten Vorstellungsinhalts je nach seinem Forschungs- oder Argumentationsbedürfnis sowie das begriffsauslösende Wort ganz nach Zweckmäßigkeitserwägungen, so führt man eine '*Nominal*definition' durch.

Demokratie
Politische Ordnungsform, in welcher das Volk mittels seiner in freien Wahlen ausgeübten Auswahl unter konkurrierenden Politik- bzw. Personalangeboten auf die Ausübung politischer Herrschaft Einfluß nimmt ('Konkurrenztheorie der Demokratie'); siehe auch → parlamentarisches Regierungssystem, → präsidentielles Regierungssystem, → direkte Demokratie, → plebiszitäre Demokratie, → repräsentative Demokratie.

demokratische Repräsentativverfassung
Verbindung des Repräsentationsprinzips (→ Repräsentation) mit dem Prinzip der → Demokratie. Der Begriff wird meist gleichbedeutend mit dem der parlamentarischen Demokratie gebraucht.

Diktatur
Politische Ordnungsform, in welcher das Volk auf die Ausübung politischer Herrschaft *nicht* durch - in *freien* Wahlen durchgeführte - Auswahl unter konkurrierenden Politik- bzw. Personalangeboten Einfluß nehmen kann. Diktatur kann die Grundformen autoritärer oder totalitärer Diktatur annehmen; siehe → Autoritarismus, → Totalitarismus.

direkte Demokratie
Politische Ordnungsform, bei der weitgehend auf politische → Arbeitsteilung verzichtet und ein Stück weit die Identität zwischen Regierenden und Regierten verwirklicht wird ('Identitätstheorie der Demokratie'). Praktisch ist sie nur in zahlenmäßig kleinen Gesellschaften realisierbar. Im verbreiteten Sprachgebrauch wird auch die → plebiszitäre Demokratie oft als 'direkte' Demokratie bezeichnet.

Dokument
Sammelbezeichnung für Texte, Sachverhalte, Gegenstände und Zustände aller Art.

Dokumentenanalyse
Verfahren zur Gewinnung von → Daten aus → Dokumenten gleichwelcher Art; das → Erhebungsinstrument ist in der Regel ein → Kategorienschema. Siehe auch → Inhaltsanalyse, → Hermeneutik.

empirisch
gleichbedeutend mit 'auf Erfahrung gestützt', 'durch Beobachtung gewonnen', 'auf → Daten gegründet'; oft gebraucht als Gegenbegriff zu 'spekulativ' bzw. 'theoretisch', d.h. zu 'aus (bloßen) Annahmen abgeleitet'. Vgl. → Positivismus.

empirische Forschung
Bezeichnung für einen → Forschungsprozeß, bei dem durch Methoden wie → Dokumentenanalyse, → Befragung, → Beobachtung, → Experiment und → Simulation bislang (so) nicht verfügbare Informationen eingeholt, zusammengestellt und ausgewertet werden.

empirische Sozialforschung
Bezeichnung für → empirische Forschung im Bereich sozialer bzw. politischer → Wirklichkeit.
empirische Wahrheit
Siehe → Wahrheit.
empirischer Referent
Sachverhalt, auf den sich ein Begriff oder eine Aussage bezieht. Wenn Begriffe und Aussagen sich ihrerseits auf Begriffe oder Aussagen beziehen, werden auch Begriffe oder Aussagen als empirischer Referent bezeichnet.
Entscheidung
Feststellung von Alternativen und Auswahl unter diesen.
Erhebungsinstrument
Name für alle zur Datenerhebung benutzten Instrumente, z.B. für das → Kategorienschema einer → Inhaltsanalyse, den Fragebogen eines → Interviews, das → Beobachtungsschema einer Beobachtungsstudie oder den Versuchsplan für ein → Experiment.
Erklärung
Wichtiger Typ alltagspraktischer wie wissenschaftlicher Aussagen. Die logische Grundform läßt sich so beschreiben: die Erklärung eines Sachverhalts ('Explanandum') wird dadurch geleistet, daß man angibt, welche Wenn/Dann-Zusammenhänge unter welchen Bedingungen ('Randbedingungen') von welchen Voraussetzungen ('Anfangsbedingungen') aus zu ihm führten. In praktischen Erklärungen werden so gut wie nie alle diese Elemente einer Erklärung systematisch ausgeführt ('unvollkommene Erklärungen'). Bei der Erklärung geschichtlicher Entwicklungen ('Erklären durch Erzählen', 'genetische Erklärung') zwingt die Komplexität des Explanandum stets dazu, viele - oft unvollkommene - Erklärungen gleichzeitig zu verwenden und aufeinander zu beziehen. Werden Einzelerklärungen ('Erklärungsatome') aneinandergereiht bzw. aufeinander bezogen, so entsteht ein 'Erklärungsmolekül'.
Erklärungsskizze
Bezeichnung für die → Erklärung eines meist halbwegs komplizierten Sachverhalts, bei welcher die für den Erklärungszweck nötigen Einzelaussagen weder nur stillschweigend vorausgesetzt noch vollständig dargelegt werden. Erklärungsskizzen vereinfachen die → Kommunikation und sind eine typische Erscheinungsform wissenschaftlicher Erklärungen.
Ethnomethodologie
Untersuchung jener Alltagspraktiken (Handlungspraktiken, Darstellungstechniken und Interpretationsverfahren), durch welche die → Wirklichkeitskonstruktion geleistet wird.

Existenzaussage, reine
Eine → empirische Aussage, welche die bloße Existenz bzw. eine bestimmte Beschaffenheit eines nicht weiter raum-zeitlich gekennzeichneten → empirischen Referenten behauptet. Vgl. → raum-zeitlich abgegrenzte Aussagen.

Experiment
Forschungsmethode, mittels welcher → Wenn/Dann-Aussagen erarbeitet bzw. überprüft werden können. Im Kern geht es darum, Zusammenhänge zwischen zwei oder mehr Sachverhalten unter Kontrolle von 'störenden' weiteren Sachverhalten dadurch zu untersuchen, daß man die Ausprägungen des einen Sachverhalts in geplanter Weise verändert und jeweils prüft, ob und in welcher Weise sich dann auch die Ausprägungen anderer Sachverhalte ändern. Je nach der praktischen Durchführung dieses Vorhabens unterscheidet man Labor-, Feld- und Quasi-Experimente.

Explanandum
Ein zu erklärender Sachverhalt; siehe → Erklärung.

Explanans
Die zum Zweck einer → Erklärung formulierten und zusammen die Erklärung darstellenden → empirischen Aussagen. Sie lassen sich gliedern in Aussagen über die Anfangsbedingungen des zu erklärenden Sachverhalts, in → Wenn/Dann-Aussagen, sowie in Aussagen über jene Randbedingungen, unter denen die Wenn/Dann-Aussagen → empirisch wahr sind.

Exploration
Phase bzw. Form eines → Forschungsprozesses, bei welcher man ohne ein starres Arbeitsschema unter Zuhilfenahme von möglichst viel Spontaneität und Intuition eine erste Vertrautheit mit einem Forschungsgegenstand und mit den Möglichkeiten seiner Analyse zu gewinnen versucht.

Falsifikation
(Gelingende) Überprüfung des → Wahrheitsgehalts einer → empirischen → Aussage dergestalt, daß man (erfolgreich) zeigt, daß ihr → empirischer Referent *nicht* so existiert bzw. beschaffen ist, wie es die zu überprüfende Aussage behauptet. D.h.: man weist nach, daß eine Aussage empirisch falsch ist. Von Aussagen, welche alle bisherigen, möglichst strengen Falsifikationsversuche überstanden haben, ohne daß ihre Falschheit nachgewiesen wurde, kann man zwar *nicht* sagen, ihre → Wahrheit sei bewiesen. Es läßt sich aber sagen: die Vermutung, sie besäßen Wahrheitsgehalt, wurde - ggf. bis hin zur persönlichen Gewißheit - *bekräftigt*. Der Wahrheitsgehalt von (streng allgemeinen) → Allaussagen läßt sich *ausschließlich* durch Falsifikationsversuche prüfen; vgl. → Verifikation.

fdGO
Siehe → freiheitliche demokratische Grundordnung

Föderalismus
Prinzip des Aufbaus eines → Staates dergestalt, daß Einzelstaaten ('Gliedstaaten') sich zu einem gemeinsamen → politischen System ('Zentralstaat') zusammenschließen und unter Wahrung ihrer Eigenstaatlichkeit an der → Politik des von ihnen gebildeten Bundes mitwirken. Je nach dem Grad der Integration der Gliedstaaten und je nach der Existenz und den Befugnissen des Zentralstaats reicht die Spannweite vom Staatenbund bis zum Bundesstaat.

Folgestudie
Ein → Forschungsprozeß, der zur Fortschreibung bzw. Überprüfung bislang gewonnener Ergebnisse dient.

Forschung
Arbeitsprozeß, bei dem versucht wird, auf offene Fragen → empirisch wie logisch wahre Antworten zu formulieren bzw. für noch ungelöste Probleme praxistaugliche Lösungsvorschläge vorzulegen; siehe → Forschungsprozeß.

Forschungsansatz
Bezeichnung für eine routinemäßig benutzte, enge Verbindung aus Forschungsfrage(n), forschungsleitender Theorie und angewandten Forschungsmethoden.

Forschungsprozeß
Name für den zeitlich und systematisch geordneten, dabei aber mit vielfältigen → Rückkoppelungen und Revisionen versehenen Ablauf von Forschungstätigkeiten. Seine Grundstruktur kennzeichnet folgendes Ablaufschema: Klärung der Frage- bzw. Problemstellung; Festlegung der nötigen Forschungsschritte; Einholung der benötigten Informationen; Auswertung dieser Informationen; Interpretation der Ergebnisse samt Vorlage einer Antwort auf die Forschungsfrage bzw. eines Lösungsvorschlags für das vorgenommene Problem. Vgl. → qualitative Forschung, → quantitative Forschung.

Fraktion
Bezeichnung für die in einem → Parlament zu einer politischen Aktionseinheit zusammengeschlossenen Abgeordneten einer oder mehrerer → Parteien. Falls - wie im → politischen System der Bundesrepublik Deutschland - die Fraktionen vor allem aus regionalen bzw. nationalen Parteiführern bestehen, können Fraktionen (zeitweise) zum Machtschwerpunkt einer Partei werden. Vgl. → Koalition, → Opposition.

freiheitliche demokratische Grundordnung (fdGO)
Bezeichnung der Grundprinzipien eines demokratischen Verfassungsstaates, die ihrerseits den → Minimalkonsens einer vom → Pluralismus geprägten → Demokratie darstellen. Zu diesen Prinzipien sind mindestens zu rechnen: die Achtung vor den Menschenrechten; die → Volkssouveränität; die → Gewaltenteilung; die Verantwortlichkeit der → Regierung; die Gesetzmäßigkeit der Verwaltung; die Unabhängigkeit der Gerichte; das Mehrparteienprinzip samt Chancengleichheit

für alle → Parteien; sowie das Recht auf Bildung und Ausübung von → Opposition.
Führung
Siehe → politische Führung.
Funktion
Leistung, die ein → Subsystem für ein → System bzw. ein System für ein → Suprasystem erbringt. 'Funktional' ist, was diese Leistung erbringt; 'dysfunktional', was die Erbringung dieser Leistung stört. Als 'afunktional' wird bezeichnet, was keinen Beitrag zur Erbringung dieser bestimmten Leistung aufweist.
Gesellschaft
Sammelbezeichnung für Menschen, die auf einem abgrenzbaren Gebiet leben, *sowie* für ihre mehr oder minder und in beliebig komplexer Weise miteinander vernetzten → Rollen.
Gesetz
Im juristischen und politischen Sinn: eine Rechtsnorm, die in einer → Demokratie vom → Parlament oder vom Volk geschaffen wird. Im wissenschaftstheoretischen Sinn: traditionelle Bezeichnung für gut bewährte → Wenn/Dann-Aussagen zumal deterministischer Art.
Gestaltungsanspruch, staatlicher
Bezeichnung für die Spannweite dessen, was ein → Staat in einer → Gesellschaft allgemein verbindlich machen will und als Gegenstand von → Politik definiert. Wird versucht, schlechterdings alles von Staats wegen zu regeln (z.B. vom religiösen oder weltanschaulichen Bekenntnis bis hin zum einzuschlagenden Berufsweg), so liegt *totaler* staatlicher Gestaltungsanspruch vor (vgl. → Totalitarismus). Beschränkt sich ein Staat auf die allgemein verbindliche Regelung relativ weniger Materien (z.B. vom Strafrecht bis hin zur Besteuerung), so spricht man von einem *partiellen* staatlichen Gestaltungsanspruch.
Gewaltenteilung
Bezeichnung für die Aufteilung von politischer → Macht auf verschiedene → Subsysteme eines → politischen Systems. Vor allem sind zu unterscheiden: *soziale* Gewaltenteilung, d.h. rechtliche und tatsächliche Zugangsmöglichkeiten zu politischer Macht und staatlichen Ämtern unabhängig von sozialen Schranken; *dezisive* Gewaltenteilung, d.h. Aufteilung politischer Macht auf verschiedene miteinander in Konkurrenz stehende politische Organisationen wie → Parteien und → Interessengruppen (siehe → Pluralismus); *vertikale* Gewaltenteilung, d.h. Aufteilung von Macht nach dem → Subsidiaritätsprinzip auf verschiedene Ebenen staatlicher Organisation (z.B. Gemeinden - Länder - Bund - Europa); *horizontale* Gewaltenteilung, d.h. Aufteilung von Macht auf mehrere einander wechselseitig kontrollierende Staatsorgane, v.a. auf → Parlamente, → Regierungen und Gerichte; *temporale* Gewaltenteilung, d.h. Vergabe von politischen Mandaten nur auf Zeit mittels periodischer freier Wahlen, so daß den Repräsentierten die Macht

bleibt, sich ihrer Repräsentanten auch wieder zu entledigen bzw. die Mandatserteilung daran zu knüpfen, daß im großen und ganzen gemäß den Wünschen der Repräsentierten regiert wird.

Grundgesamtheit
Gesamtheit aller Sachverhalte, über welche man zutreffende → Aussagen formulieren will, und aus welcher man zu diesem Zweck eine → Stichprobe von → Untersuchungseinheiten auswählt und erforscht.

Handlungsanweisung
Eine Aussage, welche hinsichtlich einer Problemstellung bzw. Aufgabe angibt, was getan werden soll. Der logischen Struktur nach besteht eine Handlungsanweisung aus einem → Werturteil hinsichtlich dieser Problemstellung bzw. Aufgabe und aus einem Verweis auf → Wenn/Dann-Aussagen, aus denen hervorgeht, was unternommen werden kann, um einen bestimmten Zustand herbeizuführen oder zu verhindern.

Hermeneutik
Lehre und Praxis des Sinndeutens. Im Prinzip geht es immer darum, mit Vor- und Kontextwissen an einen zu verstehenden Sachverhalt heranzutreten, ihn im Licht des Vor- und Kontextwissens zu verstehen zu versuchen, zugleich das Vor- und Kontextwissen am zu verstehenden Sachverhalt zu verbessern, ggf. weitere Informationen zur Verbesserung des Kontextwissens bzw. zur Beschaffenheit des zu verstehenden Sachverhalts einzuholen, sowie diesen Kreislaufprozeß der interpretativen Arbeit und der Aufnahme wie Verarbeitung immer weiterer Informationen dann abzubrechen, wenn eine für den praktischen Verstehenszweck ausreichende Interpretation gelungen ist.

hermeneutische Methode
Praktische, ggf. systematische Anwendung der → Hermeneutik.

Herrschaft
Abstrakt: institutionalisierte → Macht; konkret: die Chance, für einen in gleichwelcher Form erteilten Befehl tatsächlich Gehorsam zu finden. Vgl. → Herrschaftsstruktur.

Herrschaftsstruktur
Begriff zur Beschreibung der Machtstruktur in einem → politischen System. Ist die politische → Macht auf mehrere → Subsysteme aufgeteilt (vgl. → Gewaltenteilung), so liegt eine *pluralistische* Herrschaftsstruktur vor. Gibt es nur ein einziges Machtzentrum, so spricht man von einer *monistischen* Herrschaftsstruktur.

historische Methode
Nutzung der → Dokumentenanalyse zur Klärung historischer Sachverhalte anhand geeigneter Texte ('Traditionen') bzw. auszuwertender Gegenstände, Sachverhalte oder Zustände ('Überreste').

Historizismus
Bezeichnung für (geschichts-)philosophische Positionen, welche die Behauptung vertreten, die Geschichte nehme einen vorbestimmten Verlauf, weswegen es möglich sei, die Zukunft vorherzusehen.

Hypothese
Bezeichnung für eine → Aussage, die im → Forschungsprozeß als 'Werkstoff' benutzt, also: systematisch auf ihren logischen bzw. empirischen → Wahrheitsgehalt überprüft und ggf. verändert wird. In der Regel formuliert man *Vermutungen* als Hypothesen. Praktisch kann natürlich *jede* Aussage als Hypothese *behandelt* werden. Es ist darum die Vorstellung falsch, Hypothesen seien grundsätzlich 'unsichere', gar 'noch unwissenschaftliche Aussagen' im Unterschied zu den 'eigentlichen wissenschaftlichen Aussagen', die 'völlig sicher' wären.

Idealtyp
Siehe → Typ.

Ideologie
In *allgemeiner* Bedeutung gleichbedeutend mit 'Weltbild', also mit → Perzeptionswirklichkeit. In *spezieller* Bedeutung: Bezeichnung für 'falsches Bewußtsein', d.h. dafür, daß die Perzeptionswirklichkeit einer Person die → Operationswirklichkeit *fehlerhaft*, v.a. empirisch falsch (vgl.→ Wahrheit), abbildet.

Idiographie
Bezeichnung für wissenschaftliche Arbeit, welche die detaillierte, empirisch wahre Beschreibung individueller Sachverhalte bezweckt.

Immunisierung
Bezeichnung für Praktiken, mit denen bestehende → Perzeptionswirklichkeiten und Weltbilder gegen Infragestellung, → Kritik, Kontrolle und Korrektur abgeschirmt werden. Zu den wichtigsten Techniken zählen bewußte → Selektivität des Informationsverhaltens, Bestreiten der Glaubwürdigkeit von bisherige Gewißheiten erschütternden → Aussagen, und Ablehnung von Argumentationsregeln, deren Befolgung die eigene Position angreifbar machte.

Index
Additive oder sonstige Verknüpfung mehrerer → Indikatoren.

Indikator
Eine → Variable mit unmittelbar beobachtbarem empirischen Referenten ('manifeste Variable'), die man benutzt, um von ihr aus auf den → empirischen Referenten einer Variablen mit nicht unmittelbar beobachtbarem empirischen Referenten ('latente Variable') zu schließen.

Individualdaten
An individuellen Untersuchungseinheiten - meist Personen - gewonnene → Daten; vgl. → Aggregatdaten.

Induktion
Bezeichnung für den Versuch, auf folgendem Weg zu Einsichten und Erkenntnissen zu gelangen: man betrachtet - mehr oder weniger bewußt theoriegeleitet - eine Vielzahl von für eine bestimmte Fragestellung mehr oder minder wichtigen Sachverhalten; man versucht, diese Sachverhalte zu verstehen; irgendwann gelangt man möglicherweise dazu, das diese Sachverhalte erschließende 'Muster', die in ihnen kenntliche 'Gestalt' zu entdecken; und eben dadurch hat man Einsicht bzw. Erkenntnis über den zu erforschenden Sachverhalt gewonnen, die man anschließend systematisch ausarbeiten kann. Vgl. → Deduktion.

Inhaltsanalyse
Datenerhebung in Form des Versuchs, den in → Dokumenten aller Art, v.a. in Texten, geborgenen Informations- und Sinngehalt systematisch und zweckbezogen ausfindig zu machen; siehe → Dokumentenanalyse, → Hermeneutik. Erhebungsinstrument ist in der Regel ein Analyseleitfaden bzw. ein inhaltsanalytisches Kategorienschema.

Input
Sammelbezeichnung für alle Informationen und Ressourcen, die in ein → System hineingelangen.

Interesse
Verhaltensorientierendes *Ziel* oder *Bedürfnis* von einzelnen oder Gruppen in einem sozialen Umfeld. Drei Aspekte sind an Interessen zu unterscheiden: Interessen sind Verhaltensdispositionen; sie sind Ziele oder Bedürfnisse, aus einer Sache echten oder vermeintlichen Nutzen zu ziehen; und sie sind Reaktionen eines Akteurs auf Gegebenheiten eines sozialen Umfelds. Interessen, die ihrem Träger bewußt sind, heißen *manifeste* Interessen, unbewußte Interessen *latente* Interessen.

Interessengruppe
Zusammenschluß von Bürgern oder Organisationen, welcher die Interessen seiner Mitglieder fördern will und zu diesem Zweck dauerhaft oder zeit- bzw. fallweise auf Politiker, Parteien, Parlamente, Regierungen, Verwaltungen, die öffentliche Meinung oder sonstige Adressaten Einfluß zu nehmen versucht. Interessengruppen haben die Funktion, Interessen zu aggregieren und zu artikulieren, sie konfliktfähig zu machen und - in pluralistischer Konkurrenz mit anderen Interessengruppen - ggf. durchzusetzen.

internationale Beziehungen
Sammelbezeichnungen für alle Beziehungen, die zwischen → politischen Systemen und → internationalen Organisationen aller Art bestehen.

internationale Organisationen
Organisationen, welche Aktivitäten verschiedener → Staaten bzw. aus verschiedenen Staaten zusammenführen. Werden sie - wie die NATO - von → Regierungen getragen, so spricht man von IGOs (von engl. 'international governmental organisations'); werden sie - wie das Rote Kreuz - nicht von Regierungen getragen,

so spricht man von INGOs (von engl. 'international non-governmental organizations').

internationale Politik
Sammelbezeichnung für die verflochtenen → Außenpolitiken mehrer → politischer Systeme.

Interpretation
Siehe → Hermeneutik.

Intersubjektivität
Bezeichnung dafür, daß zwei Personen Einverständnis darüber erzielen, sie bezögen sich mit ihren Beobachtungen und Aussagen auf dieselben Sachverhalte.

Intervallskala
Ein → Meßniveau, auf dem Ziffern zusätzlich zur Leistungsfähigkeit der → Ordinalskala Abstände zwischen den Merkmalen von Sachverhalten gleichwelcher Art ausdrücken.

Interview
Gespräch, welches der Erhebung von → Daten dient. Es wird in der Regel anhand eines mehr oder minder detailliert ausgestalteten Fragebogens geführt. Die gestellten Fragen sind dabei 'Mittel zum Zweck': sie haben den Gesprächspartner zur Preisgabe genau jener Informationen anzuhalten, deretwegen man das Interview führt.

Irrtumswahrscheinlichkeit
Wahrscheinlichkeit, einen in einer → Zufallsstichprobe aufgefundenen Sachverhalt irrtümlich auch als in der → Grundgesamtheit vorliegend anzunehmen, obwohl er in der Grundgesamtheit gar nicht besteht (vgl. → Signifikanztest).

juristische Methode
Auf der → Hermeneutik beruhendes Verfahren zur Klärung von Rechtslagen. Die wesentlichen Schritte sind die juristische Ortsbestimmung der zu klärenden Rechtslage; die grammatische, systematische, historische und teleologische Interpretation der gemäß 'juristischer Ortsbestimmung' heranzuziehenden Rechtsnormen; die Klärung der die fragliche Rechtslage betreffenden Rechtsprechung und herrschenden Lehre; sowie die abschließende Würdigung der festzustellenden Rechtslage im Licht all dieser Informationen.

Kategorienschema
Eine systematische Zusammenstellung von aus theoretischen Gründen aufeinander bezogenen → Begriffen bzw. → Codes, die als → Erhebungsinstrument einer → Dokumentenanalyse bzw. → Inhaltsanalyse dient.

Kausalaussage
Siehe → Wenn/Dann-Aussage.

Koalition
Allgemein: Bündnis zwischen zwei oder mehr Organisationen, z.B. zwischen zwei → Staaten. Speziell im → parlamentarischen Regierungssystem: Bündnis zwischen zwei oder mehr → Fraktionen, um die → Regierung zu stellen, zu tragen, zu kontrollieren und zu beeinflussen.

Kommunikation
Austausch von Informationen und Sinndeutungen aller Art.

Komparatistik
Benutzung der vergleichenden Methode. Sucht man in einer Menge von Fällen nach Ähnlichkeiten, so spricht man von einer Nutzung der *Konkordanz*methode; sucht man nach Verschiedenheiten, so liegt ein Gebrauch der *Differenz*methode vor. Siehe → Systemvergleich, → Vergleichbarkeit.

Konstellation
Beziehungsgefüge zwischen einer Reihe von → politischen Systemen und → Gesellschaften.

Konstellationsanalyse
Abfolge von Arbeitsschritten bei der Analyse internationaler Politik. Die wesentlichen Schritte sind die folgenden: räumliche und zeitliche Abgrenzung der zu untersuchenden → Konstellation; Feststellung des historischen Kontexts und der bisherigen Entwicklung der Konstellation; Strukturanalyse der Konstellation, bestehend aus System-, Normen-, Perzeptions-, Interessen- und Machtanalyse; Prozeßanalyse der Konstellation, bei welcher das Zusammenwirken aller Einzelelemente im Zeitverlauf betrachtet wird.

Kontrolle
Im weiteren Sinn meint Kontrolle 'Aufsicht über fremde Amtsführung'; dergestalt üben z.B. die Massenmedien Kontrolle über das Handeln von Parlament und Regierung aus. Im engeren Sinn meint Kontrolle 'Einfluß durch Mitwirkung'; dergestalt kontrollieren z.B. im → parlamentarischen Regierungssystem die zu einer → Koalition verbündeten → Fraktionen die von ihnen gestellte und getragene → Regierung.

Korrelation
Siehe → Wenn/Dann-Aussage.

Kritik
Bemühen um die Entdeckung logisch bzw. empirisch falscher Aussagen (vgl. → Wahrheit); von Argumentationsmängeln und unzulänglichen Informationsgrundlagen alltäglicher oder wissenschaftlicher Äußerungen; von Abweichungen zwischen Regeln und Verhalten, zwischen Norm und Praxis; sowie die Durchführung von → Werturteilen anhand von mehr oder minder expliziten Wertmaßstäben.

Legalität
Gesetzmäßigkeit einer Handlung; vgl. → Rechtsstaat.

Legislative
Im - abzulehnenden - weiten Sinn Bezeichnung für *jedes* → Parlament; im engeren Sinn Bezeichnung für ein Parlament, dessen Rolle im wesentlichen auf die Gesetzgebung *beschränkt* ist.

Legitimität
Geltung von → Herrschaft als rechtens. Der dieser Geltung zugrunde liegende Legitimitäts*glaube* kann sich aus verschiedenen Quellen speisen; er kann z.B. rational oder traditional begründet oder an eine charismatische Führungsgestalt gebunden sein. Praktisch wirkt sich Legitimität als politische *Unterstützung* eines Systems politischer → Herrschaft durch die Regierten aus.

Macht
Jede Chance, in einer sozialen Beziehung den eigenen Willen auch gegen Widerstreben durchzusetzen, worauf auch immer diese Chance beruht.

Massenmedien
Sammelbezeichnung für Printmedien, Hörfunk, Fernsehen und Film, also für Medien, die ein Massenpublikum erreichen. Zu ihren politischen Funktionen gehören die Information der Bürger, der Beitrag zu deren politischer Meinungsbildung, sowie die → Kontrolle politischen Handelns durch kritischen Journalismus.

Merkmalsraum
Möglichkeit der Veranschaulichung von Zusammenhängen zumal zwischen zwei → Variablen in Form einer zweidimensionalen Tafel oder zwischen drei Variablen in Form eines Würfels.

Messen
Zuordnung von Ziffern zu Begriffen oder Sachverhalten, um dergestalt deren Informationsgehalt zu verdichten sowie ihn mittels mathematischer Möglichkeiten auszuwerten. Siehe → Meßniveau.

Meßniveau
Bezeichnung für die Art der Information, welche jene Ziffern ausdrücken, die Begriffen oder Sachverhalten zugeordnet wurden. Vier Meßniveaus werden unterschieden: → Nominalskala, → Ordinalskala, → Intervallskala und → Ratioskala.

Meta-Ebene
Bezeichung für eine Betrachtungs- bzw. Argumentationsebene, die um eine Stufe höher liegt als das 'eigentliche' Thema. Führt man beispielsweise eine Konversation, so spricht man in ihr auf der 'Objektebene'; Betrachtungen dieser Konversation spielen sich auf der Meta-Ebene ab; und Untersuchungen der Betrachtungsmöglichkeiten von Konversationen finden auf der Meta-Meta-Ebene statt.

Methoden
Sammelbezeichnung für die Praktiken des Sammelns und Aufzeichnens von Informationen ('Datenerhebungsmethoden'), des Auswertens verfügbarer Informationen ('Datenanalysemethoden') und des Interpretierens (vgl. → Daten, → Her-

meneutik, → Dokumentenanalyse, → Befragung, → Beobachtung, → Experiment, → Simulation, → Statistik).

Minimalkonsens
Begriff aus der → Theorie des → Pluralismus. Er dient zur Bezeichnung für jene Gemeinsamkeiten, auf deren Grundlage man sich in politischen Streit einlassen kann. Im einzelnen sind zu unterscheiden der *Wert*konsens, d.h. die Übereinstimmung über gemeinsame Werte wie die Menschenrechte oder das Recht auf → Opposition; der *Verfahrens*konsens, d.h. die Übereinstimmung über Spielregeln des Konflikts wie Gewaltfreiheit, Achtung der Würde des Gegners und Festhalten an den geltenden Spielregeln für die Dauer des Konflikts; sowie der *Ordnungs*konsens, d.h. die Übereinstimmung über die Arenen, in denen der Konflikt ausgetragen wird. Den Minimalkonsens für den politischen Konflikt im → politischen System der Bundesrepublik Deutschland stellen die acht Prinzipien der → freiheitlichen demokratischen Grundordnung (fdGO) dar.

MINK-Schema
Katalog von vier systematisch aufeinander bezogenen → Topoi, nämlich → Macht, → Ideologie, → Normen und → Kommunikation, welche die ersten Schritte einer Analyse politischer Inhalte, Prozesse und → Strukturen zielgerichtet anleiten können.

naturalistischer Fehlschluß
Schluß vom Sein auf das Sollen, also von dem, was Tatsache ist, auf das, was sein oder nicht sein soll. Anders formuliert: aus einer → empirischen Aussage wird ein → Werturteil bzw. eine → Handlungsanweisung abgeleitet. Ein Fehlschluß liegt hier deshalb vor, weil empirische Aussagen jenes Wertmaßstabes nun einmal entbehren, welcher der zentrale Bestandteil von → normativen Aussagen ist. Beim naturalistischen Fehlschluß wird also so getan, als verfüge man über mehr Informationen, als man tatsächlich schon besitzt.

Nominaldefinition
Siehe → Definition.

Nominalskala
Ein solches → Meßniveau, auf dem Ziffern lediglich die Unterschiede von Begriffen oder Sachverhalten ausdrücken.

Nomothetik
Bezeichnung für wissenschaftliche Arbeit, welche die Formulierung empirisch wahrer, möglichst allgemeiner Wenn/Dann-Aussagen bezweckt.

Norm
Siehe → Normen.

normative Aufladung
Bezeichnung für den Vorgang, daß eine empirische → Wenn/Dann-Aussage durch Verknüpfung mit einem → Werturteil zu einer → Handlungsanweisung gemacht wird.

normative Aussagen
Sammelbezeichnung für → Werturteile und → Handlungsanweisungen.

normative Brauchbarkeit
Mögliche Eigenschaft normativer Aussagen. Eine → Handlungsanweisung ist dann normativ brauchbar, wenn ein sie befolgendes Handeln tatsächlich zur Verwirklichung jenes Zustands führt, auf welchen die Handlungsanweisung abzielt. Ein → Werturteil ist dann normativ brauchbar, wenn eine auf ihm gründende Handlungsanweisung zur Beseitigung eines als schlecht bewerteten Zustands bzw. zur Herbeiführung eines als gut bewerteten Zustands führt.

normative Forschung
Bezeichnung für einen → Forschungsprozeß, bei dem → Werturteile oder → Handlungsanweisungen erarbeitet bzw. überprüft werden.

Normen
Formelle oder informelle Regelungen, die das Zusammenwirken von Menschen prägen sowie von diesen als Mittel zur Interpretation eigenen oder fremden Handelns benutzt werden.

ökologischer Fehlschluß
Schluß von bekannten *Gruppen*merkmalen auf unbekannte *Individual*merkmale. Ein Fehlschluß liegt deshalb vor, weil → Aggregatdaten nun einmal nicht jene Informationen enthalten, anhand welcher man zuverlässig empirisch wahre Aussagen über *einzelne* → Untersuchungseinheiten formulieren könnte (vgl. → Individualdaten). Beim ökologischen Fehlschluß wird also so getan, als verfüge man über mehr Informationen, als man tatsächlich besitzt.

Operationalisierung
Bezeichnung für den Weg vom Abstrakten zum Konkreten; im einzelnen: eine solche Verknüpfung von → Begriffen, durch welche → theoretische Begriffe so auf → Beobachtungsbegriffe bezogen werden, daß → Daten über ihren → empirischen Referenten erhoben werden können.

Operationswirklichkeit
Bezeichnung für die außerhalb eines erkennenden Subjekts bestehende → Wirklichkeit; vgl. → Perzeptionswirklichkeit.

Opposition
Jene politischen Kräfte, welche zu einem bestimmten Zeitpunkt, v.a. bei Wahlen, in der politischen Konkurrenz unterlegen sind, wegen ihrer Minderheitenrolle bei politischen Entscheidungen einstweilen geringe Durchsetzungsmöglichkeiten haben, gleichwohl die Grundsätze und Spielregeln des jeweiligen → politischen Sy-

stems akzeptieren (vgl. → Widerstand) und in der Regel danach streben, eines Tages allein oder in einem Bündnis die Mehrheit zu erringen. Je nach der Arena, in welcher oppositionelles Handeln sich entfaltet, unterscheidet man die parlamentarische Opposition von der außerparlamentarischen oder die innerparteiliche Opposition von der innerfraktionellen. Im engeren Sinn werden als Opposition jene → Fraktionen bezeichnet, die in einem → Parlament nicht die → Regierung stellen bzw. tragen. Opposition hat im wesentlichen die Aufgabe der → Kritik, der → Kontrolle, der Bereitstellung von Politik- und Personalalternativen sowie der politischen Initiative auf → Politikfeldern, welche - in der Sicht der Opposition - von der regierenden Mehrheit vernachlässigt oder schlecht bestellt werden.

Ordinalskala
Ein → Meßniveau, auf dem Ziffern zusätzlich zur Leistungsfähigkeit der → Nominalskala Rangordnungen von Begriffen oder Sachverhalten ausdrücken.

Output
Sammelbezeichnung für alle Informationen und Ressourcen, die ein → System in seine Umwelt abgibt.

Parlament
Eine Vertretungskörperschaft mit den Aufgaben, die → Regierung zu kontrollieren, → Normen zu setzen und die → Kommunikation zwischen → Gesellschaft und → politischem System sicherzustellen bzw. öffentlich sichtbar zu machen. Im → parlamentarischen Regierungssystem haben Parlamente darüber hinaus die Aufgabe, die → Regierung ins Amt zu bringen. Vgl. → Koalition, → Opposition.

parlamentarische Demokratie
Politische Ordnungsform, in welcher das Volk in freien Wahlen → Parlamente wählt, denen ihrerseits weitgehend die Herbeiführung politischer Entscheidungen obliegt. Vgl. → Repräsentation, → Demokratie, → Parlament, → repräsentative Demokratie.

parlamentarisches Regierungssystem
Ein → Regierungssystem, bei welchem die → Regierung von → Fraktionen des → Parlaments ins Amt gebracht wird und ebenso vom Parlament aus dem Amt entfernt werden kann. Dergestalt verschmelzen regierungstragende Parlamentsmehrheit und Regierung zu einer politischen Aktionseinheit, welcher die parlamentarische → Opposition gegenübersteht. Ein Dualismus zwischen der Regierung und dem Parlament *als ganzem* besteht nicht. Vgl. → Koalition, → Kontrolle, → präsidentielles Regierungssystem.

Partei
Zusammenschluß von Bürgern, welcher auf das → politische System dauerhaften Einfluß nehmen, zu diesem Zweck in → Parlamenten und ggf. → Regierungen vertreten sein will und bei Wahlen Kandidaten präsentiert. In der Regel haben

Parteien folgende Funktionen: Verknüpfung von → Gesellschaft und → politischem System ('Bindegliedfunktion'); Sicherstellung der → Responsivität des politischen Systems; Ausübung → politischer Führung; Rekrutierung, Sozialisation und Präsentation politischen Führungspersonals. In demokratischen politischen Systemen sind Parteien die am besten demokratisch legitimierten Gruppen, da - mit Ausnahme von Kandidaten für das Präsidentenamt in → präsidentiellen Regierungssystemen - allein sie sich regelmäßig freien Wahlen stellen.

Partizipation
Allgemein: Teilhabe an einer Sache oder an einem Geschehen; speziell im politischen und politikwissenschaftlichen Sprachgebrauch: Sammelbezeichnung für alle Formen der Teilhabe am politischen Geschehen und an Prozessen der politischen Meinungs-, Willens- und Entscheidungsbildung. Typische Partizipationsformen sind politische Information und politisches Gespräch, politische Aktivität in Bürgerinitiativen, → Interessengruppen und → Parteien, die Teilnahme an politischen Manifestationen und Demonstrationen aller Art, die Ausübung des aktiven bzw. passiven Wahlrechts, sowie die Übernahme öffentlicher Ämter von der Gemeinde- bis zur Bundesebene.

Perspektivität (der → Perzeptionswirklichkeit)
Bezeichnung für die Tatsache, daß jeder Blick auf die Wirklichkeit ein perspektischer, ein aus bestimmtem Blickwinkel unternommener ist, so daß die → Operationswirklichkeit im Bewußtsein nie 'als solche', sondern immer nur in einer besonderen Abbildung (und → Selektivität) widergespiegelt wird.

Perzeptionswirklichkeit
Bezeichnung für die perspektivische und selektive Abbildung der → Operationswirklichkeit in der Wahrnehmung und im Bewußtsein einer Person; vgl. → Perspektivität, → Selektivität.

Pilotstudie
Ein → Forschungsprozeß, bei dem ein Untersuchungsgegenstand erstmals systematisch, wenngleich noch nicht vollständig, analysiert wird. Vgl. → Exploration.

plebiszitäre Demokratie
Politische Ordnungsform, in welcher die wahlberechtigten Bürger durch Abstimmungen über politische Sachfragen auf die Herstellung allgemein verbindlicher Entscheidungen Einfluß nehmen. Im populären Sprachgebrauch wird sie oft auch als → direkte Demokratie bezeichnet.

Pluralismus
Bezeichnung für folgendes Organisationsprinzip des politischen Prozesses: verschiedene Gruppen (z.B. → Interessengruppen und → Parteien) sollen, in Ausübung politischer Freiheit, ihre Interessen selbständig definieren und sich zum Zweck von deren Durchsetzung in Konkurrenz und Konflikt mit anderen Interessengruppen bzw. Parteien einlassen; dieser Konflikt soll auf der Grundlage eines möglichst schmal gehaltenden → Minimalkonsenses ausgetragen werden; und

falls es nicht zu einer Konfliktbeilegung durch Kompromiß und Vereinbarung kommt, soll das in freien Wahlen bzw. (geheimer) Abstimmung zum Tragen gebrachte Mehrheitsprinzip als Entscheidungsregel die jeweilige Konfliktrunde abschließen, wobei Minderheitenschutz gewährleistet sein muß.

Politik
Jenes menschliche Handeln, das auf die Herstellung allgemein verbindlicher Regelungen und Entscheidungen ('allgemeine Verbindlichkeit') in und zwischen Gruppen von Menschen abzielt. Zu betrachten sind die *Inhalte*, die allgemein verbindlich gemacht werden sollen; die *Prozesse*, in denen dies versucht wird; und die *Strukturen*, welche jene Prozesse prägen. Ferner sind zumindest vier Dimensionen politischen Handelns in Betracht zu ziehen: → Macht, → Ideologie, → Normen und → Kommunikation (vgl. → MINK-Schema).

Politikberatung
Bewußtes und zielgerichtetes Einbringen politikwissenschaftlicher Kenntnisse und politikwissenschaftlicher Kompetenz in den Prozeß der politischen Willensbildung.

Politikfeld
Bezeichnung für in der politischen Alltagspraxis zusammenhängende politische Gestaltungsaufgaben, -probleme und -versuche. Beispiele für Politikfelder sind Umweltpolitik, Verkehrspolitik und Steuerpolitik, bzw. Nah-Ost-Politik und Abrüstungspolitik.

Politikfeldanalyse
Untersuchung politischer Inhalte, Prozesse und Strukturen auf einzelnen → Politikfeldern.

Politikwissenschaft
Die → Wissenschaft von der → Politik. Ältere, teils noch konkurrierende Bezeichnungen sind 'Politische Wissenschaften', 'Politische Wissenschaft' oder 'Politologie'.

politische Bildung
Bemühen, die Ergebnisse politikwissenschaftlicher Forschung und politischer Philosophie mittels schulischer Erziehung, akademischer Ausbildung und Erwachsenenbildung in das politische → Alltagswissen hineinzutragen und politisches Alltagsdenken so zu prägen, daß immer mehr Menschen in der Lage sind, ihre → Rolle als Bürger einer freiheitlichen demokratischen politischen Ordnung (vgl. → fdGO) kritisch (vgl. → Kritik, → Kontrolle) und partizipierend (vgl. → Interessengruppen, → Parteien, → Partizipation, → Pluralismus) auszufüllen.

politische Führung
Bezeichnung für die Festlegung der Umstände und Bedingungen, in und mittels welcher ein → politisches System gesteuert wird, sowie für die Durchführung der Steuerung politischer (Sub-)Systeme.

politische Kultur
Sammelbezeichnung für politisch bedeutsame Werte, Wissensbestände, Vorstellungen und Einstellungen in einer Gesellschaft; für die hierauf beruhenden Formen politischer Aktivität und Partizipation; für die öffentlich bekundeten bzw. praktisch benutzten Spielregeln des politischen Prozesses; sowie für die alltagspraktischen Grundlagen politischer Systeme.

politische Philosophie
Versuch, durch → theoretische Forschung bzw. durch → normative Forschung folgende Fragen zu beantworten: Was dürfen wir politisch hoffen? Was sollen wir politisch tun? Welches Menschbild können wir gefahrlos unserem politischen Handeln zugrunde legen? Was können wir über Politik wissen? In der Regel stützt sich die politische Philosophie auch auf → Sekundäranalysen von Ergebnissen → empirischer Forschung.

politischer Prozeß
Sammelbezeichnung für alle Abläufe politischer Willensbildung, Entscheidungsfindung, Entscheidungsdurchsetzung und Beschaffung von → Legitimität.

politisches System
Jenes → Subsystem einer → Gesellschaft, welches sich um die Herstellung allgemein verbindlicher Entscheidungen für diese Gesellschaft annimmt (vgl. → Arbeitsteilung, → Politik). Zu ihm gehören i.d.R. → Regierung und → Parlament, → Parteien, → Interessengruppen, → Massenmedien und Verwaltungen aller Art.

Politologie
Siehe → Politikwissenschaft.

Positivismus
Bezeichnung für eine erkenntnistheoretische Position, welche - fälschlicherweise - behauptet, Wissen und Kenntnis ließen sich allein auf theoriefreie Beobachtung und objektive sinnliche Wahrnehmung gründen. Vgl. → Beobachtungstheorie.

präsidentielles Regierungssystem
Ein → Regierungssystem, bei welchem die → Regierung in mehr oder minder engem Zusammenwirken mit dem → Parlament von einem Staatsoberhaupt ins Amt gebracht wird, welches seinerseits vom Volk gewählt wird. Im Unterschied zum → parlamentarischen Regierungssystem, wo Parlamentsmehrheit und Regierung zu einer politischen Aktionseinheit verschmelzen, gibt es im präsidentiellen Regierungssystem einen mehr oder minder ausgeprägten Dualismus zwischen der Regierung und dem Parlament.

Pretest
Phase eines → Forschungsprozesses, bei welcher man die → Erhebungsinstrumente auf ihre Einsatztauglichkeit prüft.

Prognose
Vorhersage künftiger Entwicklungen durch Auswertung bislang verfügbarer Kenntnisse. Prognosen verstehen sich als korrekturbedürftige → empirische Aussagen und sind streng zu unterscheiden von historischen Prophezeiungen, welche von der Existenz von 'Geschichtsgesetzen' ausgehen (siehe → Historizismus).

qualitative Forschung
Bezeichnung für → Forschungsprozesse, die vor allem den Charakter einer → Exploration haben, sich an kein starres Ablaufschema binden, → Messungen allenfalls auf dem Niveau der → Nominalskala oder der → Ordinalskala durchführen, meist mit → bewußten Auswahlen arbeiten und in der Regel ohne den Einsatz von → Statistik auskommen. Qualitative Forschung ist immer dann angebracht, wenn über einen Gegenstandsbereich noch relativ wenig Wissen vorliegt.

quantitative Forschung
Bezeichnung für → Forschungsprozesse, welche präzise Fragen beantworten bzw. klar formulierbare → Hypothesen überprüfen sollen. Oft arbeitsteilig organisiert, folgen sie in der Regel klaren Ablaufplänen, arbeiten mit Repräsentativität anstrebenden → Stichproben und benutzen alle Möglichkeiten der → Statistik, weswegen → Messungen auch auf dem Niveau der → Intervallskala bzw. der → Ratioskala angestrebt werden. Wann immer qualitative Forschung keinen weiteren Erkenntniszuwachs hinsichtlich eines bestimmten Gegenstandsbereichs verspricht, ist der Übergang zu quantitativer Forschung angebracht.

Quotenstichprobe (engl. 'quota sample')
Auswahl aus einer Grundgesamtheit, bei welcher angestrebt wird, daß in ihr bestimmte Merkmale der Grundgesamtheit (z.B. Anteile von Männern und Frauen, von Arbeitern, Angestellten und Beamten bzw. von Katholiken und Protestanten) in denselben Quoten vertreten sind, wie sie sich in der Grundgesamtheit finden.

Ratioskala
Ein → Meßniveau, auf dem Ziffern zusätzlich zur Leistungsfähigkeit der → Intervallskala Proportionen zwischen den Merkmalen von Sachverhalten gleichwelcher Art ausdrücken.

raum-zeitlich abgegrenzte Aussagen
Bezeichnung für → empirische Aussagen, welche Behauptungen über einen raum-zeitlich abgegrenzten → empirischen Referenten formulieren. Je nach dem genauen Inhalt der Aussage liegt eher eine raum-zeitlich abgegrenzte → Existenzaussage oder eine raum-zeitlich abgegrenzte → Allaussage vor. Im ersten Fall bietet sich die Prüfung des Wahrheitsgehalts durch → Verifikation, im zweiten Fall durch → Falsifikation an.

Realdefinition
Doppeldeutige Bezeichnung. Erstens versteht man unter ihr die → Definition eines → Realtyps. Zweites benutzt man diesen Ausdruck um anzugeben, man be-

schreibe das 'Wesen' eines Sachverhalts. In diesem Fall liegt aber keine Definition, sondern eine → empirische Aussage vor, deren Wahrheitsgehalt nicht einfach bei der Definition unterstellt werden kann, sondern erst überprüft werden muß.

Realtyp
Siehe → Typ.

Rechtsstaat
Typ eines → politischen Systems, in dem alles staatliche Handeln an gesetzliche Regelungen gebunden ist (*'formaler* Rechtsstaat') bzw. in dem darüber hinaus nur solche Gesetze gegeben werden dürfen, die ihrerseits an vorstaatliches Recht - v.a. an die Menschenrechte - zurückgebunden sind (*'materialer* Rechtsstaat'). Unabdingbar für Rechtsstaatlichkeit ist die Unabhängigkeit der Gerichte.

Regelkreislauf
Begriff aus der Systemtheorie, welcher das Zusammenwirken von → Inputs in ein → System, systeminterner Verarbeitung der Inputs, von → Outputs des Systems und von deren → Rückkoppelung bezeichnet. Wird die bisherige Systemaktivität im Regelkreislauf verstärkt, liegt 'positive Rückkoppelung' vor; wird sie im Regelkreislauf abgeschwächt ('ausgeregelt'), so liegt 'negative Rückkoppelung' vor.

Regierung
Mit der Staatsleitung betrautes Organ, welches innerstaatlich den Behördenapparat anleitet und nach außen für den jeweiligen Staat bindend handelt. Je nach Art ihres Zustandekommens lassen sich verschiedene → Typen von → Regierungssystemen unterscheiden, z.B. das → parlamentarische Regierungssystem und das → präsidentielle Regierungssystem.

Regierungssystem
Im weiteren Sinn gleichbedeutend mit dem Begriff → politisches System; im engeren Sinn: typologischer Begriff (vgl. → Typologie) zur Beschreibung eines → zentralen politischen Entscheidungssystems und seines Umfelds. Vgl. → parlamentarisches Regierungssystem, → präsidentielles Regierungssystem.

Reliabilität
Bezeichnung dafür, daß ein → Erhebungsinstrument sowohl bei wiederholter Nutzung durch denselben Forscher als auch bei Nutzung durch verschiedene Forscher gleiche Ergebnisse zeitigt (*Intra*-Reliabilität bzw. *Inter*-Reliabilität).

Repräsentation
Form gesellschaftlicher → Arbeitsteilung: politische Entscheidungen zu treffen wird Repräsentanten bzw. dem → politischen System als dessen besondere Aufgabe zugewiesen. Von einer reinen Herrschaftsbeziehung (→ Herrschaft), bei welcher 'Untertanen' der 'Obrigkeit' gegenüberstehen, unterscheidet sich Repräsentation durch das Vorliegen folgender Merkmale: die Repräsentanten handeln responsiv (→ Responsivität) und im Interesse der Repräsentierten; Reprä-

sentanten und Repräsentierte können unabhängig voneinander ihre Positionen sowie Interessen definieren und handeln, so daß beliebig große Konflikte zwischen ihnen entstehen *können*; und zugleich schaffen es die Repräsentanten, durch mit → politischer Führung gepaarte Responsivität die Beziehungen zu den Repräsentierten so zu gestalten, daß derartige Konflikte sich in halbwegs engen Grenzen halten. Repräsentation in diesem Sinn ist eine *mögliche* Systemeigenschaft: ob sie vorliegt, ist nicht den Beziehungen eines *einzelnen* Repräsentanten zu den von ihm Repräsentierten zu entnehmen, sondern ergibt sich als *Saldo* aller dieser Beziehungen.

repräsentative Demokratie
Politische Ordnungsform, welche den Gedanken der → Arbeitsteilung mit dem Prinzip der → Demokratie verbindet: das Volk wählt Repräsentanten (siehe → Repräsentation), die sich in dessen Auftrag um → Politik zu kümmern haben; und durch Mandatserteilung nur auf Zeit (siehe → Gewaltenteilung) werden die Repräsentanten gezwungen, im großen und ganzen gemäß den Wünschen ihrer Auftraggeber zu arbeiten, falls sie in freien Wahlen erneut mit ihrem Mandat betraut werden wollen. Wichtige Vermittlungsinstanzen zwischen Repräsentanten und Repräsentierten sind → Parteien, → Interessengruppen und → Massenmedien. Vgl. → Pluralismus.

Responsivität
Bezeichnung für die Empfänglichkeit, Anregbarkeit, Reaktionsbereitschaft und Reaktionsfähigkeit eines → Systems. Zentralbegriff zur Erfassung der Weise, wie sich die Prinzipien von → Repräsentation und → Demokratie miteinander verbinden lassen.

Rolle
Muster aus routinemäßig aufeinander abgestimmten Sinndeutungen und Handlungen. Als Rollen*erwartung* bezeichnet man die Unterstellung, jemand lege in einer bestimmten Position oder Situation ein bestimmtes Muster an Sinndeutungen und Handlungen an den Tag. Unter Rollen*verhalten* versteht man umgekehrt das tatsächliche Muster von Sinndeutungen und Handlungen einer Person in einer bestimmten Situation oder Position.

Rückkoppelung
Bezeichnung für folgende Wirkungskette: ein → System wirkt durch seinen → Output auf seine Umwelt ein; die Umwelt reagiert auf solches Verhalten des Systems; und diese Umweltreaktionen gelangen sodann als → Input wieder in das System; vgl. → Regelkreislauf.

Sample
Siehe → Stichprobe.

Schichtenbau sozialer bzw. politischer Wirklichkeit
Vorstellung, daß sich die → Wirklichkeitskonstruktion auf verschiedenen Schichten abspielt. Zweckmäßigerweise werden unterschieden: genetisch fixierte Grund-

lagen menschlichen Handelns, Erkennens und Sinndeutens; kulturspezifische Wissensbestände, Interpretationsroutinen und Normen; handelnde Einzelmenschen; Kleingruppen; Organisationen und Institutionen; Gesellschaften und politische Systeme; → Konstellationen und das internationale System.

Schulen der Politikwissenschaft
Traditionell, doch wenig hilfreich ist die Unterscheidung der 'normativ-ontologischen', 'historisch-dialektischen' und 'empirisch-analytischen' Schule in der Politikwissenschaft. Zutreffend verwendet man den Begriff der Schule dort, wo - meist unter dem Einfluß eines als vorbildlich geltenden akademischen Lehrers oder Forschers - sich ein ziemlich einheitliches Verständnis von wichtigen Fragestellungen, mit Priorität zu behandelnden Themen und anzuwendenden Forschungsmethoden herausbildet.

Sekundäranalyse
Auswertung wissenschaftlicher Arbeiten, also von Forschungs*ergebnissen*, die andere erzielt haben, um dergestalt jene Informationen zu sammeln, die man selbst zur Beantwortung der eigenen Forschungsfrage benötigt.

Selektivität (der → Perzeptionswirklichkeit)
Bezeichnung für einen dreifachen Filterungsprozeß, den alle persönlich besessenen Kenntnisse durchlaufen und welcher das → Alltagswissen unbemerkt prägt: niemand kann alles erfahren, was es gibt; von den grundsätzlich verfügbaren Informationen nimmt jeder nur eine mehr oder minder große Auswahl zur Kenntnis; und vom je Erfahrenen vergißt man das meiste wieder.

Signifikanztest
Gruppe von statistischen Modellen, die anhand von → Zufallsstichproben folgende Frage zu beantworten erlauben: Wie groß ist die Wahrscheinlichkeit, *rein zufällig* in der → Stichprobe einen Sachverhalt X bzw. ein Merkmal Y vorfinden zu können, falls er/es in der → Grundgesamtheit gar nicht vorliegt? Mit Hilfe von Signifikanztests berechnet man → Irrtumswahrscheinlichkeiten und kann sodann → Hypothesen über die Beschaffenheit von Grundgesamtheiten anhand von Zufallsstichproben überprüfen. Signifikanztests dienen somit als Mittel statistischer Verallgemeinerung.

Simulation
Forschungsmethode, bei der interessierende → Strukturen der natürlichen, sozialen oder politischen → Wirklichkeit modellhaft nachgebildet und mit solchen Modellen sodann → Experimente durchgeführt werden. Indem man einen Wirklichkeitsausschnitt nachzubilden versucht, wird geprüft, ob man genügend Wissen über seine Beschaffenheit verfügt und ob die verfügbaren Kenntnisse wohl stimmen können; und indem man mit dem schließlich erarbeiteten Modell experimentiert, lassen sich Vermutungen über Wirkungszusammenhänge im modellierten System überprüfen.

Situationsdefinition
Subjektive Festlegung dessen, was in einer bestimmten Situation 'der Fall ist' und als die → Wirklichkeit dieser Situation zu gelten habe. Situationsdefinitionen können wahr oder falsch sein. Stets haben sie erhebliche Folgen für die → Wirklichkeitskonstruktion; siehe → Thomas-Theorem.

Skalenniveau
Siehe → Meßniveau.

Souveränität
Im Bereich der → Außenpolitik Bezeichnung dafür, daß ein → Staat seine auswärtigen Beziehungen nach eigenem Ermessen und in eigener Verantwortung gestalten kann; im Bereich der Innenpolitik Bezeichnung für den 'Sitz' der obersten und von rechtlichen Bindungen freien Staatsgewalt. Im Absolutismus beim Fürsten liegend, der auch persönlich als 'der Souverän' bezeichnet wurde, stellte man dieser Vorstellung später den Gedanken der 'Volkssouveränität' gegenüber, wonach beim Volk und seiner Entscheidung die oberste Staatsgewalt liege. Im materialen → Rechtsstaat, der als vorstaatlich gedachte Menschenrechte der Verfügung des Staates entzieht und der Staatsgewalt Grenzen setzt, darf es offenbar keine 'oberste' und von rechtlichen Bindungen freie Staatsgewalt geben. Dasselbe gilt für den → Verfassungsstaat, welcher die Staatsgewalt aufteilt und darum auch kein 'oberstes' Staatsorgan kennt. Die Rede von der 'Volkssouveränität' ist im materialen Rechtsstaat und im Verfassungsstaat deshalb in systematischer Hinsicht gegenstandslos und ein historisch-polemisches Relikt. Sinnvollerweise bezeichnet sie - wie im Prinzipienkatalog der → freiheitlichen demokratischen Grundordnung - allein das Prinzip der → Demokratie.

soziales Netzwerk
Mehr oder minder stabiles Geflecht aus → Rollen.

Sozialstaat
Ein → Staat, welcher in der politischen Praxis auf die soziale Sicherung seiner Bürger sowie auf sozialen Ausgleich unter ihnen abzielt.

Sozialtechnologie
Im weiteren Sinn die Erarbeitung von → Wenn/Dann-Aussagen, welche politisch anwendbaren → Handlungsanweisungen zugrunde gelegt werden können; im engeren Sinn: die praktische Anwendung solcher sozialtechnologischer Wenn/Dann-Aussagen. Sie stellt die konkreteste Form praxisbezogener sozial- bzw. politikwissenschaftlicher → Forschung dar.

Staat
Bezeichnung für ein → politisches System, welches das Monopol legitimer Zwangsgewalt auf einem bestimmbaren Gebiet über eine angebbare Bevölkerung ausübt. Gemeinhin wird er gekennzeichnet durch die Trias von Staatsgewalt, Staatsgebiet und Staatsvolk.

Statistik
Wissenschaft und 'Katalog' von Möglichkeiten, um a) die in → Daten geborgenen Informationen so zu verdichten, daß jene Befunde sichtbar werden, welche für die Antwort auf die Forschungsfrage nötig sind ('beschreibende Statistik'); und um b) von an → Zufallsstichproben gewonnenen Ergebnissen auf die Beschaffenheit von → Grundgesamtheiten zu schließen ('schließende Statistik').

Stichprobe (engl. 'sample')
Auswahl aus einer → Grundgesamtheit. Je nach Art der Auswahl unterscheidet man → Zufallsstichproben, → Quotenstichproben, → bewußte Auswahlen und → willkürliche Auswahlen.

Struktur
Muster von Beziehungen zwischen Elementen beliebiger Art; vgl. → System.

Studie
Bezeichnung für → empirische sozialwissenschaftlichen Arbeiten.

Subsidiaritätsprinzip
Vorstellung, daß zunächst einmal jeder für sich selbst sorgen und die dafür nötigen Mittel und Befugnisse haben soll, andere aber dann helfend einspringen, wenn die eigenen Anstrengungen nicht mehr ausreichen. Auf → politische Systeme angewandt meint das Prinzip der Subsidiarität, daß staatliche Gestaltungsbefugnisse so bürgernah und so weit unten im Staatsaufbau wie möglich anzusiedeln sind und die jeweils höhere staatliche Organisationsebene Kompetenzen zur Regelung jeweils nur solcher Aufgaben haben soll, die auf der niedrigeren Ebene nicht oder nicht zweckmäßig zu erledigen sind. Vgl. → Föderalismus.

Subsystem
Bestandteil eines → Systems, der selbst als System betrachtet wird.

Suprasystem
Ein → System, das seinerseits aus verschiedenen → Subsystemen besteht.

System
Bezeichnung für eine Struktur aus Beziehungen gleichwelcher Art zwischen beliebigen Elementen, die von einem umgebenden Strukturgefüge abgesondert wird. Die Festlegung der 'Systemgrenze' erfolgt nach dem Analysezweck des Betrachters.

Systemvergleich
Vergleich mehrerer → politischer Systeme nach für die jeweilige Forschungsfrage wichtigen Gesichtspunkten. Zweck des Systemvergleichs ist es, zu verallgemeinerbaren Aussagen über die Funktionslogik und Gestaltungsmöglichkeiten politischer Systeme zu gelangen. Typischerweise werden Systemelemente (z.B. Parteien, Interessengruppen, Verbände usw.), im System zu erfüllende Funktionen (z.B. Regierungsbildung, Kontrolle, politische Rekrutierung und Sozialisation

usw.) sowie die Gesamtstrukturen politischer Systeme miteinander verglichen. Siehe auch → Komparatistik, → Vergleichbarkeit.

theoretische Forschung
Bezeichnung für einen → Forschungsprozeß, bei dem → Theorien herausgearbeitet, umgeformt, erweitert oder überhaupt neu entwickelt werden.

theoretischer Begriff
Ein → Begriff, dessen → empirischer Referent nicht 'unmittelbar' beobachtet werden kann (z.B. → Autoritarismus, → Legitimität, → Responsivität, → Totalitarismus), sondern welcher erst mittels → Operationalisierung auf → Beobachtungsbegriffe bezogen werden muß.

Theorie
Verknüpfung von Aussagen. Theorien können wahr oder falsch sein; ihr → Wahrheitsgehalt läßt sich mitunter aber nur schwer überprüfen. Werden → empirische Aussagen verknüpft, so entstehen empirische Theorien; werden → normative Aussagen verknüpft, so entstehen normative Theorien.

Thomas-Theorem
Wenn Menschen eine Situation als real definieren und von dieser → Situationsdefinition ausgehend handeln, dann sind die Folgen dieses Handelns real, wie irreal auch immer die → Situationsdefinition war.

Topos
Ein durch ein bestimmtes Wort gekennzeichneter 'Findeort' von Denkweisen, Argumenten, Reflexionsmaterial oder Informationen. Topoi werden oft mehr oder minder systematisch aufeinander bezogen, wodurch Topoi-Kataloge entstehen (z.B. das → AGIL-Schema und das → MINK-Schema).

Totalerhebung
Untersuchung der gesamten → Grundgesamtheit.

Totalitarismus
Bezeichnung für einen → Typ → politischer Systeme, der sich durch monistische → Herrschaftsstruktur, monopolisierte politische → Willensbildung und umfassenden, auch den privaten Bereich durchdringenden staatlichen → Gestaltungsanspruch auszeichnet, dessentwegen ein umfangreicher staatlicher Kontroll- und Repressionsapparat aufrechterhalten wird.

Typ
Bezeichnung für eine Konfiguration von Merkmalsausprägungen gleichwelcher Sachverhalte, die man zu gleichwelchen Zwecken besonders hervorhebt. Wird eine *tatsächlich* vorkommende Konfiguration als Typ definiert, spricht man von einem *Real*typ; hebt man eine *nicht* in der → Wirklichkeit vorkommende Konfiguration hervor, mit welcher man tatsächlich auftretende Konfigurationen in Beziehung setzt, so liegt ein *Ideal*typ vor. 'Ideal' ist dabei nicht als 'besonders wert-

voll' oder als 'vorbildlich' aufzufassen, sondern meint: 'bloß in der Vorstellung des Analytikers für Untersuchungszwecke angenommen'.

Typologie
Systematische Zusammenstellung von aufeinander bezogenen → Typen.

Untersuchungseinheit
Personen, Situationen, Texte u.ä., an denen man die für seine Forschungszwecke benötigten → Daten erhebt.

Validität
Bezeichnung dafür, daß man bei der Erhebung von → Daten tatsächlich das beobachtet, was man zu beobachten meint (siehe → Beobachtungstheorie), sowie dafür, daß man Daten zu genau jenen Sachverhalten erhebt, auf welche sich die forschungsleitende → Theorie bezieht.

Variable
Bezeichnung für einen Oberbegriff, dessen Unterbegriffe gemeinsam mit dem Oberbegriff vergegenwärtigt werden. Je nach dem → Meßniveau, auf dem die Unterbegriffe einander zugeordnet sind, unterscheidet man nominalskalierte, ordinalskalierte, intervallskalierte und ratioskalierte Variablen. Weitere Gruppierungen von Variablen sind die folgenden: diskrete vs. stetige Variablen; manifeste vs. latente Variablen. Im alltäglichen wissenschaftlichen Sprachgebrauch bezeichnet man mit dem Wort 'Variable' auch den → empirischen Referenten einer Variablen.

Verband
Siehe → Interessengruppe.

Verfassung
Bezeichnung für die geschriebenen oder ungeschriebenen Spielregeln, nach denen in einem politischen System die → Macht bzw. → Herrschaft zwischen verschiedenen Staatsorganen oder Machtträgern, allgemein: zwischen verschiedenen Subsystemen des politischen Systems, aufgeteilt ist.

Verfassungsprinzipien
Grundsätze der Ausgestaltung eines → politischen Systems. Im Fall der Bundesrepublik Deutschland handelt es sich um '2+4' Verfassungsprinzipien: zunächst die Prinzipien der → Wertbindung und der → wehrhaften Demokratie, sodann die Ausgestaltung des politischen Systems als → Demokratie, als → Rechtsstaat, als → Bundesstaat und als → Sozialstaat.

Verfassungsstaat
Ein → Staat, in dem die politische → Macht nach verbindlichen Spielregeln auf verschiedene Machtträger aufgeteilt ist.

Vergleichbarkeit
Bezeichnung dafür, daß zwei oder mehr Sachverhalte in bezug auf bestimmte Merkmale verglichen werden *können*. Vergleichbarkeit ist somit dann gegeben,

wenn vergleichsermöglichende → Theorien mit durch → Operationalisierung griffig gemachten Begriffen verfügbar sind. Im alltäglichen Sprachgebrauch wird der Begriff der 'Vergleichbarkeit' jedoch oft mit dem der 'Ähnlichkeit' bzw. 'Gleichartigkeit' verschmolzen oder verwechselt: 'vergleichbar' meint dann 'gleich', 'unvergleichbar' aber 'ungleich'. Solcher Sprachgebrauch stiftet nur Verwirrung, setzt doch die Aussage, zwei Sachverhalte seien ungleich, einen zu ihr überhaupt erst führenden Vergleich und somit eben die Vergleichbarkeit jener Sachverhalte voraus.

Verifikation
(Gelingende) Überprüfung des → Wahrheitsgehalts einer → empirischen Aussage dergestalt, daß man (erfolgreich) zeigt, daß ihr → empirischer Referent genau so existiert bzw. beschaffen ist, wie die zu überprüfende Aussage es behauptet. D.h.: man weist nach, daß eine Aussage empirisch wahr ist. Verifikation ist nur bei (raum-zeitlich abgegrenzten) → Existenzaussagen möglich. Vgl. → Falsifikation.

Volkssouveränität
Siehe → Souveränität.

Wahrheit
Mögliche Eigenschaft von → Aussagen bzw. von → Theorien. Zu unterscheiden sind logische und empirische Wahrheit. Eine Aussage bzw. Theorie ist *logisch* wahr genau dann, wenn jene Begriffe bzw. Aussagen, welche die Aussage bzw. Theorie konstituieren, nach den Regeln einer angebbaren Logik korrekt miteinander verknüpft wurden, so daß keine logischen Widersprüche auftreten. Eine Aussage bzw. Theorie ist empirisch wahr genau dann, wenn es sich mit dem → empirischen Referenten der fraglichen Aussage bzw. Theorie genau so verhält, wie es diese Aussage bzw. Theorie behauptet.

Wahrheitsgehalt
Bezeichnung für den Grad an → Wahrheit, den man einer Aussage oder Theorie meint zuschreiben zu können.

wehrhafte Demokratie
Bezeichnung für die in Rechtsnormen und in die politische Praxis umgesetzte Absicht, die → Wertbindung und den → Minimalkonsens einer freiheitlichen Demokratie (siehe → freiheitliche demokratische Grundordnung) *nicht* zur Disposition von Mehrheitsentscheidungen zu stellen sowie jene politischen Kräfte (vgl. → Interessengruppen, → Parteien) aus der politischen Konkurrenz (vgl. → Pluralismus) *auszuschalten*, welche Wertbindung und Minimalkonsens beseitigen wollen.

Wenn/Dann-Aussage
Form → empirischer Aussagen, bei denen zwei oder mehr Sachverhalte aufeinander bezogen und in ihrem Zusammenwirken beschrieben werden. Wird lediglich die *Tatsache* eines Zusammenhangs beschrieben, so liegt eine *korrelative* Wenn/Dann-Aussage vor ('Korrelationsaussage'); werden überdies anhand einer herangezogenen → Theorie *Gründe* für das Bestehen des Wenn/Dann-Zusammenhangs

('Korrelation') ins Feld geführt, so liegt eine *kausale* Wenn/Dann-Aussage vor ('Kausalaussage').

Wertbindung
In Rechtsnormen und in die politische Praxis umgesetzte Vorstellung, daß ein → Staat nicht Selbstzweck ist, sondern seinen Zweck darin hat, bestimmte Werte zu verwirklichen. Die Werte, an die sich demokratische → Verfassungsstaaten zu binden pflegen, finden sich in ihren Grundzügen im Prinzipienkatalog der → freiheitlichen demokratischen Grundordnung.

Werturteil
Eine → Aussage, welche hinsichtlich eines → empirischen Referenten eine Behauptung darüber trifft, ob er bzw. seine Beschaffenheit gut oder schlecht sei. Der logischen Struktur nach besteht ein Werturteil aus einer → empirischen Aussage über den zu bewertenden → empirischen Referenten; einem Wertmaßstab, anhand dessen das Werturteil gefällt wird; und aus einer Argumentation, die zeigt, wie anhand dieses Wertmaßstabs der fragliche empirische Referent zu bewerten ist. In der Regel wird in zu Mißverständnissen einladender Weise lediglich die *Schlußfolgerung* dieser Argumentation geäußert und als Werturteil aufgefaßt.

Werturteilsstreit
Diskussion über die Notwendigkeit bzw. Zulässigkeit von → Werturteilen im Rahmen von → Forschung bzw. wissenschaftlicher Argumentation; vgl. → Wissenschaft.

Widerstand
Handeln jener politischen Kräfte, welche die Prinzipien und Spielregeln (vgl. → Verfassungsprinzipien) eines → politischen Systems nicht akzeptieren und bereits diese Grundlagen des Systems, nicht aber - wie die → Opposition - nur die politischen Ziele und Handlungen der jeweiligen → Regierung bekämpfen. In einem politischen System ohne das Recht auf die Ausübung von Opposition kann Widerstand auf die Errichtung politischer Freiheit abzielen. In einem politischen System, in dem jederzeit Opposition ausgeübt werden kann, ist Widerstand indessen funktionslos und trägt zum Abbau von Freiheit bei.

Willensbildung
Bezeichnung für die politischen Prozesse, die allgemein verbindlichen Entscheidungen in der Regel vorangehen. Die politische Willensbildung kann einerseits *konkurrierend* organisiert sein, so daß sich die verschiedensten politischen Akteure mit ihren je besonderen Interessen an ihr beteiligen können (vgl. → Pluralismus). Sie kann andererseits *monopolisiert* sein, wenn z.B. eine einzige → Partei einen umfassenden Führungsanspruch erhebt und durchsetzt.

willkürliche Auswahl
Auswahl aus einer Grundgesamtheit ohne irgendwelche bedachte Systematik (z.B. Passantenbefragungen durch Journalisten). Willkürliche Auswahlen haben keinerlei Aussagekraft hinsichtlich der Grundgesamtheit.

Wirklichkeit
Sammelbezeichnung für alle existierenden Sachverhalte, unabhängig davon, ob man um ihre Existenz bzw. Beschaffenheit weiß oder nicht weiß. Durch vorangestellte Eigenschaftswörter lassen sich Teilbereiche der Wirklichkeit abgrenzen, z.B. politische Wirklichkeit, soziale Wirklichkeit oder wirtschaftliche Wirklichkeit.

Wirklichkeitskonstruktion
Bezeichnung für jene Prozesse, durch welche die soziale, politische oder wirtschaftliche → Wirklichkeit hervorgebracht wird. Vgl. → Ethnomethodologie.

Wissenschaft
Jenes menschliche Handeln, das auf die Herstellung solcher → Aussagen abzielt, die jenen Aussagen in zweifacher Weise überlegen sind, welche sich schon mittels der Kompetenzen des gesunden Menschenverstandes formulieren lassen: sie müssen logisch richtig sein ('logische Wahrheit'), und sie müssen mit jenen Sachverhalten, auf die sie sich beziehen (→ 'empirischer Referent') übereinstimmen ('empirische Wahrheit'). Vgl. → Wahrheit, → Forschung, → Forschungsprozeß.

zentrales politisches Entscheidungssystem
Kernbereich eines → politischen Systems, in welchem die allgemein verbindlich zu machenden Entscheidungen vorbereitet und herbeigeführt werden. Es besteht aus den faktischen Machthabern, in freiheitlichen demokratischen politischen Systemen also zumindest aus den Spitzen von → Regierung, → Parlament und → Parteien. Es können ihm auch die Spitzen wichtiger → Interessengruppen, die Inhaber von Führungspositionen in Wirtschaft und → Massenmedien sowie informell Personen aus dem privaten Umfeld der Machthaber angehören.

Zufallsstichprobe (engl. 'random sample')
Auswahl aus einer Grundgesamtheit, bei welcher allein der Zufall entscheidet, ob eine → Untersuchungseinheit in die → Stichprobe gelangt. Gerade wegen der reinen Zufälligkeit des Auswahlverfahrens ist es möglich, anhand der Wahrscheinlichkeitstheorie von der Beschaffenheit der Stichprobe auf jene der Grundgesamtheit zu schließen. Ausschließlich Zufallsstichproben sind *repräsentative* Stichproben, also verkleinerte Abbilder der Grundgesamtheit. Wichtige Formen von Zufallsstichproben sind einfache, systematische und geschichtete Zufallsstichproben sowie Klumpenauswahlen und Flächen- wie Zeitstichproben.

Anhang II: Fragenkatalog zur Überprüfung des Wissensstandes für abzulegende Examina

Der folgende Fragenkatalog erfüllt eine Doppelfunktion:

– Er macht in Form präziser Fragen anschaulich, welche *inhaltlichen Mindestkenntnisse* ein sich gut ausbildender Hauptfachstudent der Politikwissenschaft bzw. ein angehender Sozial- oder Gemeinschaftskundelehrer zu erwerben hat. Diese Kenntnisse selbst zu vermitteln, geht über die Möglichkeiten einer 'Einführung' hinaus, hat diese doch vor allem jenes 'Strukturwissen' nahezubringen, anhand dessen die Stoffülle der Politikwissenschaft zu bewältigen und präsent zu halten ist. Indessen erlaubt es der Fragenkatalog, mit dem politikwissenschaftlichen Lehr- und Literaturangebot an jeder beliebigen Universität zielsicher umzugehen und sich ein *erfolgsorientiertes* Studium zu organisieren. Dessen Kriterium lautet: alle Fragen sollten zum Zeitpunkt der Zwischenprüfung, also etwa nach den ersten vier Semestern, korrekt, wenn auch noch auf das jeweils Wesentliche beschränkt, beantwortet werden können. Auch Nebenfachstudenten der Politikwissenschaft sollten sich dieses Ziel setzen.

– Der Fragenkatalog erlaubt eine *effiziente Vorbereitung auf abzulegende Examina*. Bei der Vorbereitung auf die *Zwischenprüfung* leistet er ein erstes Mal gute Dienste, da er rasch Wissenslücken festzustellen sowie durch präzise Nacharbeit zu schließen gestattet, und sodann als 'Checkliste' fungiert, mittels welcher man die Qualität des zum Prüfungstermin erreichten Wissensstandes einschätzen kann. Auf die gleiche Weise kann man ihn zur Vorbereitung auf die *Magister- oder Diplomprüfung* nutzen, falls man von sich nun komplexe und auch wechselseitig vernetzte Antworten auf die zusammengestellten Fragen fordert sowie die Kenntnis politischer Systeme bzw. politischer Theoretiker / Theorien über das im Fragenkatalog angegebene Minimum hinaus erweitert. Selbstverständlich werden sich Nebenfachstudenten der Politikwissenschaft hier bescheidenere Ziele setzen. Zwar differiert die politikwissenschaftliche Prüfungspraxis von Universität zu Universität und von Hochschullehrer zu Hochschullehrer gewaltig, und es kommt wohl häufig vor, daß selbst vor Zwischenprüfungen die Prüfungsgegenstände abgesprochen werden. Doch sogar in diesem Fall fährt man besser, wenn man über solches zweckbezogen erworbene und oft nur kurzfristig beherrschte Wissen hinaus sicherstellt, daß man sein Fach wirklich sorgfältig studiert und sowohl breite als auch gründliche Kenntnisse erworben hat.

1. Allgemeine Grundkenntnisse

- Was ist Politik? Welche Begriffe sind geeignet, diese Frage sowohl differenziert als auch klar zu beantworten?

- Was ist Politikwissenschaft?

- Was sind die Methoden der Politikwissenschaft, und in welchem Verhältnis stehen sie zu den Methoden der Soziologie, der Geschichtswissenschaft, der Rechtswissenschaft und der Wirtschaftswissenschaften?

- In welchem Verhältnis steht die Politikwissenschaft zu ihren folgenden Nachbardisziplinen: Geschichtswissenschaft, Staats- und Völkerrechtslehre, Soziologie, Volkswirtschaftslehre, Kommunikationswissenschaft, Psychologie, Philosophie?

- Was sind die Grundzüge der Geschichte der Politikwissenschaft im allgemeinen, der deutschen Politikwissenschaft im besonderen?

- Was meinen die folgenden politikwissenschaftlichen Fachbegriffe?
Akteur, Anarchie, Arbeitsteilung, Autoritarismus, Bürgerinitiative, Bundesstaat, Demokratie, Diktatur, Entscheidung, Evaluation, Evolution, Exekutive, Föderalismus, Fraktion, Freiheit, Führung, Gemeinwohl, Gesellschaft, Gesetz, Gewaltenteilung, Gleichheit, Gliedstaat, Grundrechte, Herrschaft, Ideologie, Implementation, Interesse, Interessengruppe, Koalition, Konsens, Kommunikation, Konflikt, Konstitutionalismus, Kontrolle, Kritik, Legalität, Legislative, Legitimität, Macht, Mandat, Massenmedien, Mehrheitsprinzip, Mehrheitswahlrecht, Menschenrechte, Minimalkonsens, Modernisierung, Monarchie, Norm, Operations- und Perzeptionswirklichkeit, Opposition, Parlament, Partei, Partizipation, Plebiszit, Pluralismus, Politikfeld, politische Kultur, politische Sozialisation, politische Willensbildung, politisches System, Rechtsstaat, Referendum, Regierung, Repräsentation, Republik, Responsivität, Revolution, Situationsdefinition, Solidarität, Souveränität, Sozialstaat, Staat, staatliches Gewaltmonopol, Subsidiarität, Totalitarismus, Verband, Verfassung, Verfassungsstaat, Verhältniswahlrecht, Volkssouveränität, Wahl, wehrhafte Demokratie, Wertbindung, Widerstand, zentrales politisches Entscheidungssystem, Zentralstaat.

- Was sind die wichtigsten bibliographischen Hilfsmittel, Lexika, Handbücher und Lehrbücher der Politikwissenschaft?

2. Grundkenntnisse im Teilfach 'Politische Systeme'

a. Grundlagen

- Inwiefern dienen die Begriffe der Systemtheorie dazu, politische Prozesse, Strukturen und Funktionen zu beschreiben?
- Wie kann ein komplexes Modell eines politischen Systems und seiner Beziehungen zum Gesellschaftssystem aussehen?
- Welche Funktionen hat ein Staat?
- Was ist ein Verfassungsstaat, was ein demokratischer Verfassungsstaat?
- Was versteht man unter 'direkter Demokratie', 'plebiszitärer Demokratie' und 'parlamentarischer Demokratie'? Was sind die typischen Funktionsprobleme dieser drei Möglichkeiten, das Demokratieprinzip zu realisieren?
- Auf welche Ausgestaltungsmöglichkeiten politischer Systeme macht die Unterscheidung zwischen einer 'Identitätstheorie der Demokratie' und einer 'Konkurrenztheorie der Demokratie' aufmerksam?
- Wie kann ein komplexes Modell von Gewaltenteilung aussehen (soziale, dezisive, vertikale, horizontale und temporale Gewaltenteilung)?
- Was sind die Grundgedanken pluralistischer Demokratie (Gemeinwohl a priori vs. Gemeinwohl a posteriori, Konkurrenz und Chancengleichheit, Wert-, Verfahrens- und Ordnungskonsens, streitiger und nicht-streitiger Sektor, Mehrheitsregel bei Minderheitenschutz)? Was sind typische Funktionsprobleme pluralistischer Demokratie?
- Was versteht man unter 'freiheitlicher demokratischer Grundordnung' (fdGO), und was bedeuten ihre Prinzipien im einzelnen?
- Was sind die grundlegenden Möglichkeiten föderalistischen Aufbaus politischer Systeme? Was sind typische Vor- und Nachteile bzw. Funktionsprobleme föderalistischer politischer Systeme?
- Welche Funktionen haben Parlamente in einem freiheitlichen politischen System, und durch welche politischen Strukturen und Prozesse können diese Funktionen wie gut erfüllt werden?
- Welche Funktionen haben Regierungen in einem freiheitlichen politischen System, und durch welche politischen Strukturen und Prozesse können diese Funktionen wie gut erfüllt werden?

- Welche Funktionen haben Parteien in einem freiheitlichen politischen System, und durch welche politischen Strukturen und Prozesse können diese Funktionen wie gut erfüllt werden?
- Welche Funktionen haben Interessengruppen in einem freiheitlichen politischen System, und durch welche politischen Strukturen und Prozesse können diese Funktionen wie gut erfüllt werden?
- Welche Funktionen haben Massenmedien in einem freiheitlichen politischen System, und durch welche politischen Strukturen und Prozesse können diese Funktionen wie gut erfüllt werden?
- Was ist die Rolle des Bürgers in einem freiheitlichen politischen System, und durch welche Verhaltensweisen und Partizipationsformen kann er sie wie gut verwirklichen?
- Was ist 'Opposition' im Unterschied zu 'Widerstand'?
- Welche Funktionen hat die Opposition in einem freiheitlichen politischen System?
- Nach welchen Gesichtspunkten kann man politische Systeme typologisch gliedern (Herrschaftsstruktur, Willensbildung, staatlicher Gestaltungsanspruch, 'Offenheit vs. Geschlossenheit')?
- Was ist eine 'autoritäre Diktatur' im Vergleich zu einer 'totalitären Diktatur'? Welche historischen und zeitgenössischen Beispiele lassen sich anführen?
- Was ist die jeweilige Funktionslogik einer totalitären bzw. autoritären Diktatur? Welche typischen Funktionsprobleme treten auf?
- Wie waren die sozialistischen Staaten typischerweise aufgebaut, und welche Funktionsprobleme trugen zu ihrem Zusammenbruch bei?
- Was versteht man unter einer 'Erziehungsdiktatur' bzw. 'Entwicklungsdiktatur'? Welche historischen und zeitgenössischen Beispiele lassen sich anführen?
- Was ist ein 'präsidentielles Regierungssystem' im Vergleich zu einem 'parlamentarischen Regierungssystem'? Welche historischen und zeitgenössischen Beispiele lassen sich anführen?
- Was ist eine 'Konkordanzdemokratie'? Welche historischen und zeitgenössischen Beispiele lassen sich anführen?
- Was ist die jeweilige Funktionslogik von präsidentiellen, semi-präsidentiellen, parlamentarischen und konkordanzdemokratischen Regierungssystemen? Welche typischen Funktionsprobleme treten auf?

- Welche Funktionen hat für den einzelnen, für die Gesellschaft und für ein politisches System das Recht? Wie lassen sich die einzelnen Rechtsbereiche gliedern? Was ist ein 'formaler' Rechtsstaat im Vergleich zu einem 'materialen' Rechtsstaat?
- Was ist der Zweck einer Politikfeldanalyse, und in welchen Arbeitsschritten geht man bei ihr zweckmäßigerweise vor?
- Welche Grundmöglichkeiten der Organisation eines Wirtschaftssystems gibt es (v.a.: Markt- und Planwirtschaft), und in welchen Beziehungen stehen sie zur Struktur des politischen Systems? An welchen historischen und zeitgenössischen Beispielen lassen sich diese Formen und Zusammenhänge darstellen?
- Was ist unter 'vergleichender Systemforschung' zu verstehen? Was ist ihr Nutzen, und was sind die wichtigsten Formen bzw. Schwierigkeiten des Vergleichs politischer Systeme?
- Was meint 'Vergleichbarkeit' im Unterschied zu 'Ähnlichkeit'?
- Nach welchen Gesichtspunkten und Wertmaßstäben kann man versuchen, Werturteile über die Qualität politischer Systeme zu erarbeiten? Wie kann man zu tragfähigen Grundlagen von Gesellschafts-, System- und Politikkritik gelangen?

b. Kenntnis konkreter politischer Systeme

(1) Kenntnis des politischen Systems der Bundesrepublik Deutschland

- Was meinen die Verfassungsprinzipien der Bundesrepublik Deutschland im einzelnen (Wertbindung, wehrhafte Demokratie; Demokratie-, Rechtsstaats-, Sozialstaats- und Bundesstaatsprinzip), und wie werden sie *verfassungsrechtlich* umgesetzt? (Beispiele für zur detaillierten Stofferschließung geeignete Fragen: Was sind im einzelnen jene Werte, an die sich die Bundesrepublik Deutschland gebunden hat? In welchen Artikeln des Grundgesetzes ist das Prinzip der wehrhaften Demokratie, in welchen das Demokratieprinzip verankert? Welche Grundsätze und Rechtsnormen konkretisieren das Rechtsstaatsprinzip, welche das Sozialstaatsprinzip? Wie sind die Kompetenzen zwischen Bund und Ländern aufgeteilt?)
- Was sind die Grundzüge des politischen Systems der Bundesrepublik Deutschland, d.h.: wie werden die o.a. '2+4' Verfassungsprinzipien *institutionell* und *im politischen Prozeß* umgesetzt? (Beispiele für zur detaillierten Stofferschließung geeignete Fragen: Auf welche Weise wird in der Bundesrepublik Deutschland für den Schutz von Grundrechten gesorgt? Welchen Institutionen ist der Schutz

der freiheitlichen demokratischen Grundordnung anvertraut? Wie ist das deutsche Gerichtswesen aufgebaut, und nach welchen Regeln arbeitet es? Wie ist das System der sozialen Sicherung organisiert, und wie funktioniert es? Auf welche Weise und mittels welcher Institutionen stimmen die deutschen Länder ihre Politik untereinander sowie mit der Bundesregierung ab?)

- Wie werden die Bundesorgane der Bundesrepublik Deutschland besetzt, und welche Befugnisse und Aufgaben haben sie im einzelnen?

- Auf welche Weise wirken im parlamentarischen Regierungssystem der Bundesrepublik Deutschland Parlament und Regierung zusammen? Wie sind in diesem Zusammenhang die jeweiligen Rollen von Bundesregierung, Koalitionsfraktion(en) und Oppositionsfraktion(en) zu charakterisieren?

- Wie ist der Deutsche Bundestag aufgebaut, und wie arbeitet er? Wie sind seine Fraktionen aufgebaut, und wie arbeiten sie? Was ist sowohl im Hinblick auf die Parlamentsarbeit als auch im Hinblick auf die Partei- und Wahlkreisarbeit über die Aufgaben und die Rolle von Abgeordneten zu sagen? Welche Probleme und Verbesserungswünsche lassen sich diesbezüglich in der Bundesrepublik Deutschland erkennen?

- Was meint und wie begründet man 'kommunale Selbstverwaltung'? Was sind die Aufgaben und Befugnisse der Kommunen in der Bundesrepublik Deutschland, was ihre Einkünfte? Welche Grundformen von Kommunalverfassungen gibt es, und was sind ihre typischen Vor- und Nachteile? Welche Probleme und Verbesserungswünsche lassen sich diesbezüglich in der Bundesrepublik Deutschland erkennen?

- Welche rechtliche und politische Stellung haben Parteien im politischen System der Bundesrepublik Deutschland? Wie sind die deutschen Parteien organisatorisch aufgebaut, wie funktioniert ihre innerparteiliche Aktivität, und was sind ihre wirtschaftlichen Grundlagen? Auf welche Weise üben deutsche Parteien politischen Einfluß und politische Macht aus? Welche Probleme und Verbesserungswünsche lassen sich erkennen? Was sind die Grundzüge des deutschen Parteiensystems und seiner historischen Traditionen?

- Welche rechtliche und politische Stellung haben Interessengruppen (von den Bürgerinitiativen bis zu den Großverbänden) im politischen System der Bundesrepublik Deutschland? Welche Grundtypen deutscher Interessengruppen lassen sich unterscheiden? Wie funktioniert - je nach Typ der Interessengruppe - die innerverbandliche Aktivität, und was sind die jeweiligen wirtschaftlichen Grundlagen? Auf welche Weise üben in Deutschland Interessengruppen politischen Einfluß und politische Macht aus? Welche Probleme und Verbesserungswünsche lassen sich erkennen?

- Wie ist in der Bundesrepublik Deutschland das System der Massenkommunikation aufgebaut (Printmedien, Hörfunk, Fernsehen; neue Medien), und welche Entwicklungstendenzen kennzeichnen es seit dem Ende des Zweiten Weltkriegs? Was sind seine - u.a. vom Bundesverfassungsgericht bekräftigten - Grundprinzipien? Welche politische Rolle spielen Medienanstalten und Journalisten, und über welche Machtmöglichkeiten verfügen sie? Welche Probleme und Verbesserungswünsche lassen sich im Mediensystem der Bundesrepublik Deutschland erkennen?

– Was sind die Grundzüge des Wahlrechts, das bei Bundestagswahlen angewandt wird?

– Was sind die Grundzüge des politischen Prozesses in der Bundesrepublik Deutschland, d.h. der öffentlichen Meinungs- und Willensbildung, der innerparteilichen und innerverbandlichen Willensbildung, der Parteien- und Verbändekonkurrenz, der innerparlamentarischen Willens- und Entscheidungsbildung, des Gangs der Gesetzgebung, und welche Rolle spielen bei alledem die Massenmedien? Welche Probleme und Verbesserungswünsche lassen sich diesbezüglich der Bundesrepublik Deutschland erkennen?

– Auf welche Weise wird im politischen System der Bundesrepublik Deutschland politische Kontrolle von Regierungen, Parlamenten und Parteien durchgeführt? Welche Kontrolldefizite und Verbesserungswünsche sind zu erkennen?

– Was sind die Grundzüge des Wirtschaftssystems der Bundesrepublik Deutschland und seiner ordnungspolitischen Grundlagen?

(2) Kenntnis der politischen Systeme Deutschlands in seiner neuesten Geschichte

– Was waren die Prinzipien und wesentlichen Strukturmerkmale des politischen Systems des Zweiten Deutschen Kaiserreichs?

– Was waren die Prinzipien und wesentlichen Strukturmerkmale des politischen Systems der Weimarer Republik?

– Was waren die Prinzipien und wesentlichen Strukturmerkmale des politischen Systems der nationalsozialistischen Diktatur?

– Was waren die Prinzipien und wesentlichen Strukturmerkmale des politischen Systems der DDR?

(3) Kenntnis sonstiger politischer Systeme

– Was sind die Grundzüge des politischen Systems Frankreichs?

- Was sind die Grundzüge des politischen Systems Großbritanniens?
- Was sind die Grundzüge des politischen Systems der USA?
- Was sind die Grundzüge des politischen Systems der Europäischen Union?
- Was sind die Grundzüge des politischen Systems der Vereinten Nationen?

3. Grundkenntnisse im Teilfach 'Internationale Politik'

a. Grundlagen

- Was meinen die folgenden, bei der Analyse internationaler Politik wichtigen Fachbegriffe?
  Abrüstung, Abschreckung, Allianz, Anerkennung, Aggression, Außenpolitik, außenpolitische Entscheidungsträger, außenpolitische Doktrin, außenpolitische Infrastruktur, atomares Patt, Bipolarität, Botschaft, Bündnis, Diplomatie, Drohung, Entspannung, Entwicklungspolitik, Erstschlag, Ersteinsatz, Expansionspolitik, Frieden, Friedensforschung, friedliche Koexistenz, Gleichgewicht, Hegemonie, IGOs, Imperialismus, INGOs, Integration, internationale Beziehungen, internationale Gerichtsbarkeit, internationale Politik, internationales System, Internationalismus, Invasionsfähigkeit, Irredentismus, Kolonialismus, Konfrontation, Konstellation, Kooperation, Krieg, Krise, Krisenmanagement, Mittel von Außenpolitik, Multipolarität, Nationalismus, nationale Minderheiten, Neutralismus, Neutralität, Note, Option, Perzeption, Regionalsystem, Repressalie, Revanchismus, Revisionismus, Rüstungskontrolle, Sanktion, Selbstbestimmungsrecht, Sicherheit, Sicherheitspolitik, Souveränität, status quo-Politik, Strategie, Taktik, transnationale Beziehungen, Verteidigung, Vertrag, Völkerrecht, Völkerrechtssubjekt, Zweitschlag.

- Welche Mittel stehen außenpolitischem Handeln zur Verfügung, und was sind - demonstriert an Beispielen - die Möglichkeiten sowie Nebenwirkungen ihres Einsatzes (Diplomatie, Außenwirtschaftspolitik, Militär, Geheimdienste, Propaganda ...)?

- Welche Grundformen außenpolitischen Handelns lassen sich unterscheiden? An welchen Beispielen der neueren Geschichte internationaler Politik lassen sich ihre Eigentümlichkeiten und Konsequenzen gut darstellen?

- Wie hängen je nach Typ des politischen Systems Innen- und Außenpolitik zusammen? Welche Beispiele aus der neueren Geschichte internationaler Politik lassen sich für diese Zusammenhänge angeben?

- Wie hängen die wirtschaftliche Macht eines Staates und seine außenpolitische Rolle zusammen? An welchen zeitgenössischen oder historischen Beispielen lassen sich diese Zusammenhänge gut darstellen?
- Worum geht es bei der Friedens-, Konflikt- und Kriegsursachenforschung?
- Was sind die wichtigsten bzw. bekanntesten Theorien der Strukturen und Prozesse internationaler Politik (Gleichgewichtstheorien, Konflikttheorien, Integrationstheorien, Interdependenztheorien, Imperialismustheorien, Entscheidungstheorien, Perzeptionstheorien ...)? Was sind jeweils ihre zentralen Begriffe und Aussagen?
- Was sind die wichtigsten Ansätze der Analyse internationaler Politik?
- Was ist der Zweck einer Konstellationsanalyse? Wie geht man bei ihr vor?

b. Kenntnis wichtiger Strukturmerkmale internationaler Politik

- Welchen Nutzen haben die Begriffe 'Gleichgewicht' und 'Hegemonie' für die Analyse der Geschichte des europäischen Staatensystems?
- Auf welche Weise wurde bzw. wird die deutsche Außenpolitik von Deutschlands Mittellage in Europa geprägt?
- Was sind die Grundzüge der Außen-, Sicherheits- und Entwicklungspolitik der Bundesrepublik Deutschland?
- Welche Rolle spielt die EU für die 'europäische Architektur'?
- Was sind die Leitgedanken der GASP, was sind ihre Probleme, und wie geht sie vonstatten?
- Welche Aufgaben hat die OSZE? Was sind die Grundzüge ihres Aufbaus und der in ihr ablaufenden Willensbildungs- und Entscheidungsprozesse?
- Welche Aufgaben hat die NATO? Was sind die Grundzüge ihres Aufbaus und der in ihr ablaufenden Willensbildungs- und Entscheidungsprozesse?
- Wie hängen OSZE, NATO, EU und WEU zusammen, und was sind die wichtigsten Probleme ihres Zusammenwirkens?
- Welche Aufgaben hat die UNO? Was sind die Grundzüge ihres Aufbaus und der in ihr ablaufenden Willensbildungs- und Entscheidungsprozesse?
- Welche Rolle spielt die Bundesrepublik Deutschland in EU, NATO, OSZE und UNO?

- Was ist die WTO, was der IWF, was die OECD? Welche Funktionen haben und wie arbeiten sie?
- Was waren die zentralen Streitpunkte und die wichtigsten Phasen des Ost-West-Konflikts?
- Welche Probleme werden vom Begriff 'Nord/Süd-Konflikt' angesprochen? Welche Lösungsmöglichkeiten werden vorgeschlagen?

4. Grundkenntnisse im Teilfach 'Politische Theorie'

a. Grundlagen

- Was sind grundlegende, immer wieder behandelte Fragestellungen Politischer Philosophie?
- Welchen Nutzen kann die Kenntnis der Geschichte der politischen Ideen haben?
- Was sind die Unterschiede und Gemeinsamkeiten zwischen politischem Alltagsdenken, politischer Theorie und politikwissenschaftlicher Theorie?
- Welche Leitfragen sind hilfreich, um sich das politische Denken eines Autors zu erschließen?

b. Kenntnis einzelner politischer Theorien und Theoretiker

- Welche grundlegenden Menschenbilder, die politischen Theorien zugrunde gelegt werden, lassen sich in der Geschichte der politischen Ideen immer wieder auffinden?
- Welche verschiedenen Begründungen des Staates und seiner Zwecke lassen sich in der Geschichte der politischen Ideen immer wieder auffinden?
- Welche Vorstellungen vom 'politisch Guten' bzw. von einer 'guten politischen Ordnung' lassen sich in der Geschichte der politischen Ideen immer wieder auffinden?
- Wie hat sich im großen und ganzen die Idee der Menschenrechte geschichtlich entwickelt?
- Wie hat sich im großen und ganzen die Idee der politischen Freiheit geschichtlich entwickelt?

- Wie hat sich im großen und ganzen die Idee der Demokratie geschichtlich entwickelt?
- Was sind die wichtigsten Begriffe, Aussagen, Wirkungen, behaupteten Defizite und möglicherweise bleibenden Einsichten der folgenden 'Klassiker' u.a. des politischen Denkens: Platon, Aristoteles, Augustinus, Thomas v. Aquin, Machiavelli, Hobbes, Locke, Montesquieu, Rousseau, 'The Federalist', Marx/Engels, Popper?
- Was sind die wichtigsten Begriffe, Aussagen, Autoren, Richtungen und konkreten Auswirkungen der folgenden politischen Denkströmungen: Anarchismus, Konservatismus, Liberalismus, Sozialismus, Marxismus-Leninismus?
- Welches sind die wichtigsten zeitgenössischen politikwissenschaftlichen Theorien? Was sind ihre zentralen Begriffe und Aussagen?

5. Grundkenntnisse der Logik und Methodik politikwissenschaftlicher Forschung

- Was ist Wissenschaft, was Forschung?
- Was versteht man unter Perspektivität, was unter Selektivität von Wirklichkeitswahrnehmung und Erkenntnis?
- Was meint empirische Wahrheit, was logische Wahrheit?
- Was sind Begriffe, Variablen, Codes, Aussagen, Hypothesen, Modelle, Theorien, Paradigmata?
- Was meint Definition, was Operationalisierung?
- Was ist ein empirischer Referent?
- Was meint Verifikation, was Falsifikation?
- Was ist eine Taxonomie, was ein Merkmalsraum, was ein Realtyp bzw. ein Idealtyp, was eine Typologie, was eine Klassifikation?
- Was ist eine Erklärung, und welche Formen von (praktischen) Erklärungen gibt es?
- Was ist eine Prognose, und welche Formen des (praktischen) Prognostizierens gibt es?

- Was sind die wichtigsten Formen und die grundlegenden Arbeitsschritte eines Forschungsprozesses?
- Was meint qualitative Forschung, was quantitative Forschung?
- Was meint empirische Forschung, was normative Forschung, und was bezeichnet man mit dem Begriff naturalistischer Fehlschluß?
- Was ist im Unterschied zu einer Methode ein Forschungsansatz?
- Was sind die Grundgedanken und Grundformen der Dokumenten- bzw. Inhalts- oder Textanalyse?
- Was sind die Grundgedanken und Grundformen der Befragungsmethoden?
- Was sind die Grundgedanken und Grundformen der Beobachtungsmethoden?
- Was sind die Grundgedanken und Grundformen experimenteller Methoden?
- Was sind die Grundgedanken und Grundformen der Simulationsmethoden?
- Was versteht man unter dem Begriff der hermeneutischen Methode, und inwiefern ist diese Methode für Politikwissenschaftler wichtig?
- Was ist die juristische Methode, und inwiefern ist sie für Politikwissenschaftler wichtig?
- Was ist die historische Methode, und inwiefern ist sie für Politikwissenschaftler wichtig?
- Was ist ein Erhebungsinstrument?
- Was meint Validität, was Intra- bzw. Inter-Reliabilität?
- Was ist ein Indikator, was ein Index, was eine Skala?
- Was versteht man unter Daten, unter Datenerhebung, unter Datenanalyse und unter Dateninterpretation?
- Was sind Individualdaten im Unterschied zu Aggregatdaten, und was bezeichnet man mit dem Begriff 'ökologischer Fehlschluß'?
- Was ist eine Grundgesamtheit, was eine Stichprobe?
- Welche Arten von Stichproben gibt es, welche Eigenschaften haben sie, und wie lassen sie sich jeweils ziehen?
- Was versteht man unter einem Meßniveau, und welche Arten von Meßniveaus mit welchen Eigenschaften gibt es?

- Welchen Zwecken dient die beschreibende Statistik, welchen Zwecken die schließende Statistik?
- Was ist ein Mittelwert (arithmetisches Mittel, Median, Modus), ein Streuungsmaß, ein (partieller) Korrelationskoeffizient (bzw. Assoziationskoeffizient), ein Signifikanztest, eine Irrtumswahrscheinlichkeit, ein Mutungsintervall? Was eine Cluster-, Diskriminanz-, Varianz-, Regressions-, bzw. Faktorenanalyse?

Anhang III: Anschriftenverzeichnisse

1. Anschriften der Zentralen für politische Bildung

Von den folgenden Institutionen können kostenlos politikwissenschaftliche Informationsmaterialien und Bücher bezogen werden:

Bundeszentrale für politische Bildung, 53111 Bonn, Berliner Freiheit 7, Tel. 0228/515-0

Landeszentrale für politische Bildung Baden-Württemberg, 70184 Stuttgart, Stafflenbergstraße 38, Tel. 0711/2371-0

Bayerische Landeszentrale für politische Bildungsarbeit, 80333 München, Brienner Straße 41, Tel. 089/2186-0

Landeszentrale für politische Bildungsarbeit Berlin, 10827 Berlin, Hauptstraße 98/99, Tel. 030/7876-7900

Brandenburgische Landeszentrale für politische Bildung, 14473 Potsdam, Heinrich-Mann-Allee 107, Tel. 0331/866-1256

Landeszentrale für politische Bildung Bremen, 28203 Bremen, Osterdeich 6, Tel. 0421/361-2922

Landeszentrale für politische Bildung Hamburg, 20354 Hamburg, Große Bleichen 23/II, Tel. 040/36812142

Hessische Landeszentrale für politische Bildung, 65185 Wiesbaden, Rheinbahnstraße 2, Tel. 0611/99197-0

Landeszentrale für politische Bildung Mecklenburg-Vorpommern, 19053 Schwerin, Jägerweg 2, Tel. 0385/30209-0

Niedersächsische Landeszentrale für politische Bildung, 30161 Hannover, Hohenzollernstraße 46, Tel. 0511/3901-0

Landeszentrale für politische Bildung Nordrhein-Westfalen, 40233 Düsseldorf, Neanderstraße 6, Tel. 0211/67977-0

Landeszentrale für politische Bildung Rheinland-Pfalz, 55116 Mainz, Am Kronberger Hof 6, Tel. 06131/162970

Landesinstitut für Pädagogik und Medien, Abt. Landeszentrale für politische Bildung Saarland, 66125 Saarbrücken, Beethovenstraße 26, Tel. 06897/790844

Sächsische Landeszentrale für politische Bildung, 01129 Dresden, Schützenhofstraße 36-38, Tel. 0351/85318-0

Landeszentrale für politische Bildung Sachsen-Anhalt, 39104 Magdeburg, Schleinufer 12, Tel. 0391/56534-0

Landeszentrale für politische Bildung Schleswig-Holstein, 24105 Kiel, Düvelsbeker Weg 12, Tel. 0431/307-74

Landeszentrale für politische Bildung Thüringen, 99092 Erfurt, Bergstraße 4, Tel. 0361/379260-0

2. Anschriften der Parteistiftungen

Die folgenden Institutionen bieten ein politikwissenschaftlich interessantes Seminarprogramm und können gegebenenfalls auch bei der Vermittlung von Praktika hilfreich sein:

Konrad-Adenauer-Stiftung, 53757 St. Augustin, Rathauallee 12, Tel. 02241/2460

Friedrich-Ebert-Stiftung, 53175 Bonn, Godesberger Allee 149, Tel. 0228/8830

Friedrich-Naumann-Stiftung, 53639 Königswinter, Königswintererstraße 409, Tel. 02223/701-0

Hanns-Seidel-Stiftung, 80636 München, Lazarettstr. 33, Tel. 089/1258-0

Literaturverzeichnis

Abendroth, W. / Lenk, K., Hrsg. (1973): Einführung in die Politische Wissenschaft. Bern / München

Adorno, Th.W., Hrsg. (1969): Der Positivismusstreit in der deutschen Soziologie. Neuwied

Albert, H. / Topitsch, E., Hrsg. (1971): Werturteilsstreit. Darmstadt

Albrecht, U. (1995): Internationale Politik: Einführung in das System internationaler Herrschaft. 3., durchges. Aufl., München / Wien

Albrecht. U. / Altvater, E. / Krippendorff, E., Hrsg. (1989): Was heißt und zu welchem Ende betreiben wir Politikwissenschaft? Kritik und Selbstkritik aus dem Berliner Otto-Suhr-Institut. Opladen

Alemann, H.v. (1977): Der Forschungsprozeß. Eine Einführung in die Praxis der empirischen Sozialforschung. Stuttgart

Alemann, U. v. (1995): Grundlagen der Politikwissenschaft. Ein Wegweiser. 2. Aufl., Opladen

Alemann, U.v., Hrsg. (1995a): Politikwissenschaftliche Methoden. Grundriß für Studium und Forschung. Opladen

Alemann, U.v. / Forndran, E. (1974): Methodik der Politikwissenschaft. Eine Einführung in Arbeitstechnik und Forschungspraxis. Stuttgart u.a.

Arndt, H.-J. (1978): Die Besiegten von 1945. Versuch einer Politologie für Deutsche samt Würdigung der Politikwissenschaft in der Bundesrepublik Deutschland. Berlin

Ballestrem, K., Hrsg. (1990): Politische Philosophie des 20. Jahrhunderts. München/Wien

Bandemer, St. v. / Wewer, G. (1992): Technik politikwissenschaftlichen Arbeitens. Eine didaktische Anleitung. Opladen

Bärsch, C.E. (1974): Der Staatsbegriff in der neueren deutschen Staatslehre und seine theoretischen Implikationen. Berlin

Baruzzi, A. (1993): Einführung in die politische Philosophie der Neuzeit. 3., verb. u. erw. Aufl. Darmstadt

Beck, R., Hrsg. (1986): Sachwörterbuch der Politik. Stuttgart

Behrens, H. / Noack, P. (1984): Theorien der Internationalen Politik. München

Bellers, J. (1989): Politikwissenschaft in Europa. Münster

Bellers, J. (1990): Politikwissenschaft in Europa und in den USA. Münster

Bellers, J. (1990a): Politikwissenschaft in Deutschland. Ihre Geschichte, Bedeutung und Wirkung, in: Aus Politik und Zeitgeschichte 52/53, S. 14-27.

Bellers, J. (1993): Einführung in die Politikwissenschaft. München

Bellers, J. / Kipke, R. (1996): Einführung in die Politikwissenschaft. 2. Aufl., München / Wien

Bellers, J. / Konegen, N., Hrsg. (1992): Politikwissenschaft IV. Politische Philosophie und Erkenntnis. Münster

Bellers, J. / Konegen, N., Hrsg. (1992a): Politikwissenschaft V. Wirtschaftspolitik. Münster

Bellers, J. / Meyers, R., Hrsg. (1989): Politikwissenschaft III. Internationale Politik. Münster

Bellers, J. / Robert, R., Hrsg. (1990): Politikwissenschaft I. Grundkurs. Münster

Bellers, J. / Woyke, W., Hrsg. (1989): Analyse internationaler Beziehungen. Methoden - Instrumente - Darstellungen. Opladen

Berg-Schlosser, D. / Maier, H. / Stammen, Th. (1982): Einführung in die Politikwissenschaft

Berg-Schlosser, D. / Müller-Rommel; F., Hrsg. (1997): Vergleichende Politikwissenschaft. Ein einführendes Studienhandbuch. 3. überarb. u. erg. Aufl., Opladen

Berg-Schlosser, D. / Stammen, Th. (1995): Einführung in die Politikwissenschaft. 6., durchges. Aufl., München

Berger, P.L. / Luckmann, Th. (1980): Die gesellschaftliche Konstruktion der Wirklichkeit. Eine Theorie der Wissenssoziologie. Frankfurt

Berner, H. (1983): Die Entstehung der empirischen Sozialforschung. Zum Apriori und zur Sozialgeschichte der quantifizierenden Sozialanalyse. Giessen

Beyme, K.v. (1966): Möglichkeiten und Grenzen der vergleichenden Regierungslehre, in: Politische Vierteljahresschrift 7, S. 63-96

Beyme, K.v. (1969): Politische Ideengeschichte. Probleme eines interdisziplinären Forschungsbereiches. Tübingen

Beyme, K.v., Hrsg. (1986): Politikwissenschaft in der Bundesrepublik Deutschland. Entwicklungsprobleme einer Disziplin (= Politische Vierteljahresschrift, Sonderheft 17)

Beyme, K.v. (1988): Der Vergleich in der Politikwissenschaft. München

Beyme, K.v. (1991): Theorie der Politik im 20. Jahrhundert. Von der Moderne zur Postmoderne. Frankfurt

Beyme, K.v. (1992): Die politischen Theorien der Gegenwart. Eine Einführung. 7. neubearb. Aufl. Opladen

Beyme, K.v. / Czempiel, E.O. / Graf, P. / Schmoock, P., Hrsg. (1987): Politikwissenschaft. 3 Bde. Stuttgart

Blanke, B. / Jürgens, U. / Kastendieck, H. (1972): Kritik der politischen Wissenschaft. 2 Bde, Frankfurt a.M.

Boesler, K.-A. (1983): Politische Geographie. Stuttgart

Böhret, C. u.a. (1985): Zum Stand und zur Orientierung der Politikwissenschaft in der Bundesrepublik Deutschland, in: Hartwich 1985, S. 216-330

Böhret, C. / Jann, W. / Kronenwett, E. (1988): Innenpolitik und politische Theorie. Ein Studienbuch. 3., neubearb. u. erw. Aufl. Opladen

Bortz, J. (1984): Lehrbuch der empirischen Forschung. Für Sozialwissenschaftler. Berlin u.a.

Böttcher, W. / Zielinski, J. (1973): Wissenschaftliches Arbeiten - Theorie und Praxis. Arbeitsanleitungen für Studium und Selbststudium. Theoretische Grundlagen und praktische Einübung. Düsseldorf

Bracher, K.-D. u.a. (1982): Entwicklungslinien der Politikwissenschaft in der Bundesrepublik Deutschland. Melle

Brecht, A. (1961): Politische Theorie. Die Grundlagen politischen Denkens im 20. Jahrhundert. Tübingen

Bruder, W. (1980): Sozialwissenschaften und Politikberatung. Opladen

Brunner, G. (1979): Vergleichende Regierungslehre, Bd. 1, Paderborn

Brunner, O. / Conze, W. / Koselleck, R., Hrsg. (1972ff): Geschichtliche Grundbegriffe. Historisches Lexikon zur politisch-sozialen Sprache in Deutschland. Stuttgart

Bühl, W.L. (1982): Struktur und Dynamik des menschlichen Sozialverhaltens. Tübingen

Büllesbach, A. / Ferdowski, M.A. (1979): Politikwissenschaft und gesellschaftliche Praxis. Normative Selbststeuerung oder Arbeitsmarktorientierung? München

Burdeau, G. (1964): Einführung in die politische Wissenschaft. Neuwied

Buss, E. / Schöps, M. (1979): Kompendium für das wissenschaftliche Arbeiten in der Soziologie. Heidelberg

Chen, Y.A. / Malla, S.P.B. / Schellhorn, K.M. (1975): Politik zwischen Staaten. Ein Studienbuch in Frage und Antwort. München

Chilcote, R.H. (1981): Theories of comparative politics. Boulder

Dahl, R. (1973): Die politische Analyse. München

Debnam, G. (1984): The analysis of power: core elements and structure. New York

Deutsch, K.W. (1973): Politische Kybernetik. Modelle und Perspektiven. Freiburg

Deutsch, K.W. (1977): Staat, Regierung, Politik. Eine Einführung in die Wissenschaft der vergleichenden Politik. Freiburg

Doeker, G., Hrsg. (1971): Vergleichende Analyse politischer Systeme. Freiburg

Dogan, M. / Pelassy, D. (1984): How to compare nations. Chatham, N.J.

Dreier, V. (1997): Empirische Politikforschung. München / Wien

Drechsler, H. u.a., Hrsg. (1992): Gesellschaft und Staat. Lexikon der Politik. 8., neubearb. u. erw. Aufl. München

Druwe, U. (1994): Studienführer Politikwissenschaft. 2., erw. und verbesserte Aufl., München

Druwe, U. (1995): Politische Theorie. 2. Aufl., Neuwied

Druwe, U. / Hahlbohm, D. / Singer, A. (1995): Internationale Politik. Neuwied

Dunn, J. (1993): Democracy. The unfinished Journey. 500 BC - AD 1993. Oxford

Easton, D. (1971): The political system. An inquiry into the state of political science. New York

Easton, D. (1979): A framework for political analysis. Chicago

Easton, D. (1979a): A system analysis of political life. Chicago

Easton, D., Hrsg. (1991): The Development of Political Science. London u.a.

Eibl-Eibesfeldt, I. (1986): Die Biologie des menschlichen Verhaltens. Grundriß der Humanethologie. München / Zürich

Eisfeld, R. (1991):Ausgebürgert und doch angebräunt. Deutsche Politikwissenschaft 1920-1945. Baden-Baden

Ernst, J. (1994): Politikwissenschaft in der Bundesrepublik Deutschland. Die Entwicklung ihres Selbstverständnisses im Spiegel der Einführungswerke. Münster

Esterbauer, F. (1992): Einführung in die Politikwissenschaft. 2., erg. Aufl., Graz

Falter, J.W. (1982): Der 'Positivismusstreit' in der amerikanischen Politikwissenschaft. Opladen

Fenske, H. u.a. (1991): Geschichte der politischen Ideen. Von Homer bis zur Gegenwart. 4.Aufl. Frankfurt

Fetscher, I. (1972): Politikwissenschaft. Frankfurt

Fetscher, I. / Münkler, H., Hrsg. (1990): Politikwissenschaft. Begriffe, Analysen, Theorien. Ein Grundkurs. Reinbek

Fischer, K.G. (1986): Zum aktuellen Stand der Theorie und Didaktik der politischen Bildung. Stuttgart

Flechtheim, O. (1958): Grundlegung der Politischen Wissenschaft. Meisenheim

Flohr, H. / Tönnesmann, W., Hrsg. (1983): Politik und Biologie. Berlin / Hamburg

Fraenkel, E. / Bracher, K.-D., Hrsg. (1980): Staat und Politik (= Fischer Lexikon)

Frei, D., Hrsg. (1977): Theorien der internationalen Beziehungen. München

Frei, D. / Ruloff, D. (1988): Handbuch der weltpolitischen Analyse. Methoden für Praxis, Beratung und Forschung. Diessenhofen

Friedman, G. (1981): The political philosophy of the Frankfurt school. Ithaca

Friedrich, C.J. (1953): Der Verfassungsstaat der Neuzeit. Wien

Friedrich, C.J. (1961): Die Politische Wissenschaft. Freiburg / München

Friedrich, C.J. (1967): Prolegomena der Politik. Politische Erfahrung und ihre Theorie. Berlin

Friedrich, C.J. (1970): Politik als Prozeß der Gemeinschaftsbildung. Eine empirische Theorie. Köln

Friedrichs, J. (1990): Methoden empirischer Sozialforschung. Opladen

Gablentz, O.H.v.d. (1959): Einführung in die Politische Wissenschaft. Köln / Opladen

Gabriel, O.W., Hrsg. (1978): Grundkurs Politische Theorie. Köln / Wien

Gerhardt, V. (1990): Der Begriff der Politik. Bedingungen und Grundzüge politischen Handelns. Stuttgart

Gerlach, I. / Rüdiger, R., Hrsg. (1990): Politikwissenschaft II. Innenpolitik der Bundesrepublik Deutschland. Münster

Giddens, A. (1984): The constitution of society: outline of the theory of structuration. Cambridge u.a.

Glaser, B.G. / Strauss, A.L. (1974): The discovery of grounded theory: strategies for qualitative research. Chicago

Göhler, G., Hrsg. (1986): Grundfragen der Theorie politischer Institutionen. Opladen

Göhler, G., Hrsg. (1994): Die Eigenart der Institutionen. Zum Profil politischer Institutionentheorie. Baden-Baden

Göhler, G. / Zeuner, B., Hrsg. (1991): Kontinuitäten und Brüche in der deutschen Politikwissenschaft. Baden-Baden

Görlitz, A. (1972): Politikwissenschaftliche Popädeutik. Hamburg

Görlitz, A. (1980): Politikwissenschaftliche Theorien. Stuttgart u.a.

Görlitz, A. / Prätorius, R., Hrsg. (1987): Handbuch Politikwissenschaft. Grundlagen - Forschungsstand - Perspektiven. Reinbek

Goodin, R.E. / Klingemann, H.-D. (1996): A New Handbook of Political Science. Oxford

Grauhan, R.R. / Narr, W.D. (1973): Studium der Sozialwissenschaft - demonstriert an der Politikwissenschaft. Ein Entwurf, in: Leviathan 1, S. 90-134

Greenstein, G.I. / Polsby, N.W., Hrsg. (1975): Handbook of Political Science. 9 Bde, Reading

Grimm, D. (1973): Staatsrechtslehre und Politikwissenschaft, in: ders., Hrsg.: Rechtswissenschaft und Nachbarwissenschaften, Frankfurt a.M., S. 53-67

Grosser, D. / Hättich, M. u.a. (1976): Politische Bildung. Stuttgart

Habermas, J. (1970): Zur Logik der Sozialwissenschaften. Frankfurt

Haftendorn, H. (1975): Theorie der Internationalen Politik. Gegenstand und Methode der Internationalen Beziehungen. Hamburg

Hansen, G. / Nüssen, E. / Rützel, J. (1978): Einführung in das wissenschaftliche Arbeiten. Grundlagen, Techniken, Verfahren. München

Hartmann, J. (1980): Vergleichende politische Systemforschung. Konzepte und Analyse. Frankfurt

Hartmann, J. (1995): Politikwissenschaft. Eine problemorientierte Einführung in Grundbegriffe und Teilgebiete. Chur

Hartmann, J. (1995a): Vergleichende Politikwissenschaft. Ein Lehrbuch. Frankfurt a. M.

Hartwich, H.-H., Hrsg. (1985): Policy-Forschung in der Bundesrepublik Deutschland. Opladen

Hartwich, H.-H., Hrsg. (1987): Politikwissenschaft. Lehre und Studium zwischen Professionalisierung und Wissenschaftsimmanenz. Eine Bestandsaufnahme und ein Symposium. Opladen

Hättich, Manfred (1967, 1969, 1972): Lehrbuch der Politikwissenschaft. 3 Bde, Mainz

Hättich, M. (1978): Rationalität als Ziel politischer Bildung. München

Hättich, M. (1980): Grundbegriffe der Politikwissenschaft. Darmstadt

Heidtmann, F. (1985): Wie finde ich Literatur zur Volkswirtschaft, Betriebswirtschaft, Psychologie, Soziologie, Politologie, Publizistik, Statistik. Ein Führer zu wichtigen Nachschlagewerken und Bibliographien und zur effektiven Benutzung der Bibliotheksbestände für alle Studenten und Dozenten sozialwissenschaftlicher Fächer. Berlin

Heinrich, H.-G. (1989): Einführung in die Politikwissenschaft. Wien / Köln

Held, D., Hrsg., Political Theory Today. Stanford

Henningsen, J. (1973): Die zweite Prüfung. Ethik und Rezepte. Bochum

Hennis, W. (1977): Politik und praktische Philosophie. Stuttgart

Hermens, F.A. (1968): Verfassungslehre. Opladen

Holt, R.T. / Turner, J.E., Hrsg. (1970): The methodology of comparative research. New York

Holtmann, E., Hrsg. (1991): Politik Lexikon. München

Holzner, B. (1972): Reality construction in society. Cambridge, Mass.

Horn, R. / Neubauer, W. (1987): Fachinformation Politikwissenschaft. Literaturhinweise, Informationsbeschaffung und Informationsverarbeitung. Regensburg

International Encyclopedia of the Social Sciences (1969), hrsg. v. D.L. Sills, 17 Bde, New York

Jensen, R. (1969): History and the political scientist, in: Lipset, S.M., Hrsg., Political and social science. London / Oxford, S. 1-28

Junne, G. (1986): Kritisches Studium der Sozialwissenschaften. Eine Einführung in Arbeitstechniken. Stuttgart u.a.

Kalvelage, C. / Segal, M. (1976): Research guide in political science. Dallas u.a.

Kammler, H. (1976): Logik der Politikwissenschaft. Wiesbaden

Kastendieck, H. (1977): Die Entwicklung der westdeutschen Politikwissenschaft. Frankfurt

Kennedy, G. (1985): Einladung zur Statistik. Frankfurt / New York

Kepplinger, H.M. u.a. (1976): Informationen suchen und finden. Leitfaden zum Studium der Politologie, Psychologie, Publizistik, Soziologie. Freiburg / München

Kern, H. (1982): Empirische Sozialforschung. Ursprünge, Ansätze, Entwicklungslinien. München

Kevenhörster, P. (1997): Politikwissenschaft. Band 1: Entscheidungen und Strukturen der Politik. Opladen

Kindermann, G.-K. (1981a): Zur Methodik der Internationalen Konstellationsanalyse, in: Kindermann 1981, S. 68-106

Kindermann, G.-K., Hrsg. (1981): Grundelemente der Weltpolitik. Eine Einführung. München

Kliemann, H. (1970): Anleitung zum wissenschaftlichen Arbeiten. Eine Einführung in die Praxis. Freiburg

Knapp, M. / Krell, G., Hrsg. (1996): Einführung in die internationale Politik: Studienbuch. 3., überarb. und erw. Aufl. München / Wien

Konegen, N. (1973): Politikwissenschaft. Eine kybernetische Einführung. Düsseldorf

König, R., Hrsg. (1973): Handbuch der empirischen Sozialforschung, 14 Bde, Stuttgart

Kress, G. / Senghaas, D. (1969): Politikwissenschaft. Eine Einführung in ihre Probleme. Frankfurt a.M.

Kriz, J. (1975): Statistik in den Sozialwissenschaften. Reinbek

Krüger, H. (1966): Allgemeine Staatslehre. Stuttgart

Laurie, P. (1985): Databases. How to manage information to your micro. London / New York

Leggewie, C. (1994): Wozu Politikwissenschaft? Über das Neue in der Politik. Darmstadt

Lehmbruch, G. (1971): Einführung in die Politikwissenschaft. Stuttgart u.a.

Lenk, K. (1975): Politische Wissenschaft. Ein Grundriß. Stuttgart

Lenk, K. / Franke, B. (1991): Theorie der Politik. Eine Einführung, 2. Aufl., Frankfurt a. M. / New York

Lieber, H.-J., Hrsg. (1993): Politische Theorien von der Antike bis zur Gegenwart. 2., durchges. Aufl., Bonn (Bundeszentrale für politische Bildung)

Lietzmann, H. J. / Bleek, W. (1996): Politikwissenschaft. Geschichte und Entwicklung in Deutschland und Europa. München / Wien

List, M. / Behrens, M. / Reichardt, W. / Simonis, G. (1995): Internationale Politik. Probleme und Grundbegriffe. Opladen

Loewenstein, C. (1975): Verfassungslehre. Tübingen

Lorenz, K. (1982): Die Rückseite des Spiegels. Versuch einer Naturgeschichte menschlichen Erkennens. München

Lübbe, H. (1963): Politische Philosophie in Deutschland. Studien zu ihrer Geschichte. Basel

Mackenzie, W.K.W. (1972): Politikwissenschaft. Frankfurt a.M.

Macridis, R. / Brown, B.E., Hrsg. (1968): Comparative politics. Homewood

Maier, H. (1980): Die ältere deutsche Staats- und Verwaltungslehre (Polizeiwissenschaft). Ein Beitrag zur Geschichte der politischen Wissenschaft in Deutschland. Neuwied

Maier, H. (1985): Politische Wissenschaft in Deutschland. Lehre und Wirkung. München

Maier, H. / Rausch, H. / Denzer, H., Hrsg. (1986/87): Klassiker des politischen Denkens. 2 Bde, überarb. u. erw. Aufl. München

Matz, U. (1985): Bemerkungen zur Lage der deutschen Politikwissenschaft, in: Zeitschrift für Politik 32, S. 1-7

Maytnz, R. / Holm, K. / Hübner, P. (1978): Einführung in die Methoden der empirischen Soziologie. Opladen

Meier, Chr. (1980): Die Entstehung des Politischen bei den Griechen. Frankfurt

Merritt, R.L. / Rokkan, St. (1966): Comparing nations. New Haven / London

Messelken, K. (1970): Politikbegriffe der modernen Soziologie. Eine Kritik der Systemtheorie und der Konflikttheorie. Köln / Opladen

Meyer, P. (1982): Soziobiologie und Soziologie: eine Einführung in die biologischen Voraussetzungen sozialen Handelns. Darmstadt

Meyers, R. (1981): Die Lehre von den Internationalen Beziehungen. Ein entwicklungsgeschichtlicher Überblick. Königstein/Ts.

Mickel, W.W., Hrsg. (1983): Handlexikon zur Politikwissenschaft. München

Mohr, A. (1986): Die Durchsetzung der Politikwissenschaft an deutschen Hochschulen und die Entwicklung der Deutschen Vereinigung für Politische Wissenschaft, in: Beyme 1986a, S. 62-77

Mohr, A. (1988): Politikwissenschaft als Alternative. Stationen einer wissenschaftlichen Disziplin auf dem Weg zur Selbständigkeit in der Bundesrepublik Deutschland. Bochum

Mohr, A., Hrsg. (1997): Grundzüge der Politikwissenschaft. 2. Aufl. München / Wien

Mols, M. / Lauth, H.-J. / Wagner, C., Hrsg. (1996): Politikwissenschaft. Eine Einführung. 2., erw. Aufl. Paderborn u.a.

Mommsen, H. (1962): Zum Verhältnis von politischer Wissenschaft und Geschichtswissenschaft in Deutschland, in: Vierteljahreshefte für Zeitgeschichte 10, S. 341-372

Müller-Rommel, F. (1984): Sozialwissenschaftliche Politikberatung. Probleme und Perspektiven, in: Aus Politik und Zeitgeschichte, B 25, S. 26-39

Münch, R. (1982): Basale Soziologie: Soziologie der Politik. Opladen

Münkler, H. (1990): Lust an der Erkenntnis. Politisches Denken im 20. Jahrhundert. München

Narr, W.-D. / Naschold, F. (1972/1973): Einführung in die moderne politische Theorie, 3 Bde. Stuttgart

Naschold, F. (1972): Politische Wissenschaft. Entstehung, Begründung und gesellschaftliche Entwicklung. Freiburg / München

Naßmacher, H. (1991): Vergleichende Politikforschung. Eine Einführung in Probleme und Methoden. Opladen

Naßmacher, H. (1995): Politikwissenschaft. 2., unwes. veränd. Aufl., München / Wien

Nawiaski, H. (1952-1958): Allgemeine Staatslehre. 4 Bde, Einsiedeln

Neumann, F., Hrsg. (1995): Handbuch Politischer Theorien und Ideologien. Erw. Fass. d. 1. Ausgabe. Opladen

Noack, P. (1976): Was ist Politik? Eine Einführung in ihre Wissenschaft. München / Zürich

Noack, P. / Stammen, Th. (1976): Grundbegriffe der politikwissenschaftlichen Fachsprache. München

Noelle-Neumann, E. (1979): Öffentlichkeit als Bedrohung. Beiträge zur empirischen Kommunikationsforschung. Freiburg

Noelle-Neumann, E. (1991): Öffentliche Meinung. Die Entdeckung der Schweigespirale. Berlin

Nohlen, D., Hrsg. (1991): Wörterbuch Staat und Politik. Bonn

Nohlen, D., Hrsg. (1994ff): Lexikon der Politik. München

Oberndörfer, D., Hrsg. (1966): Wissenschaftliche Politik. Eine Einführung in Grundfragen ihrer Tradition und Theorie. Freiburg

Oberschall, A. (1997): Empirische Sozialforschung in Deutschland, 1848-1914. Freiburg / München

Palombara, J. la (1974): Politics within nations. Englewood Cliffs

Patzelt, W.J. (1983): Ein topisches Modell zur Analyse internationaler Politik, in: Politische Vierteljahresschrift 24, S. 60-79

Patzelt, W.J. (1985): Einführung in die sozialwissenschaftliche Statistik. München / Wien

Patzelt, W.J. (1986): Sozialwissenschaftliche Forschungslogik. München / Wien

Patzelt, W.J. (1987): Grundlagen der Ethnomethodologie. Theorie, Empirie und politikwissenschaftlicher Nutzen einer Soziologie des Alltags. München

Patzelt, W.J. (1991): Politikwissenschaft, S. 53-55 in: Flick, U. et al., Hrsg. (1991): Handbuch Qualitative Sozialforschung. München

Patzelt, W.J. (1992): Formen und Aufgaben von 'Theorieforschung' in den Sozialwissenschaften, in: Ethik und Sozialwissenschaften 3, S. 1-14

Patzelt, W.J. (1996): Zum politikwissenschaftlichen Nutzen der Evolutionären Erkenntnistheorie, S. 273-288, in: Riedl, R. / Delpos, M., Hrsg., Die Evolutionäre Erkenntnistheorie im Spiegel der Wissenschaften, Wien

Pfetsch, F. R. (1994): Internationale Politik. Stuttgart u.a.

Pipers Handbuch der politischen Ideen (1984-1988), hrsg. v. I. Fetscher / H. Münkler. München

Pipers Wörterbuch zur Politik, (1984-1989), hrsg. v. D. Nohlen, 6 Bde, München

Popitz, H. (1968): Prozesse der Machtbildung. Tübingen

Popper, K.R. (1979): Das Elend des Historizismus. Tübingen

Popper, K.R. (1980): Die offene Gesellschaft und ihre Feinde, 2 Bde., München

Prescott, J.R.V. (1975): Einführung in die Politische Geographie. München

Reinisch, L., Hrsg. (1971): Politische Wissenschaft heute. München

Ricci, D.M. (1984): The tragedy of political science. Politics, scholarship, and democracy. New Haven

Riedl, R. (1979): Biologie der Erkenntnis. Die stammesgeschichtlichen Grundlagen der Vernunft. Berlin/Hamburg

Riedl, R. (1985): Die Spaltung des Weltbildes. Biologische Grundlagen des Erklärens und Verstehens. Berlin / Hamburg

Ritter, J. / Gründer, K., Hrsg. (1971ff): Historisches Wörterbuch der Philosophie. Darmstadt

Roegele, O.R. (1979): Massenmedien und Regierbarkeit, in: Hennis, W. / Kielmansegg, P. / Matz, U., Hrsg.: Regierbarkeit. Studien zu ihrer Problematisierung. Bd 2, Stuttgart, S. 177-210

Rohe, K. (1994): Politik: Begriffe und Wirklichkeiten. Eine Einführung in das politische Denken. 2., völlig überarb. und erw. Aufl., Stuttgart u.a.

Röhrich, W. / Narr, W.-D. (1986): Politik als Wissenschaft. Ein Überblick. Opladen

Rokkan, St. (1972): Vergleichende Sozialwissenschaft. Frankfurt a.M.

Roloff, E.-A. (1969): Was ist und wie studiert man Politikwissenschaft? Mainz

Roth, E., Hrsg. (1984): Sozialwissenschaftliche Methoden. Ein Lehr- und Handbuch für Forschung und Praxis. München / Wien

Rupp, H.K. / Noetzel, Th. (1991): Macht, Freiheit, Demokratie. Anfänge der Westdeutschen Politikwissenschaft. Biographische Annäherungen. Marburg

Sabine, G.H. (1973): A history of political theory. 4. Aufl. Hinsdale, Ill.

Schäfer, U. (1994): Nachdenken über Politik. Einführung in die Politikwissenschaft. Tübingen (Studienbrief des Deutschen Instituts für Fernstudien an der Universität Tübingen)

Scheuner, U. (1962): Das Wesen des Staates und der Begriff des Politischen in der neueren Staatslehre, in: Staatsverfassung und Kirchenordnung. Festgabe für R. Smend. Berlin, S. 225-262

Schlangen, W. (1974): Theorie der Politik. Einführung in Geschichte und Grundprobleme der Politikwissenschaft. Stuttgart u.a.

Schlangen, W., Hrsg. (1977): Politische Grundbegriffe. Stuttgart u.a.

Schmidt, R.H., Hrsg. (1967): Methoden der Politologie. Darmstadt

Schmitt, C. (1963): Der Begriff des Politischen. Berlin

Schmutzer, M.E., Hrsg. (1977): Mathematische Methoden in der Politikwissenschaft. München / Wien

Schneider, H., Hrsg. (1967): Aufgabe und Selbstverständnis der Politischen Wissenschaft. Darmstadt

Schubert, St. (1986): Online Datenbanken. Zugang zum Wissen der Welt mit Personal Computern. Düsseldorf

Skinner, Qu (1990): The Foundations of Modern Political Thought. Cambridge

Smelser, N.J. (1976): Comparative methods in the social sciences. New York

Söllner, A. (1996): Deutsche Politikwissenschaftler in der Emigration. Opladen

Somit, A. / Tanenhaus, J. (1967): The development of American political science. Boston

Staatslexikon (1985-1989), hrsg. v. d. Görres-Gesellschaft. 5 Bde, Freiburg

Stammen, Th., Hrsg. (1974): Vergleichende Regierungslehre. Darmstadt

Stammer, O. / Weingart, P. (1972): Politische Soziologie. München

Steinvorth, U. (1983): Stationen der politischen Theorie. 2. durchges. Aufl. Stuttgart

Sternberger, D. (1961): Der Begriff des Politischen. Frankfurt

Strauss, A. (1991): Grundlagen qualitativer Sozialforschung. Datenanalyse und Theoriebildung in der empirischen soziologischen Forschung. München

Tauras, O. / Meyers, R. / Bellers, J., Hrsg. (1994): Internationale Politik. Münster / Hamburg.

Thomas, W.I. (1972): The definition of the situation, in: Manis, J.G. / Meltzer, B.N., Hrsg.: Symbolic Interaction. Boston

Topitsch, E., Hrsg. (1984): Logik der Sozialwissenschaften. Königstein/Ts.

Tudyka, K. (1971): Internationale Beziehungen - eine Einführung. Stuttgart

Tudyka, K. (1973): Kritische Politikwissenschaft. Stuttgart

Voegelin, E. (1959): Die neue Wissenschaft der Politik. München

Wellhöfer, P.R. (1984): Grundstudium sozialwissenschaftliche Methoden und Arbeitsweisen. Eine Einführung für Sozialwissenschaftler und Sozialarbeiter/ -pädagogen. Stuttgart

Wildenmann, R. (1967): Politologie in Deutschland, in: Der Politologe, 23, S. 13-23

Wildenmann, R., Hrsg. (1987): Erkenntnisfragen und Forschungsprobleme der Politikwissenschaft. Mannheim

Wittkämper, G.W. (1988): Politikwissenschaft und Beruf, in: Bellers/Robert 1988, S. 276-316

Woyke, W. (1986): Handwörterbuch Internationale Politik. Opladen

Wuketits, F.M. (1990): Moral - Eine biologische oder biologistische Kategorie?, in: Ethik und Sozialwissenschaften 1, S. 161-167

Wuthe, G. (1977): Die Lehre von den politischen Systemen. Ein Studienbuch in Frage und Antwort. München

Zippelius, R. (1994): Geschichte der Staatsideen. 9., verb. Aufl., München